潮汕歷史與盂蘭文化

歷史

論壇2023

論文集

香港潮屬社團總會
盂蘭勝會保育工作委員會

出版

盂蘭孝親文化體現
人們崇高的精神價值

（代 序）

香港潮屬社團總會
盂蘭勝會保育工作委員會

馬介璋　主席

時光荏苒，轉眼間又到了2023年12月，又是我們回顧這一年的工作及展望來年新願景的最佳時機。今年本委員會克服了不少困難，為了推廣盂蘭孝親文化，大家都不遺餘力，此論文集的成功出版便展現了此一種精神與道德價值。

盂蘭勝會同佛教傳統有直接淵源。七月十五日稱為佛歡喜日，佛教徒會在這日以盂蘭盆供奉佛、法、僧三寶，濟度六道苦難眾生，以功德回向纍世父母，報答父母養育之恩，亦藉此傳揚孝親敬祖美德。所以，盂蘭勝會不只是一個民俗活動，更是一個積德祈福，共創具有博愛包容、和諧社會的文化事業。

不單於此，盂蘭勝會更是世代相傳的民俗活動，反映中華歷史文化的深度延續，除了關愛有血緣的先人，也希望沒有血緣的眾生亦得到救濟。提倡分享美德，發揚大愛美善，喚起社會同舟共濟的精神。

回顧籌辦盂蘭論壇的日子，真是充滿挑戰。在疫情期間的2019年本會已開始著手籌辦，經歷了多年努力，終於

在今年8月19日至20日在香港歷史博物館演講廳成功舉辦《潮汕歷史與盂蘭文化論壇2023》。論壇分別得到來自日本、中國內地、台灣地區、越南及香港的學者，逾12位專家出席會議，發表與潮汕歷史、盂蘭文化息息相關的專題論文，將盂蘭文化推向更高的學術層次。

　　論文集便在此基礎上構建起來，而且更見充實豐盈，共收錄18篇鴻文。當中包括特稿——康樂及文化事務署香港文化博物館總館長林國輝先生的〈重訪現場：19世紀下半葉香港島北岸盂蘭勝會初探〉、內地著名專家韓山師範學院潮學研究院院長黃挺教授的〈己亥七月半潮陽文化風俗調查〉、台北實踐大學通識教育中心助理教授游淑珺博士的〈從台灣「雞籠中元祭」祭典場域看多族群互動與文化樣態〉以及日本茨城基督教大學志賀市子教授的〈潮汕功德法事和目連戲——兼談泰國的潮汕善堂與儀式〉等等，文章各有特色，睿智創新，令人目不暇給。

　　當然還有不少鴻文值得研讀，現因篇幅所限我只是略舉一隅而已。誠意邀請大家翻看目錄便能清楚明瞭。

　　在此，我們要感謝康樂及文化事務署非物質文化遺產辦事處的慷慨資助、以及香港歷史博物館借出場地及安排支援人員，使到此一論壇得到順利開展，也要感謝香港珠海學院香港歷史文化研究中心游子安教授的用心策劃，使論壇及論文集得以成功面世，惠澤社群。

　　盂蘭文化更是潮州文化的縮影，傳播發展不限於香港潮人盂蘭勝會，在東南亞地區聚居不少華人，而農曆七月盂蘭節更是當地華人社區的重要節慶活動。香港潮屬社團總會盂蘭勝會保育工作委員會未來工作，焦點會放於把盂蘭文化推廣至香港境外地區，朝向《人類非物質文化遺產代表作名錄》為目標。感恩各位一同努力。

1.　香港潮屬社團總會主席陳振彬博士在開幕禮上致辭

2.　盂蘭文化節總統籌、盂蘭勝會保育工作委員會副主席胡炎松先生致辭。

3.　論壇統籌、香港珠海學院香港歷史文化研究中心游子安教授致辭。

4.　會場大合照

5. 論壇學者台上大合照

6. 學者與非物質文化遺產辦事處代表在論壇小休時合照

7. 康樂及文化事務署香港文化博物館總館長林國輝先生主題演講

8. 香港珠海學院蕭國健教授(左)與賀璋瑢教授(右)分享交流

9. 華南師範大學歷史文化學院賀璋瑢教授陳述論文要點

10. 台北實踐大學通識教育中心游淑珺博士陳述論文要點

11. 陳蒨教授(左)、志賀市子教授(中)、賀璋瑢教授(右) 討論盂蘭文化

12. 芹澤知廣教授陳述論文要點

13. 越南胡志明市國家大學下屬人文與社會科學大學文化學系阮清風博士網上發言，與游子安教授現場對話交流。

14.　馬健行博士陳述論文要點

15.　區志堅博士陳述論文要點

16.　部份學者論壇後合照

17. 學者們山中小徑同步前行，前往考察位於香港仔薄扶林雞籠環潮州八邑山場。

18. 雞籠環潮州八邑山場

19. 香港古物古蹟辦事處的研究人員在現場為學者講解

20. 胡炎松先生為學者講解雞籠環潮州八邑山場的歷史

21. 潮州八邑山場考察現場合照

22. 考察慈雲山竹園新邨鳳德邨潮僑盂蘭勝會現場

23. 齊上香祈求風調雨順、國泰民安。

24. 盂蘭勝會現場大合照

25. 在盂蘭勝會現場品嚐潮汕白粥配雜鹹

目　錄

潮汕歷史與盂蘭文化論壇2023論文集

主 編
馬介璋　胡炎松　游子安

出 版
香港潮屬社團總會有限公司/香港盂蘭勝會保育委員會
香港德輔道西81-82號潮州會館4字樓

編輯 / 設計
書作坊出版社

版 次
2024年1月

ISBN 978-988-77421-2-8
Printed in Hong Kong

HK$ 160.00

重訪現場：19世紀下半葉
香港島北岸盂蘭勝會初探 *

林國輝

康樂及文化事務署香港文化博物館總館長

一、引　言

截至2023年6月，香港共有十二個國家級非物質文化遺產代表性項目，其中香港潮人盂蘭勝會早於2011年已獲列入國家級非遺代表性項目名錄之內，以肯定其歷史和文化價值。香港盂蘭祭祀習俗一直在社區活態傳承，在團結社群和維繫族群身份方面均有重要的功能和意義。潮州人十分重視「做節」，農曆七月香港不少地區都有燒街衣和盂蘭勝會活動，在小型足球場或空地上搭起神棚、大士棚、附薦棚和誦經棚，並安排有神功戲演出。根據學者統計，2014年全港至少有118個在公共空間舉行盂蘭祭祀活動，其中56個屬潮籍盂蘭勝會[1]。

縱使最近十多年盂蘭勝會的傳承遇上不少挑戰，地區上的盂蘭街坊值理會仍然堅持傳統，部分更積極聯絡文化推廣機構和學界，以加強宣傳教育工作，力求在高度現代化和世

---

* 本文初稿曾以〈從歷史資料重構1868年香港四環盂蘭勝會〉為題，刊載於《田野與文獻：華南研究資料中心通訊》第95期(2019年7月15日)，頁13至24。

俗化的香港延續這項民間風俗，向下一代傳揚盡孝行善、普施利眾等中國傳統道德倫理價值，實在是難能可貴，而驕陽下色彩豐富的祭祀用品、臨時搭建的竹棚，以及舞台上的傳統戲曲表演，仍然是香港一道獨特的城市風景。

盂蘭節祭祀習俗流傳甚廣，不獨是兩岸四地民眾共有的文化傳統，也盛行於星加坡和馬來西亞等地，甚至在日本的個別城市，至今仍然舉行與盂蘭有關的巡遊活動。從研究者的角度，盂蘭節作為一個跨地域的節日，至少可以採用「共時性」或「歷時性」兩種不同進路，以比較同一時期該習俗在不同國家或地區所呈現出的地域特色，又或是集中考察同一地區該習俗於不同時期所出現的種種變化。

關於20世紀香港盂蘭勝會的研究，近年已有豐碩的成果[2]，亦有研究者對不同地域相關祭祀活動進行調查和比較研究[3]。筆者則希望透過這篇短文，回到19世紀香港盂蘭勝會的現場，追溯港島北岸盂蘭勝會舉行的地點、會場佈局、活動內容，以及時人對這項傳統民俗活動的看法，藉此闡明早期香港盂蘭勝會的盛況，以及這項都市風俗得以在香港紮根的社會和文化基礎。

二、港島北岸盂蘭勝會的文獻資料

民俗活動的安排多是依靠口耳相傳，鮮有留下詳細的文字紀錄，加上香港經歷過日佔時期，公私檔案散佚，故在研究香港戰前民間生活情態時，不得不借助報刊、歷史圖片、碑銘和零星的文字記載，謹分別介紹各項資料流傳情況如下：

1. 報刊資料

早期華文報刊甚少關於盂蘭勝會的報導，《循環日報》（1874年創刊）雖有刊載粵港兩地農曆七月「超幽」、「建醮」和「醮會」等活動的消息[4]，但觸及香港之處祇用上片言

隻語，多是與法庭判案有關，作為案件的一些背景介紹。然而上海《申報》曾經轉載《香港中外新報》（1860年創刊）、《香港近事編錄》（1864年創刊）和《華字日報》（1872年創刊）的數篇報導，從中仍能讀到港島北岸盂蘭活動的一些細節[5]。

　　至於外文報刊如 The China Mail （1845年創刊）　及Hong Kong Daily Press （1857年創刊）　等，其在巡理府法院（Magistrate's Court）　和警方訊息（Police Intelligence）欄目內，亦時有刊載盂蘭節期間華人因當街燒衣、夜間發出噪音或在醮場盜竊而被控的消息，但多沒有觸及醮會詳情。幸好偶爾會刊載被告和證人的供詞，從中可窺見醮會現場的佈局和祭祀活動的內容。這些報刊有時更會刊出讀者來函，如實反映外籍居民對這項華人節慶活動的觀感[6]。

　　值得留意的是，外文報刊常把農曆七月華人的祭祀活動形容為Chinese Festival（華人節誕）、 Chinese Exhibition（華人展覽）、 Dragon Feast （龍節）　、Dragon Festival （龍節）或萬靈節（All Souls Festival），較少使用Yu Lan 或ü-lan（盂蘭）[7]，這亦反映當時外籍居民如何認知這場大型祭典，以及其中讓他們印象深刻的事物。

2. 歷史圖片

　　1860年代開始，不少訪華的外籍商人、旅行家、冒險家和使節等，在進出內地時都會在香港稍作停留，有些攝影師更在這裏開設影樓[8]，其中以湯姆遜（John Thomson）與香港關係最深，他曾深入內地作長途旅行，拍攝所得的照片亦在港出售。其時華人聚居的太平山區衛生環境惡劣，被外籍居民視作疫病和罪惡的溫床，湯姆遜卻敢於冒險，在警察陪同下帶同攝影器材到區內考察[9]，並拍得不少照片，其中四幀的內容正與1868年四環盂蘭勝會有關[10]，而佛洛依德（William Pryor Floyd）和華人攝影師黎芳亦拍下相信是1870年前後太

平山區盂蘭醮棚的近照，它們都是迄今所知年代最久遠的香港盂蘭勝會影像紀錄，實在彌足珍貴。

由於太平山區毗連香港商貿中心地帶，政府多次要求醮場遷往西營盤，1874年醮場移至高街巴色會堂（Basel Mission House）附近的地段，而現存巴色會檔案中就保存一張當日醮棚的照片，正好用來與太平山區的醮棚作比較。另一位西方攝影師祈班輔（David Knox Griffith）在1885年農曆七月廿四、五及六日，盂蘭巡遊期間在海旁一帶拍攝，「將金、銀龍，及彩飄色等映照，儼然若生，大有可觀。」[11] 夢周文教基金會藏品內，正好有一張節慶巡遊隊伍在海旁空地上休息的照片，其中隱約可以看到「肉行」用作開道的燈籠，肉行正是當年舞金龍的團體，相信這就是祈班輔的其中一張作品。

3. 碑銘資料

上環文武廟與四環盂蘭勝會關係密切，醮會時文武二帝神像會被安放在神鑾上參與巡遊[12]，廟宇毗連的房舍則被用作「四環盂蘭公所」，而廟內亦有多項由盂蘭值事敬送的祭祀用具，其中以同治八年（1869年）鑄成，記有「四環盂蘭值事」商舖名字的鐵鼎最為珍貴，遺憾的是經歷年月洗禮，部分文字資料已經漫漶不清[13]，該鼎現由東華三院文物館收藏。

另外，上環文武廟門外兩側鼓台陳列著八塊分別鑴刻有「文武二帝」、「列聖宮」、「肅靜迴避」和「污穢勿近」等字詞的「執事牌」，是同治十一年（1872年）四環盂蘭值理所送贈，相信是巡遊時為神輿開道的工具，其上有「四環盂蘭值事敬酧」款識，而相近款識亦見於同年由值理敬送的香爐之上[14]。至於光緒八年（1882年）由「香港四環中元值理等敬送」的一對香爐，則鑴刻有30個商號的名字，但大部分都已經難以辨識[15]；廟內另掛有一塊「義重如山」牌匾，

從區上文字資料得知，1893年出任「癸己年四約中元勝會值理」的商號有47個。不過一年之後的「重修香港文武二帝廟堂碑記」，卻出現「東華醫院五環醮務當年總理協理值理」一詞，共列出 101個紳商及店舖的名字[16]，與前一年的名單完全沒有重複，其中祇有四位是當年東華醫院的總理或值事[17]。四約與五環所指為何？則仍有待進一步研究[18]。

4. 時人記述

　　19世紀港島北岸盂蘭勝會規模甚大，引起文人學者的注意，並撰文評論。近代著名政論家王韜1862年來到香港，前後居住了約20年，並著有〈香海羈蹤〉和〈香港略論〉等篇章，其中提到「每歲中元，設有盂蘭勝會，競麗爭奇，萬金輕於一擲。」[19]他於1875年刊行的《甕牖餘談》中，收有〈盂蘭盆會〉一文，追溯習俗的源流，並提到香港華商為醮會提供了財政支持[20]。鄭觀應在1873年刊行的《救時揭要》中特別提到「香港盂蘭醮篷之變」[21]，認為廣東地區的醮會設有會景，「舖戶則故作新奇之物，街坊則共誇勝角之能，百巧疊呈，不可枚述。其篷廠蠟串燈最可虞者⋯⋯以致連年失慎，祝融肆威。」[22]

　　外文資料方面，香港出版並以外商為銷售對象的1864年通商年鑑開列華人的主要節日，亦有提到農曆七月燒衣習俗，並指「活動持續十五日，期間會焚化不同顏色的紙衣，藉以送到那不可見的國度，供死去的親人使用，同時亦要誦經和供奉食物⋯⋯福建籍人士特別重視這個節日。」[23]1868年同樣在香港出版的 *China Magazine* 則載有一篇短文，探討盂蘭祭祀活動背後的倫理觀念[24]。除此以外，通商口岸外籍居民用作交流華人社會風俗研究心得的*China Review*[25]和 *Notes and Queries on China and Japan*[26]，都曾對香港盂蘭勝會作過介紹。

三、港島北岸盂蘭勝會的發軔

　　港島北岸大型盂蘭祭祀活動究竟始自何時？早年一樁
鬧上法庭的搭棚糾紛透露了端倪。如前文所述，1874年四環
盂蘭勝會移至西營盤舉行，由於選址與巴色會堂接近，承建
商廣華店的鍾亞茂（Cheong Amow音譯）被控非法搭建易燃
棚廠，危及該會堂和鄰近物業的安全，期間傳召木匠周亞學
（Chow Ahok音譯）上庭作供，他在香港居住了30年，同時
又是當年建醮值理會（Ta-tsiu Exhibition Committee意譯）成
員，他在庭上說：

> 「即將舉行的醮會是宗教活動，即『鬼節』
> （"all souls" festival意譯），目的是撫慰去年身故
> 者的亡靈，使他們得到安息。這類活動於每年七
> 月舉行，盛行於內地的大城市，經費來自公眾捐
> 助，現已籌得7,000至8,000元，而每人捐助金額在
> 兩角半至十元之間，即約有15,000至20,000名信眾
> 作出了捐助。華人對這個節日十分重視，它在過
> 去20年間在香港普及起來，早年規模較小，後來
> 才變得越來越大型。活動通常為期四日五夜。」[27]

　　從供詞推斷，港島北岸盂蘭勝會約於1854年已經成形，
後期才擴大規模。1873年香港刊行的《中國評論》（The
China Review）則載有短文，指中環、上環、太平山和西營
盤等四區是於1857年組織起來，並以四環名義舉行盂蘭勝
會。[28]

　　然而從外文報刊得知，1852年農曆七月十五日東角市場
（East Point Bazaar）有搭棚演戲活動[29]，場內竟有一個以華
人斬殺英國士兵為題的人偶場景擺設，外籍訪客看後大為吃
驚，遂致函報館投訴[30]。同類生活場景擺設亦見於1870年代
盂蘭醮會[31]，而20世紀十殿閻王紙紮有時亦會加入時事題材[32]

，可以推想這個英軍受刑場景正是當年醮會擺設的一部分，反映鴉片戰爭後廣東地區的仇外情緒[33]，而這個醮會極可能就是盂蘭祭祀活動。另1856年有外文報章報導，農曆七月十四日有一批從九龍到港島滋事的華人藏身東角，並利用節日活動作掩飾，伺機在次日發動攻擊[34]，可見在四環以外，東角於盂蘭節亦有相應活動，而且早於1850年代初已經出現。

　　港島北岸盂蘭勝會開支龐大，動輒耗資過萬，誠如1868年一篇評論所指，這類燈火通明，會場用上大量吊燈和華麗裝飾的醮會，祇有在市區經濟支持之下，才能夠每年舉辦，至於鄉村地區則要十年才能舉行一次[35]，可見四環盂蘭勝會正是香港城市經濟蓬勃發展的一個標記。

四、1850至1860年代四環盂蘭勝會的盛況

1. 1856年盂蘭值理會風波

　　從1850年代中期開始，盂蘭祭祀活動漸受居港外籍人士注意，1856年8月《德臣西報》載有一篇專題報導，可能是香港「有關鬼節法會的最早記載」[36]，其中提到「龍殿」[37]（Dragon Hall）設在西營盤（West Point），內部裝潢十分講究，入場處有大量吊燈，更佈置了閻王殿及戲曲人偶場景裝飾，棚廠內外一片明亮，而神功戲台則設在棚廠西端，班主是著名演員阿華志（Awa　chie音譯）。當時最矚目的活動是神像巡遊，不少華人富商參與其中，另有宗教法事和燒衣活動以超度無主孤魂。據說戲班演員、巡遊隊伍、醮場擺設和巡遊用品都是來自佛山，連同會場佈置，開支高達100,000港元，全部費用由本地華人捐助[38]。

　　然而這場花費不菲的醮會，安排引來多方批評，醮會完結後有人在街頭張貼告示指控值理會貪污舞弊，矛頭直指司庫唐星甫（Tong　Sing-po音譯）。唐氏家族與香港政府關係

甚佳，有成員出任政府傳譯員[39]，而唐廷桂（Tong Achick）更是顯赫的美國華人領袖。當時值理會視這些指控是誹謗，並懸賞五元予能夠提供線索以緝拿貼出告示的人[40]。

2.1868年水坑口空地上的醮會

甲、醮會安排和經費來源

　　1860年代四環盂蘭勝會的規模遠超從前，並留下更多文字和圖片資料。從現存1868年所拍得的照片可見，「四環盂蘭公所」設在上環文武廟旁，門外掛有公所的招牌，其外牆更張貼告示，公佈建醮日期和活動內容，把圖片放大後得知其內容如下（圖一及二）：

> 謹詹七月十四日啟壇建醮，五晝連宵，水陸超幽，至十五、六、七連日，恭迎列聖巡遊，並賀中元大帝千秋；及善信誠心喜認金龍、彩鳳、頂馬，隨鑾故事者，祈為早日標明。神人共慶，福有攸歸！肅此預聞，四環盂蘭值事啟。

　　據當年報章記載，捐助是次盂蘭醮會的商戶主要是南北行商人，其中以福茂隆、恒豐行、和利行（按：疑即「和利裕行」）、建昌行和森茂行捐輸最多，合共捐銀2,030元。這些商號皆名列於香港通商年鑑，屬於專門與外商做生意的華人商行（Principle Chinese Hongs Dealing with Foreigners）[41]，另外亦有不少捐款來自妓寨。該年值理會開出多本緣簿，最後籌得15,000餘元[42]，然而醮會開支十分龐大，有記者估計光是醮棚裝飾，當年已耗費達30,000元[43]。

　　福茂隆是協助英國輪船公司裝卸貨物的其中一個香港代理[44]，主事者可能是閩籍商人，名字亦見於廣州和廈門的碑記[45]，而和利裕行和恒豐行則屬潮商[46]，他們與建昌行和森茂行曾經大力資助銅鑼灣天后廟1868年的重修工程[47]。從另一

張湯姆遜拍攝的照片可見，皇后大道中華隆號門外貼有一張簽題收據，寫有「上環太平山中環西營盤盂蘭勝會□助醮金壹兩□錢□分」（圖三），其中提及的四區，相信就是當時「四環」所屬的範圍。同類簽題收據在上世紀90年代長沙灣區店舖門前仍可看到，主要用來提醒其他上門簽題者，舖主

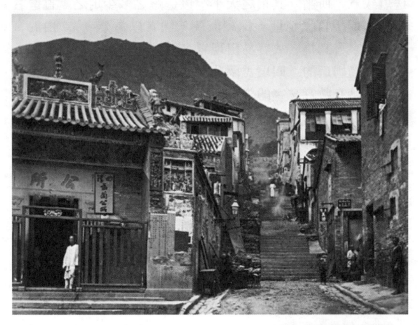

圖一： 四環盂蘭公所位於上環文武廟旁，外牆貼有醮會的告示。這張照片是由湯姆遜於1868年拍攝。（香港歷史博物館藏品）

圖二： 建醮告示放大後，內容清晰可見，其旁則有懸賞緝拿冒名簽捐者的告示。（香港歷史博物館藏品）

已作出捐助。

　　從上引四環盂蘭值理的告示可知，建醮巡遊的金龍、彩鳳、頂馬和故事（按：即以小童裝扮成戲曲或神話故事角色隨行）[48]，皆由商舖出錢認捐，這亦是盂蘭醮會資金的重要來源。按照當年的習俗，值理會在獲得捐助之後，會向商戶送燈致意，所謂「其捐之大小，以送燈之多少別之，首選者所懸之燈，自屋至地，輝耀街衢，觀者以為榮。」[49]由於資金主要來自認捐，故容易出現冒名簽題和中飽私囊的問題，在上述湯姆遜的「四環盂蘭公所」照片中，建醮公告旁另貼有一張寫有數行文字的告示，依稀可辨是懸紅緝拿冒認值理簽題的公告，所謂「無恥之徒假冒四環名字，沿街行簽，私收□□，確屬可惡。」另一處提到「花紅錢式大元」（見圖二）。同樣的公告亦見於1905年醮會籌辦期間的報刊告白上，當時有人向住戶「派文武列聖紅紙金票」，藉以「私收醮金」，故「文武廟五環四約當年值理」登報，請善信直接到文武廟交收，或把醮金交予「中元四約值理」[50]。可見當年值理會十分重視帳目清晰，由於冒名簽題會直接影響值理會的聲譽，使得主事者要貼出告示提醒公眾。

乙、醮場地點和佈置

　　1866年10月30日皇后大道西端貨倉區發生嚴重火災，焚毀近200間房屋[51]，而1868年8月盂蘭節前夕，西區再發生

圖三：　皇后大道中店舖門外四環盂蘭勝會的簽題收據，照片由湯姆遜在1868年拍攝。（香港歷史博物館藏品）

大火，燒毀90座樓房，另有30座受損，其中不少是外籍人士的物業[52]。可能是因為西區遭受火刼，也可能是華商極力爭取後得到當局的恩准，1868年盂蘭醮會從港島西區改到水坑口空地上舉行，其中最特別之處，是醮棚正對聖士提反教堂（St Stephen's Church）[53]，正是香港開埠後華洋信仰習俗並存的真實寫照（圖四及五）。

正由於當年醮棚位處太平山核心地域，四周皆為民居，容易招惹祝融之災，醮棚旁特別備有小棚，從棚外豎立「水車」字樣的旌旗可知，這是存放消防水車的地方。不過西文報刊批評醮棚過於接近民居，指這項安排令人費解，甚至引述保險公司的評估，認為這會連累到中上環一帶的建築物，置它們於火警威脅之中，未必再能受到保障。報刊編輯自稱曾要求港督下令拆卸醮棚，卻不被當局接納[54]，而同一地點亦得以連續兩年用作舉行四環盂蘭勝會[55]。

當年的醮棚碩大無比，佔據水坑口空地超過一半的面積，估計高達二十公尺，棚脊上飾有鰲魚和寶珠，走向與入口呈橫向平行，類近現今「大金鐘」戲棚樣式，兩側亦如戲棚般有俗稱「揹仔」的伸延部分，前方立面所見其為七開間建築，而支撐入口處的木柱高度估計超過十二公尺，柱上畫有圖案，似是龍與祥雲，卻沒有楹聯。黎芳曾以相同角度拍下另一個棚面佈局甚為相似的醮棚（圖六），但仔細比較後，發現裝飾細節有不少差異之處，可知兩張圖片不屬於同一年的醮會，但時間應十分接近。這個屬於其他年份的醮棚貼有多對楹聯，放大圖片可讀到其中的內容，謹抄錄其中兩對內容如下[56]：

欲種福田須耕心田茲值壇開憎衛幡貝葉誦黃庭梵韻鍾聲超度　幽冥建勝會

思培因果宜栽善果方讒洞徹鬼神虔心寧潔意蕊銀燈珠燭誠通僊佛啟盂蘭

圖四：1868年9月號The China Magazine(No.15, Vol. 2)　刊載水坑口空地上醮棚的照片，其入口正對太平山區的聖士提反教堂(St. Stephen's Church)　，該教堂在1866年啟用。(夢周文教基金藏品)

圖五：威廉·佛洛伊德(William　Floyd) 拍攝水坑口盂蘭勝會醮棚的近照，左方小棚外有旌旗，上面寫有「水車」二字，是消防水車存放處，另醮棚正面有各種吊燈，以及彩綢人物和戲曲人偶場景像生箱。(夢周文教基金藏品)

圖六： 黎芳(Afong)在1868年左右拍攝的醮棚近照，樣式和
佈局與佛洛伊德所拍的完全相同，但仔細查看後，會
發現其中所用吊燈、畫卷和彩門裝飾卻有甚多明顯差
別，棚內隱約可見到一個張開雙手的巨型神像，而棚
外木柱均貼有楹聯。

（圖片來源：https://commons.wikimedia.org/wiki/File：Hong_
Kong_Interior_of_a_matshed_hall_by_Lai_Afong,_c1868.png）

另一對內容如下：

> 西有此摩訶說法拈花五色祥雲臨下界
> 南無□般若談經點石一輪慧日□□□

西文報刊經常以華人展覽（Chinese Exhibition）來稱呼
盂蘭勝會，相信是與醮棚內部精彩的陳設有關。外籍記者記
述1868年的醮棚如阿拉丁的宮殿（Aladdin's palace），彷彿
一夜間就能建成，內裏陳設上百盞吊燈、奇特的樹木、罕
見的植物、畫卷、神像、活動木偶，以及大量以盆盛載的祭
品，盡顯華麗。晚上更有大量燈具照明，加上棚頂蓆片佈滿
細小反光片，使得整個場面如同劇院節日演劇般奇幻[57]。據
說這些燈具、樹木和植物擺設都是租回來的[58]。參照現存照
片（圖五及六），當時醮棚入口處確實掛有多盞吊燈和不同

款式的燈籠，整個場地用精心紮作的門樓間隔，上有大量書畫裝飾，而入口處更掛上綵綢神仙人物，以及多個戲曲人偶場景像生箱，至於盆景和古樹則因安放在棚內，故未能從照片上看到，但報導所描述的情況，與古代文獻記述盂蘭盆會擺設花葉裝飾的做法有相近之處，祇是這些花並非以竹木布料剪裁而成[59]，而是用上真花真樹。有趣的是，1869年11月愛丁堡公爵訪港時，擺花街（Lyndhurst Terrace）上部分裝飾也是參考自盂蘭勝會陳設而建[60]，故此1869年拍攝的擺花街照片，可以看到與醮棚入口樣式相近的紮作門樓、像生箱和燈具（圖七）。

　　另從黎芳拍攝的醮棚照片，可以隱約看到棚內有一個張開雙臂的巨大神像，但由於室內光線不足，難以辨明其形貌（圖六所圈示部分）。1870年外文報章曾指醮棚內「四周牆壁分佈有巨大的神像（Gigantic statues），而眾多小神龕則放有如真人大小的歷史故事或戲曲角色人偶」，並提到棚廠中後部設有分別屬於儒道佛三家的祭壇[61]。筆者從英國倫敦維康圖書館（Wellcome Library）藏品發現另一張由湯姆遜拍攝的照片（圖八），由前景的吊燈樣式、彩樓紮作和戲曲人物場景像生箱推斷，是香港盂蘭醮會醮棚內的情況，其中巨形神像的面貌清晰可見，其赤裸上身，頭戴官帽，造型十分威猛，疑是紮作製品。這也可能是他在1868年所拍得的其中一張四環盂蘭勝會照片。

　　從上述醮棚照片所見，農曆七月烈日當空，但日間棚外仍有攤販在擺賣，棚內則有不少人在觀看各種裝飾擺設。另從外文報刊得知，醮場晚上更加熱鬧，吸引大批華洋居民到場參觀。1868年盂蘭勝會期間就有外籍人士在晚上11時抵達，卻跟駐守現場的警察發生爭執，並出手打傷警員，最後在現場當值的督察、警長及下級警員均要到法庭作供[62]。可見香港舉行盂蘭醮會時，晚上有警員到場維持治安，相信他們在管理人群秩序以外，職務還包括巡查火警隱患。

外籍居民到醮場看熱鬧，除了是被醮棚內各種極具異域色彩的裝飾擺設所吸引外，還希望嘗試藉此瞭解華人的宗教信仰，有外籍評論者就留意到「儒道佛」皆不足以解釋華人的鬼神信仰，而盂蘭勝會正是華人著重人倫關係的反映，而大規模的燒衣活動則源自他們恪守孝道和追求富足生活的共同理念[63]。另有評論者指香港盂蘭勝會所費不菲，但仍年復一年地舉行，這是華商惠澤坊眾的表現，而安排戲班演出，正是為了給低下階層提供娛樂[64]。

丙、 巡遊活動引發的討論

四環盂蘭公所外的告示列明醮會是五晝連宵，但其實在宗教法事以外，整項活動還包括鑾輿巡遊、神功戲和舞龍，

圖七： 1869年11月英國愛丁堡公爵訪港，擺花街的大宅外用上了華人醮會常見的吊燈，彩門飾板和戲曲故事人物像生箱作裝飾。(圖片來源：Wellcome Library)

加起來有時長達七天至十天[65]。1856年的鑾輿巡遊在農曆七月三十日（8月28日）前數天舉行[66]，1867年更有舞龍活動，時間在農曆七月廿八日（8月27日）[67]，而1868年的巡遊則在七月十五日（9月1日）中元節當天開始，連續舉行數天[68]，巡遊行列中午時份從文武廟出發，約至下午五時結束[69]。據說盂蘭建醮舞龍是香港特色，廣州由於街巷較窄，就不可能在城內舉行巡遊活動。[70]

　　然而港島樓房密集，巡遊隊伍佔用道路，為居民帶來不便，亦容易引起爭端。1868年盂蘭勝會巡遊就引起外籍居民不滿，致函報館投訴，指活動令商舖不能正常營業，製造大量噪音，又指晚上街道佈滿燈火，容易引起火災，矛頭直指政府，質疑為何容許華人進行這類民俗活動？[71]這隨即引起討論，同情華人的讀者致函反駁，認為巡遊每年祇舉行一次，並在數小時內完成，卻能為80,000名在港華人帶

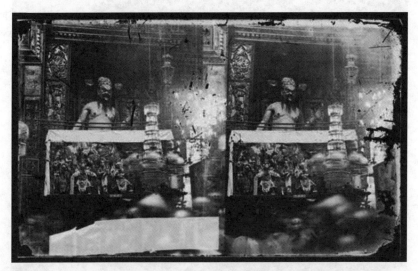

圖八：　倫敦惠康圖書館收藏有一張湯姆遜所拍醮棚內部的圖片，其中的吊燈、戲曲故事人物像生箱，以至彩樓裝飾等，均見於其他四環盂蘭勝會的照片，估計這是湯姆遜在1868年前後於香港拍攝。（圖片來源：Wellcome Library）

來歡樂，相較之下倫敦市市長巡遊（Lord Mayor of London Show）歷時更長，對商貿影響更大，但大家都容忍，華人也應獲得同樣的寬容對待。[72]另一位支持華人的讀者則擔心這些排華言論，最終會導致華商離開，令香港的經濟變得更差[73]。當時報刊編輯從現實利益出發，認為華人十分重視自己的風俗，華商是「香港商業的命脈和靈魂」（the life and soul of our body mercantile），如果基於自私的理由而禁制他們的慶祝活動，最終會導致他們加速撤離香港[74]。這場討論正好讓我們審視19世紀香港盂蘭勝會背後的其中一個問題：港英政府對盛大的華人醮會採取包容態度，其實是為了要留住經濟實力雄厚的華商，以保證香港經濟繼續興旺。早年盂蘭勝會能夠以極其盛大的規模出現，這與當時香港華商經濟影響力不斷提升，實在有密切的關連。

3. 燒街衣與超幽活動

　　19世紀60年代港島北岸除有大型盂蘭勝會以外，華人在農曆七月都會按習俗燒街衣祭祀孤魂，部分社區也會舉行超幽法事。政府認為這些活動容易觸發火災，燒衣者一經緝拿，都會依法處罰。當時報刊上就經常有燒衣被罰的報導，甚至有數十人同時被控的事例[75]，有案情顯示引發的火勢非常猛烈，導致鄰舍一樓陽台被焚[76]，由此可想見當時燒衣活動的規模。至於中上環以外的地區，1868年農曆七月十五日當晚亦有宗教法事舉行，其中在燈籠洲舉行的法事，由於持續到晚上八時仍未結束，又沒有預先向當局申請，結果因噪音引來警方到場調查，安排法事的華商因而被控，最後被重罰25元。據說再犯罰款就會增至100元，以收阻嚇之效[77]。

五、1870至1880年代四環盂蘭勝會的波折

　　盂蘭勝會在1860年代末已經成為香港島上每年一度的大

型祭典，雖然外籍居民投訴醮會帶來火災風險、噪音和阻街等問題，具備改良思想的華人政論家亦公開批評這類祭祀活動開支龐大，裝飾過於奢華[78]，甚至有通商口岸華文報刊揶揄醮會是「舍人而祭鬼」和「妄費」[79]，但這些都不足以影響盂蘭醮會的舉行，而對醮會安排有深遠影響的，卻是發生於1872至1880年代的兩件事件。

1. 1871至1874年的意外事件

1870年四環盂蘭勝會搬到西營盤舉行，醮場就在皇后大道西「西營盤水手館」（Sailors' Home）附近空地[80]，報刊指醮會前街頭已經遍貼告示，預告活動內容；巡遊當天參與者眾，街上人頭湧湧，非常熱鬧。[81]盂蘭勝會醮棚內則陳列一排排的盆景和花卉，更有紮作擺設比較中外生活情態，在外籍觀眾眼中這些場景明顯地崇華抑洋，對他們的家居生活極力醜詆，其中在一個擺設上竟然看到洋婦向華人胖漢搔首弄姿的場面。宗教內容方面，醮棚供奉有儒佛道三個祭壇，儒家居中，佛道在兩旁，各有六僧侶和六個道士在進行儀式，僧侶更向外籍訪客介紹盂蘭勝會的背景，提到〈目連（Maudgalyayana）救母〉的故事。據說這些僧尼道侶在建醮前後會連續兩星期日夜誦經，誠心超度亡者。[82]

當四環盂蘭勝會的安排已見成熟之際，1871年醮會的準備工作卻遇上重重波折，首先是醮棚被颱風吹毀，繼而是負責從內地運送醮場裝飾來港的船隻在風暴中沉沒，值理會需要賠償半數貨物的損失[83]。及至1872年，福茂隆與恒豐行仍然是醮會的重要支持者，各捐了373元，要經抽籤才能選出首名善信（head of the list of subscribers意譯），當年共簽得款項16,000元[84]。然而建醮期間卻發生嚴重火災，雖然絕大多數現場民眾都能及時逃生，但火勢卻異常猛烈，黑夜中熊熊烈火「照亮了山頂和九龍之間的整個海港。」[85]據說這是首次盂蘭醮棚失火[86]，起火原因是懸掛吊燈的繩子被燒著，幸

好在火焰波及戲棚之前，大家合力把位處中央連結東西兩端的棚架和草蓆拆掉，及時阻止了火勢蔓延，但從廣州租來的裝飾佈置和擺設卻燒毀了大半，其中包括一些珍貴的盆栽和珍奇，估計捐失金額高達100,000港元，而大部分物品都是由值理會作擔保的。[87]

建醮值理會遇上嚴重意外，對日後的準備工作產生直接的影響。及至1874年，值理會希望繼續在上環建醮，但政府以其位處市中心而拒絕申請，故此又要把醮場搬回西營盤[88]，其間搭棚承辦商因醮棚位置問題被人告上法庭，幸好最後裁定罪名不成立[89]。綜合現存照片資料和當時的報導，1872年和1874年建於西區的醮棚，選址大約在西邊街與水街之間的空地上，外形與水坑口的醮棚相似，祇是受地形影響，正面寬度變窄，改為三開間樣式，兩側仍附有低矮的「揹仔」部分，而高度則明顯增加[90]。據知這個醮棚實際上是由三個緊貼在一起的棚廠組成，東西兩端的棚子較高，中間的稍低矮，棚內空間十分寬敞，面闊85英呎，深度達150英呎[91]。然而由於醮棚建在坡地上，故此採用高架式設計，使棚內地面保持平坦。相片所見主棚東端近西邊街處另建有一個棚子，未知是否用作放置消防水車。報載當年為了加強防火，建醮期間特別準備了三輛救火用的水車[92]，並放置水桶和安排額外人手當值。[93]

總體而言，1872年醮棚大火後，政府更加注意醮棚的火災風險，在上述1874年棚廠承辦商的官司中，總測量官派斯（John M Price）被召到庭上作供，供詞透露政府針對大型醮棚提出多項改善措施，包括要離開最近民居的外牆至少有120英呎，棚廠接近地面的草蓆要用木板替代，近棚頂處則要增加開口，以便從外可以觀察到棚內吊燈的情況，而且日夜都要有警員看守。政府在搭棚期間會派員巡查，發現不妥就要立即改正，當年醮棚就因距離民居不夠遠而需要移位[94]。這種種改善措施無可避免地加重了醮棚的成本，故此1874

年的建棚費用就較往年高出許多。[95]

　　醮棚大火使政府不能再對盂蘭勝會帶來的火災風險視而不見，雖然沒有明文禁止，但有輿論呼籲要逐步遏止（gradually discourage）醮會，並表示這是1870年代中期左右已經擬好的方針，祇是軒尼斯（John Pope Hennessy）總督任內未有切實施行。[96]有說火災後醮壇裝飾的賠償問題對醮會造成致命打擊，祇因廣州出租會場佈置物品的一方曾與香港值理會打官司，敗訴後便聯同佛山同業杯葛香港四環盂蘭勝會。[97]盡管這個來自1930年代的說法有待核實，但1874年以後報章對盂蘭勝會的報導明顯減少，也未見有巡遊活動的介紹。相信在這次棚廠失火事件後，政府在審批搭建大型醮棚時定必有更多顧慮，而各項防火措施亦增加盂蘭勝會值理會的開支。事實上，1880年前後值理會已經改在文武廟外建醮，而醮會規模更大為縮減。[98]

2. 1885年巡遊期間的衝突及其餘波

　　1884年中法越南戰爭期間，香港華人排外情緒高漲，9月至10月期間出現碼頭工人罷工和嚴重的騷亂事件，港英政府出動警察和軍隊聯手鎮壓[99]。南北行商人為了緩和局勢，曾經協助居中調停，與政府官員和罷工代表會面，部分商戶亦張貼告示，呼籲大家復工。[100]就在罷工事件平息之後，1885年的盂蘭勝會值理會決定復辦大型巡遊，據說這是醮棚大火後多年未見的盛事，雖然醮棚仍祇能建在文武廟外，但內容卻較過去幾年精彩。[101]外籍居民一度疑懷在社會氣氛仍然緊張的情況下舉行巡遊，背後可能另有政治意圖，但報刊訪問一位本地華人，他轉告醮會目的是在於「做神功」（tso shan kung）[102]，而最特別之處，這次大型巡遊是由港督寶雲（George Bowen）親自批准的。[103]

　　如前文所載，盂蘭醮會巡遊早於1850年代已經存在，早期巡遊以神鑾為主體，1860年代加入金龍、頂馬和人物妝扮

故事等表演項目，到1870年代巡遊規模變得更加盛大，成為地區上的盛事。[104]1872年《華字日報》記載巡遊隊伍中有「二龍飛舞」、「五鳳跨遊」和「馬騰簇簇」[105]，同時亦有「稚年小子，巧裝昔人故事，使之騎馬，遍歷街衢」[106]。然而當年中外報刊都不接受年幼小孩在烈日下參與巡遊，指他們長時間給固定在同一位置，實在「慘不可言」[107]。1885年巡遊同樣有參與者妝扮成各類人物，從當年報章上「四約中元勝會值事」的告白可知，巡遊隊伍內有「飄色」、「彩色」、「平台色」，以至「鑼鼓」等，都是由善信「議賞」（贊助）[108]，然而當年主角卻是走在前頭的四條大龍，它們分別是由肉行、魚行、沙籐行和四邑人士組成的「羣義閣」提供[109]，緊隨其後有舞鳳凰、獅子[110]、麒麟和孔雀的隊伍[111]，鑼鼓樂隊共有17隊之多，總開支高達20,000港元[112]，而參與人數則多達2,000人。[113]

　　1885年巡遊在9月2日至4日（農曆七月廿四至廿六日）分三天舉行，除了本地居民外，更吸引大批觀眾從廣州和九龍到港島湊熱鬧，從廣州開出的輪船一天就帶來2,000名訪客[114]，其後更出現輪船超載，所謂「男女搭客經已滿載，無處容身，即船內架旁均有人立足，以致船身重大，幾難駛行。」未能登船赴港者，亦有300餘人之眾[115]，估計這次巡遊最終吸引到粵港兩地超過50,000人夾道觀看[116]。該年巡遊路線和時間早已向外公報，然而由於運載儀仗用品來港的船隻在汲水門翻側，雖然大部分貨物都能夠尋回[117]，但仍需作緊急維修和補救，因此首天巡遊遲了一個多小時才開始。

　　1880年石塘嘴已經另有盂蘭勝會之舉，與文武廟的醮場一樣會搭建醮棚和上演神功戲[119]，似有分庭抗禮之勢。1885年巡遊的重點活動是到文武廟接神，而首天的起點和終點都在石塘嘴。當時巡遊隊伍從石塘嘴起行，經西營盤到達水坑口大笪地，在文武廟前稍事停留，把神像接到神鑾後，就聯同神鑾繼續前行，經摩羅上街轉入太平山西街，在五號差館

處進入皇后大道，再向東從石板街往下走，到達海旁後西轉入永樂街，然後右轉入文咸街再返回皇后大道中，繼而轉上士丹利街和德己立街，途經威靈頓街和雲咸街後，返回荷李活道，然後經歌賦街和鴨巴甸街到達路口後轉入海旁西，再沿皇后大道返抵石塘嘴（圖九）。[120]

　　至於第二天和第三天的巡遊則屬表演性質，其中港督特別批准巡遊行列進入中環，甚至從港督府附近經過，好讓港督欣賞巡遊表演，具體路線如下：隊伍從荷李活道出發轉入擺花街，經威靈頓街和德己立街進入皇后大道，至中區木球會轉上花園道，再從亞畢諾道回到中環石板街，後經威靈頓街和德己立街進入西區。另一天則會在皇后大道轉入雲咸街，沿海傍東（Praya East）轉向東角一帶[121]。據說由於隊伍人數甚眾，整個行列需要兩小時三十分，才能順利通過一個地點。[122]

　　這次巡遊期間，魚行工人因燃放爆竹問題而襲擊警員，另外文咸街也有警員受襲，涉事者被帶到法庭受審[123]。當日行列在行進時，四邑挑夫和東莞挑夫發生齟齬，數天後在南北行卸貨時又再發生爭執，終演變成太平山區大規模的械鬥事件，導致人員傷亡。[124]然而騷亂事件並未就此終結，兩個月後華光誕舞龍又再發生嚴重的警民衝突[125]，引起政府和社會輿論的高度關注，終促使政府在1886年頒佈《宗教儀式及節慶條例》，加強規管華人的民俗活動[126]，這條法例後被1888年《管理華人條例》所取代[127]。自此以後，無論是巡遊（婚喪巡遊獲豁免）、搭棚、燃放爆竹和演劇，皆要嚴格遵守規定，事先取得批准，否則會按例處罰，而這些規管皆祇針對華人，明顯帶歧視成份，雖然當時政府在公開場合仍然表示尊重宗教自由[128]，但新例實際上限制了華人舉辦大規模公眾活動，港島北岸每年舉行的盂蘭勝會就更難恢復到1860年代的規模。

六、四環盂蘭勝會與香港早期華人社會

　　嘉慶二十四年（1819年）成書的《新安縣志》並未提到區內有盂蘭勝會，而從報刊資料考究，港島北岸盂蘭勝會約是在1850年代初開始，規模逐漸擴大，到1860年代末走向高峰，醮棚裝飾和巡遊盛況都引起各方注意，而盂蘭勝會規模不斷擴大的經過，亦見證著香港華人社會的成長歷程，值得再稍作申論。

1. 港英政府的華人管治策略

　　香港開埠後初次人口統計顯示，華人居民有7,450人，水上居民約2000人[129]，1853年另一項統計則顯示華人居民多達37,536人，外籍居民卻祇有1,481人[130]。英國駐華商務總監兼全權公使查理‧義律（Charles　Elliot）在佔領香港島時雖曾發表公告，宣佈華民的私產可獲基本保障，禮俗不變，甚至「凡有長老治理鄉理者，仍聽如舊，惟須稟明英官治理可也。」[131]但亦有歷史研究者提出，港英政府面對著人口佔多數的華人，並非完全放任自流，反而著重直接管治[132]，加上當時有大批華工從內地到港謀生，他們的流動性極高，對本地治安容易造成威脅，故此更須加強管理。再者，港島對岸的九龍和四週水域仍有清軍駐守，而在中英關係緊張之時，內地官吏嘗試鼓動民氣，藉呼籲在港華人撤離和禁運來牽制英軍補給，甚至懸賞鼓勵在港進行破壞活動，其中1857年轟動一時的毒麵包案，就令到外籍居民人心惶惶[133]，促使港英當局對華人更嚴加防範。

　　港英政府控制華人的手段，已經有專家學者作詳細研究[134]，這裏祇從19世紀政府體制和刑法兩方面作簡單說明。早期港英政府不乏如戴維斯（John　F.　Davis）般通曉華文的官員，並嘗試引入華人熟悉的保甲制來加強控制，更在1844年設立華民政務司，專責處理華人事務，職責包括登記住戶和

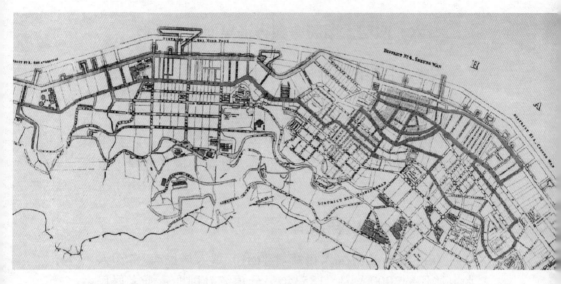

圖九：　據報刊所載，1885年盂蘭勝會巡遊隊伍從石塘嘴出
　　　　發，以皇后大道為主要巡遊路徑，其中亦會經過港島
　　　　北岸中、上環地區的主要街道。

商戶，簽發宗教儀式和戲曲表演批示等。[135]華民政務司權力
甚大，甚至可以入屋搜查[136]，華人在行政局沒有代表，直到
1880年定例局才出現首位華人非官守議員，由伍廷芳出任，
可見施政過程並不著重人口佔大多數的華人的意見。[137]

　　港英政府對待華人與外籍社群有明顯差別，曾有一段
時期中環和山頂皆不容許華人居住，港英政府更引入肉刑，
例如笞刑、枷號和苦工監等專門用來懲處華人犯事者。為減
輕監獄的擠逼情況和經濟負擔，更常見的處罰辦法是遞解出
境，並把受罰者耳朵黥黑作識別[138]。其中巡理府法院可說是
專門為了審理華人的案件而設，祇需簡單審訊即可定罪，效
率奇高[139]。

　　當時警隊主要由轉職的印度裔士兵和被裁撤的歐籍水手
組成，普遍不懂華文[140]，對華人態度甚差，動輒逮捕拘控。
巡理府法院需要處理大量案件，1841至1870年間，共有不少

於175,000人曾經在各個法院受審，絕大多數是華人。1870年
代經巡理府法院審判的人，竟一度超過總人口百分之十二[141]
。再者，法例規定華人晚上外出要帶備燈籠和燈紙，而在各
式控罪之中，「不能出示燈紙」就是專門針對華人的罪名[142]
。年內是否嚴格執行這項檢控，竟會牽動該年整體受審人數
的升跌[143]。

　　英國佔據香港以建成服務於其國家利益的商業中心
（Emporium）[144]，而港英政府亦急於開源以應付政府的各項
開支，故此吸引商人到港投資和積極促進商貿活動，就成為
了施政者的工作重點。香港開埠後首30年間，經濟發展幾經
起跌，而建立穩定的營商環境和嚴控華人以維持治安，始終
是港英政府最重視的事項[145]。

2. 華人經濟實力和社會地位的提升

　　香港開埠初年，由於前景不明朗，加上清廷向來禁止
沿海一帶華人為發動侵略的「外夷」服務，違例者會被視
作「漢奸」，故此願意來港開業的華商不多；而早期移居香
港的華人，主要是鴉片戰爭中向英軍提供補給和情報致富的
一批買辦，他們擔心返回內地會受罰，故決定來港暫避。開
埠初年，港島北岸的各項建設亦吸引到大批低下階層華工和
希望取得工程合約的承辦商前來尋找機會。盧亞貴和譚才是
早期華商的代表人物，他們在開埠初年累積大量財富，並迅
速崛起，成為與政府聯絡的華民代表[146]，至於那些擔當中間
人，專門替港英政府進行採購的買辦，亦藉買賣房地產和經
營各種與外貿掛勾的業務而迅速致富，成為華人社會的領袖
人物[147]。

　　隨著港英政府增聘華人和加入通曉華語的外籍官學生來
處理政務，加上欲糾正早期政府官員與地方人士同流合污的
問題，政府對華人買辦的依賴減少，而曾接受英語教育的公
司買辦（company　comprador）成為了新一代華人社會的精

英階層，他們受外商僱用，協助處理帳目、管理華人員工和聯絡本地商戶，[148]韋亞光、馮明珊和唐景星都是其中的表表者[149]。華人公司買辦有時會承接外商批出的生意，甚至開辦同類的業務，成為外商的競爭對手。郭亞祥任職鐵行輪船公司，但同時開辦自己的輪船公司，經營上海、廣州和東南亞航線就是一例[150]。

19世紀50年代廣東地區受太平天國起事影響，加上在第二次鴉片戰爭的陰霾下，不少廣東地區的富商帶同家眷移居香港，他們的財富和商業網絡促進了香港經濟的發展。適逢北美淘金熱興起，吸引大批華工出洋，跨太平洋商貿網絡逐漸成形，使得香港成為交通、貨運和滙款中心，大量日常用品和華工經香港被運送到美洲，為香港商人提供大量商機，包括經營東南沿海和珠江的航運，以至橫越太平洋的輪船服務和相關的保險業務，不少北美華商亦在香港成立聯號以處理業務，進一步振興香港的經濟[151]。1868年香港華商成立「南北行公所」，正好標誌著轉口貿易所扮演的重要角色。1870年政論家王韜從英國返港，看到一個全新的氣象，華商一擲千金，競尚奢華。[152]

華人公司買辦和南北行商人經濟力量日漸壯大，同時亦積極參與公共事務，爭取機會向港英政府反映華人社會的訴求，當局亦希望借助他們的地位來加強對華人社群的管治。1866年成立的團防局和1870年成立的東華醫院，都是港英政府因應情勢而批准成立，後者更是與華人溝通和合作的重要平台。19世紀中後期華人已經支配了香港的經濟命脈，1881年首20位納稅最多的人士中，華人佔了其中17位[153]，在社會事務上爭取更大的話語權，而東華醫院所扮演的角色就更加重要[154]，東華總理是華人社會的領袖，代表居港華人與政府進行溝通和協商，其地位亦得到港英當局確認。

3. 華商與華人社會風俗的傳承

香港華商位處港英政府和清廷之間，曾被視作不可信靠的一群[155]，然而隨著經濟地位提升，他們逐漸成為被拉攏的對象，更有機會從兩邊得到封賞來鞏固自身的社會地位，例如在清廷開放捐途時，不少華商就藉各種捐獻取得官銜，得以穿戴官服出席各種場合[156]。雖然這些榮譽在港英政府架構內沒有任何位置，但朝服冠戴和朝珠所承載的國族象徵和等級觀念，早已在華人心中根深柢固，東華醫院總理身穿官服參與新春團拜、主持文武廟祭典，或接待過境的清廷官員，都進一步確立其作為闔港華人代表的身份[157]。

事實上，香港的華商和華工有著不同的籍貫、方言、職業和社會地位，要聯繫各個社群，就須要借助一個超越族群、階級和行業界線的平台，而華人普遍重視自己的傳統，港英政府在處理與華民風俗習慣相關的社會問題時也相對地謹慎[158]，故此週期性節慶活動正好提供一個台階，在團結社群方面發揮重要作用：一方面傳統節誕所包含的文化內涵是華人社會所共享，不同階層的華人都重視節誕祭祀，在演繹節慶意義和內容時，主理其事的紳商和參與活動的普羅大眾處於相對平等的位置上，便利雙方溝通；另一方面，節慶活動需要資金維持，以及跟政府當局進行各種協調，在港英防範華人聚眾生事，低下階層的福祉被受忽視的時代裏，華商出錢出力為社區安排宗教法事和戲劇演出，其領袖位置和扶老濟貧的善心更顯得毋庸置疑，並能夠在流動性極高的居港華人群體間產生凝聚力。

芸芸眾多節日神誕之中，19世紀香港盂蘭勝會的規模和開支遠超其他節慶活動，其背後可能涉及多種原因，而筆者認為這與其籌辦的形式和包含的社會價值有密切關係，特別是盂蘭勝會所依據的〈目連救母〉故事，以「孝」和「報」作為其大力宣揚的兩個核心觀念，與傳統講求人倫關係、推

崇報恩的社會價值相符合,有助維持社會和諧和鞏固現存的社會秩序。至於醮會的籌辦方式,亦有利於團結不同行業和階層的華商,祇因行商和舖戶無論規模大小,皆可以透過簽題來支持醮會,甚至加入值理會為大眾服務,這大大有助於打破華商之間不同族群和行業背景所造成的隔閡,而值理會換屆時則可讓更多華商加入參與組織工作,有利闔港華商建立一種群體意識,並透過醮會華麗而莊嚴的會場擺設,盛大的巡遊隊伍,以及簽助醮金後獲分發並懸掛於舖門外的燈籠公開展示出來。這正好為當時在政府架構內缺乏代表,並在商業競爭中受到不公平對待的華商[159],提供一個互相聯絡和展示其社會領導地位的空間。

七、結　語

　　從歷史資料考究,直至今天盂蘭勝會在港島北岸已經傳承了約170年,早期以太平山四環盂蘭勝會的規模最大,其醮場擺設和巡遊用品多從廣州和佛山等地租來,是區內每年一度的盛事,吸引九龍和內地的民眾到港島來參觀,並且引起居港的外籍人士注意,外文報章留下了不少當年盛況的紀錄,成為本文寫作的主要根據,從而勾勒出早期四環盂蘭勝會的一個梗概。

　　然而隨著1880年代以後相關報導和照片資料減少,致未能繼續追尋其在19世紀末的發展軌跡,但可以肯定的是,隨著香港人口增加,商業繁盛和市區範圍不斷擴大,盂蘭勝會和超幽活動的數量定必有明顯增加,並分散在各區舉行。正如前文所述,1880年在上環和石塘嘴已經各自舉行屬於本區的盂蘭勝會,而潮州公和堂亦早於1897年舉行首屆盂蘭勝會,至今已延續了126年,進一步說明早年港島銅鑼灣一帶在農曆七月也有盂蘭祭祀活動[160]。

　　這篇短文祇涉及港島北岸四環盂蘭勝會的情況,集中討

論其在19世紀下半葉的演變。港島東區的筲箕灣和南區的香港仔一帶，很早就已經有搭棚演戲活動[161]，會否也同樣有大規模的盂蘭祭祀活動？筆者期待未來能發掘到更多新資料，就19世紀至20世紀初盂蘭勝會的發展情況，有更詳細的論述。

（本文撰寫期間，得到夢周文教基金會和香港歷史博物館批准使用照片，馮佩珊女士慷慨分享早期外文報刊資料，謹此一併致謝！）

注釋：

1. 陳蒨：《潮籍盂蘭勝會：非物質文化遺產、集體回憶與身份認同》（香港：中華書局，2015年），頁17。

2. 其中例子包括：［日］田仲一成：〈二十世紀香港潮幫祭祀活動回顧——遺存的潮州文化〉，《饒宗頤國學院院刊》創刊號（2014年4月），頁395至441；陳蒨，《潮籍盂蘭勝會：非物質文化遺產、集體回憶與身份認同》；長春社文化古蹟資源中心編製，《香港潮人盂蘭勝會》（香港：長春社文化古蹟資源中心，2023年）

3. 2017年3月日本國立民族學博　館就舉辦了「現代亞洲社會中的盂蘭節、中元節、七月祭祀——圍繞彼世和現世的禮儀」國際研討會，與會學者就東亞地區的中元節、盂蘭盆會作專題報告，其中亦有論文比較不同國家和地區七月祭祀活動的內容。見［日］志賀市子（王剛譯）：〈"盂蘭盆會的主角"的比較研究—以現代香港的盂蘭勝會為中心〉，《節日研究》第十四輯（2019年），頁64至85。同書有多篇論文皆以盂蘭節作討論中心，其中包括蔡志祥，〈從鬼戲到歌台：中元普渡的娛樂、表演與儀式〉，同書，頁3至22。

4. 華文報刊提及粵港兩地盂蘭節活動時，多以「中元節」、「盂蘭勝會」和「建醮」作介紹，部分則用「超幽」為題，說明法事的背景及過程，同時亦已提及盂蘭節俗稱為「鬼節」。

5. 林國輝，〈《申報》所見的兩則香港史研究資料〉，《田野與文獻：華南研究資料中心通訊》第51期(2008年4月15日)，頁26至30。另見楊文信，黃毓棟等編，《香港舊聞—十九世紀香港人的生活點滴》（香港：中華書局，2014年），頁35至43。

6. 民俗研究者周樹佳最早利用西文報刊資料介紹香港早年盂蘭勝會的情況，成果見於《鬼月鈎沉—中元、盂蘭、餓鬼節》（香港：中華書局，2015年），頁28至37及頁190至193。

7. 筆者查閱多份1860至1870年代的外文報章，發現德臣西報曾於1872年使用Yu-Lan一詞，見*The China Mail*, 17 August, 1872. 另外以外商為銷售對象的1874年對華通商年鑑，亦提到香港有一個「盂蘭值理」（The Yulan Procession Committee），成員有78人，見*The China Directory for 1874* (Hong Kong: The China Mail Office, 1874), p. A48。至於ü-lan一詞，則見於*Notes and Queries on China and Japan : A Monthly Medium of Intercommunication for Professional and Literary Men, Missionaries and Residents of the East Generally, Etc.*, Vol. 2, No. 10 (Oct 1868) p. 156.

8. Asia Society Galleries and Hong Kong Arts Centre, *Picturing Hong Kong : Photography 1855-1910* (New York: Asia Society Galleries, 1997), pp. 30-34

9. John Thomson, *Through China with A Camera* (Westminster: Archibald Constable & Co., 1898), p.32

10. 1868年9月4日湯姆遜在《德臣西報》刊登廣告，表示拍得四幀舞龍巡遊的快拍小照（4 Small instantaneous Subjects from the Dragon Procession），見*The China Mail*, 4 September, 1868。當年四環盂蘭巡遊在農曆七月十五日（即9月1日）舉行，其中包括舞金龍。

11. 〈映照會景〉，《循環日報》1885年9月11日。

12. *The Hong Kong Daily Press*, 3 September, 1885.

13. 該鐵鼎口沿部分有修補痕跡，而器腹則以方框把銘文圍繞，分成兩部份，各在器腹的一側，一面鑄有「寶鼎呈祥」四個大字，另一面以上環、中環、西營盤及太平山四區名字為標題，其後開列多所商舖名字，末段有「同治八年歲次己巳孟冬吉旦」和「信昌爐造」等鑄造資料。

14. 科大衛、陸鴻基及吳倫霓霞合編，《香港碑銘彙編》（香港：香港市政局，1986年），第三冊，頁695

15. 同上書，第三冊，頁702。

16. 同上書，第一冊，頁261至262。

17. 經與1894年東華醫院總理、協理和值事資料核對，其中祇開列有「光緒二十年甲午總理」何星煌及劉慶孫，以及「甲午年值事」黃鎏臣和唐逸之的名字，可見當年醮會活動中，東華醫院並非最主要的負責單位。見《1895年東華醫院徵信錄》（香港：東華醫院，1895年）二集，頁十三。

18. 1874年香港印製的對華通商年鑑提到文武廟有一個「街坊公所」

(Man-Moo Joss-House Committee) 組織，成員為來自五區，即中環、太平山、下環、上環 和西營盤的66個商舖，未知這是否就是文獻中所指的五環？見*The China Directory for 1874* (Hong Kong: The China Mail Office, 1874), p. A48. 香港政府檔案中，「文武廟五環值理」一名見於1879年華民所呈的一份票詞，申請在農曆二月初二日至初七日期間於文武廟前建醮，以慶祝文昌帝君寶誕，並到摩星嶺焚化冥衣，最後得到政府批准。見 ”Government Notification No. 29”, *The Hong Kong Government Gazette* (12 February 1879).

19. 王韜，〈香港略論〉，見氏著《弢園文錄外編》（瀋陽：遼寧人民出版社，1994年），頁263。

20. 王韜，〈盂蘭盆會〉，見氏著《甕牖餘談》（台北：廣文書局，1969年），卷三，頁十二至十三。

21. 《救時揭要》成書於1873年，其中「醮蓬之變」應是指1872年香港西營盤醮棚大火事件，當時香港報刊亦有報導火災經過，包括是吊燈首先起火，由於及時阻止火勢蔓延，故此絕大部分人能夠逃出火場，但在黑夜中仍可見火光熊熊。見The China Mail, 23 August, 1872.

22. 鄭觀應，〈論廣東神會梨園風俗〉，氏著《鄭觀應集‧救時揭要（外八種）》（上）（北京：中華書局，2013年），頁34。

23. *The Chronicle and Directory for China, Japan, The Philippines for the Year 1864* (Hong Kong: Daily Press Office, 1864), p.63.

24. “The All-souls Festival” in *The China Magazine*, Vol. 2, No.17 (Nov 1868), pp.109-110

25. “The Districts of Hongkong and the Name Kwan-Tai-Lo” in *The China Review* , Vol.1, No.5 (April 1873), pp.333-334.

26. *Notes and Queries on China and Japan: A Monthly Medium of Intercommunication for Professional and Literary Men, Missionaries and Residents of the East Generally, Etc.*, Vol. 2, No. 10(Oct 1868), pp. 156-157.

27. 報章刊載周亞學供詞原文為 “For twenty years, such exhibitions have been common in Hong Kong. In the early years they were small; of late they have assumed greater magnitude.” 見*The China Mail,* 17 August, 1874

28. 同註25，p.334.

29. 筆者未見東角市場(East Point Bazaar)的資料，當年位於今天金鐘一帶，則有一個名為廣州市場（Canton Bazaar）的華人商舖集中地。

30. *The Hongkong Register*, 7 September, 1852. 現轉引自Christopher Munn, *Anglo-Chinese : Chinese People and British Rule in Hong Kong 1841-1880* (Hong Kong： Hong Kong University Press, 2008), p.87.

31. *The China Mail*, 17 August, 1874

32. 據20世紀報刊報導，盂蘭勝會十殿閻王紙紮亦會加入時事題材，見〈十王殿亦號摩登心趨時尚・萬善緣每傳怪事手印何來〉，《越華報》1935年11月22日，轉引自蔡志祥、韋錦新、潘淑華編，《「迷信話語」：報章與清末民初的移風變俗》（香港：華南研究中心，2013年），頁67。

33. 鴉片戰爭後簽訂的《南京條約》，訂明廣州為其中一個對外開放的通商口岸，但廣州入城問題一直未能解決，1846至1847年間更發生多次民眾騷動，在城外一個村莊有六名英國人被殺。見Frank Welsh, *A History of Hong Kong* (London： HarperCollins, 1997), p.181.

34. "It is expected that the attack will take place early tomorrow morning, and that the band will assemble at East Point tonight, under the pretence of keeping a Chinese festival." *The China Mail,* 14 August, 1856. 另1868年中元節時，有殷商打扮的男子在今銅鑼灣一帶的燈籠洲舉行宗教法事受罰，可見東區也有盂蘭活動。參見Hong Kong Daily Press, 1 September, 1868.

35. 同註26, p. 157.

36. 周樹佳，《鬼月鈎沉──中元、盂蘭、餓鬼節》，頁28。

37. 外文報紙Dragon Hall 一詞可能是直接翻譯自華文，廣東地區節慶神誕時所搭建的大型棚廠多稱「龍殿」或「龍棚」，例如鄭觀應的〈論廣東神會梨園風俗〉中就提到：「粵中遇靈神之期，無不大張燈火，搭蓋龍棚」。見《鄭觀應集・救時揭要（外八種）》（上），頁34。「龍殿」一詞則見於《時事畫報》光緒三十年第二期，其文稱「以城廂內各街建醮，安奉神牌，名曰『龍殿』。」見廣東省立中山圖書館編，《舊報新聞：清末民初畫報中的廣東》（下）（廣州：嶺南美術出版社，2012年），頁442。

38. *The China Mail*, 28 August, 1856

39. Carl T. Smith, *Chinese Christians : Elites, Middlemen, and the Church in Hong Kong* (Hong Kong： Hong Kong University Press, 2005), p.43.

40. *The China Mail*, 4 September, 1856

41. *The Chronicle and Directory for China, Japan, The Philippines for the Year 1868* (Hong Kong： Daily Press Office, 1868), pp.166-167. 其中和利裕在報刊內寫作和利行。

42. 1868年9月8日《上海新報》轉載《香港近年編錄》，見楊文信，黃毓棟等編，《香港舊聞—十九世紀香港人的生活點滴》，頁35。

43. *The China Mail*, 5 November, 1868

44. G. B. Endacott, An Eastern Entrepot:　*A Collection of Documents Illustrating the History of Hong Kong* (London:　Her Majesty's Stationery Office, 1964), p. 143.

45. 廣州博物館收藏的同治十年（1871年）〈重建關夫子廟碑記〉上，就有「福茂隆助工金銀三大員」的記載，見程存潔，〈明清時期廣州關夫子廟與十三行行商〉，《廣州文博》2011年，頁210。另福茂隆亦有捐助福建漳州的龍池岩勝蹟，名字見於光緒二年（1876年）〈重建龍池岩碑記〉，見廈門市海滄檔案館等編，《廈門海滄文史資料》第十三輯（2022年11月），頁458。

46. 和利裕和恒豐行的名字均見於方耀，〈創建省垣潮州八邑會館碑記〉，《旅港潮州商會年紀念特刊》（香港：旅港潮州商會常務理事會編印，1951年），頁4。

47. 1868年四環盂蘭醮會捐款最多的五間商行，其名字亦見於同年大坑天后古廟重修的碑記上，屬捐款最多的一批商戶，名字列於首行，而其中恒豐行與和利裕　更被列作天后古廟的總理。見科大衛、陸鴻基及吳倫霓霞合編，《香港碑銘彙編》，第一冊，頁129及頁135。

48. 〈記香港醮會〉，見《申報》1872年9月5日。其中提到「本港賽會之設，有以稚年小子巧裝昔人故事，使之騎馬，遍歷街衢，以為樂趣者，殊不足觀。」

49. 王韜，〈盂蘭盆會〉，見氏著《甕牖餘談》卷三，頁十三。

50. 〈文武廟告白〉，《華字日報》1905年7月20日。

51. "The Great Fire of 1866", *Illustrated London News, 22 December, 1866* and *The China Mail*, 1 November, 1866.

52. *The China Mail*, 19 August, 1868.

53. 聖士提反堂在1866年9月7日開幕，見*The Hong Kong Daily Press*, 4 September, 1866

54. *The Hong Kong Daily Press*, 22 August 1868.

55. 外文報章載太平山區鋤斷山（Gap）——即水坑口一帶在1869年農曆七月搭建有大型戲棚，見*The China Mail*, 31 August, 1869。

56. 對聯內容主要透過放大照片得知，缺字為未能辨認的部分。

57. "The All-souls Festival" in *The China Magazine,* Vol. 2, No.17 (Nov 1868), p.110. 珠江三角洲內其他鄉鎮建醮時亦有類似的陳設，即所

謂「棚內懸掛燈色，暨綢衣人物數十套，及古樹盤景等物。」（見《國華報》1935年9月14日），「燈色、像生、綵綢人物等事」（《國華報》1935年11月2日），「棚內陳列石山、盤栽、古樹等，張燈結綵……餘如綢衣公仔，故事人物，五色繽紛。」（《國華報》1936年12月3日），轉引自蔡志祥、韋錦新、潘淑華編，《「迷信話語」：報章與清末民初的移風變俗》，頁153，頁160及頁210。

58. *The China Mail*, 5 November, 1868

59. 「故後代人因此廣為華飾，乃至刻木劖竹，剪綵縷繪，摹花葉之形，極工妙之巧。」見王韜，〈盂蘭盆會〉，氏著《甕牖餘談》，卷三，頁十二。

60. 原文是擺花街近荷李活道一帶的裝飾是按照華人的方式安排，猶如太平山區醮會（Dragon feast意譯）時的情況一樣。見*The Hong Kong Daily Press*, 3 November 1869.

61. *The China Mail*, 25 August, 1870.

62. *The China Mail*, 2 September, 1868 及*The Hong Kong Daily Press*, 3 September 1868.

63. "The All-souls Festival" in *The China Magazine*, Vol. 2, No.17 (Nov 1868), p.110

64. *The China Mail*, 5 November, 1868. *Notes and Queries on China and Japan : A Monthly Medium of Intercommunication for Professional and Literary Men, Missionaries and Residents of the East Generally, Etc.*, Vol. 2, No. 10 (Oct 1868) p. 156.

65. *The Hong Kong Daily Press*, 22 August 1868.

66. *The China Mail,* 28 August, 1856.

67. *The Hong Kong Daily Press*, 3 September 1867.

68. *The Hong Kong Daily Press*, 2 September, 1868.

69. *The Hong Kong Daily Press*, 7 September, 1868.

70. *Notes and Queries on China and Japan : A Monthly Medium of Intercommunication for Professional and Literary Men, Missionaries and Residents of the East Generally*, Etc., Vol. 2, No. 10 (Oct 1868) p. 156.

71. "To the Editor of 'The Daily Press'", *The Hong Kong Daily Press*, 2 September, 1868.

72. "To the Editor of 'The Daily Press'", *The Hong Kong Daily Press*, 4 September, 1868

73. 同上。

74. The Hong Kong Daily Press, 5 September, 1868

75. 1869年及1874年就有多宗燒衣被罰的新聞，可見農曆七月十四日前後華人商舖和住宅普遍都在門前燒衣，其中一次法庭審訊涉及33個業主和租客，每人判罰兩大元。見*The Hong Kong Daily Press,* 25 August 1869. 類似的新聞內容可參見*The Hong Kong Daily Press,* 23 August, 1869; The Hong Kong Daily Press , 25 August, 1874.

76. *The China Mail*, 23 August, 1869.

77. The Hong Kong Daily Press, 1 September, 1868.

78. 鄭觀應在〈論廣東神會梨園風俗〉中，指神功戲和盂蘭勝會皆是「以有用之財，作無益之事。」另在〈論虛費〉中，指盂蘭勝會帶來「流弊百出，糜費萬金。」參見氏著《鄭觀應集·救時揭要（外八種）》（上），頁34和150。

79. 〈來札附登（廣東香港人芝澗居士）〉，原轉1871年7月4日《中外新報》，現轉引自楊文信，黃毓棟等編，《香港舊聞—十九世紀香港人的生活點滴》，頁37。

80. 外文報刊提到1870年醮棚在皇后大道西一所教堂對面，這個教堂可能就是西營盤水手館內的聖彼得堂（St. Peter Church）。*The China Mail*, 25 August, 1870.

81. 同上。

82. 同上。

83. *The China Mail*, 17 August, 1872.

84. *The London and China Telegraph*, 30 Sept 1872, p.672.

85. *The China Mail*, 23 August, 1872.

86. *The Hong Kong Daily Press*, 18 August 1874.

87. 同註85。

88. *The China Mail*, 17 August, 1874.

89. 同上註。法官考慮到承辦商已依足政府建議改動棚廠設計，並加入大量防範措施，以減低其潛在危害性，故判入稟無效。

90. 據說為了符合消防要求，故需增加高度。見*The Hong Kong Daily Press*, 18 August 1874.

91. *The Hong Kong Daily Press*, 17 August, 1874.

92. 同註88。

93. 同註88。

94. 同註88。

95. 同註88。

97. 《循環日報六十周年紀念特刊》載有一則「火燒醮棚」舊聞，指某年醮棚大火，「景物盡成灰燼，估計所值鉅萬，物主向值事索賠，至興雀角之爭，仍復敗訴，及歸，投告省佛同業，自後不得與香港『四環盂蘭勝會』交易。」　而醮會以後祇好改到文武廟前，並且為了避免糾紛，「遂改名為『五約中元勝會』。」見洪孝允，〈六十年來之香港〉，見麥思源，《循環日報六十周年紀念特刊》（香港：循環日報社，1932年），頁73。

98. "The Chinese Festival of All Souls……will take place by public subscription before the Temple of the gods of literature and war, Hollywood Road, between the 24th and 27th instant, when visitors and others may see, on a small scale, but rather larger than is usual in Hongkong of late years, the Chinese idea of a glorious display," *The Hong Kong Daily Press*, 21 August, 1880.

99. Jung-fang Tsai, *Hong Kong in Chinese History : Community and Social Unrest in the British Colony, 1842-1913* (New York： Columbia University Press, 1993), pp.127-130.

100. 同上，pp. 136-137.

101. *The Hong Kong Daily Press*, 24 August, 1885.

102. *The China Mail*, 4 September, 1885.

103. *The China Mail*, 31 August, 1885.

104. 香港歷史博物館就藏有一通四環盂蘭醮會值理會邀請荃灣鄉紳到港島觀賞醮會盛況的信函抄本，屬1880年代的文獻，其中提到醮會期間列聖巡遊為「屢年盛事」，內容包括「覩儀仗之鋪排，路迴裙帶，映銀江之燦爛，洲近燈籠。欣看景象紛呈，彩煥三環之市，宛若神龍出見，飛騰百步之梯。」，見〈香港四環七月盂蘭醮會邀友玩賞信式〉，收入《邱元璋書柬》（藏品編號：E1982.341.1）

105. 〈記香港醮會〉，見《申報》1872年9月5日。

106. 同上。

107. 同上。

108. 〈勝會賞格〉，《循環日報》1885年8月2日。

109. 同註101。這四個團體亦是巡遊活動最積極的參與者，「其衣裝儀仗及鼓樂龍色等物」皆甚為突出。見〈賽會誌略〉，《循環日報》1885年9月5日。

110. 同上註。

111. 同註96。

112. 同註101。

113. *The China Mail*, 2 September, 1885.

114. 〈附航人眾〉，《循環日報》1885年9月2日。

115. 〈輪船人眾〉，《循環日報》1885年9月5日。

116. 同註96。

117. 同註113。

118. 同上。

119. 石塘嘴盂蘭節演劇和建醮的新聞，可參見：1) *The China Mail*, 20 August 1880; 2) *The Hong Kong Daily Press*, 23 August 1880; 3) 〈剪絡繫獄〉，《循環日報》1880年8月24日。至於文武廟在該年8月24日至27日舉行盂蘭勝會的新聞，則見於：1) *The Hong Kong Daily Press*, 21 August 1880; 2) *The China Mail*, 25 August 1880; 3) *The China Mail*, 28 August 1880; 4) 〈幸邀免究〉，《循環日報》1880年8月27日。

120. 同註113。

121. 同註96。

122. *The Hong Kong Daily Press*, 4 September, 1885

123. *The China Mail*, 5 September, 1885及The China Mail, 7 September, 1885.

124. 〈好勇鬥狠〉，《循環日報》1885年9月22日。另參見*The China Mail*, 21 September, 1885 及*The Hong Kong Daily Press*, 22 September 1885.

125. 有說華光誕舞龍的經費，實來自盂蘭醮會所剩餘的3000元，見〈來函照登〉，《循環日報》1885年9月17日，而這次衝突詳情，見*The China Mail*, 7 November　1885。

126. "Government Notification No. 32", *Hong Kong Government Gazette* (30 January 1886)

127. "Government Notification No. 116", ***Hong Kong Government Gazette*** (24 March 1888)

128. 例如裁判官H　E　Wodehouse　在審訊魚行工人燃放爆竹案時則表示，直言對有關行為的規管不涉及對宗教儀式的干預　(had　no desire to interfere with their religious observances)，而是要事先取得許可。見***The China Mail***, 7 September 1885。

129. "Hong Kong 1841 Census", ***Hong Kong Government Gazette*** (15 May 1841)

130. "Census of Hong Kong, 31 December 1853. 早年香港人口流動比率甚高，加上統計方法不完善，導致所獲取的數字與現實情況可能出現很大偏差，故祇能作為一個總發展趨勢的參考。

131. 轉引自蘇亦工，《中法西用——中國傳統法律及習慣在香港》（北京：社會科學文獻出版社，2007年），頁70。

132. Christopher Munn, *Anglo-China : Chinese People and British Rule in Hong Kong, 1841-1880*, p. 3.

133. 同上書pp. 275-277.

134. Peter Wesley-Smith, "Anti-Chinese Legislation in Hong Kong", in Ming K Chan (ed.), *Precarious Balance : Hong Kong Between China and Britain, 1842-1992* (Armonk, New York： M.E. Sharp, 1994), pp. 91-105.

135. 《管理華人條例》，參見"Government Notification No. 116" *Hong Kong Gazette* (24 March 1888)

136. 余繩武、劉傳寬編著，《十九世紀的香港》（北京：中華書局，1994年），頁192至195。

137. 同上註，頁183至188。

138. Christopher Munn, *Anglo-China :Chinese People and British Rule in Hong Kong, 1841-1880*, p. 353. 另郭嵩燾參觀香港監獄時，獲告之被驅逐出香港的犯人，頸部會給刺上「○」記號，以作識認。見郭嵩燾，《使西紀程》（瀋陽：遼寧人民出版社，1994年），頁5。

139. 余繩武、劉傳寬編著，《十九世紀的香港》，頁205至211。

140. 同上註，頁220至222。另見John M. Carroll, *Edge of Empires :Chinese Elites and British Colonials in Hong Kong* (Hong Kong： Hong Kong University Press, 2005), p. 63.

141. Christopher Munn, Anglo-China： Chinese People and British Rule in Hong Kong, 1841-1880, pp. 111-112.

142. 同上註, pp. 131-132.

143. 同上註, p. 359.

144. 同上註, p. 334.

145. 鴉片戰爭期間，英國國內曾懷疑佔領香港的實際效益，樸鼎查(Sir Henry Pottinger)在回應這些批評時，曾經多次期許香港可以發展成促進英國貿易的商業中心，見同上註, p.33及p.37.

146. 關於盧亞貴和譚才的資料，可以參看Carl T. Smith, *Chinese Christians : Elites, Middlemen, and the Church in Hong Kong*, pp. 109-110, & pp. 114-115. Jung-fang Tsai, Hong Kong in Chinese History： Community and Social Unrest in the British Colony, 1842-1913, pp. 43-45.

147. Kaori Abe, *Chinese Middlemen in Hong Kong's Colonial Economy*

1830-1890 (Oxen： Routledge, 2018), pp.35-47.

148. 關於華人買辦角色的轉變，以及公司買辦所提供的服務內容和角色探討，可參看Kaori Abe, *Chinese Middlemen in Hong Kong's Colonial Economy 1830-1890*, Chapter 3 & 4.

149. 韋亞光、唐景星和馮明珊的生平資料，可以參看Carl T. Smith, *Chinese Christians : Elites, Middlemen, and the Church in Hong Kong*, pp. 62-29, pp.49-51 & p126.

150. 據近人研究郭亞祥（又名郭甘章、郭松）擁有的輪船多達十二艘，見Kaori Abe, *Chinese Middlemen in Hong Kong's Colonial Economy 1830-1890*, p.78 & p.93.

151. Jung-fang Tsai, *Hong Kong in Chinese History : Community and Social Unrest in the British Colony*, 1842-1913, pp. 22-35. 關於北美貿易如何帶動香港經濟發展和提升華商的影響力，可參看Elizabeth Sinn, Pacific Crossing： *California Gold, Chinese Migration, and the Making of Hong Kong* (Hong Kong： Hong Kong University Press, 2013), pp. 155-189.

152. 王韜在〈香海羈蹤〉中寫道：「港中近日風氣一變，亦尚奢華。……熱鬧場中一席之費，多至數十金，燈火連宵，笙歌徹夜，繁華幾過珠江，此亦時會使然歟。」見氏著《漫游隨錄》（濟南：山東畫報出版社，2004年），頁34。

153. 余繩武、劉傳寬編著，《十九世紀的香港》，頁187。

154. 東華醫院與香港華人社會的關係，可參看Elizabeth Sinn, *Power and Charity : The Early History of the Tung Wah Hospital, Hong Kong* (Hong Kong： Hong Kong University Press, 1989) 及丁新豹，《善與人同：與香港同步成長的東華三院（1870-1997）》（香港：三聯書店（香港）有限公司，2010年）

155. Christopher Munn, Anglo-China： *Chinese People and British Rule in Hong Kong, 1841-1880*, p.130.

156. John M. Carroll, *Edge of Empires :* Chinese Elites and British Colonials in Hong Kong, pp. 70-72.

157. Jung-fang Tsai, *Hong Kong in Chinese History : Community and Social Unrest in the British Colony, 1842-1913*, pp. 75-77.

158. 歐德理（E. J. Eitel）就曾指出過，港英行政或立法當局如果對華人風俗習尚處理不當，溫順的華人也變得難以駕馭。E. J. Eitel, *Europe in China :The History of Hongkong from the Beginning to the Year 1882* (London： Luzac & Company, 1895), p. 165.

159. 雖然19世紀中葉香港華商的經濟實力已不容忽視，但在政治方面仍不受重視，西商亦時因猜忌而對華商作出阻撓。見王韜，〈西

人漸忌華商〉，《弢園文錄外編》，頁131至134。

160. 前文介紹港島北岸盂蘭勝會源起時，曾引用1856年及1868年的外文報章，說明東角和燈籠洲在農曆七月十四日亦有祭祀活動。參見註34。

161. 筲箕灣1871年6月曾有戲曲表演活動（theatrical entertainment），吸引大量民眾前往觀看，見 *The Hong Kong Daily Press*, 20 June 1871。

潮汕歷史文化

己亥七月半潮阳文化风俗调查
——以民间剪紙的使用为中心

黄 挺

韩山师范学院潮学研究院院長

缘 起

2013年8月24日，在香港国际盂兰胜会研讨会上，我做了题为《潮汕"七月半"》的发言，利用潮州古方志和近年的田野调查所得个案，介绍了17世纪以来潮汕人在这个节日中进行的祭祀活动及其意义的变化。后来，在这次发言稿的基础上，再增加了旧报刊、民俗著作的材料，改写为《孝亲与济鬼背后：潮州中元节的历史变迁》一文，进一步探讨了引起这种变化的因由，以及变化所折射的社会观念的转变。[1]

2017年，我和韩山师范学院潮学研究院的团队接受了中国文联民间文艺研究中心委托的《中国民间剪纸集成·潮汕卷》研究项目，在写作过程对潮汕剪纸在民俗节日活动中的应用进行调查。潮汕"七月半"（中元节、盂兰盆会）列入调查计划之中，因为我们在以前的田野调查过程，曾经发现这个节日的祭祀活动使用剪纸的情况。

2017年农历己亥年七月十五，我对民间剪纸在这个节日

1　　论文在2015年上半年写成，拟作为当年8月在加拿大温哥华召开的第十一届国际潮学研讨会参会论文，后因签证延误未能发表。

的祭祀礼仪中使用情况做了调查。调查地点是现在以练江为界被分为潮阳和潮南两个不同政区、而实际上在经济文化生活完全连成一体的铜盂社区和峡山社区。做这种选择的一个原因是我们调查的潮阳民间剪纸传承人许遵英生活在这个社区。她的娘家是铜盂胜前村，而婆家是峡山南里村。她告知我们，在这一天，胜前村庵盂兰会的普度仪式和南里村郑氏绍成堂的祭祖仪式上，都可以观察到民间剪纸技艺的展演。

在这一次的调查中，我原来关注的是剪纸在节日中活动中的使用，却意外地观察到祭祀礼仪及其意义的"不变"，也就是在这个节日里，潮汕人如何继承和延续自己的文化遗产（传统）。把它写出来，可以作为前作的补充。

旧方志记载中潮州七月半的风俗

因为《孝亲与济鬼背后：潮州中元节的历史变迁》一文尚未正式发表，我想先介绍其中与本文相关的一点内容，以便下文的展开。

时至今日，潮州风俗仍以七月为鬼节。民间传说，"七月初一开孤门"，地狱里的孤魂野鬼都被放到人间来觅食；"七月三十关孤门"，那些孤鬼才被赶回地狱里去。在这一个月里，各村各社都要举行祭祀孤鬼的活动，名为"施孤"。施孤除了各家各户在门口设祭之外，村社还会搭起"孤棚"，请和尚道士做清醮普渡孤鬼。七月十五是中元节，这一天很多乡村祠堂也拜祖。

在17世纪以后的潮州地方志书中，才能读到关于这种风俗的记载。[2]时间最早的记载是1610年（万历三十八年），《普宁县志略》中的"风俗"部分：

---

2   现存潮州地方志书，只有郭春震《（嘉靖）潮州府志》的撰写时间早于17世纪，但该志卷八所附"风俗考"没有讲到潮州节日风俗。

> 七月十五，各家祀祖先，拱于门外，盛服，
> 若有迎神之状。[3]

这段记载里，有个家人盛装拱立门前，恭候祖先神灵到来的仪式。这种仪式在几十年以后的相关记载中却消失了。

接下来，在入清以后的17世纪下半段，地方志的记载开始用带着道家色彩的"中元"代替民间常用的"七月半"来称呼这个节日。

1661年（顺治十八年）的《潮州府志》说：

> 中元，用冥钱楮衣。[4]

1686年（康熙二十五年）的《澄海县志》说：

> 中元，祀祖先及社神。[5]

1687年（康熙二十六年）的《饶平县志》也说：

> 中元节，道经谓地官赦罪。盛具时物，祀祖
> 先，亦晋新意。[6]

17世纪记载中，中元节的节日礼仪活动主要是祖宗的家祭。同一时段，佛教信仰在潮州民间社会颇为流行。参与府志和澄海、饶平两部县志的编纂和审订工作的，有潮州著名

3　阮以临：《（万历）普宁县志略》卷下"风俗·四时俗礼"，1610年手抄残本。

4　吴颖：《（顺治）潮州府志》卷1"风俗考·节候"，1661年刻本，潮州市地方志办公室扫描缩印，2003年。照抄这则记载的，还有林杭学：《（康熙）潮州府志》卷8"风俗考·节候"，1684年刻本，潮州市地方志办公室扫描缩印，2001年；金一凤：《（康熙）海阳县志》卷3"风俗考·节候"，1686年手抄本，潮州市地方志办公室扫描缩印，2001年；张士琏：《（雍正）海阳县志》卷10"风俗·节候之俗"，1730年刻本，潮州市地方志办公室扫描缩印，2002年。

5　王岱：《（康熙）澄海县志》卷5"风俗·时节之俗"，1686年刻本，潮州市地方志办公室扫描缩印，2004年。

6　刘抃：《（康熙）饶平县志》卷11"风俗"，1687年刻本，潮州市地方志办公室扫描缩印，2002年。

的士大夫陈衍虞、佘艳雪和杨钟岳，这几个人同僧人和寺院又都有友好的交往。但是这几部志书对中元节的记载，完全没有提到盂兰盆会。我们只能猜测盂兰盆会这时在潮汕还没有成为普遍举行的宗教仪轨。

同样在1687年（康熙二十六年）编纂的《潮阳县志》里，中元节的记载，开始出现盂兰盆会的内容：

> 中元花粿，以奉祖先。盂兰追荐，枯骨埋巅。[7]

这段简单的记载，反映了中元节为父母祈福和盂兰盆会从嫡亲以至无外的灵魂救赎的仪轨意蕴，也包含了收葬无主尸骨的慈善行为。这应该与清初潮州的地方动乱有更加直接的关系。

这段记载里，中元节的祭祀祖先和盂兰盆会的救赎亡灵在仪轨上似乎已经分开。这在18世纪以后的文献中有更加清晰的反映。

1731年（雍正九年），《揭阳县志》记载：

> 中元祀先。庵寺作盂兰盆会。[8]

1745年（乾隆十年），《普宁县志》记载：

> 七月十五为中元节，俗谓祖考魂归，咸具神衣酒馔以荐，虽贫无敢缺。……寺观皆作盂兰会，设食以施鬼之不祀者。好善之家至夜插香列烛于路，剪纸为河沙衣，具酒蔬粥饭布地，望空祭而焚之，从浮屠氏之说也。[9]

7　臧宪祖：《（康熙）潮阳县志》卷10"风俗"，1687年刻本，《故宫珍本丛刊》影印，2001年。

8　陈树芝《（雍正）揭阳县志》卷4"岁时"，1731年刻本，潮州市地方志办公室扫描缩印，2003年。

9　萧麟趾：《（乾隆）普宁县志》卷8"节序"，1934年排印本，[台]成文出版社有限公司影印，1974年。

1764年（乾隆二十九年），《澄海县志》记载：

> 中元节祀先祖。前后数日，各寺僧建盂兰盆会，诵经至晚，营斋，放焰口，施食，放水灯照冥。[10]

1779年（乾隆四十四年），《揭阳县志》记载：

> 中元祀先。于诸寺先期醵金作盂兰盆会。[11]

1783年（乾隆四十八年），《南澳志》记载：

> 中元祀先，以楮作五色绮绣之状焚之，云为"做衣裳"。为盂兰会，老僧于黄昏后登坛作法撒物食羹饭，谓之"普施"。[12]

18世纪以后，地方志关于中元节的记述，莫不连带着"盂兰盆会"。这得益于整个潮州社会的生活富裕程度的提高，寺院有可能在民间醵金举办法会。佛法影响扩大，那些好善人家，也开始普度路祭。

到19世纪，社会经济的进一步发展，改变了乡族的权力结构，也改变了传统的习俗。中元节在家中祭祀祖先的传统依然延续，盂兰盆会开始逐渐脱离寺院，以家庭、乡族为主体进行。盂兰胜会世俗化为一种民俗的节日赛会。

前村庵盂兰会的普度仪式

胜前村是单姓村，村民都姓许。据传，胜前是在公元10世纪初（宋代大中祥符年间）创村的。胜前村明清时期是潮

10　金廷烈：《（乾隆）澄海县志》卷19"节序"，1764年刻本。照抄这则记载的，还有李书吉：《（嘉庆）澄海县志》卷6"风俗"，1815年刻本。

11　刘业勤：《（乾隆）揭阳县志》卷7"岁时"，1779年刻本。

12　齐翀《（乾隆）南澳志》卷10"岁时"，1783年刻本。

阳县举练都属村。明代隆庆《潮阳县志》"舆地志"中没有记录这个村子，"选举志"里却记录了明代前期考中举人和进士的许信、许伦父子。俩父子是胜前村人，胜前老寨如今还保留着许伦考中探花后皇帝赐建的"会魁第"。清康熙《潮阳县志》以后几本县志都记录了胜前村的村名。

中元节的普度仪式在普济乐善堂进行。普济乐善堂在胜前村口，距老寨近2华里。这里是胜前的宗教信仰中心，并排三座宫庙：双圣庙，普济宫和乐善堂。

双圣庙是胜前村的大庙，建庙时间最早。庙里供奉着的都是女神。中间大龛中间是天后圣母，左右是九姨圣母和珍珠娘娘。左边小龛是双圣古妈，右边的小龛是注生娘娘。天后的神格最高，其他都是地方神。珍珠娘娘和注生娘娘在潮汕也是比较常见的民间神祇，九姨圣母和双圣古妈相对更加地方性。从庙匾看，庙原来是双圣古妈的庙，其他神明陆续供奉进来，到现在，谁也讲不出双圣古妈的故事了。村里每年游神，祭祀的主神是天后、珍珠娘娘和九姨圣母，大家也约定俗成把这座庙叫做"三圣娘妈宫"。从现存的"普济桥碑"刊刻的年代推测，普济宫在乾隆年间已经建成。宫里只供奉大仕老爷。乐善堂最后起，供奉诸佛，前座观音居前，中间是大峰祖师，佛祖在后座。佛祖两旁是十八罗汉，前座两边是迦蓝菩萨和达摩祖师，达摩一侧还供着被称为"孤圣爷"的神明。实际上，乐善堂现在已经把普济宫的功能给囊括了。做为机构，合称"普济乐善堂"。

胜前村中元节的普度仪式，正是由普济乐善堂主持进行的。

从上面引录的地方志书记载中可以了解到，传统中元节祭祀祖先和举行盂兰盆会的节日活动，祭品多用应时蔬果、日常饮食，但其中一定要准备好楮衣（纸衣）。这种在"七月半"为祖先"做衣裳"的习俗，显然是从中原传入的。因为七月暑尽，季节更换，必须更衣防寒。《诗经七月》中，已经

描写了这种风俗。为祖先和孤鬼准备纸衣，是"事死如生"。这种传统在潮汕盂兰盆会一直延续至今。

踏入七月，胜前村的信女们开始到普济乐善堂帮忙准备祭祀用品。懂得传统衣衫缝制的，就用深蓝色纸为孤鬼裁剪纸衣。把纸钱折成元宝，有更多人参与。2005年暑假，我们开始潮汕民间剪纸调查。在中元节前来到胜前村，偶遇妇女们在善堂里准备楮衣、纸钱。

一套纸衣，还包括纸鞋和纸帽。纸帽被纸糊的小斗笠替代，也许是农村的传统？这两件是从纸扎店定制的。从纸扎店买来的祭祀品还有供奉给大仕老爷的神袍和纸钱、经卷、花篮、神幡。这些祭祀品原来都是手工剪纸制作，要剪制或者錾刻各种纹样来装饰，现在大部分都是机制、印刷的了。神袍、花篮和神幡的制作还使用到一些剪纸技艺。

胜前村庵盂兰会的普度仪式没有专门设置醮坛。三座宫庙的神佛龛前都供着供品。双圣庙门前，布置了祭祀孤鬼的祭坛和孤棚。

佛祖菩萨像前，有时新水果和各式斋碗供奉，斋碗和几包糖方饭，都用剪纸花装饰。诸神面前的供品，却不像其他节日祭祀一样，加饰剪纸花。施孤祭品，除了上面提到的纸扎，猪头五牲、粿饼、鲜果、时蔬，也都不用剪纸装饰。为什么呢？许遵英回答。因为是祭幽，所以不加红色的剪纸花。

普度仪式分两处进行。普济乐善堂的经师在乐善堂大峰祖师座前做法事，先为法事仪式过程使用的纸扎制品：风童、使者纸马、护神仙鹤（从右至左）诵经加持。经过法师诵经"发光"后，使者骑着纸马往地府报告，护神则骑仙鹤上天宫禀报，告知祭孤法事开始，先一并焚化了。两个飞轮被移置到孤棚两边，风童负责看守祭坛孤棚，维持祭祀秩序。双圣庙前祭坛的法事也同时开始了，法事由请来的一班和尚施行。

仪式结束后，风童和其他纸扎祭品一起焚化，所有精美的剪纸作品，都付之一炬。

峡山南里村郑氏绍成堂的祭祖仪式

峡山南里村在明清地方志书的记录里叫蓝田村，明代洪武年间建村，郑姓。

跟南中国很多地方一样，传统潮汕社会是个宗族社会。祠堂和庙宇一样，是传统乡村社会生活里最重要的空间。每个村落，小则几座祠堂，大则几十座。祠祭拜祖，在祠堂里举行。每座祠堂都有自己约定俗成的拜祖日子，每年祭拜的次数也或多或少，各不相同，但一般会选择时年八节中的某些节日。[13]

绍成堂是南里村郑氏宗祠中的一座，祠堂内厅悬挂着"绍成堂"匾，靠墙是在摆满祖先牌位的三个神龛。绍成堂在中元节会祭祀祖先。我们来到这里，祭品已经安置好，正赶上族众在用剪纸花装饰，得以记录下祭祀前的场景。神龛前，并排三张祭桌，祭品只是家常饮食：酒、茶、汤、饭，斋碗，时新果子。汤饭用团花装饰，斋碗木耳、针菜、香菇、紫菜、豆干，用肖形花装饰。神龛和祭桌之间，有披着椅幔的"公座椅"。这是给祖先降临享用准备的。隔着祭祀位，有三列祭桌，从厅堂上一直延伸到天井，是绍成堂三个房支布置祭品用的。祭祀品有粿品，猪头三牲，饭菜三大种。粿品包括大粿和各式粿品，都是其他节日里祠堂祭祖常用供品。在中元节，供品要有一盘"小鸟粿"和一盘"秀才粿"。"小鸟粿"实际上是糯米皮豆沙馅的"油锥"，只是在包上馅

13　时年八节指春节（元旦）、元宵、清明、端午、中元、中秋、冬至、年夜（除夕），在清代以后成为潮汕人一年里最重视的节日，大抵各县相同，所行礼俗或者有异，祭祀祖先则为必行之礼。见潮汕大百科全书编辑委员会：《潮汕大百科全书》"时年八节"条，北京：中国大百科全书出版社，1994年。

料后收口时有意将皮往外拉长一点，象形小男孩胯下的"小鸟"。"秀才粿"则是将粳米皮压成方形，加上馅料包成书卷状。这两种粿品蕴含着特殊的意义，显示潮汕宗族重视丁口和进学的传统。粿品都用团花装饰。猪头和鸡、鸭、猪肉三牲的饰花，都用肖形花剪纸。饭菜这一部分置酒馔，菜肴都用干碗。甜汤也用一盘乌糖和一盘红丸。必须有一大锅白米饭。潮汕传统稻作，大抵清明过后，落种插秧，到六月底收晒完功。这一锅白米饭，用新米炊成，正是地方志所谓"晋新意"。

这一天拜祖并没有举行大祭的那套制度化的仪式，布置完善以后，族中长老点上香烛祷祝，就完成了整个仪式过程。

祠堂门外的埕口搭了凉棚，安放着香案、烛台和几排祭桌。这是族众祭祀祖先的场所。祭品由致祭者自家准备，居多是茶、酒、点心、时新水果和缟丝银锭。相比起祠堂里的肃穆，祠堂外一批批族众你来我往，十足热闹。

文化传统的继承和非物质遗产保护

由于庙会普度与祠堂祭祖在展演场域和仪式上的不同，剪纸技艺的展演也显示差异。普度仪式使用大量纸扎品，剪纸花很少；祠堂祭祖仪式上，房支的祭品普遍使用剪纸花装饰，族众的祭品却基本不用。

通过访谈和文献研读，我们可以在这种差异中，觉察到文化传统的继承和非物质遗产保护的共同作用。

文化传统的继承和非物质遗产保护本来应该是同一件事，我在这里将这两个短语有区别使用，用"文化传统的继承"指称一个社区或者更准确地说生活在一个社区里的居民自觉保育和延续自己的文化遗产的行为，用"非物质遗产保护"指称官方对某种民间文化传统的认可并给予发展的支

持。在我所观察的事例中，两者显然有别。

　　基于这种认识，我对这次调查的思考集中在三个点上。

　　一、文化传统的继承有变异，主流却是存旧例——节日中祭祀礼仪及其意义的"不变"。

　　在上面我们简单交代过，17世纪记载中，中元节的节日礼仪活动主要是祖宗的家祭。盂兰盆会这时在潮汕还没有成为普遍举行的宗教仪轨。要到17世纪末，盂兰盆会的记载才在地方志书的记载里出现。18世纪，中元节家族祭祀祖先和寺庙举行盂兰盆会救赎亡灵在仪轨上似乎已经分开。到19世纪，盂兰胜会世俗化为一种民俗的节日赛会。孝亲和济鬼的仪轨，依然各自于不同的场域里进行。中元节的祭祀祖先在民俗礼仪里回归中国儒家的传统，再不具有灵魂救赎的意义。盂兰胜会尽管也已经世俗化，而从祭祀场所的布置到礼仪进行的过程，佛教的影响还是显而易见。只是此时，盂兰会灵魂救赎的仪轨意蕴，也只施与于无祀的孤魂野鬼，已经跟嫡亲父母无关了。[14]

　　从这次考察看，潮阳七月半风俗基本延续了19世纪以来的中元节祖先祭祀和盂兰胜会救赎孤鬼的文化传统，礼仪过程及其意义基本不变。对照文献，考察中可以发现些须变化，比如，《（顺治）潮州府志》讲到祭祖"用冥钱楮衣"，楮衣在现今祠堂祭祖场景里已经消失。在普济乐善堂的盂兰胜会的祭祀品中，有给亲属准备的衣箱。这种被称作"寄衣"的做法，在至亲的丧礼上常见，现在在盂兰盆会上也见到了。这些衣箱是在世的父母寄给往生儿子的，这在衣箱的封条上非常明确书写着。那么，这些纸衣也是给未成丁因而

14　在潮汕的一些地方，有把无主骸骨收集埋葬的"百姓公妈"坟，这些的地方施孤习俗，有拜祭"百姓公妈"仪式。参考方菲：《惠来县的盂兰盆会》，方烈文主编：《潮汕民俗大观》，汕头：汕头大学出版社，1998年。"百姓公妈"的称呼，隐喻着无主的孤魂野鬼，也是生活在阳间的人们"集合的祖先"（collective ancestors）。但这种观念在潮汕地区并不是普遍存在，况且在"百姓公妈"的概念中，还隐含有与个体的嫡亲祖先对立的意义。

也无祀的孤鬼准备的，只是，他们还有伤心的父母在。这是否也是盂兰盆会传统的一部分？胜前的老辈回答，从来就有的。然而，这个"从来"又有多久远呢？

南里村绍成堂祭祖供奉"小鸟粿"和"秀才粿"，肯定是传统的继承。胜前村盂兰胜会祭祀神鬼的祭品不用剪纸花装饰，是传统还是新变？祭幽不用红的理由并不充分，因为剪纸花也可以用冷色纸张剪制。我们在2004年农历七月廿九潮阳西胪和2005年农历七月廿二潮安凤塘玉窖的施孤普度调查中，也拍下了祭品用红色剪纸花装饰的图像。不过，"五里不同风，十里不同俗"，传统风俗圈往往很小，我们不敢以西胪和玉窖的例子来推论胜前。

二、文化传统的继承怎样借助非物质遗产保护？

潮阳中元节的祠堂祭祖和寺庙、乡族盂兰盆会的施孤活动，在上世纪50年代，因为宗族的解体和寺庙的改造而中止。一直到80年代后期才慢慢重新开始。经过一番曲折，21世纪基本回归传统。

2006年，中国开始非物质文化遗产申报和遴选，春节、清明节、端午节、七夕节、中秋节、重阳节等传统节日，进入第一批国家级非物质文化遗产名录。2008年第二批国家级非物质文化遗产名录公布，元宵节名列其中。这样，潮汕最重要传统节日"时年八节"，就差中元和冬至，未曾列名国家非物质文化遗产。2011年的第三批国家非物质文化遗产名录中，有"香港特别行政区中元节"一项，项目特别指出是"潮人盂兰胜会"。虽然作为非物质文化遗产的中元节，在行政区域上被圈定在香港特别行政区，但是，在潮人原乡的社区生活中，"潮人盂兰胜会"文化传统的继承，显然因此可以获得合乎法理的正当性。同样，利用进入第一批国家级非物质文化遗产名录的潮汕剪纸的继承和展示，也可以增加中元节的祖宗祭祀活动的合法性。这是南里村宗族长老和胜前村福利会支持并动员精熟剪纸技艺的妇女们参与节日活动的筹备

工作的重要理由。就社区生活而言，参与祖宗祭祀和盂兰盆会仪式的筹备过程，又会让这些妇女获得较高的社会地位，使得她们乐于热心投入。被命名为国家级非物质文化遗产项目"剪纸"的省级传承人的许遵英就是一个很有代表性的例子。

三、社区文化传统（非物质文化遗产）要怎样继承和保育？

这个问题和上文所述是相关联的。我们的调查所接触的中元节祭祖和盂兰盆会普度施孤，是还在社区里传承的文化传统。这个传统会处在不断变化之中，却代代相承、成为一个地方或者一个群体习俗。

在联合国科教文组织《保护非物质文化遗产公约（Convention for the Safeguarding of the Intangible Cultural Heritage）》中，原来使用的英文词汇Heritage，在中文版里被解读为"遗产"。这个词，在汉语里同时也被可以理解为"传统"。可以说，文化遗产是先人留下的传统。

那么，中元节（盂兰盆节）的节日民俗活动是谁的传统？它的传承由谁来参与？问题关系到对非物质文化遗产的保育机制的理解：它应该是由上而下的，抑或由下而上的？是社区居民的自觉？还是要等到政府来扶植？

作为联合国科教文组织，在《保护非物质文化遗产公约》的制定和通过后的实施过程，当然首先要求缔约国在国家层面上担当起保护自己国家的非物质文化遗产的责任，这在《公约》第三章已经做了明确的说明。[15]同时，这一章的第十五条强调非物质文化遗产的保护，也需要让社区、群体和个人有最大限度的积极参与。理解这一条文的前提是，非物质文化遗产的定义，强调它产生于、并且在社区和群体的社会生活中不断被继承和创新，而为这些社区和群体提供认

15　《保护非物质文化遗产公约》第三章"国家一级保护非物质文化遗产"。

同感和持续感——也就是说，国家有保护和扶植本国非物质文化遗产的责任，但是，对非物质遗产的保育，仍然需要社区和群体的积极的参与，因为这份"遗产-传统"是一个社区和群体通过认同感得以确立并通过持续感得以绵延的基础。

虽然南里村和胜前村七月半的传统节日活动，并未被官方认定为"非物质文化遗产"。然而它正是在村落的每一个居民对社区和群体表现强烈认同感之下，积极参与而得到传承和延续的。

怎样让社区居民认同、爱护并参与到自己社群的传统文化活动中，才是我们讨论和实践中国传统节日传承和保育的意义所在。

2020年6月6日稿

抗元英烈許夫人與陳吊眼

蕭國健

香港珠海學院 中國文學系教授

香港歷史文化研究中心主任

許夫人與陳吊眼之抗元事蹟

　　許夫人(1252-1282)姓陳名淑楨，乳名碧娘，福建莆田人，宋淳佑十二年（1252）五月二十八日生於廣東長樂，閩廣招撫使、參知政事陳文龍之女。丈夫許漢青，福建晉江東石人，南宋末年進士，官居承信郎，後授文信郎，繼承祖業，擁有大量船舶，從事對外貿易，家財巨富，時人稱之為「許百萬」。　陳淑楨因嫁給許漢青為妻，故俗稱「許夫人」。(註一)

　　陳釣眼（1250～1282年）（一名陳大舉，陳吊王，又稱陳吊眼），畬人，父親陳文桂、叔父陳桂龍、陳滿安，原居福建漳州雲霄縣杜塘村，家

長彬古廟內許夫人神像

貧，因不甘住村中受欺凌，舉家移居雲霄縣南山保牛坑村落戶，墾植耕作。以不畏強暴，言行卓犖，胸懷大志，堅果沉毅而聞名邑中。

長彬古廟內陳吊眼神像

宋末，元軍大舉侵閩，福州陷落後，許漢青、陳淑楨夫婦散家財，募族丁，以東石一帶之漢、畬人民為基本力量，會同族弟、漳浦縣起義軍首領陳吊眼(註二)，并聯絡畬族酋長藍太君，起24峒畬兵，奮起抗元。(註三)

時泉州守將蒲壽庚降元、臨安失守後，元兵直驅南下，張世杰、陸秀夫擁宋帝南逃，總兵劉洙偕許漢青駕舶勤王。（註四）許漢青夫婦率所部與元兵大戰於可慕坡。丈夫許漢青在激戰中殉國。景炎元年（1276）十二月，父親陳文龍被俘，翌年四月在杭州殉國。因家庭變故，許夫人奉翁姑命，舉家徙清源軍仁和里鰲頭許宅巷（今晉江東石鎮區）。（註五）

景炎二年（1277）七月，許夫人與族弟陳大舉（吊眼），率畬漢義軍，佐張世杰部，攻打盤踞泉州之叛臣蒲壽庚，但為其所敗。是年十一月，元主帥劉深以舟師攻淺灣，許夫人及陳吊眼率畬漢義軍，與元兵戰于百文埔，敗之。後退守畬漢寨堡。(註六)

祥興元年（1278）十一月，許夫人率軍轉戰閩北、建寧、政和等地，并與黃華等軍共組頭陀軍，聯合作戰，屢敗元軍。次年宋軍崖山潰敗，南宋亡。許夫人與陳吊眼仍率義

軍抗元。

　　元至元十七年（1280）八月十五日，許夫人與陳吊眼率五萬畲漢義軍，陷漳州城，殺招討傅金和、及萬戶府知事闕文興，畲漢軍威大振。自後，義軍兵員大增，聚眾10萬，連屬50餘寨，扼險固守：桂龍駐九層漈，陳吊眼駐漳浦峰山砦，陳三官駐水篆畲，羅半天駐梅龍長窖，陳大婦駐客寨畲。

　　其時，南宋已亡，吊眼為圖謀大計，聯合各義軍抗元，並在漳州自立為王，年號「昌泰」，以復宋為號召，鼓舞人心。(註七)自此，畲漢義軍兵員增至十五萬，連寨五六十，據守險要。元軍數度來犯，均不果，元廷震驚。

　　是年（1280）八月，元世祖敕封完者都為鎮國上將軍、征蠻都元帥，高興為副都元帥，率軍入閩，圖一舉肅清許夫人與陳吊眼等抗元起義軍。元軍擄義軍大將黃華，授其為征蠻副帥。

　　至元十八年（1281）冬，元軍獲義軍叛將黃華帶領下，破義軍十五寨，逼使許夫人與陳吊眼退保千壁嶺。陈吊眼於詔安烏山千壁嶺上犧牲。許夫人率殘部退守山峒，繼續發動畲漢族民，圖東山再起。至元十九年（1282）三月初九，許夫人被元軍誘擒捐軀。時年僅三十。其部下及族人把其遺體密葬於晉江南門外（今石獅市）林邊村風爐山麓。餘部繼續抗元，泉、漳一帶許族遭元军杀戮。(註八)其後散居漳潮各地。

百丈埔娘娘廟

　　百丈埔位廣東省潮州市饒平縣錢東鎮北部、與高堂鎮南部交界處，在上浮山至前寮間，即尖峰山東北麓五坡嶺三企山下。握古代潮州至泉州官道咽喉，向為兵家必爭之地。南宋景炎二年（1277），該地為許夫人統率閩南畲漢義軍，抗擊元軍之地。明初，該處有一娘娘廟，為崇敬許夫人而建。

　　明嘉靖元年（1522），廣東學使命各地毀祠廟，建社

學，百丈埔娘娘廟被誤拆。後明大理寺評事、浙江僉事、邑人周用撰文《娘娘廟當復》，呼吁重建，未果。至清末，世人多忘前事，廟宇荒涼。愛國詩人丘逢甲游踪至此，咏詩感嘆云：「戰裙化蝶野云香，百丈埔前廢廟涼。碧繡苔花殘瓦盡，更無人拜許娘娘。」

　　如今，該娘娘廟已湮沒，原址無考。位百丈埔北部之前寮村，有一座百丈古廟、及一座娘娘廟，想為懷念百丈埔大

中彬樓

中彬樓

戰及抗元巾幗英雌許夫人。百丈埔南北兩端已有新之房舍及村落發展，中間廣闊地段，於1958年曾發現許多冢堆，挖出二、三十具骨头，及不少刀槍武器，中有武器插在骨骼間。當地還流存著許多關於該場戰爭之傳說。

　　福建晉江市東石鄉鄉民為紀念許夫人之忠烈，於鄉內之許宅巷，亦有立宮祀奉許夫人，表曰「東宮夫人」。（註九）

長彬村陳吊王廟

　　長彬村位潮州饒平縣新墟鎮四百嶺山南麓，相鄰潘段村、錦華村、及田中村，原名塘邊，為該地規模最大之村寨，人稱「大寨」，傳為許夫人及陳吊眼餘部陳、羅、黃、

林等共十八姓，於南宋末年，聚居所創建，歷元、明、清三朝，發展成今之長彬村，今稱「一村十八寨」。(註十)

　　該地最早建立之古寨名后埔寨，創建於元延祐七年（1320），寨樓名「陽春樓」，今已破毀難尋。其次為羅厝寨，原為羅氏創建於元至元十六年（1350）間，該寨距塘邊寨不遠，寨樓名「永彬樓」，為一規模甚小之圓寨，全寨僅有廊屋十餘間，中間為是寨埕，內有古井一口。全寨保存較為完好。如今羅姓早已外遷，寨中住户均為陳氏。

　　該地之塘邊寨，人稱「大寨」，原創建於明永樂二年（1404），明嘉靖十九年（1540）重修，寨門上刻「長彬樓」。嚴厝寨原為嚴氏建於清康熙年間，寨樓名「春彬樓」，後因盜賊常來滋擾，致嚴氏陸續外遷。其後陳氏遷入，改

中彬樓

松彬樓

鴻彬樓

長彬樓

該寨名「東彬樓」。如今「春彬樓」圍門仍存，圍墻大半倒塌，只餘數級石階掩埋沙土中。該寨內有直巷6條、橫巷3條，布局清晰工整，村內不少廊屋已改建成新房。新寨約建於清嘉慶五年（1800），寨樓名「長澤樓」，是該村最遲建立之寨樓。

村中另有鴻彬樓、睦春樓、中彬樓、松彬樓、夏彬樓、肇彬樓，等寨樓，皆高兩層，有為實心寨、寬心寨、或半圓寨。寨內皆有巷厝、廳堂、祖廳等建設。

長彬村前，有長彬古廟，俗稱陳元帥廟，亦稱陳吊王廟，該廟坐北向南，為兩進三間式建築，硬山頂，灰瓦屋面，夯土抹灰牆。該廟創建於明洪武年間，清代多次重修。1989年重修建，獲今貌。正殿內供奉陳吊王及許夫人神像。壁上有1989年重修碑記，文云：「陳吊王名吊眼，又稱大舉，綜合各類史書所載，為福建漳州人民，宋末聚眾閩粵邊界舉義，自號吊王。景炎二年（即西元1277年）應太傅張世傑之召，聯畬族許夫人攻泉州降元宋臣蒲壽庚，敗退於饒之四百嶺，續與元軍激戰於百丈埔，後不幸被執，元至元十九年就義於漳州。迨至明洪武年間，鄉民追念其勇，乃於長彬建廟，且以護宋大元帥稱廟，屢興屢廢。曾歷道光辛卯年、光緒癸未年，近於公曆一九八九年夏重修。癸酉年立。」

長彬村長彬古廟

　　長彬村鄰之前寮村，亦有一小廟，俗稱許夫人廟。該廟為一單間式小廟，廟內供奉陳吊王及許夫人神像。

　　因許漢青夫婦及陳吊眼英勇抗元，今汕頭市澄海蓮下鎮程洋崗村有陳吊王寨遺址及祭拜之廟宇。福建漳州市詔安縣太平鄉白葉村附近一山嶺，傳為當年陳吊眼屯兵之處，鄉人稱之為陳吊嶺。該市紅竹尖山天星寺左之忠烈廟中，民眾還祀立陳吊眼兄妹塑像，供遊人瞻仰紀念。山巔有兩巨大磐石，其一上鐫「天星聚講」，另一鐫刻「朝天人□氣沖霄」；又在通往雲霄縣城之懸鐘鼻山左側山嶺上，有「萬夫之望」石刻，相傳皆陳吊眼起事遺跡。

註釋

註一：　《宋史陳文龍傳》。

註二：　陳吊眼，本名陳大舉，一作釣眼，漳浦縣人，家世代務農，家境貧寒。母　親畬族人，早逝，父親陳文桂、叔父陳桂龍、陳滿安，及妹妹陳吊花，皆反元義軍領導人物。

註三：　據《泉郡許氏族譜探疑》載：「漢青公與夫人陳氏碧娘(莆田狀元陳文龍

之女，文武雙全)，組織許氏族兵，屯於安海，可慕迎接幼主，並派要員，保幼主經許西坑、下厝許、清透搖船埔至十一都南岳廟。」

又據《南詔許氏家譜》載：「許夫人通過畬族人民之血緣關系，四出派員到漳浦、龍溪、雲霄、紹安，以至汀州、贛南一帶聯絡。並親自會晤畬家峒酋長藍太君，商定聯合抗元，終於建立了從閩西到漳南計二十四峒之義軍據點。」

《元史世祖本紀》載：(許夫人領導之畬漢義軍)「勢力遍及漳、汀、潮一帶，號十萬眾，連營數百里。」

註四：　《元史世祖本紀》。

註五：　《南紹許氏家譜》。

註六：　《南紹許氏家譜》載：「許夫人亦率義軍前去會合(張世杰部)勤王，中間又曾在百丈埔與元軍大戰一仗，大大挫滅了元軍威風，使幼主在崖山立下足來。」

清光緒續修《饒平縣志》載：許夫人「統步兵於沿海護駕，會

　　陳弔眼之師出自黃崗，與元兵戰於百丈埔，陣亡，土人義而祀之。」

註七：鄭思肖《心史》。

註八：《南詔許氏家譜》載：「許夫人和陳弔眼兵敗後，元兵實行剿鄉滅族策略，不謹火燒晉江許漢青、許夫人家鄉之許宅巷、陳厝坑，迫使二鄉之許、陳、曾三姓族人四處奔逃。南詔許姓氏族因事牽抗元，亦慘遭清剿殺戮，幾於滅族，僅剩耐京公一人，伏匿於白井埔，時值廣東文萬戶見而奇之，携往羊城。及長，識度非人所及，文萬戶乃妻以女，授以業，並告知其家世。後來，許耐京潛回南詔，光復舊業，繁衍子孫，為南詔許氏一世祖。」

註九：明洪武七年（1375），晉江東石鰲頭居民在許宅巷建立宮祠，奉祀許夫人，尊稱為「東宮許夫人」，宮祠經三次遷建，今仍存。

註十：該村舊稱由十八寨組成，惟年湮代遠，今已難全考尋。

潮汕民间信仰的历史、现状与管理探略

贺璋瑢

华南师范学大学历史文化学院教授（博士生导师）

【摘要】广东潮汕地区的民间信仰以其神秘的色彩，独特的形式，深广的影响力和跨越时空的历史穿透力，成为一种丰厚的传统文化而不断发展，且与潮汕人的世俗生活相互交织，沿袭至今。之所以探讨潮汕的民间信仰，是因为我们需要对民间信仰在当代社会中的位置有一种"接地气"式的理解并明白对民间信仰的"管理"（或"治理"）如何有所为和有所不为，此研究关系到"宗教治理"的新理念和新模式以及当代社会新型多元文化与和谐社会的建构，意义重大。

【关键词】潮汕；民间信仰；历史；现状与治理

　　本文标题中的"潮汕"[1]一词本身不是一行政概念，而是一文化概念，泛指受潮汕文化影响的人文地理区域。该词在行政区划上涵盖了今天的潮州市、汕头市、揭阳市和汕尾市的部分地区，文化辐射圈则包括了揭阳、潮阳、潮安、饶平、

1　"潮汕"一词是从1858年汕头开埠后才开始使用的，隋朝末年时此地始称"潮州"，作为州府一级的地方行政单位，该名称一直沿用到1911年清朝的统治结束。参见黄挺、陈利江：《潮州商帮》，暨南大学出版社2011年版，第1页。

惠来、澄海、普宁、揭西、海丰、陆丰、潮州、汕头、南澳及惠东、丰顺、大埔三县的部分地区。众所周知，广东有三大民系文化区，即广府民系文化区，客家民系文化区与福佬民系文化区，而潮汕地区即是"福佬"民系文化区的所在地。

　　潮汕地区的民间信仰以其神秘的色彩，独特的形式，深广的影响力和跨越时空的历史穿透力，成为一种丰厚的传统文化而不断发展，且与潮汕人的世俗生活相互交织，沿袭至今。之所以探讨潮汕的民间信仰的历史、现状与管理（或"治理"）状况，是因为我们需要对民间信仰在当代社会中的位置有一种"接地气"式的理解。此研究关系到"宗教治理"的新理念和新模式以及当代社会新型多元文化与和谐社会的建构，意义重大。

一、潮汕民间信仰的历史朔源

　　潮汕历来有"省尾国角"之称，这是因为"潮汕位于东经115°06′—117°20′，北纬22°53′—24°14′之间，地处中国大陆的东南隅，广东省的最东端，与福建省比邻。潮汕面对滔滔大海，南海和台湾海峡在这里交接。潮汕与台湾遥遥相望，一衣带水。"[2]。潮汕的地理环境是山地多，耕地少。山地和丘陵约占本地区总面积的70%。因该地处于热带与亚热带之间，气候变幻无常，长期被视为"蛮荒瘴疠"之地，直到晚唐时期，这里的开发程度仍很小。宋元时期，已经有部分人口要靠着鱼盐工商为业谋生。到了明清时期，由于各种原因，民间海外贸易兴盛起来，因此渐渐形成了潮州人乐于经商的风气与传统。由于地理的原因，潮汕地区与闽南的历史和文化的发展有着同源性，这两个地区可谓是同一文化区域，因此潮汕的民间信仰中有很多的闽南民间信仰的因子与元素。

2　黄挺、陈占山：《潮汕史》，广东人民出版社2001年版，第14页。

秦汉以前，潮汕地区属闽越，潮汕当地的土著居民主要为闽越族人，他们虽然在后来的移民大潮及与汉人的长期磨合中大部分已被同化，也有部分被迫迁移到其他地区或迁居深山。无疑闽越族文化是潮汕地区先秦以前的主流文化。他们"信鬼神，重淫祀"的信仰特征在《史记》中有所记载，如"（汉武帝）既灭两越，越人勇之乃言越人俗鬼，而其祠皆见鬼，数有效，昔东瓯王敬鬼，寿百六十岁。后世怠慢，故衰耗。乃令越巫立越祝祠，安台无坛，亦伺天神上帝百鬼，而以鸡卜。上信之，越祠鸡卜始用"。越人好巫尚鬼的传统在此地影响久远。

汉代时，潮汕之地仍是一处没有怎么开发的海滨荒芜之地。直到东晋时代该地才开始受到重视。东晋义熙九年（413年），设立了义安郡，这是本地区州郡一级建制的开始。唐天宝元年（742年）设潮州郡，这是潮州开始渐渐繁荣的重要起点。从汉到宋，有四次具有重要意义的移民潮：即西汉初期，晋永嘉之乱之后，唐后期及宋靖康之难后。当然，除了这四个时期之外，其他时期如元明清时期陆续有移民进入该地区，但移民的数量与规模不能与这四个时期相比。尤其是唐宋时期大批的移民潮才使得使潮汕地区的面貌有了较大的变化。

随着唐末宋元时期汉族移民的大量迁入潮汕地区，该地的民间信仰渐渐定型下来，可以说，移民潮推动下的"三化"过程（即人口福佬化、地区国家化和土著人的汉化）促成了这一结果。人口福佬化推动闽地民间信仰的传入，成为潮汕神明的一大来源；地区国家化一方面带来政府力量的支持，国家政权力量成为创造神明与推广神明的重要力量，而这一过程又与土著人汉化的过程相结合，为后来的"造神运动"提供了条件，当然，土著人汉化的过程也是民间信仰得以传播的过程。

考察其民间信仰的主要神祇的来源，不外乎以下几方面：

一、外来引进

潮汕地区的移民大多来自福建，福建本是民间信仰的

繁盛之地。福建至宋时迫于人口压力很多移民开始向周边扩散，并带动闽地文化的扩散与传播，潮地便是其文化辐射地之一，使潮地呈现出福佬化特征。潮汕地区民间信仰中的神明很多是自宋代开始从福建传入的，如妈祖信仰、佛教俗神（观音、如来等），道教诸神（财神、城隍、玄天上帝、九天玄女、玉皇大帝、王母娘娘）等，汉族的天地日月风雨雷电崇拜、文化神（文星、魁星）等，为该地民间信仰的形成提供了丰富的素材。

二、本土造神

为了在潮汕之地推广汉族的主流儒家文化，仕潮官师成了潮汕地区早期造神的推动力量，有唐一代，潮州都是有罪官宦的流放和贬斥之地。韩愈之前，先后有不少中央官员如张元素、唐临、常怀德、卢怡、李皋、常衮等谪放潮州。他们不同程度地把中原礼俗文化传播到了落后荒僻的潮州。仕潮官师有意识地神化祠祀当地或有功于当地的部分英贤。如韩愈的"被神化"就是这方面最典型的例子。韩愈于819年因谏迎佛骨被贬来潮，这"在潮汕地区历史上是一个具有重大文化意义的事件。"[3]他在潮州任职8个月期间，除了俸钱办学，推广儒家的忠孝礼义之教、释放奴隶、关心农桑以外，还祭潮神驱鳄除害，意在归化当地土著，淳化民风。百姓对于韩愈推崇备至。北宋中后期，陈尧佐[4](963—1044年)任潮州通判时首举尊韩大旗，他为韩愈建祠，视韩愈为在潮地推行王道第一人，另外还绘鳄鱼图并撰写《赞》文，继陈以后，1090年知州王涤卜建昌黎伯庙，并邀请苏轼撰写碑文，是时，韩愈已成为潮人顶礼膜拜的一尊神灵，据陈尊韩也不

3　黄挺、陈占山：《潮汕史》，广东人民出版社2001年版，第85页。

4　陈尧佐任潮州通判后，认为最重要的事情就是使这里的民众得到开化，而要开化这里的民众，首要的工作是传播文化。于是，他筹备修建了孔子庙、韩愈祠堂，宣传学习文化的重要性，并在各地开办了一些学校，又不辞劳苦地动员民间有供给能力的家庭把孩子送到学堂读书。通过陈尧佐的努力，潮州的文化事业比以前有了很大的发展。

过百年左右，尊韩活动元明时期也依然进行着，而且与韩愈有关的人物，如韩湘子[5]、双忠公[6]、大癫祖师[7]等也藉韩愈的声名扩大了在潮地的影响力。

随着宋朝以后潮地的经济增长、以及儒学与礼教的推行，潮人从南宋后期起秉着惩恶扬善、表彰忠义的精神开始自发造神，元明时期尤盛，凡是对当地百姓有所贡献、或具有美德、有对百姓教化之用的人物，人们多将其神化。如海门建忠贤祠祭祀文天祥、韩文公祠旁有陆公祠祀陆秀夫，这两位因其抗元护主的民族气节受推崇。饶平长彬村有陈吊王庙，供奉的是潮地本土抗元英雄陈吊眼。还有如潮汕的风雨圣者[8]、水仙爷[9]、

5　道教"八仙"之一，后人认为韩湘子是韩愈的侄孙韩湘，但亦有人考证后，认为只是后人把两件本来互不相关的事件张冠李戴而已。

6　双忠公，指的是唐朝玄肃时，死守睢阳而身殉安史之乱的张巡、许远，这两位忠臣被奉为神明。从华北、江淮到福建、两广都有香火奉祀。这两位忠臣是韩愈《张中丞传后叙》中的人物。

7　唐代著名高僧（732—824年），俗名陈宝通（一说姓杨），出生于今广东省汕头市潮阳区，大颠幼年好学聪慧，潜心钻研佛学，是著名的灵山禅院的创建人，弘扬曹溪六世禅风，讲授佛学真谛，其讲义先后被整理成书，传至现代的有《般若波罗蜜多心经释义》，《金刚经释义》，手抄《金刚经》1500卷，还著有《法华经》、《维摩诘经》各30部，其著作之丰，为佛教界叹为观止，大颠和尚也成为岭南一代佛学者和高僧，有弟子千余人，自号大颠和尚。民间流传了不少有关他的法力神功的故事。韩愈来潮不到一年，与大颠和尚结为莫逆之交。

8　传说南宋淳熙十一年（公元1183年）潮州大旱灾，赤地千里，禾苗枯焦。揭东县登岗镇孙畔村出了一个能施法显圣，呼风唤雨为地方解除旱患的神童。乾隆年间的大诗人袁枚在其《续子不语》卷八中有《仙童行雨》一则记其事，说当时粤东亢旱，制军孙公祷雨无验。时恰逢他来潮州，途中见有人聚集在山坡前，说是在"看仙童"（求雨），孙制军便与群官徒步去看，果见空中有一童子，背挂青篮，腰插牛鞭，便对空中仙童说："如你果真是仙，能使老天爷在三天内下雨，以救庄稼，当建祠祀你。"只见仙童点头。顷刻，天上出现浮云，接着大雨滂沱，数日之内，广东全境迷报降雨。孙制军便命人绘像，题曰："羽化孙真人"。

9　潮汕地区有水仙庙供奉水仙爷的传统，水仙爷即是上古时代治水有功的大禹，是传说中与尧、舜齐名的圣贤君王。潮俗沿海都有水仙爷庙，可能是由于该地与水的关系太密切之故。

宋大峰[10]崇拜等，不胜枚举。

明嘉靖以后，潮汕地区除了农业经济的发展外，商品经济的繁荣发展更为突出，经济的繁荣对于民间信仰的发展起到极大推动作用，主要表现在庙祀和宗教活动的兴盛方面。潮汕现存的很多宫庙都是在明清时期修建的，而且多由百姓集体筹资，如韩文公祠旁的陆公祠、饶平飞龙庙、潮阳东山魁星阁、揭东鞍山忠勇庙、潮汕沿海一带的周王公庙、惠来和澄海一带的水仙宫、大禹古庙等。现今潮汕地区在拜神过程中出现的赛大猪、赛大鹅、斗戏、斗彩棚等风俗也是从明时开始出现并流传下来的，而游神活动据说宋时已有，但是明清时更为兴盛。在丰富多彩的游神活动中，各种神灵的知名度也得以提高。游神本是为了驱鬼消灾，后来加进了喜庆娱乐的内容，娱神娱人，热闹非凡。

20世纪初，科学与启蒙的口号在中国大地大行其道，民间信仰常被当作迷信受到知识阶层和政府层面的批判、抵制和清除，无论是1949年前的国民政府还是1949年之后、改革开放之前的中华人民共和国政府，在抵制迷信、反对民间信仰方面并无二致。尤其在文化大革命的"革命风暴"中，乡村的民间信仰庙宇被毁，民间信仰活动一律停止举行。

不过，即使在那些年中，民间信仰也依然顽强地隐蔽地生存着，其根从来就没有断过。以汕头的宋大峰遗迹为例，宋大峰墓始建于南宋建炎丁未年（1127），历经多次修整，就在民国十八年（1929）时，当时的国民政府还在当地民众的吁求下颁发文件保护宋大峰墓，并勒石为念，共刻有四块石碑，文革中被毁了两块，另两块则被当地民众完好地保

10　宋大峰，闽地僧人也。俗姓林，名灵噩，字通叟。宋宣和二年（公元1120年），他从福建游缘至潮阳之蚝坪乡（今和平），时逢酷暑，久旱无雨，庄稼失收，饿殍遍野，瘟疫流行，满目疮痍。为救民众于厄难之中，他设坛祭拜上苍，祈求为民消灾，同时研制良药，施舍于民间，终使病民解厄。他还动众捐资，化缘俭节，斥资造桥。一座跨越练江两岸的大桥历时五载，桥筑十六洞时，而大峰祖师圆寂。里人无不悲伤，遂立庙祀之。

存下来。揭阳、汕头还有一些年代久远的民间信仰庙宇的碑刻、房檐、木雕、神像等也是如此这般地保存下来。在访谈中，有一些老人告诉笔者，民间信仰的活动在文革前时常还会半公开半荫蔽地举行，而就在文革所谓"破旧立新"之时，还是有人在家中、或几个人找一处隐蔽之地偷偷地拜自己心目中的各路神灵，他们不可以想象生活中怎么可能没有神？怎么可以有不与神灵交流沟通的日子与地方？

改革开放以后，尤其是上个世纪九十年代以后，随着民间信仰的渐渐复苏，潮汕民间信仰的场所或重修重整，或异地重建，或另起炉灶的新建，一下子像雨后春笋般地冒出来，且广布乡村市区，人们在信仰的路子上轻车熟路地就回到了从前，甚至回到了从前的从前，由此可见民间信仰的深厚韧性和强大生命力，更是反映了民间信仰在当地民众中的信仰传统之深厚与浓郁。

二、 潮汕民间信仰的现状

潮汕民间信仰的现状主要表现在如下方面：其一，场所多，潮汕民间信仰的场所不仅广布山野僻壤之乡，也堂而皇之地出现在闹市繁华之地，民间信仰的场所数量之多，有些场所的规模之雄伟、建筑艺术之精美，是没有去过的人无论如何也想象不到的。就场所数量而言，目前还没有一个机构能准确的统计，用"星罗棋布"一词来形容这两地民间信仰的场所毫不为过。笔者在调研时，揭阳市民宗局的某位官员说，揭阳一个镇少说有10个民间信仰的场所，而揭阳市约有64个镇，约莫就有640处场所；就村而言，几乎村村有庙，有的较大的村子，村头村尾都有庙。还有的村子有几个姓氏就有几个庙，不同的姓氏各去各的庙，互不相扰，如此加起来，几千处都有。他还说，毫不夸张，揭阳的大庙小庙加起来5000处都有。而揭阳市的现有人口约有680多万。汕头的

情况也是如此。汕头市城区几乎每个住宅小区都有公共拜祭的地方，城区里民间信仰的场所也不少见。揭阳与汕头两地的官员还承认，民间信仰的场所可能比当地五大制度性宗教（即佛教、道教、天主教与基督教，伊斯兰教的清真寺在这两地还比较少）场所的总和加起来还要多的多。

　　民间信仰的场所不仅是通常建筑意义上的屋宇，有时它可能是一处简易的台子，或一个讲究的坟茔或墓葬等。如位于汕头市龙湖区的将军爷墓，相传此墓为唐正二品大将军墓，现已成为汕头市区一带民众信仰的保护神之一，墓前常年香火不断，在汕头的其它一些市还有将军爷的分庙。笔者在将军爷墓访谈时，当地人绘声绘色地讲述了1969年7月27日（农历六月十四日）将军爷显灵预告台风将来临的消息。据说事先有一白胡子的老头预告了台风来临的消息，果不其然，7月28日上午"7.28"台风以12级以上风力，正面在汕头市郊官埭公社凤头坝一带登陆。外加上当时天文涨大潮，凤头坝海堤崩塌海水直冲而下。顷刻间，天翻地转，海啸风狂，汪洋连天。当时的整个官埭公社被淹掉了一大半，而当夜逃离住所的乡民，均安然无恙。台风过后，汕头市龙湖区一带的村民更加相信将军爷。1979年9月20日，村民重修将军爷墓，墓碑刻字"唐正二品将军墓"。以后不断重修扩建，2008年村民又重修将军爷陵园，包括：三山门、戏台、拜亭、凉亭、文化广场、停车场等。逢农历初一、十五这两天此地人头攒动、香烟缭绕。将军墓前的两张长方形的大祭台上会摆满各样水果、大米等之类的供品和纸钱，前来朝拜的人络绎不绝，就算平时也香火不断。尤其是每年的将军爷诞（也是潮戏的集中演出时段）时，将军爷庙的戏台子就成了潮戏的演出剧场。戏班子都是信众自愿花钱请来演出的，有时长达40多天，排不完的就延至下一年的将军爷诞（这从一个侧面反映了潮汕地方戏的生存要素中民间信仰功不可没）。

　　其二，信众广。不言而喻，民间信仰场所的"星罗棋布"

说明了民间信仰在潮汕之地的普遍性、群众性与规模性；不仅如此，民间信仰的信众正在悄然发生变化，过去人们常以为民间信仰的信众多为乡村社会中的女性（尤其是文化程度不高的女性）、老年人（尤其是处于社会边缘的弱势群体的老年人），其实不然，潮汕不同年龄段、不同文化程度、不同社会职业、不同社会地位的人对民间信仰的认可程度颇高。

对于潮汕民间信仰的信众而言，民间信仰的场所在他们的生活中不可或缺，这种不可或缺体现在人不可生活在没有神灵保佑的混沌中，只要走进这种地方，他们与诸神灵的亲密接触就成为了可能。这种地方就是他们与超验世界保持联系的场域和桥梁。人们正是在这种地方游刃有余地建立起了神灵世界与世俗世界的联系，并得到神灵世界的庇佑，这就是为什么当地百姓总是绘声绘色的向笔者讲述其供奉的神灵如何灵验、如何有求必应、以及如何在生活中保佑他们的故事。在其看来，因了各路神灵的庇佑，他们每天的生活似乎也就更加踏实和安稳了。

其三，活动多。潮汕地区每逢神祇如关帝、妈祖、玄天上帝、观音、风雨圣者、三山国王、宋大峰等的诞辰，神庙所在地都会举办祭祀活动，并请来剧团演大戏。以潮汕地区普遍的妈祖信仰为例，潮汕各乡村，皆有祭拜妈祖的大型群众性活动。除了平常民众单独或结伴进庙烧香外，大型活动时间是在春节、元宵和"妈生"（即妈祖生日、农历的三月廿三日）时。每逢这三个日子来临时，潮汕各乡村皆有游妈祖神像的大型群众活动，尤其是妈生节的游神活动最为隆重。与此同时，还会请潮剧团演出至深夜，有的还连演数夜，免费供广大乡民欣赏。这些潮剧向人传递的多是"善有善报、恶有恶报"等最朴素的道理，正是这些通俗易懂的道理，成为乡民约定俗成近乎牢不可破的价值趋向，成了维系裨益于乡民和睦团结的价值标准，并寄予着人们对美好未来的向往

和对幸福生活的憧憬。如此才能百演不衰、百看不厌。以汕头潮阳的后溪天后庙为例，后溪天后庙位于潮阳棉北街道后溪古渡，始建于明洪武初年，其香火是从福建湄洲祖庙分灵而来，至今已有600多年的历史。近年来在妈祖诞日这天都会举行大型的祭祀活动和文艺巡游活动，其巡游活动的仪式大致是：先是妈祖神像在天后庙起驾，巡游队伍浩浩荡荡从天后庙所处的后溪古渡出发，跟妈祖一起出巡的还有后溪的财神、水仙爷等神明。两千多人组成的游行队伍伴随着妈祖銮驾出游。礼炮声声，锣鼓阵阵，标旗猎猎，前呼后拥，规模宏大。随着妈祖神像出巡的还有各种表演，如醒狮队的醒狮舞，少年武术队的武术表演、英歌队[11]古装扮相成梁山好汉一百零八将的表演。此外，还有五凤旗队、标旗队、纱灯队、笛套大锣鼓队[12]等表演，令人目不暇接。队伍所到之处，观者如潮，这种巡游据说有时甚至要历时十多个小时……

其实，每一个类似的神诞或庙诞，对民间而言不止是一个节日而已，这时的神庙除了是一个"热闹的社会活动中心"外，也是一个能把个体与神灵、以及个体与他人相联系、因而从中找到安慰和感受到"集体亢奋"的"神圣中心"。只是在

11　这是在潮汕地区流传久远的广场舞蹈或游行舞蹈，这种舞蹈形式融汇了戏剧、舞蹈、武术等成分，其舞蹈内容主要有二，一是梁山泊好汉化妆卖艺攻打大名府，营救卢俊义，二是梁山泊英雄化妆劫法场救宋江。可见英歌舞主要是借梁山泊好汉的英雄故事来表演歌舞的，所以表演者一般最多不超过108人。也有学者认为，英歌舞的产生与我国古代所进行的春季驱傩仪式有相当密切的关系。

12　潮汕笛套音乐源于南宋，属于套曲式音乐品种，以笛、管、笙、箫为主奏乐器，配以三弦、琵琶、古筝和其它弦乐、弹拨乐等，领奏乐器大笛（横笛）是28节大锣鼓笛。笛套古乐基本上属于原汤原味的古代宫廷音乐，它从曲式结构到旋律进行，都保留着宫廷音乐的风韵。其风格特点是古朴、庄重、典雅、幽逸、清丽、悠扬，具有浓厚的中国民族传统色彩。"潮阳味"的吹奏方法，构成了潮阳笛套音乐浓郁的地方特色。潮阳笛套音乐被誉为"盛开在岭南永不凋谢的华夏正声"。2004年，潮阳被命名为"广东省民族民间艺术〈笛套音乐〉之乡"。

此时，古代世界那种"热闹的单纯"便远离现代世界的"繁杂"来到了人们面前；当人们以感谢神恩和敬拜神灵的姿态载歌载舞时，其中的"热闹"已不同于那种空洞的"喧嚣"而有了某种"神圣"的意味。不仅如此，通过这些仪式和共同的参与，使人也体味到在集体中、在社区中，在人与人之间的那种亲善关系中的"美好连结"，即创造精神支撑、信任和希望的共同家园。著名的社会学家爱弥尔·涂尔干认为，宗教信仰就是从集体仪式庆典中产生的狂热与强烈情感里创造出来的。从社会学的角度而言，宗教仪式象征的过程及其仪礼的重要性就在于它间或中断了日常生活的常规，并且具有整合的力量，其功能在于它将所有人连接起来，宣扬社群中相似和共有的文化遗产，缩减社群中的差异，并使他们的思想、情感与行为变得相近，从而有助于扶危济困道德的宣扬，有助于促进奉献社会的善举（活动经费皆由乡民乐捐），有助于众志成城的民心凝聚。而这种"美好连结"在俗常时间内颇难感悟到或体验到。难怪乎当地人告诉我们，这种神诞游行的仪式即使在那些年的极左政策横行时也"屡禁不止"。

在潮汕，一年当中这种"美好连结"时间还真不少，从春节、清明、端午、中秋、重阳、冬至等一路数下来，除了神诞日和岁时祭祀外，每月农历的初一、十五也是特别的日子，对于信众而言，这一天除了吃素外，还要去心仪的庙宇（不管是佛教还是道教还是民间信仰的庙宇）进香上供拜神，祈福求安。所以这两天对于民间信仰的场所而言也是较平素要热闹得多的日子。

除了特别的时日人神共欢外，还有特别的时日人鬼共欢，因为"神灵世界是由不可理喻的力量和鬼神所组成的。"[13]潮汕人一般都相信鬼神的存在，他们认为鬼是不可以轻慢和得罪的。每年的农历七月是鬼月，在这个月里，人

---

13 参见史华慈：《中国古代思想的世界》一书中的"跋"，江苏人民出版社1995年版，第424页。

们除了祭拜祖先外，还要对鬼有所表示。尤其是农历的七月十四或十五日（道教称为中元节，佛教称为盂兰节，民间称鬼节），相传地狱大门会打开，阴间的鬼魂会放出来，有主的回家去，没主的会到处游荡。人们以为，凡正常死亡的人都可以转世投胎，而那些罪孽深重或意外横死的人，死后就成为孤魂野鬼，他们有时还会骚扰世间活人。为了人鬼之间的相安无事，人们就要在这个月以诵经作法等事举行"普度"礼、或在路旁烧冥纸，以超度那些孤魂野鬼，又或祈求鬼魂帮助保佑家宅平安。笔者那次调研期间正好是"鬼节"前，所到之处，都看到入庙进香上贡摆放冥纸的人们正在为"鬼节"做一丝不苟的准备。正所谓：人神相悦，人鬼相安，天上人间地下都相悦相安，天界、人界与地下界这三界就有了有序和安宁的保障。

其四，多神崇拜，相互交织。潮汕民间信仰所祭拜的神灵与别处比较起来，有共处之处，如对山川日月等自然现象或自然物、先贤圣哲、先祖（包括各姓氏的祖先）、行业祖师、佛教道教中的神灵、护佑生灵之神、以及对财神、门神、灶神等的崇拜等；另一方面，潮汕的民间信仰还有一显著特征，即多神崇拜，相互交织。这个特征最体现在 "拜老爷"上。潮汕的神灵名目繁多，庙宇举目皆是。潮汕人对神庙不论规制大小，统称"老爷宫"，所有的神明概称"老爷"。当然，"老爷"也不一定专指男神，也有女神，如天后、观音娘娘等，潮汕人"拜老爷"的学问实在大，不同的时节有不同的"老爷"要拜，范围之广，涉及的神之多，超乎一般人的想象。每月除了初一十五要拜家里的地主爷之外，一年里还有天公（玉皇大帝）、佛祖（如来佛祖）、观音娘娘、土地公公、财神、月娘（月神）、门神等各种神灵要拜。尤其是正月里的拜老爷对潮汕人而言是头等大事，事关家宅一年兴衰，从年三十到正月十五，几乎每隔两三天就要拜一次，此时庙宇要供奉超大型的香，请歌仔戏表演，有仪仗队游行，

放鞭炮烟花。场景盛大，形式隆重。而农历每月的初一，十五两天则为固定的祭祀时间。

潮汕地处沿海地区，古代属南蛮之地，地少人多，自古以来天灾多，当人们在遇见自身无力支配的命运时，自然容易相信冥冥中一切都有主宰而产生信神心态。不过，在潮汕人的潜意识和无意识里，还是认为属于"自己"的神最为可靠，关键时刻能予人以庇佑，所以对之礼拜最勤。所谓的"拜老爷"，也多指拜这些地方神。如三山国王[14]。三山国王是本地神中最古老、最有影响的第一位地方文化神祇，其产生在本土，信奉、庙宇、祭祀均在本土（并由本土传至台湾等地），属于地地道道的本土神、地方神和自然神。前述的"风雨圣者"，也是地地道道的本土神。除了广泛存在的祖先崇拜外，还有伯公爷[15]崇拜。揭阳几乎每村都有伯公庙，一些大的村还不止一处，村头村尾都有伯公庙。

显然，在民众眼中人与各路神灵有亲疏之别。这种"别"或许与民间社会基于血缘宗族关系的乡土意识有着密切关联。而当地神灵是家族以及社区的保护神，因而他们与当地民众有一种类似血缘的亲密关系，我们可称之为"神亲关系"。在当地民众看来，这些神灵是专属当地的，对当地人也就格外的照顾，以至当地人迁居别处时"神亲关系"仍不会断绝。因此，迁居别处的本地人对于家乡的神灵依旧保持忠诚。这也就解释了那些海外的华侨为何千里迢迢回乡祭拜神灵，又从故乡神庙分取香火或神像带回侨居地供奉。

当然，即使是来自外地的神灵，但只要是造福过本地人

14　三山国王是潮汕地区揭阳县境内独山、明山、巾山三山之山神。因屡屡显灵，护国庇民，隋、唐、宋、元、明、清历代朝廷迭有赐封。三山国王信仰最初起源于潮汕地区,盛于潮汕地区,并逐渐传播开去。

15　中国大多数地区以"土地爷"称呼，广东和台湾等地以"福德爷"、"土地公伯"、"土雷公"、"福神"等称呼。潮汕地区土地公的名号是"福德老爷"。土地公又称福德正神，是管理土地的神祇，潮汕人、客家人则昵称为"伯公"。

的，也多半被视为本地的神灵，建庙立祠，照样享有庙祀。如前述的妈宫和大峰祖庙等。正所谓：一方水土养一方人，一方人拜祭一方神，一方神灵护佑一方人。

三、潮汕民间信仰的管理现状

目前政府层面对制度性宗教的正规场所之管理是通过各种宗教团体或宗教协会如佛教协会、道教协会、天主教爱国会、天主教教务委员会、基督教协会、基督教三自爱国运动委员会、伊斯兰教协会等来实行的，而对民间信仰的管理基本上是处于"自发"和"放任"的"无序"状态，尽管如此，并不等于民间信仰就没有"被管理"，就笔者所了解的潮汕民间信仰管理的现状而言，有这么几种情形：

其一，有些大的民间信仰场所有自己的管委会，如揭西河婆街三山国王祖庙，2007年时三山国王祭典被省政府批准为广东省第二批省级非物质文化遗产，其名义上属于文广新局的管辖范围，而文广新局的主要职责是向政府打报告，申请经费作为三山国王祖庙的修缮费用（由此可见文管新局主要从文物保护、而不是从宗教或信仰的视角来考虑问题，无疑他们对此的"管理"有经济利益的考量），实际上祖庙的各项管理工作主要由祖庙的管委会自行管理。管委会的成员由当地年纪大的德高望重的人组成或选出，这类人热心又有闲，也不图报酬的有无或多少，他们在庙里的工作算是老来有所为的一种工作方式吧，他们在此找到了自己的生活意义和话语空间。这些人均是当地年长的男性精英，他们中有的人年轻时也在外闯荡过，如三山国王祖庙的管委会中有曾担任过村长之类的人。揭阳城隍庙的管委会成员中有从部队转业的人，他们谈吐不俗，颇有见识。

其二，有些地方的庙宇管理是在村委会或街道居委会的领导下进行，民宗局的官员常将这种管理模式称之为属地管

理。当然，村委会或街道居委会的"领导"不是"直接领导"，而是通过场所的管理小组（或称老人会）来实行的，更多的时候村委会或街道居委会是帮着解决问题而不是干涉场所的日常事务，场所管理小组的成员基本上由热心人士自荐或由老人们开会民主选出。如汕头龙湖区珠池爵道妈屿村的著名的汕头妈宫[16]，就属这种管理类型。1979年妈屿开放为旅游区后，1980年，妈屿村颇有眼光地成立了集体管理组织——妈宫理事会，建立规章和财务管理制度，规定乐善捐款主要用于庙宇修建和环境建设，善信捐助钱物归集体。1988年，妈屿妈宫被列为汕头市文物保护单位。1990年，妈宫扩建，获海内外善信响应，并于1993年竣工落成。扩建后的妈屿妈宫成了一座极具潮汕特色的古建筑庙宇，每年来此参观游览的人络绎不绝，尤其是妈生日的农历三月时，海内外来的人更是摩肩接踵，对其的管理自然是妈屿村村委会的一项重中之重，目前妈宫的管委会由4人组成，他们全由村委会任命，其中一个成员曾担任过村委会党支部的副书记（这种从村委会退下来的人成为民间信仰场所管委会成员的人似乎是普遍现象）。妈屿村原来是个渔村，该村有10多个姓氏，以林姓为主，村里人但凡有事，如遇生病、生孩子、结婚、读书、换岗位、找工作等，人们都会来妈宫求，家人之间、邻里之间有冲突时也会来此求，求个诸事顺遂、家人和谐、邻里和谐和婆媳和谐等。据说妈祖宫一年的年收入有40万到50万不等，这笔钱属于妈屿村的集体收入，主要用于庙里的维修和村里的公益慈善事业。管委会的4个成员每天来妈宫上班，每人每月象征性地领800多元的工资。

其三，完全自发性的由村里的老人小组或老委会管理，如笔者在揭东县登岗镇孙畔村的风雨圣者古庙所看到的情形就是如此。古庙虽经多次重修，看上去珑玲典雅，"古"味十

16　该妈祖宫始建于元代，是潮汕地区较早兴建的妈祖宫，享誉海内外。

足。古庙虽小，古迹还不少，至今古庙门前还保留有一些古碑石刻等。老人们谈起古庙的历史和其所拜祭的神童，如数家珍，不无自豪。该老人小组对古庙的管理全是出于自愿、属于义工不拿报酬的。但古庙也是村里的一个公共空间，闲来无事老人们在庙里唠嗑唠嗑，坐在一起喝喝茶，有事就在此拜拜神，如此，日子倒也过得悠闲自在。

　　在笔者与潮汕各地的民宗部门的官员们交谈与座谈中，官员们对民间信仰管理工作的一致共识是"民间的事情民间管"，目前自然形成的各种管理模式应该是比较合理的，政府对民间信仰的管理模式不能像现行的对其他制度性宗教的管理模式一样，还是应有所区别。当然，还有个具体情况，就是市县级民宗部门的人员有限，以揭阳为例，像揭阳这样一个较大的地级市，民宗局的宗教科的专职人员只有4人，如前所述，揭阳的大庙小庙加起来5000处都有，还不算制度性宗教的场所，可以想象若民间信仰也参考制度性宗教的管理模式，那是何其艰难。而县一级、区一级的民宗局的人员就更是有限，有的地方就是一二人而已，何谈"管理"？

结　语

　　在对潮汕地区民间信仰的调研中，笔者深切体会到下述几点：

　　第一，在民间，人们的思维及其方法在很大程度上是由民间的包括民间信仰在内的大众文化、传统文化所形塑的。对百姓而言，一个整全的人观、宇宙观，今生与来生、自然与超自然等，从来就不是彼此分割，完全对立的。人们在享受现代化带来的种种便利时，也不忘在自己的生活空间与时间中专门留出一小块地方或某段时间来祭拜神灵，民间信仰确实在某种程度上满足了人们的心灵需要和精神生活。

　　第二，民间信仰中包含着悠久且深厚的神明崇拜、祭祀

仪式与社区表演等，这些是值得珍视的地方文化资源。2003年联合国教科文组织通过的《保护非物质文化遗产公约》规定，非物质文化遗产有五项具体内容，即：口头传统和表述；表演艺术；社会风俗、礼仪、节庆；有关自然界和宇宙的知识和实践；传统的手工艺技能。显然，在文化多样性正得到世界上越来越多的人们赞善和理解的当今时代，民间信仰中的许多元素暗合了非物质文化遗产的相关内容，这就是为什么我们常看到民间信仰的庙宇前挂着国家、省或市里的非物质文化遗产所在地的牌匾，这正好说明民间信仰在非物质文化遗产的语境下多了一种存在与发展的途径，同时使得人们"有可能脱开意识形态化和政治化的惯性定位，而较纯粹地理解作为生活方式的民间信仰及其对促进人类文化多样性的价值。"[17]笔者一行在汕头的后溪天后庙座谈时，英歌舞队的国家级的非物质文化遗产的传承人（已是80多高龄）和笛套锣鼓队的省级的非物质文化遗产的传承人（70多岁）说起他们每年在妈祖诞日的表演时，神采飞扬，他们兴致勃勃地带我们去参观他们的排练场地和表演服装的陈列室，并告知每到周末都有少年儿童来此接受他们的培训。他们也特别乐意将英歌舞队的表演和笛套锣鼓队的演奏传承下去。

第三，尽管许多人曾在学校里受到无神论的教育，但从小也受到家里和民间社会的拜神之熏陶，此种"教育"和"熏陶"看似有冲突，但广东人、尤其是潮汕人骨子里对很多事物的兼容并包，使得这种"冲突"对人们的心理与行为并无窒碍，许多人一方面接受学校里的无神论教育、对家中以及社会上的信神拜神半信半疑，但不反对甚至偶尔也参加本村或临近乡邻村里的庙会和神诞之类的祭拜活动。直至成人和生活阅历的增长，他们自己却更能理解和更愿意去信神拜神。汕头市民宗局的官员告诉我们，在潮汕，许多人搬家或装修

17　陈进国：《传统复兴与信仰自觉》，载金泽、邱永辉主编《中国宗教报告（2010）》，社会科学文献出版社，2010年版。

房子均要先求问神择日子，在汕头城区，建筑施工队每建一栋新楼之前，都要先拜神、选好日子后再开工；在城区的许多住宅小区，可以随处可见拜神的公共空间。当然，一般情形下，有一定文化受过一定教育的年长者对民间信仰的热心程度超过年轻人，如果说年轻人只是偶尔参与民间信仰的庙会拜神活动的话，年长者无疑对常规的初一、十五的上香、祭拜等更加热心。

综上所述，民间信仰已是社会的常态现象、且拥有一个汪洋大海般的信仰群体，我们需要从以人为本的原则出发对其予以充分的尊重与理解；民间信仰研究本身不是研究神的意旨，而是研究人，研究人自身的身心灵状态、人与人的关系、人与社会的关系等等。如此，我们才能了解民间，才能对民间信仰在文化传统和社会中的位置有一种"接地气"式的理解，从而在推动民间信仰事务的社会化治理进程中，改进社会治理方式，激发民间社会组织活力，鼓励民间庙宇走自治化的道路，且加强民间庙宇的自我管理、民主管理和财务管理等。同时，政府主管部门如各级民宗局应与村委会、街道、城区的基层部门结合起来，互通情况，从而对当地的民间信仰的现状与治理情形有大致的了解，心中有数，并在宣传党和政府的宗教政策和依法管理宗教事务时不忽视民间信仰这一块。总之，民间信仰研究关系到"宗教治理"的新理念和新模式以及当代社会新型多元文化与和谐社会的建构，意义重大。

注：本文系国家社科基金项目"华南地区民间信仰的现状、功能与管理研究"（项目编号：14BZJ035)的阶段性成果。

南澳岛渔村盂兰民俗文化特色及其作用
——从叠石岩传播到欧美

林俊聪

潮汕歷史文化研究中心 特約研究員

提纲：论证盂兰胜会（俗称"施孤"）民俗文化在
南澳岛渔村状况、特色，并传播到欧美国
家，综述各种作用。

关键词：南澳岛盂兰民俗文化特色与作用

潮汕庵寺，星罗棋布，其密度在全广东省首屈一指。自
改革开放以来，佛火兴旺，信徒日众，前所未有。各乡村梵
宇、佛堂，自古以来，盛行于每年农历七月举办盂兰胜会大
法会，并传播到俗间所有数百座善堂及一些神庙。而位于粤
闽台海上交通要冲的南澳岛渔村，从方外到俗间，自古至今
也流行盂兰文化，独具特色，十分隆重，造福渔家，还从岛
上叠石岩传播到遥远的西方欧美国家去，非当寻常。今就海
岛盂兰民俗文化特色及其作用，试论于下，以请教方家。

海岛佛化盂兰习俗特色

佛教的盂兰盆会（也称"胜会"），"盂兰"是印度梵语，
意为"倒悬"；"盆"是盛装食物的器具，"盂兰盆会"意为"以器

具盛装食物解救倒悬法会"。据1989年再版民国丁福保编《佛学大辞典》上册第1239页载曰：

> 盂兰盆会。佛弟子目连尊者，见其母坠饿鬼道，受倒悬之苦，问救法于佛。佛教于每年七月十五日（僧安居竟之日），以百种供物供三宝，请其威，得救七世之父母，因起此法会。《盂兰盆经》曰："是佛弟子修孝顺者，应念念中忆父母乃至七世父母，年年七月十五日，常以孝慈，忆所生父母，为作盂兰盆，施佛及僧，以报父母长养慈爱之恩。"佛祖统纪三十三曰："盂兰此翻解倒悬，言奉盆供于三宝福田，用以解饥虚倒悬之急。"汉土于梁武帝大同四年（538），初设盂兰盆斋。

盂兰胜会，在潮汕民间，称"施孤"、"普度"、"鬼节"、"和尚节"，意即此举是布施给孤魂饿鬼的法会，由出家人每年必办的节日。清《海阳县志》载曰："七月赛盂兰会，谓之'施孤'，又曰'普度'。"1945年陈梅湖《南澳县志·卷之一舆地·岁时风俗》也载："中元。人家各祀其先，以楮作五色绮绣之状焚之，云'为泉下作衣裳'，所在为盂兰胜会。每会一老僧主之，黄昏后登坛说法，撒物食羹饭，谓之'普施'。"佛门是在每年农历中元节七月十五日举办。此日以尽世甘美供养佛法僧三宝，仗三宝功德之力，解倒悬之苦，使现世父母安康长寿，七世父母离苦得乐，佛很欢喜，故称"佛欢喜日"。

南澳岛方外和俗间，就像潮汕大陆各乡村一样，每年农历七月施孤，虽具体日子各有不同，但都不超过七月，即俗称"七月初一开地狱门，七月三十关地狱门"。海岛庵寺一般是七月十五日或十三日，前江关帝庙和各舡艚主是七月廿八日，平善堂和普益善堂是七月廿六日，山顶村圣王庙是七月十五日，元德善堂是七月十九日，深澳慈济善堂是七月廿日。

　　南澳岛从清朝至民国，隆澳各善堂和前江武帝庙、馆尾妈庙、龙地妈庙、山顶圣王庙、宫前妈庙等神庙，每逢农历七月施孤前数天，必须派数人上山收孤骨。凡首先发现者，先点燃三柱香，然后收在所备香炉内，带返堂或庙内，早、午、夜烧香拜奉之。待到施孤当天，就请孤骨作为"主持"，率众孤魂来享受施孤。法会结束越日，把孤骨带至破墓内并修补之。有一年，宫前妈庙主去西畔山上，于破坟内收到孤骨，归来经过西阁村时，不断受村民阻挠，不准进村，故被迫把孤骨丢于山上。自此宫前妈庙就去掉此习俗。1950年起，各堂、庙全部废除此习俗了。

　　农历七月初一日下午，各户在家门口放置各种食物并插上香，焚化纸锭，俗称"拜开狱"，即传说阎罗王把阴司地狱中孤魂饿鬼全放出，标志施孤开始。七月三十日，同样方式拜祭，称为"拜禁狱"，阎罗王于此天把孤魂饿鬼全赶回地狱，施孤至此结束。此月中，中元节（即七月十五日）各家

山顶村普益社
大峰庙前施孤

拜祖先并施孤，庵寺、善堂或庙宇、团体、实业头家也择某日隆重施孤。俗间借佛教该节日，以尽孝道，而普度从孝道推广到慈悲，符合传统的道德标准，所以大得民心，普遍成行。海岛盂兰习俗，主要有如下表现：

1.舻艚主搭棚施孤

南澳岛以渔为主，兼有农、盐业。从古代至民国，主要居民区隆澳（即今后宅镇），大多数渔民从事群体性敲舻捕鱼作业。它自清朝至上世纪五十年代，是南澳岛和潮汕沿海渔区一种产量高、影响大的主要捕鱼作业，由舻公、舻母两艘大船及36艘小艇组成，渔工200余人。捕鱼时，在舻公船上长年（总指挥）选择渔场后，布置众艇先以两大船为起点，围成一个大圆圈，然后渔工们一齐敲响各船上的桔声，逐渐向两大船靠拢，缩小包围圈，迫使鱼群朝着无发声的舻公、舻母之间早已撒下的大网口逃去，最后起网，获鱼颇丰。故有歌谣唱道："一夫与一妻，三十六仔团团圆。为着财利拆分去，父母一叫靠身墘。"而东半岛南部之云澳区，大多数渔民则从事集体性桁槽固定作业捕鱼，海猎方式与隆澳有别。

海岛在民国时，舻艚业十分兴盛，有10艚。大多数的舻艚主是发了大财，他们为期盼海利大进，出海平安，对妈祖等神明，对佛祖菩萨，对善堂大峰祖师，都比大陆人财主还恭敬，故每年七月施孤，更重视举办，慷慨解囊。

每逢七月半之前，隆澳区各位舻艚主，选择海滩或前江荒埔，雇人搭起1米多高的杉棚，称"孤棚"，然后于七月廿八日那天举办盂兰胜会。先在杉棚摆满所买一包包大米，装于桶中的熟饭、蔬菜、粿品、水果龙眼和菠萝等食物，上午8时至下午4时，民众轮番在棚前烧香绕圈诵经。有经济富裕的舻艚主，于当天下午请僧10余人，来主持"放焰口"法事。事毕在现场把部分祭品施舍给穷人，或撒散让人抢夺，俗称"抢孤"。其它大部分祭品抬回去登门救济穷渔工。"放焰

口”是何意？按丁福保编《佛学大辞典》下册2719页载曰：

> 焰口。饿鬼名。阿难独坐静室，其夜三更，见一饿鬼，名“焰口”，身体枯瘦，咽如针，口吐火焰。告阿难曰：“却后三日汝命尽，将生饿鬼中。”阿难恐，问免苦之方便。鬼曰：“你明日为我等百千饿鬼及诸婆罗门仙人等，各施一斛食，且为我供养三宝，则汝得增寿，我等生天。”阿难以白佛，佛即说陀罗尼曰：“诵此陀罗尼，能使无量百千施食充足。”见《焰口饿鬼经》。焰口亦名面然。

法会于黄昏结束后，舾艚主把祭祀阴间饿鬼的米、面、面包、粿等食物，撒向棚前，让赴会穷众接取，再在现场施舍部分给贫民，然后再登门救济陷入困境的穷渔家庭。

由于舾艚作业，在敲舾围鱼过程中，所发出的震耳欲聋之轰响声，把大量的小鱼也震死了，故在上世纪六十年代初，政府下令禁止该作业，以保护幼鱼。而近五六十年来，海洋生态受破坏，鱼虾量大减，该作业也难以捕获鱼群了。故自舾艚业消亡，岛上施孤也无舾艚主举办，成为历史佳话，如今为主由佛门、善堂举办，及个人简单仪式办理了。

2.善堂请僧放焰口施孤

南澳岛从清末至民国，有9座善堂，分布于隆澳、深澳、云澳三个区，今经合并后有6座善堂：县城隆澳山脚井路的平善堂（创自1902年）、山顶村普益社（创自1927年）、元德善社（创自1928年）、义德善社（创自1902年，即平善堂之前身）、老县城深澳慈济善堂（创自1938年）、云澳协义善堂（创自1930年）。所有善堂，皆像大陆绝大多数善堂一样，以潮阳区和平镇宋朝时造石桥、救苦难的善堂鼻祖大峰祖师（1039—1127）为偶像，是民间群众的慈善团体，由参加善堂的社友们，尤其是经济充裕的善人自愿乐捐钱

物，然后实施各种扶贫济困、救苦救难的动人善举，弘扬大峰祖师慈悲济世文化，功德无量。

海岛上述善堂，仿效佛门，奉敬诸佛菩萨，每年农历七月，皆举办施孤胜会，各善堂所定日子有所不同，但形式基本相同。除善堂外，位于前江海滩的关帝庙、山顶村海滨的圣王庙等神庙，农历七月也举办施孤，十分隆重。

自民国起经常请僧七月施孤放焰口的善堂，是云澳镇协义善堂。因俗家云澳人高僧定持法师（1921—1999），自小与协义善堂有缘，是遇到来堂放焰口的屏山岩住持释怡深（1865—1937），才在16虚岁时赴屏山岩请他削发的。因此，该堂于1984年恢复起至1998年，每年农历七月施孤，皆请定持大师来主持放焰口。他每次都带来10多位居士，包括鼓乐班六七人，举办放焰口法会十分庄严，年年如是。

隆澳区元德善堂，从民国以来，都有每年七月十九日施孤习俗。近10年在理事长柯祥麟率领下每年皆施孤。当天上午8时至11时半，请云澳协义善堂诵经组（兼鼓乐）约10人，率众绕佛，朗诵《平安经》为众求平安。中午1时至4时，诵《蒙山施食》，1人坐中坛高椅上，周边坐4人，有人敲鼓，有人吹喇叭，中间或口白，或唱曲。孤棚前，摆有米80包（800公斤）、面粉100件（200公斤）、干米粉100块（50公斤）、干粉签2袋（30公斤）、装熟饭红桶12个（总米10公斤煮成）、竹菜10脸盆、冬瓜汤4红桶，"米山"、"饭山"、"竹菜山"、"面包山"、"长面山"共5座，2座"纸钱山"，2座"宫衣山"，民众提供水果、饭、面，摆10多桌。又有各由2公斤面制成数百个健仔、5只佛手，在下午快结束时，由坐桌上中坛者，向东西南北轮番撒去"施食"，让众拾取。法会结束后，由堂骨干扛食品登门慰贫户10多家。每年施孤堂理事会出资约万元。

南澳岛善堂在施孤中，近30年来渔村最突出者，是县城隆澳山顶村普益社，于农历七月十五日在村之圣王庙前主办

施孤，又在廿六日于普益大峰祖师庙楼前主办施孤，一个善社在七月中办两场施孤法会于岛内外罕见。

两场施孤，仪式基本相同。

清末至民国，山顶村善堂、圣王庙有每年七月施孤习俗，但在1950年正月初八解放之后，政治运动一个接一个，特别是"文革"十年浩劫，全岛施孤基本上皆停止了。自2001年以来，以黄培桂医师为社长普益社，不仅发扬传统扶贫济困，购地重建大峰楼，还恢复盂兰盆会，大力传播大峰文化。

他们在位于海滨的圣王庙前，中元节举行施孤法会。当天早晨7时布置场所。黄社长率领善友，先把从普益社大楼楼下龛内，2.7米高铜铸大峰圣像旁边，备以方便外出的另一0.3米高大峰祖师木雕像，请来摆在庙前中间桌上，再摆事先制作的六座"金山"（由金纸糊成）、六座"银山"（由银纸糊成）共12座三角形、近人高的"山"，又摆10余个各高0.2米、边长半米的白铁制成，装上海沙的沙坛，插上香。再由村中各艘捕鱼船（共数十艘）和渔户为单位，摆上各种食品，善堂又摆上四只大桌，上面摆满面包、馒头、白米饭（共60桶）、面团、水果和大米、米粉团。庙前不锈钢制成的4米高旗杆，顶端系小红旗，旗杆边摆一用红色塑料布当遮盖的四面无遮2米高桌台，奉木雕大峰圣像。其前桌上，摆10只红色桶装满熟饭，地面上也用灰色铁桶数十个各装满熟饭。庙前公路大圆墩前，又摆有各插三角形配青色边缘小红旗，各船和各家所供奉食品，配有翠绿叶榕树枝，红绿相间。庙前众多红桶，庙脊双龙夺宝，庙后绿林簇拥，美似画图。

8时半起，点香开始施孤普度法会。进行普佛，请10多位僧人诵经，或请岛上云澳协义善堂经师读诵《销释金刚科仪宝卷》，至11时告歇。午餐后，从1时至4时，举行诵经法事或请僧主持放焰口大法会。

约下午四时，法会结束。在圣王庙神明前，若掷有圣杯，则把金纸、"金山""银山"、仙衣火化。收捡榕树枝叶集

中，然后普益社派二人向场所各处撒盐、米、大峰祖师灵符水，约半点钟。第二次到庙神前问："孤果明白否？"若摔有圣杯，就全部结束。然后，把全场打扫干净，再把大峰祖师圣像恭请返善堂。最后，社友们挑米等食品，到村中上门赠送给贫穷的渔民家庭，进行接济。

11天后的七月二十六日，善社又在自己社址再举行施孤，仪式与圣王庙前施孤大同小异。

当天早上，从善社内请出木雕大峰圣像，恭放在大埕中间桌上，红色塑料布遮盖下。各渔船、各渔户食品用旗写明船牌号、家主大名，布满了大埕。布局中各船各家供奉食品上各插小红旗、绿色榕树枝等，与圣王庙前近似，隆重精彩。

因施孤法会习俗于下午举行放焰口大法会，需请僧人多，费用也多，故受经费所限而没有每年都有。黄培桂社长为首于2003年至2005年持续三年施孤时，因岛上名僧应邀出国主持法会，故到大陆请来12位僧人实施，上午普佛，下午放焰口，长时间诵经，并配音乐班敲鼓、拉弦、吹喇叭，十分庄严。

3.十三乡民众在前江武帝庙海滩施孤

南澳岛隆澳前江埔海滨，有一座十三乡民最崇敬的神庙武帝庙。它面向大海，引人瞩目。相传自雍正（1723—1735）。1938年7月，侵岛日寇烧乡，该庙也不放过，惨遭焚毁。1943年仲夏以林荣光、杨家略等为首募资重建，所立《重建武帝庙碑记》幸存。"文革"中再遭破坏，1987年至越载重修，后续修，今美轮美奂，工艺精湛。

该庙自古至今，每年农历七月廿八日皆隆重施孤。该日早晨，庙理事会出资所购食品，把煮熟的米饭装成数十桶，把各种水果的装成数十个竹筐，还有一包包大米等，摆在庙前灰埕上。又摆大桌，上面放着各种食物供品。从庙门前灰埕至南面大海之间数十米远的海滩上，摆着密密麻麻的来自

十三乡各家各户所提供多种祭品（全部素品，不准荤），皆插着三角形小红旗，上书"治子乂乂乂喜敬"，配插青叶榕树枝、竹叶，在白色的开阔沙滩上十分显眼迷人。

庙理事会，请来僧人10余位，上午8时起绕圈诵经，中餐后1时至5时举行放焰口法会。结束后，在灰埕上，由坐在桌顶高椅的僧人，不断向东西南北撒食品，众人"抢孤"。庙理事会骨干，再把大米等，登门赠给那些生活陷入困境的贫户。

4.施孤"三百六桨掠有鱼"奇闻

清末一个夏季，南澳岛隆澳（今后宅镇）一艘掇鱿的小渔船，正在20余公里远的东部南澎渔场，抓紧一年一度捕鱼的黄金季节，夜掇鱿鱼。因鱼有趋光性，夜间点汽灯诱捕，故渔夫们夜作日歇。

农历七月廿四日白天，船上渔夫疲劳入睡。舵公做了一个梦，梦见有一人，说载他返回南澳岛，要赶上廿六日的普渡。每年民间以此月为鬼节，南澳岛各座庙前，尤其是祖师庙（即1902年所创义德善社，后称平善堂至今）或善堂等前面，都隆重举行祭拜死鬼孤魂的仪式。

舵公梦醒觉得奇妙，与数位渔夫商议，决定听从，便挂帆划桨，驶船返南澳。归至前江港时，刚赶上七月廿六日，隆澳区祖师庙前的普渡时间。

是夜，舵公又梦见那个人，来请他明日载返回南澎渔场。渔夫说："阿兄，你叫我载来载去，我都听从，明日就载你去。可是，近来渔汛差，你可否指点一下，在什么海面，就掠有鱼？"那人答道："谢谢你们载来载去。为了报答此恩，你们载我至南澎后，再向南划360次桨，就有礁石，在那里就掠有鱼。"

越早，舵公通知4名船员集中，驾船离开前江港，开赴南澎。抵澎后，按梦中人指点，向南再划三百六桨，来到一处暗礁海面，便下锚泊船。当夜掇鱿鱼，逢上鱿鱼群集产卵，果然大获鱼利，满载而归。

此事传开后，南澳渔夫，就有一个习俗，每年七月廿六日祖师庙普渡之前2天，从渔场返航归港，普渡的越日，又离港出海，往往鱼利颇丰。

"三百六桨掠有鱼"也成了渔夫俗话。那片暗礁，也被人称为"鬼节礁"。

（据1988年9月，后宅镇林国安、许安，1994年春节陈之兴等老人口述）

5.岛僧把盂兰胜会传播外国

盂兰胜会是南澳岛佛门法事之一，称"佛欢喜日"，每年农历七月隆重举办。岛上庵寺，古今也不例外地继承举办这种法会。县佛协所在地，有"天南法乳"之称、潮汕人海内外黄檗法脉祖堂叠石岩，自从2002年起释达隆（1969—）法师来任住持之后，每年农历七月十三日坚持举办。

叠石岩盂兰胜会，在七月十三日上午8时起，至下午5时半（中午吃餐后继续）。上午拜三昧水忏，在4位出家人奏乐器配合下，诵读《水忏》3本，至11时结束。下午1时起持续4个多小时，举行放焰口法会，同样乐器伴奏，至5时半结束。然后，把三四吨大米、食用油数十箱、干面七八百箱的食品，少量在现场布施给穷人外，绝大多数运到后宅、深澳、云澳三个镇，救济贫苦的渔农盐民。

今任汕头市佛协副会长兼秘书长、南澳县佛协会长、县政协常委的叠石岩住持达隆法师，还把盂兰胜会法事，传播到欧美国家去。从2005年以来，他在每年率领三四位僧人，一直出访美国或法国，或于农历正月去主持祈福法会，或于七月去住持盂兰胜会，促进中外佛教交流，使盂兰胜会在欧美国家落地生根，潮俗之花香馨西方。

法国首都巴黎，潮州会馆的主事们，都是潮汕人，他们熟悉故乡农历七月"鬼节"做法，故曾请潮汕高僧心印大和尚（1924—2010）去主持施孤法会，他年迈难出行之后就请后

起之秀达隆法师七月去主法。在巴黎潮州会馆，达隆师不顾疲劳，顶着炎热，如法如规，虔诚主持连续4个半小时长的放焰口法会，成百上千潮州人和法国人善男信女前来参加。

达隆法师在法会前后，向巴黎民众，解释此举从佛教理念上讲，是向阴间孤苦无依的鬼魂施食，法会结束后又把所募集大量食品布施给阳间穷人，又向外国人宣传善念义理。他有时趁便还向巴黎大众，讲解《金刚经》、《法华经》，又以善写行书专长进行书法交流，曾受到区长、议员、甚至总统顾问接见，交谈甚欢。旅法期间，又向华侨们介绍故乡潮汕各方面建设新貌、经济发展、人民生活改善，特别是从2015年元旦南澳大桥建成通车后，海岛旅游业日益兴旺的盛况，使华侨倍增乡情，更爱祖国。

他不仅去法国，还应美国洛杉矶法印寺住持、俗家江苏省释宏正住持之邀，前往该寺主持盂兰胜会。参加法会美国善信逾百人。达隆师去主持时，趁便又介绍中国佛教兴盛、宗教信仰自由实况，使美国人了解中国宗教现状，促进中美友谊。因此，美国议员，向他颁发由美国外交委员会发出的"和平嘉奖"奖状。

近15年来，达隆法师年年出访外国，其中主持盂兰胜会者，在法国7次，在美国6次，赢得了东道主好评，使盂兰文化在外国开花结果。

海岛施孤祭祀作用

南澳岛盂兰文化的作用、影响是广远的，主要有如下四个方面：

1.施舍阴间孤魂饿鬼并报父母恩

按照海岛历代习俗，佛门、善堂、神庙、�主等，每年农历七月之盂兰胜会采用诵经和放焰口，把檀越奉献的供

品米、面、油和多种食物，送到阴间，如前所述是"佛弟子修孝顺者，……以报父母乃至七世父母，……以报父母长养慈爱之恩，……用以解饥虚倒悬之急。"并让阴间坠入饿鬼道，各种孤苦无依的鬼魂，解倒悬之急，不再成饿鬼孤魂。

2.救济阳间贫苦渔农盐民

　　海岛自古至今，总会出现因各种原因，而陷入生活困境的家庭。在清朝至民国时期，以渔为主的南澳广大渔民，"出海三分命，上陆低头行"，朝不保夕，常遇海上风暴，船翻人亡，丢下家中老少，嗷嗷待哺；农民遇上旱灾、水灾，稻田无收，饥寒交迫，如1943年大旱饥荒，饿殍遍地。即使当前各阶层民众，经济生活普遍大为改善，不像在民国时期一些贫穷渔民靠卖儿女来养家之惨状，但天有不测风云，人有不知祸福，总会出现天灾人祸，海难时有发生，火灾、车祸等也难以消绝，故而产生或家徒四壁，或孤苦无依，或无钱治病，或残疾凄惨等等苦难者。

　　而每年盂兰胜会，是以施孤阴间饿鬼和报恩父母之名义，而施主所捐献的大量食物供品，实际上是用来救济阳间苦难的渔农盐业等穷民，以解燃眉之急，令涸鱼得酥。

南澳岛隆澳山顶村海滨圣王庙前施孤

圣王庙前圆墩施孤供品

3.带动行善布施良好风气

海岛每年佛门、俗间各处盂兰胜会，都由主办者和当地慈善家，以菩萨心肠，慷慨解囊，购买大量食物作供品施舍，普度众生，显示了扶贫济困、照顾孤寡的善良美德。

善人善举，幂阳两利，大种福田，到处传扬。有富而无施舍者，深受感触，而明年遂布施；而未投入行善者，受其亲友劝说而越载遂奉献。于是，行善者越来越多，大富人上善若水，小康者尽力而为，捐献多寡无限，乐善好施，踊跃参加。

盂兰胜会，僧俗举办，年年发扬，影响广远，在海岛古今形成习俗，更是形成以善为乐、多作奉献的良好社会风气。

4.促进中外佛教盂兰文化交流

南澳岛盂兰文化，有一特出的社会作用，就是岛上名僧以此促进了中外佛教之亲密交流，产生良好外国影响。

盂兰文化，在包括南澳岛在内的潮汕非常盛行，古今依然。而岛上名刹叠石岩住持释达隆，有幸应请远渡重洋，到美国、法国去主持盂兰胜会，并交流中外佛教文化，讲经说法，特别是把盂兰胜会的仪规、诵经、放焰口法事，传播给西方国家民众，受到欢迎，荣获美国外交委员会奖状，意义非凡，此为潮汕盂兰文化谱写了新的光辉篇章。

2020年4月5日

参考书目：

1、1989年秋，台北市佳芳印刷有限公司承印，民国丁福保编《佛学大辞典》上册1239页，下册2719页。

2、2014年内部印刷，苏州灵岩山佛学院讲师清源著《〈佛说盂兰盆经〉浅解》。

采访对象：

1、2020年1月7日，在汕头市佛协访副会长达隆法师。

2、2020年3月9日，在汕头市岐黄堂重访南澳县普益社社长黄培桂医师。

3、2020年3月28日夜、29日下午至夜，在南澳县隆澳采访皆82虚岁柯祥麟、郭红弟。

本文圖片由黄培桂社长提供

（林俊聰通讯处：汕头市金平区月季园12幢504室　15918911830 宅88306057 qq965192994）

潮汕盂兰盆会几个问题的初步探讨

郑群辉

广东潮州 韩山师范学院文学与新闻传播学院教授

【摘要】盂兰盆会在潮汕民间口语中是食孤而不是施孤，既体现了对无祀鬼神的尊重和体恤，又具有宗教祭祀的日益本土化、民俗化的文化心理意涵；潮汕善堂举办的盂兰盆会具有鲜明的特色，既是一种神事活动，往往也是一种有组织、能持续、受益面广、社会影响较大的慈善义举；受闽南地区的影响，潮汕百年前也曾有过高台抢孤习俗；"食大孤"是晚清至民国年间潮州府城特有的大型盂兰盆会，与开元寺在潮州龙头老大的地位有关。

【关键词】潮汕善堂 盂兰盆会 普度 慈善 抢孤 施孤

盂兰盆会作为一种重要的中国传统节日民俗，其幅射影响东亚、东南亚多个国家，国内外研究者对其内涵与意义、起源与流变、传播与演进等，从宗教学、历史学、传播学和社会学等各学科作了诸多深入的研讨。从区域史研究角度而言，各地盂兰盆会从称谓、举办时间、仪式特点、文化意涵

等都有所不同。近年来学界对福建闽南、台湾、东南亚一带等地域探讨成果较多，广东潮汕地区的相对较少。本文拟对潮汕盂兰盆会较有特色的几个方面予以揭橥，并就正于方家。

称谓问题

（一）潮汕盂兰盆会的民间称谓

1、普度与施孤

盂兰盆节一词，是雅语，书面语，在潮汕地区民间的口语里一般不会用。如果说"七月半"是指在农历七月中所举行的内容不同的各种宗教祭祀活动（儒道佛）的泛称，"中元节"是道教用语而后成为国家正统节日称谓的话，那么"盂兰盆节"在潮汕地区，最准确的口语、俗语表述，就剩下两个词：普度（渡）和施孤。

清代潮州方志载：

> 中元日延僧为盂兰盆会，沿河放灯，谓之普度。揭阳、普宁两邑与海、潮诸县虽称名有异，大略相同。[1]

> 中元，人家各备牲礼祀先，或敛钱延僧为盂兰盆会，谓之普度。[2]

> 七月赛盂兰会，谓之施孤，又曰普度。中元家设祭，各挂冥钱于门焚之。[3]

> 中元作盂兰盆会，曰"施孤"。醵金演剧，乡俗尤甚。[4]

以上资料表明，首先，盂兰盆会历来是潮汕地区中元节重要的法事活动；清初方志中盂兰盆会称作或"普度"，这与

闽南地区几无二致；学者认为"普渡"一词以指盂兰盆会在南宋闽南地方已出现，[5]那么这一口语名称应该从闽南承习而来；晚清方志中既作"普度"，也称"施孤"；"施孤"一词推测清代中期潮汕民间就有了；盂兰盆会在安徽徽州一带称为"施孤会"，广西桂东南客家聚居区称为"施孤"或"施幽"，说明这一词并非潮汕所特有。

现当代的潮汕民间口语中，依然延用"普度（渡）"和"施孤"二词来指称盂兰盆节，普度不用说本来就是佛教词语（也为道教建醮法会所沿用），而施孤也非常佛教化。孤，指的就是各种无祀鬼神，施就是施舍，佛教提倡布施、施舍功德，把布施的人称作施主；《盂兰盆经》中有"以百味饮食安盂兰盆中，施十方自恣僧"，"年年七月十五日，常以孝慈，忆所生父母，为作盂兰盆，施佛及僧，以报父母长养慈爱之恩"等言句，盂兰盆会中心环节"放焰口"仪式，它所依据的是唐不空译《瑜伽集要救阿难陀罗尼仪轨经》以及《施诸饿鬼饮食及水法》两经，寺院僧众把这种法事称为"瑜伽焰口施食仪轨"。方志编纂者用了"施孤"名谓来指称盂兰盆节的仪式内涵和意义，应当说，还是比较贴合的。

2、施孤與食孤

然而，从潮汕方言读音而言，施孤却被读作"食孤"。这个"施孤"的"施"在潮州音读作[sig8]，在揭阳音读作[sêg8]，均与"施"字的潮汕方言唯一读音[si1，思衣切]存在明显的差距。有人可能认为这不过是一音之转，不必小题大作，其实问题似乎并没那么简单。能同时满足潮州音[sig8]和揭阳音[sêg8]的，是"食"字而非"施"，所以，"施孤"的正确写法应该是"食孤"。

"食"[sig8]是潮汕方言的古音遗存。与潮汕方言中的"月食"、"日食"同音。古汉语"食"[sì]，《康熙字典》引《集韵》《韵会》注为：

食，实职切，音蚀。[6]

又以食与人也。《诗·小雅》"飲之食之"。《礼·内则》"国君世子生，卜士之妻，大夫之妾使食子"。注：食谓乳养之也。[7]

古汉语中"食"的使动用法读为[si]，而不是读成粮食的"食"[shi]。潮汕的食孤的"食"正是这一读音的遗存。除了《康熙字典》中所举例的，古汉语中食的使动用法还有不少。例如食士："吴王昏乃戒，令秣马食士"（给士卒吃饭）（《国语·吴语》）；食人："天以五气食人，地以五味食人"（《素问·六节藏象论》）；"治于人者食人，治人者食于人"（《孟子·滕文公上》）。可见"食"字在古汉语中这种使动用法很常见，意为饲养、供养，拿东西给人吃。"食孤"也就是这种古汉语的使动用法，意为拿东西给孤魂吃。盂兰盆会除济度幽冥外，也兼施钱物给贫苦乡民，潮浯中叫"食阴食阳"，也是同样的语法。

（二）食孤的文化心理意涵

食孤与施孤在含义上大体相同，但毕竟有着稍微的区别。为什么读作食孤而不是施孤？我们有必要考察它的来源，并试图揭示潮汕某种文化心理意涵。

1、食孤是对无祀鬼神的尊重和体恤

施是施舍、布施，含有某种带有恩德、恩典性赠予的意味，就正如"供养"一词通常带有谦恭尊敬情感的赠予一样，是一个有特定内涵和情感的动词，而古汉语的"食"，拿东西给人吃，似乎是一个中性的动词，食人，食士，食子，食祭，食阴食阳等，对所食的对象无差别对待，组词十分广泛；食孤的组词，显然并不把那些无祀鬼神看作低人一等，而显示了一种主体与对象之间平等的态度。这种体谅和关照

受食者的微妙心理，在潮汕古代方志所载文章中就有体现。雍正四年至五年（1726-1727）潮汕大饥荒，揭阳县棉湖贡生杨有褆首倡施粥，连施10日，费银1000余两，感动大批乡绅纷纷效仿，活人无数。事后乡绅蔡同高作《谈经处煮粥记》以载此事，[8]给予高度的褒扬。值得注意的是，这篇记文就其内容意义而言题为《谈经处施粥记》岂不更妥贴醒目？但从题目到通篇都回避了"施"的字眼，于所施对象给予充分的尊重体恤，并不以此来显示自己"自居于布施之上者"（鲁迅语）的恩德和优越感。

2、食孤是祭祀的日益本土化民俗化的典型体现

《佛说盂兰盆经》谓佛陀大弟子之一的大目犍连得神通后，见其亡母生饿鬼道中，不得饮食，目连以神通为母送食，饭至嘴边即化为灰炭，无法入口，目连悲号哭泣。佛陀教目连于七月十五日僧自恣日时，备饭百味五果，着于盆中，供养十方大德僧人，"众僧皆为施主祝愿七世父母，行禅定意，然后受食"，以僧众的清净戒德，目连之母是日得脱于饿鬼之苦。这个故事除表现了佛教的孝亲观外，其中一点值得注意，要救拔饿鬼众生，就得施僧斋僧，依仗清净僧众的功德救度众生超脱饿鬼道，生于其它善道，这是居于佛教"功德回向"思想以及六道轮回理论而来的。"施"在这里包涵二层含义，一是俗家对僧人的布施，二是僧人对饿鬼的施食。根据《施诸饿鬼饮食及水法》，谓饿鬼无法自行进食，必须由僧人施食方得进食；概言之，"施"是俗家人经过对僧人的布施，再由僧人作放焰口等法事施食于饿鬼，这才是佛教盂兰盆会的"施"的真正用意。这种佛教精神在唐代尚且流行，每年在七月十五日皇家送盆到各官寺，献供寺僧种种杂物，民间施主也到各寺献供僧人，[9]请僧人超度；宋代以来便不再是以盆盛百味供僧，而是把食物、冥钱、衣服等拿到寺院甚至道观举行法事，请僧道念经持咒，直接为亡人、孤鬼施食。也就是说，不是把食品杂物布施供养僧人而是直接献

给了亡人孤鬼，就变成了一种祭鬼的形式，与中国本土"人死为鬼"的阴间观念相合，回归到上古"招魂以饻"、"食祭"（饮食前以少量酒食祭献先代）的精神内核，实现了佛教法事仪式的精神本土化，逐渐淡化佛教的观念。这与正统佛教斋僧并仗僧人功德力量救拔饿鬼众生的精神已不一样，而是民俗佛教甚至是演变成民间信仰的东西了。正如日本佛教史专家牧田谛亮所言："在今天中国佛寺所行的水陆会，第一是对先亡者，祖先幽灵所作的追善菩提。第二是将此功德回施到施主自身，希望自己及家族得以延寿增福。原为救济六道众生的普度胜会，结果反而成为达成自己与家族狭窄范围的个人愿望的方便。"[10]可见，潮汕民间用食孤而不用施孤的用语，典型地反映了这种日益本土化的宗教祭祀心理。

3、"食孤"一词出现或与潮汕盂兰盆会家庭化祭祀直接相关

盂兰盆会一直都在寺院举行，但资料显示，明代初年就有以乡村或家庭为单位拜祭无祀之神的习俗了。这就是乡厉祭。原本每县原有邑厉坛，洪武年后各乡又立乡厉坛，邑厉坛由官府主祭，乡厉坛则由村民集祭。《大明会典》中有"凡各乡村，每里一百户内，立坛一所，祭无祀鬼神"，"其轮流会首及祭毕会饮、读誓等仪，与祭里社同"。[11]嘉靖年间陈天资《东里志·风俗志》"乡厉"条可与之相印证：

> 洪武八年，令各乡村每里一百户立坛。……牌书"无祀鬼神坛"……每年三月初三清明日，七月十五中元节，十月初一日，三祭。[12]

福建明代中元民俗也如此：

> 是月之夜，家家具斋，馄饨、楮钱，延巫于市上，祝而散之，以施无祀鬼神，谓之施食。[13]

七月十五这种民间以乡村和家庭为单位的祭拜，后来

或者经常也延僧主持，慢慢就与盂兰盆会融合为一了。如道光《金门志》卷十五"岁时"："七月朔起，各社延僧道设醮，作盂兰盆会，俗称普渡，以祭无主鬼。里社公祭，各家另有私祭"。又云："七月朔日，俗称开地狱门；至三十日，称关地狱门；家家於门前致祭。""各家另有私祭"、"家家於门前致祭"都是以家庭为单位的乡厉祭拜，自明代以来从未间断过，在如今的潮汕乡镇间仍然十分盛行。以家庭为单位的拜祭是自发的。按照各乡镇的约定俗成，在农村一般多在村落外围的道路边，以及某些特殊场所如厉坛、义冢、寒林所等地举行；城镇的多在庙宇、祠堂外边空地举行；最多也就是有热心人提前搭栅布置，然后时间一到由拜祭人自行拜祭，拜毕回家。正如以上所论，家庭祭祀不是把食品杂物布施供养僧人，再由僧人作法施食超度。没有了"施"僧也没有僧人的"施"食，而是直接祭献给亡人孤鬼，其宗教精神回归到上古的"食祭"，或许这就是潮汕口语中"食孤"的真正来源。

二、潮汕善堂与盂兰盆会

（一）放焰口：潮汕善堂从超度亡灵到举行盂兰盆会

如果以拜祭的主体和组织形式来区分，可以把潮汕盂兰盆会的举行分为三种形态，以家庭为单位，以寺庙为单位，以善堂为单位。

以家庭为单位的个人拜祭已如前所说。其特点是规模不大，时间也不长，仪式环节较简单，与其它节日拜神无异。以寺庙为单位启建盂兰盆会，这是最为传统的形式，至今不少地方仍然延续这种在寺院参加法会的习俗。以善堂（也包括佛教居士林团体）为单位启建盂兰盆会出现较晚。晚清以来，潮汕善堂在盂兰盆节举办中扮演了重要的角色，它所起到的社会作用和影响要远超寺院启建的盂兰盆会，从而构成

了一道鲜明独特的潮汕民俗文化景观。

　　清代中晚期，潮汕善堂纷纷建立。善堂除了慈善公益活动外，也拥有会念经持咒的"经师"（白衣），依样画葫芦地启建各种神事法会如神诞、浴佛、放生、打醮等。但潮汕善堂的中心工作是做红白喜事，即为超度亡灵仪式服务的，而各善堂（按：佛教居士林、念佛社等可以看作是善堂的前身，无善堂之名而行善堂之实）能够自行启建盂兰盆会，是从通过某种途径掌握了佛事仪规尤其是其核心"专利"——放焰口开始的。以潮州城为例，在家居士最早在咸丰年间就开始作为经师，登坛作法普度。这源自于咸丰四年（1854）邑绅李谨人、辜笠舸、黄思园、魏哲斋等，皈依开元寺住持可兴和尚为师，于开元寺内集众念佛，后组建"潮郡念佛社"，并另购一庵堂作为社址，念佛之外，兼办慈善事业，进而延请开元寺僧人（广州人）释可声教授佛乐禅和板，释可声凡诸赞偈经忏乃至《云栖瑜伽焰口施食仪规》全以传授。[14]"是时白衣学者日众，遂蔚为各善社之经坛，至其腔调，遂有南北两派之分（在城内南部各经坛为南派，城内北部各经坛为北派）。[15]有文章具体指出，"潮郡念佛社"学成禅和板音乐及配套的仪规放焰口后，就传播到潮州其他的佛社、堂坛，如集安善堂、诚益友念佛社、慈宛念佛社、杏宛念佛社、永德善堂、崔福德善堂、绵德善堂、念心善堂、盘安善堂等。[16]这意味着从荐亡、超度到食孤的盂兰盆会一整套仪式，都被各善堂所掌握。汕头诸大善堂多数为潮阳人所创立，祭祀对象是潮阳大峰祖师，故其佛事音乐应来自香花板中的"潮阳腔"分支，其超度、放焰口仪式及板腔是从"香花和尚"那里学来的，与潮州府城不尽相同。这样，与广府方面的善堂启建盂兰盆会仍需邀请出家人主持不同的是，潮汕善堂基本上实现在了俗家人独立启建与主持，原为佛门内一种法会仪式的盂兰盆会，就基本上民间化、普及化和民俗化了。

（二）善堂启建盂兰盆会的特色

善堂具有多种社会功能，诸如救困扶危、修桥补路、施医赠药、施棺赠葬、兴教助学、赈灾等直接的慈善活动，不在我们探讨之内。善堂的神事活动主要包括神佛诞辰、修荒冢埋骷髅、祈雨、盂兰盆会等。在善堂举行的各种神事活动中，以神诞和盂兰盆会最为热闹也最为重要。民国时期潮州城区的盂兰盆会可谓"你唱罢来我登场"，沿续了一整个月："从七月初一'开地狱门'起，至月底廿九或三十'关地狱门'止，几乎每天都有善堂在各自地段开盂兰胜会。这是善堂一年一次的较大的社会性神事活动"。[17]今天的盂兰盆会也同样为各善堂所重视。如潮安区庵埠镇三大善堂之一的太和善堂，在安排每年主要的事务工作时有两项被着重强调："每年农历七月廿九日至三十日，组织各分社及社友进行普渡做好放焰口工作。每年农历十月廿九日祖师公旦辰，组织大家参拜、庆祝、聚会、思念、怀念祖师，传承祖师精神。"[18]可见盂兰盆会是其每年例行的神事活动中最重要工作之一。善堂视规模和能力大小，盂兰盆会举办的时间长短不同，小的善堂一般一天，有的如潮安区磷溪镇大码头报德善堂两天，大的善堂如汕头存心善堂从农历七月二十五持续到七月二十九，多达五天。

与以家庭及以寺院为单位的拜祭不同，善堂举行的盂兰盆会特点有如下几方面：

1、盂兰盆会是有组织、能持续的。

如今的各善堂规模大小不一，大的善堂还会分出多个善社，但都有相对固定的管理人员，有自己的组织架构，普遍设有理事会、董事会等，这其实是延续了上世纪30年代善堂的做法。例如，1930年汕头存心善堂就较早地成立了理事会，选举了理事长、理事若干人，下设法事股、福利股、教育股、掩埋队等[19]，区分职能，分工合作，机构趋于完善。

此后不少善堂受存心善堂的影响或指导，纷纷加强组织管理，例如诚心善堂，慈爱善社，诚德善社等。现如今较大的善堂如汕头存心善堂、慈爱善社、潮阳棉安善堂、潮州广济善堂、太和善堂等，都制订出较为完善的章程和管理制度。例如庵埠广济善堂《福利会章程》第六章"组织机构"中设：

（1）正会长一名，副会长四名。

（2）秘书长一名，副秘书长一名。

（3）财务组长一名，副财务组长一名。

（4）总务组长一名，副组长一名。

（5）工务组长一名，副组长一名。[20]

并在第七章"职权"中详细地规定了各管理人员的分管职权。

其中，不能不提到潮汕善堂一个关键部门，它与盂兰盆会的举行密切相关，这就是法事股，也叫做"功德班"，现在普遍称为"经乐组"，指的是一批能熟练掌握各种荐亡超度放焰口等经忏梵呗，被称为经师或法师的人员。因为潮汕善堂都以超度亡灵仪式服务为其工作重点，所以法事股就是一个善堂成立的基本班底，核心部门。有研究者指出："（民国）潮汕地区的善堂善社高峰期有160多个，每个善堂大都附设一个功德班。善堂的经费，主要靠海内外殷商富户捐赠。功德班规模的大小，质量的好坏，对于提高善堂的知名度，获得更多群众的支持，争取更大的捐款有很大的关系。"[21]在日益激烈的佛事商业竞争下，每个善堂都十分重视功德班的组建和扩容，从而招徕大批音乐艺人加入，充分熟悉各种法事仪规和唱腔，达到耸人耳目的效果。大的善堂辟有专门场所如佛堂或经乐堂，如潮州庵埠广济善堂、同奉善堂和太和善堂等都有佛堂。除俗家人外，还聘请专职出家人入驻，开展正规的音声佛事活动，包括举行每年最重要的佛事活动盂兰盆会。善堂拥有自己专职的经忏人员，相当于把

原本属于僧人的职能和佛教话语让度至俗家人手里，意味着善堂举行普度法会时完全独立自主，不必再邀请寺院僧人主持了。

善堂有较正规的组织机构和制度，还能够取信于信众，使信众乐于捐输，资金来源得以保证；而做事分工缜密、周全，防微杜渐，有章可循，又有利于善堂得以可持续地开展宗教、慈善活动。

2、盂兰盆会是慈善救济的一种形式。

以家庭为单位的食孤活动，不外乎像其它拜神活动一样，由家庭妇女携供品祭拜后就完了，除了不可知的孤魂以外，谈不上救济的受益面；就寺院而言，晚明以后，除了潮州开元寺这样的大寺院，众多的一般寺院经济来源有限，没有多少田地产业，平时多靠经忏活动度日，[22]七月的盂兰盆节甚至成为了其改善经济收入的主要手段。有一个潮汕俗语颇能反映清代以来佛门这种普遍情况："六月鲤鱼，七月和尚"：鲤鱼六月已经长得很肥美，而农历七月整月，正是潮汕所谓的"鬼月"、"鬼节"，善男信女们会到庙里大做食孤普渡法会，有了做法会的诸多钱物收入，和尚也自然养得肥胖起来。把鲤鱼的"肥"与七月和尚的"肥"联系起来，幽默风趣之中暗含嘲讽，却也揭示了明清以来佛门经济状况的窘迫，无法施行社会慈善救济。

而善堂本来就是一种慈善救济机构，盂兰盆会虽说是一种祭祀孤魂野鬼的神事活动，却可以借助其中的焰口施食环节加以灵活变化，加以"人性化"处理，变"食孤"为"食人"，既"食孤"也"食人"，"食阴食阳"就成为善堂盂兰盆会的鲜明特色。在佛寺启建的盂兰盆会的施食环节，或许仅仅是一种象征性的仪式，目的是对亡魂施食，而善堂则加以扩大化，就成了兼顾救助生者的慈善义举，升华为一种充满人间关怀的救济手段。由这一种施食环节衍生出了众多的俗语，可以看出食孤在潮汕民间备受关注、欢迎的程度。例如"抢孤"（

喻做事急燥），"有钱来看戏，无食去抢孤"，"放掉面桃去抢饼"，"抢包子食平安"等等。

　　完整的盂兰盆会的仪式过程基本包括了会场布置、作法施食、放水灯和演戏酬神等环节。其中的作法施食则是法会的主体部分。施食完毕，祭品中个人祭拜的猪羊等由各家各户分别领回，一些米面食及青果等物，会分发给在场的贫民百姓，或者任人抢夺，这叫做"抢孤"。而善堂主办的法会，这其中不少食物祭品是由善堂募化、采办而来，其所谓"祭品"是非常丰富的，数量也是非常大的。如民国时期潮安龙湖杏苑善堂，"每年农历七月三十日，为祭孤魂日，为亡灵吊祭，也为活动着的苦难人送衣赈食。生熟并兼，堤上米饭排桶成行，堤下大米衣物一担担，为穷苦户施粮赠衣"；[23]又如1946　年中元前后，潮阳塔馆仁济善堂，就在文光塔前举办盂兰盆会，超度抗战阵亡将士及各方孤魂，并在法事结束后，将大米 15000斤、布衣 5000 件及一批日用品施济给周边的 300 多位贫民难民。[24]由是食孤过程就变相地成为了一种真正有实惠的慈善救济活动。资金充盈的善堂并不满足于布施食物和日用品，甚至发展到买来犁耙、水车、单车、家具、衣物等东西，或者把家里的旧物拿出来，用纸片写上名称，施食时也把纸片撒下，买不起农具和家具的穷家人抢到便凭单领取。[25]诸如此类的大型赈济活动是佛教寺院的法会所没未见的，对生者的救济往往重于对亡者的施食，这把受益面进一步扩大化了。

3、盂兰盆会的资金主要靠殷商富户的认捐

　　要做到这一点，需要大量的资金输出，在我们的田野调查中，善堂的经费有多种来源，如信众捐款，提供神事服务（丧葬、扶乩、消灾植福等）的收入，会费以及存款利息收入等，但主要是来自海外华侨、归侨和侨眷、本地殷商富户的捐赠。捐赠方式主要有两种，一是认捐，二是功德箱和"香油"捐助。例如，在潮州同奉善堂2013年6—12月份（9

月份除外，因缺乏具体数据）的总收入中，热心人士的认捐和功德箱等"香油"捐助所筹集资金达742909元之多，占其年总收入（840827.33元）的88.35%。[26]其中，重大神事活动时的认捐更是善堂资金收入的主要来源，如同奉善堂2013年祖师诞一天（农历十月廿九日）的捐赠总收入据统计就达到了507661元之多，约占同奉善堂该月总收入的92.4%和年总收入的35.2%。[27]

学者还注意到这一普遍的做法，这对善堂资金遭遇短缺时是一有力的举措：民国时期"善堂为保证公益善举和堂务的正常活动，各堂还必须各找一位'活财神'去理财，遇到经费支绌时，'活财神'就要先时垫款。在近代本城工商界中，集安善堂的陈灿昭先生、杏苑善堂的唐孟伟先生、崔福德善堂的周云初先生和李琢之先生，都是很热心公益善举的人物"。[28]如今的善堂也基本沿续这种做法，而这些头面人物往往就是主要认捐者。

我们没有采集到盂兰盆会的认捐金额具体数据，但盂兰盆会是面向社会的最重要的神事活动，各善堂认捐款项必不在少数。在整个七月里各善堂分别在不同日子里启建，在世人的眼光中就有了优劣高下的比较，诸如："法师诵经，特别是在'上座施食'时的场面是否庄严，庙堂音乐（称为经诗）的演奏如何，烧化的冥金多少，'孤棚'所摆祭品是否丰盛等等"，[29]如此势必会刺激善堂主事者的攀比心和好胜心，每年极力筹措经费，加大投入，上述杏苑善堂食孤时"米饭排桶成行"，"大米衣物一担担"的景象，必有诸如认捐者唐孟伟先生等的捐助义举，从而使得食孤活动愈做愈大，受益面越来越广，从而产生广泛的社会影响。

三、抢孤与高台抢孤（抢孤棚）

在从前，毋庸讳言大部分贫民正冲着丰富的祭物而来，

所以抢孤是整个盂兰盆会的重头戏。抢孤其实有两种方式。一种是法师经师作法施食后，把孤棚上的三牲、米、面、点心等物抛撒下来，让台下贫民抢夺；或者在施食完毕后，由主事者一声号令，大家争先恐后上前抢夺。放置这些祭品的孤棚一般不高，只有1米左右，比经师作法的台子还低一些。另一种是高台抢孤，是以竹木搭成高达10米以上的高台作为孤棚，上置各种祭品、奖金、标旗等，一些身强力壮的少年争相爬上孤柱，登上孤棚抢夺钱物。闽台地区俗称"抢孤棚"。显然，高台抢孤是从前一种发展而来。

据明弘治黄仲昭《八闽通志》卷三"岁时"，就有"闽俗重抢孤"的记载，则抢孤习俗很可能也源于福建。在潮汕，清代至民国曾非常盛行，开放改革后的8、90年代抢孤又曾一度重现，但近年来因为经济生活的持续改善，这种抢孤习俗已经越来越少见了，一些地方每当举行食孤活动，当地民众为了避煞，也很少人参加。有受访者说："以前是因为穷，吃不饱才去抢，现在谁还去抢。再说，那些祭品是被孤魂野鬼吃过的，被他们用过的祭品肯定很脏，我们早都已经不抢了。现在的人都会把这些东西扔掉或者给猪、狗吃掉"，[30]更多的做法是把食孤的供品改为购买米面油等食品，法事后来派发给贫困群众。

高台抢孤潮汕方志未见记载。清道光《厦门志》卷十五，其"岁时"载：

> 七月朔起，各里社设醮作盂兰盆会，俗名普渡，祀无主之魂。以竹竿燃灯极高，联缀如星，又设高台陈供品，无赖少年如揉而升，以先登为能。

又道光《金门志》卷十五：

> 七月朔起，各社延僧道设醮，作盂兰会；俗名普度，以祭无主鬼。里社公祭，各家另有私祭

（初时搭高棚，陈祭品；散掷之，无赖子先登争拾为能，每至争竞跌仆。年来公同禁革）。

道光五年（1825），台湾府通判乌竹芳写有《兰城中元》诗，其序谓：

　　兰每年七月十五夜，火炬烛天，笙歌喧市，沿溪放灯；家家门首各搭高臺，排列供果。无赖之徒争相夺食，名為抢孤。[31]

可见高台抢孤很可能清中期以前就发端于闽南地区，并在海峡两岸不少地方盛行。1984年后，福建龙海市隆教乡重新恢复这种高台抢孤活动，一直传承至今[32]；90年代后台湾宜兰、香港铜锣湾等地也先后恢复高台抢孤活动，通过对抢孤习俗的现代改造，增加安全防护措施，吸引民众的广泛参与，使之成为了一种群众性娱乐性的竞技体育活动。

那么潮汕地区是否有过高台抢孤？笔者向多位7、80岁的老者进行多方咨询，受访者来自潮汕三市，如潮州佛教居士林的老居士，潮州地方志办的原工作人员，潮阳棉安善堂的理事老人，潮阳一中教师，普宁市退体老教师等，得到的回答都是没听说过或没有。大概因为年代久远，民国时期生人的受访者没听说过，更没有见过。但笔者同事吴榕青教授则认为有过，并提供一个潮州俗语为证："做鬼爬不上孤棚"（喻人极其无能），这与潮阳的受访者说过的俗语"鬼登不上高（孤）棚柱"相类似。这个"高（孤）棚柱"明显意指高台抢孤，因为一般摆放祭品的孤棚非常低矮，无所谓"柱"，只有高台抢孤才有高高的柱子；如果没有出现高棚抢孤习俗，何来这两个相应的俗语？上世纪30年代出版的《潮州年节风俗谈》，作者沈敏曾提到："从前的抢孤，有搭高台竞抢的，村中的好胜青年，踊跃参加，往往结怨成仇，酿成暴斗"。[33]可印证潮汕也曾有过这种高台抢孤的习俗，但作者沈敏也只是听说而未亲见了。

据此，我们可以得出初步结论，近百年来潮汕已经没有了高台抢孤这种活动，但在清代，因来自于福建闽南地区的辐射影响，潮汕曾存在过高台抢孤习俗。但搭的高台是什么样子，有什么祭物，抢孤的规则是怎样的？等等，则已不甚了了。

四、食大孤

晚清至民国年间，整个农历七月，潮州府城各善堂在不同时间自行启建施孤法会以后，于七月三十日，再"由城中各善堂联合于开元寺举行大型普渡法会，于月台、丹墀、两庑、天王殿等处，大事铺张，备极庄严，一切较上述排场倍加隆重。更有取水、取香、放水灯等仪节，又有纸扎蓝面朱发之'面燃大士像'（俗称大士爷），高达数米，实叹奇观。"[34]描述的是开元寺启建盂兰盆会的盛大景象。这是全城盂兰盆会的压轴戏，为整个七月的食孤活动画上圆满的句号。

开元寺定例于七月最后一日启建法会，城中善堂联合参加，还邀请汕头一些著名善堂派员参加，法会中还增加多种仪式环节，备极庄严排场，所有这些都凸现开元寺在盂兰盆会启建中的龙头老大的地位。这一潮州城中最大型的盂兰盆会，在民间口语中称之为"食大孤"。

盂兰盆会本来一直在寺院中启建，明清后才普及到民间；而潮州府城的各善堂所用的经忏法事仪规及其梵呗佛乐禅和板，也源自咸丰年间开元寺僧人所传授，虽然善堂举行盂兰盆会业已遍及城乡，在社会影响上远超寺院，但各善堂饮水思源，都来捧场，或许通过这种形式来对开元寺以示崇重吧。顺便提一下，现如今开元寺举行的盂兰盆会，只有全寺僧众参加，只能算是例行的小型法会了。

开元寺"食大孤"现象，其实反映了传统寺院佛教在近代

潮汕社会的衰落景象，也同时衬托了近代潮汕善堂文化的勃兴。原本善堂、盂兰盆会都出于自古以来兴盛的潮汕宗教信仰尤其佛教母体，近代善堂事业兴旺，盂兰盆会等慈善公益活动举行频仍，影响愈来愈大，却反衬出寺院佛教的困窘。潮汕自来佛风鼎盛，南朝刘宋年间（457-465）佛教初传潮汕，[35]1500年来佛教观念深入人心，对潮汕文化方方面面起到重要的形塑作用。佛教提倡慈悲度世，历史上潮汕佛教界也曾做过无数的慈善事业，宋代潮阳大峰祖师的造桥事迹更是深深感召过潮人，但明清以来全面走向衰落。相反的是各种民间信仰发展迅猛，名目繁多，信众广泛，形成民众信仰的淫祠化现象。例如祠庙，在明清潮汕地区，无论哪个城乡区域，都拥有众多的庙宇，就以雍正《海阳县志》所列举的庙宇为例，海阳县共有：坛4座，祠30座，庙18座，寺庵49座，观1座。[36]这样，祠庙与寺观的比例达到1：1强。其实这些能列入县志的均属较大的庙宇，城乡大量的小庙宇尚未计入。这种热闹情形，以至雍正潮阳县令蓝鼎元（1680-1733）作为福建漳浦人尚有"潮俗多淫祠"[37]、"鬼怪盛而淫邪兴，庙祀多而迎神赛会一年且居其半"[38]之叹。各种民间信仰发展之迅猛，已大有取代佛教信仰之势，崛起于晚清的潮汕善堂，却遥承宋大峰精神，秉持人间化的慈善救助理念，既有严密的组织机构，又有独立的信仰场所，俨然形成了一种新兴的信仰实体，从而吸引了更多的信众、成员，慈善事业做得风生水起；而衰弱的寺院佛教在各种民间信仰的挤兑下，愈加走向式微，寺院经济没落，人员素质低下，普度济世有心无力。于是，潮州开元寺也只有在食大孤这种法事活动中，才能找到一丝昔日的荣光了。

参考文献

1. 吴颖《潮州府志》[M]，广州：广东人民出版社，1996，第135页

2. 兰墙《大埔县志》[M]，潮州市地方志办公室编印本，2013，第221页上

3. 卢蔚猷《海阳县志》[M]，潮州市地方志办公室编印本，2001，第60页上

4. 周恒重《潮阳县志》[M]，潮阳县地方志编委会横排本，2000，第151页

5. 吴幼雄《泉州"普渡"民俗考谈》[J]，福建侨乡民俗学术研讨会论文集，1993年12月

6. 张玉书编《康熙字典》[M]，上海：上海书店出版社，1985，第1581页

7. 张玉书编《康熙字典》[M]，上海：上海书店出版社，1985，第1582页

8. 陈树芝《揭阳县志》[M]，潮州市地方志办公室编印本，2003，第357-358页下

9. 道世《法苑珠林》[M]，卷62"祭祠篇"，上海：上海古籍出版社，1991，第448页

10. 牧田谛亮著，索文林译《中国近代佛教史研究》[M]，台北：华宇出版社，1985，第209页。

11. 李东阳等著《大明会典》[M]，扬州：广陵书社，2007，第1477页

12. 陈天资《东里志》[M]，饶平县地方志编纂委员会办公室，1990，第99页

13. 谢肇《五杂俎》[M]，上海：上海书店出版社，2001，第26页

14. 慧原《潮州市佛教志·潮州开元寺志》[M]，潮州开元寺内部刊行本，1992，第885-886页

15. 慧原《潮州市佛教志·潮州开元寺志》[M]，潮州开元寺内部刊行本，1992，第886页

16. 林植波《佛乐"禅和板"如何流传民间》[J]，《广东佛教》，2003，第2期。

17. 翁兆荣、许振声《概述解放前潮州城的慈善团体——善堂》[J]，《潮州文史资料》第8辑。1989，第148页

18. 太和善堂秘书组《潮安县太和善堂简介》[J]，2012年6月3日，内部文件。

19. 昌焘主编《升平文史》创刊号《潮汕善堂专辑》[M]，汕头市《升平文史》委员会编委会，1996，第22-23页

20. 庵埠广济善堂、庵埠广济福利会理事会编《广济善堂创建一百周年纪念特刊》[M]，1999，第47-48页

21. 林毛根《潮州音乐漫谈》[M]，汕头：汕头大学出版社，1997，第26页

22. 郑群辉《明代潮汕寺院经济的兴衰及原因》[J]，《潮学研究》新一卷新一期，2010，第74页

23. 庵埠广济善堂、庵埠广济福利会理事会编《广济善堂创建一百周年纪念特刊》[M]，1999，第116页

24. 庵埠广济善堂、庵埠广济福利会理事会编《广济善堂创建一百周年纪念特刊》[M]，1999，第140页

25. 蔡泽民《潮州风情录》[M]，北京：中国民间文学出版社，1988，第181页

26. 由2013年6至12月（9月份除外）潮安县同奉善堂福利会公布的数据统计所得。

27. 由2013年11月潮安县同奉善堂福利会公布的数据（该月总收入为549636.00元）统计所得。

28. 翁兆荣、许振声《概述解放前潮州城的慈善团体——善堂》[J]，《潮州文史资料》第8辑。1989，第152页

29. 翁兆荣、许振声《概述解放前潮州城的慈善团体——善堂[J]》，《潮州文史资料》第8辑。1989，第149页

30. 郭凌燕《地域文化的悲情故事——以汕尾陆丰鬼节为例》[]J，《民俗研究》2013年第6期，第129页

31. 陈涉均《噶玛兰厅志》[M，]卷8"杂识"（下）

32. 何巧忠《闽南"抢孤"习俗的文化价值》[J]，《东方艺术》2016，第S1期，第85-87页

33. 沈敏《潮州年节风俗谈》[M]，潮州：中南书局，1937影印本，第129页

34. 慧原《潮州市佛教志·潮州开元寺志》[M]，潮州开元寺内部刊行本，1992，第975-976页

35. 郑群辉《佛教何时初传潮汕》[J]，《韩山师范学院学报》，2011，第2期

36. 据张士琏《海阳县志》卷3"祠祀"、卷8"寺观"统计。

37. 蓝鼎元著，郑焕隆校注《蓝鼎元论潮文集》[M]，深圳：海天出版社，1993，第179页

38. 蓝鼎元著，郑焕隆校注《蓝鼎元论潮文集》[M]，深圳：海天出版社，1993，第86页

A preliminary discussion on several issues of the Chaoshan tubo ccupation

Zheng Qunhui

(Hanshan Normal University,School of literature and Journalism,Chaozhou Guangdong, 521041)

Abstract：In Chaoshan folk oral,tubo ccupation period is give food to the ghost（食孤） rather than charity granted to the orphanage(施孤). it not only embodies respect and compassion for wandering soul and wild ghosts, but also has the cultural and psychological implication of increasing localization and folklore of religious sacrifice;tubo ccupation period held by Chaoshan charity hall with distinctive features,it not only a divine activity,but also a kind of organized, sustainable,wide-ranging benefits,social impact of charity;affect by the southem Fujian region,a hundred year ago Chaoshan region had the custom of robbing oblation in high platform;"big charity granted to the orphanage"(食大孤) is the late Qing dynasty to the Republic of China Chaozhou prefectural city unique large tubo ccupation period,this is concerded with the Kaiyuan Temple in Chaozhou leading position.

Key Words：Chaoshan charity hall;Tubo ccupation period;Universal salvation;Charity;Rod oblation;Charity Granted to the Orphanage

邮箱：qunhuihs@163.com

台灣與亞洲地區的祭典、善堂及潮汕文化

從台灣「鷄籠中元祭」祭典場域看多族群互動與文化樣態

游淑珺

台灣實踐大學 通識教育中心助理教授

一、前言：談台灣重要無形文化資產保存與維護情形

　　在無形文化資產保存與維護活動成為世界各國關注的時代，台灣自2008年開始，透過學界各領域專家進行地方重要民俗活動調查研究與審查下，迄今（2023年）已指定22項活動為國家重要民俗無形文化資產，並展開保存與維護及活化工作的推動，試圖為常民生活文化樣態的延續盡最大的努力。

　　民俗，是族群長時間在生活中所產生、累積而成的知識，透過世系的傳承而被保存下來的屬於族群特有的文化資產。2003年，聯合國教科文組織（UNESCO）公布《保護非物質文化遺產公約》，突顯了無形文化資產的重要性與珍貴性，公約含括五大類，以第三類「社會風俗、禮儀、節慶」與民俗的關聯最為緊密。在台灣，由文化部制定公告〈文化資產保存法〉（以下簡稱〈文資法〉）第一章總則第三條即規範無形文化資產項目共五項，包含傳統表演藝術、傳統工藝、口述傳統、民俗、傳統知識與實踐等，而第四項民俗類「指與國民生活有關之傳統並有特殊文化意義之風俗、儀

式、祭典及節慶。」[1]定義相較於UNESCO公布的《保護非物質文化遺產公約》，台灣的〈文資法〉所含括的範疇更廣、定義相對明確，經過修訂後更能適切對應著台灣目前的情況。

十多年來接連指定登錄之後，這些重要無形文化資產活動的情形如何？這是當前首要關切的方向。2017年，由文化部文化資產局委託林茂賢教授主持的台灣民俗文化工作室進行「民俗文化資產保護傳承輔助培力計畫」[2]（以下簡稱輔導團），選定38項民俗類活動，除了國家重要民俗，也將地方已登錄一般民俗活動納入輔導範圍，透過學者、專家、公部門代表與保存團體進行專場訪視會議，將訪視結果與輔導、建議撰寫成報告書提供相關單位參考。本案與文資局以往規劃的同類型計劃案有明顯的差異，最大的不同在於結合產官學三方，經由實地觀察與進行意見交換，與保存團體直接對話、溝通，了解在地需求，再就其目前的困境與對未來的規畫，由學者專家與公部門方提供有效的資源整合以利問題的解決，特別是一些正面臨傳承危機的民俗文化活動，試圖找到有效的路徑。可以說，台灣文化部文化資產局正努力扮演好主管機關的角色，透過多方媒合並引入學者專家意見，與在地接觸，聽見他們的問題，進而能協助解決困境，讓地方保存團體可以接收到政府的重視態度，有效縮減以往存在於兩造之間的隔閡與疏離感。

被看見，被重視，對民俗來說是攸關傳承的重要因素，對保存團體而言，這是支持他們繼續下去的動力。台灣公部門經過十多年來的努力，在〈文資法〉不斷的修訂與施行細則增補之下，至今已建構了完整的審議流程與保存維護重

1　參見文化部文化資產局網站，網址：http: //law.moc.gov.tw/law/LawContent.aspx?id=FL009589

2　本案「民俗文化資產保護傳承輔助培力計畫」執行後期因應委託方文資局之要求，需增聘性平委員參與訪視，筆者即多次擔任本案性平委員，參與多項民俗訪視活動，與保存團體有較多的接觸與對話，聽見他們的困境與需求。

點，此中，奠下基石的第一項、指定編號001的「雞籠中元祭」[3]尤為關鍵，也是觀察的重要指標項目。延續至今已有168年（1855-2022）歷史的「雞籠中元祭」，2008年被文建會（今文化部）指定為第一項國家重要民俗活動，自此，包含公部門、學術研究、參與團體等各界多聚焦在例行性的年度活動型態下所呈現的節慶觀光化問題，近年來，關注的面向逐漸轉回重要民俗活動的實質文化意涵上。重要的是，在其他重要民俗活動普遍面臨傳承危機與當代生活型態訴求的嚴峻考驗下，回到無形文化資產自身的核心價值議題討論，重新找尋民俗存續的意義與活絡的方式，是現今需要共同努力的方向，而作為重要民俗第一項、擁有百年祭典歷史、在地族群因素、多元文化融合等特色的「雞籠中元祭」，獨特性與多樣性的元素可作為觀察取鏡與檢視修訂的重要指標。

「雞籠中元祭」做為全台最大型、歷史最悠久、科儀最完備、祭典期間最長的中元普度醮典，置身在祭典場域下，族群衝突與和解的歷史、多元文化生成與交融，透過「完整祭典儀式」[4]，這些屬於基隆人共有的生活記憶隨祭典被召喚映現。由此，祭典場域不僅是觀察「雞籠中元祭」的關鍵面向，更是解讀本地多族群互動與文化樣態生成變化的重要視角。以下，從百年祭典「雞籠中元祭」的緣起與變遷開始，切入祭典場域裡的族群衝突與和解共生的互動現象，再談傳統與當代的多元文化樣態的展現問題，包含族群、科儀、祭祀、傳統表演藝術、傳統工藝等。最後，綜合歷年來保存與維護計畫的執行及影響，加上因covid 19不可抗因素造成的近三年（2020-2022）祭典活動的調整與應對變化，檢視百年祭典無形文化資產重要民俗「雞籠中元祭」的困境與未來

3　參見附錄一，「雞籠中元祭」指定公告。

4　有關「雞籠中元祭」指定理由與相關法條可參見附錄二、「民俗及有關文物指定公告表」，在特殊文化意涵欄位上明確記錄下「雞籠中元祭」以「祭典儀式完整」為最具代表性的民俗文化資產活動。

性。

二、百年祭典：「鷄籠中元祭」的緣起與變遷

清·咸豐五年（1855）開始，這一項源自於民間的百年祭典，便承載了地域開發初期的諸多複雜因素，由人與土地構成的歷史面向與當代現象，核心要素不曾改變，祭典場域下，展現的是族群的衝突、和解、共生。

在台灣，農曆七月各地皆有中元普度祭典的舉行，其中規模最盛大的，莫過於基隆地區所舉辦的「鷄籠中元祭」，祭典的緣起與特殊性和本地的開發史有關，包含經歷了西、荷、法、日異族的侵略、漳泉族群械鬥、北管音樂社團的衝突等，一一揉合展現在中元普度的科儀、器物與祭祀供品上。宗教意義之外，這些背景賦予了「鷄籠中元祭」豐富的文化樣態，不僅是民間最重要的民俗慶典，並在2001年被交通部觀光局列入「台灣十二大地方慶節」之一，年年得到補助與關注，成為重要的觀光資源。

（一）緣起

人死為鬼，子產說：「鬼有所歸，乃為不厲」[5]，這句話揭示出先秦時期即有厲鬼觀念的流傳，由此，無所歸依、無主祭祀的亡靈即屬於厲鬼一類，這是傳統漢文化體系中架構的鬼神信仰模式。在敬神畏鬼的普遍觀念下，產生了見廟就拜、有拜有保庇的民間宗教現象，明清時期來到台灣開墾的漢人，也將此傳統帶入新故鄉。特別是畏鬼的心理，厲鬼經由作祟方式進一步形成了陰神信仰，在台灣，包含有應公、水流公、姑娘仔…等各種無主孤魂，由鬼轉化成神，

---

5 參見《十三經注疏分段標點·春秋左傳正義》（國立編譯館十三經注疏小組編輯，台北：新文豐，2001年），〈昭公七年〉段，子產曰：「鬼有所歸，乃不為厲，吾為之歸也」。

接受信徒的立廟建祠祭祀。在基隆，「開基老大公廟」供奉的「老大公」即屬於此類陰神信仰，祭拜的就是這群無所歸依、四處漂泊的孤魂野鬼，俗稱「好兄弟」，是「雞籠中元祭」普度的對象。

　　傳承至今已有168年（2022壬寅年）歷史的「雞籠中元祭」，在敬神畏鬼、族群融合的內在意義外，近年來兼具有文化、藝術及觀光等多重性社會功能，展現了豐富的人文色彩。在各地皆有舉辦普度祭典的情況下，「雞籠中元祭」如何能傳承百年之久且盛況不墜？以下從正史與民間兩個面向，透過文獻資料與在地俗語的對照，進一步觀察祭典的沿革變化，展現繁複儀式祭典與族群生活的緊密關連性。

1.溯源與梳理：文獻資料下的族群衝突與械鬥

　　追本溯源，「雞籠中元祭」的起始與地方的開發有關，尤其是清咸豐年間漳、泉族群械鬥造成的重大傷亡影響最大。

　　清・康熙二十二年（1683），由施琅率軍攻佔並納入清政治版圖的台灣，在清領初期被視為蠻荒之地，並未受到重視。而政策上的放任態度，也影響著台灣的社會變化，以族群的角度觀察，原有的平埔族群與高山族群本已難於掌控，再加上渡海移民潮的湧入與地利爭奪，使得台灣內部充滿了動盪不安，出現「三年一小反，五年一大反」的走反動亂現象。[6]

　　在基隆，不僅內亂紛紛，外患更是頻傳。從1626年西班牙人正式佔領社寮島（今和平島）開始，隨後被荷蘭人驅逐接管（1642），之後一連串的殖民侵略事件不斷，包括了清・道光二十一年（1841）英軍藉鴉片戰爭之役，數度於海域砲

6　參見陳紹馨原修，李汝和主修，《臺灣省通志》（台中：臺灣省文獻委員會，1972年）卷二，〈人民志・人口篇〉，頁131。依據統計：「在清代統治的二百一十二年間，臺灣發生四十二次民變、二十八次械鬥，合共七十次動亂。平均約每三年發生一次，故『三年一小變，五年一大變』之說，大體不誤。」。

擊基隆；光緒十年（1884）法軍率水師軍團攻打基隆；光緒二十一年（1895）台灣被割讓給日本，而日軍由北白川宮能久親王率軍，自澳底海岸登陸，隨即攻取瑞芳、基隆市街，戰火蔓延整個基隆地區，未久便進入日本統治時期，接二連三的殖民侵略活動也造成了社會的動盪不安。

　　由族群結構來看，清代移民台灣的漢人以福建與廣東兩省為主，福建省又以漳洲、泉州為大宗，來台後形成了同姓聚集成村的普遍現象，重要的是，在同姓同宗的血緣與地緣關係下，同姓聚落凝聚成一生命共同體，彼此相互扶持並共同抵禦外來的威脅，基隆地區也不例外，以「三貂吳，水尾許，八斗子杜」的同姓聚落最為明顯。三貂，指三貂嶺，屬於三貂堡；水尾，屬於金包里堡；八斗子，屬於基隆堡，俗語不僅呈現了同姓聚落的歷史現象，也指涉出清領時期「金、雞、貂、石」一廳四堡的管轄範疇，解釋了沿用至今的「鷄籠中元祭」名稱由來與含括的範圍。

　　以地理位置的分布來看基隆地區的變化，早期的基隆大致上是由山系的佛祖嶺、獅球嶺以及水系的石硬（今南榮河）、蚵殼（今西定河）、田寮（今田寮河）、牛稠（今牛稠港溪）四河港所組成，即俗語「二嶺四港門」所指，但在發展上卻與鄉近的鄉鎮地區有緊密的往來關係，形成「金、雞、貂、石」的共同生活圈，此稱由歷代行政轄區的變革觀察：清‧光緒元年（1875）始設台北府分府通判於雞籠，並掌理煤務，改名為「基隆」，取基地昌隆之意；光緒十四年（1888）改基隆通判為撫民理番同知，領有淡水東北四堡，即金包里、基隆、三貂、石碇四堡之地；光緒二十一年（1895）年中國戰敗，將台灣割讓給日本後開始長達五十年的殖民統治歷史。日治初期，除了將台灣分成三縣一廳外，並於基隆設立支廳，仍沿襲清代基隆廳所管轄的基隆、三貂、石碇、金包里四堡為管理區域，此即「金、雞、貂、石」的由來。此範圍含括了今日的金山、萬里、基隆市區、

貢寮、雙溪及石碇、平溪等區域，無論是在地理位置上的相鄰性，或是族群往來的密切關係，甚至是行政轄區，都以基隆堡為中心。

日治時期結束後，基隆地區的行政範圍又有變化。光復前，「金、雞、貂、石」變成了基隆市與基隆郡，而基隆郡的管轄範圍包含瑞芳街、萬里、金山、七堵、貢寮、雙溪、平溪等街庄，原先的石碇則劃歸文山郡管轄，汐止另歸於七星郡管轄；光復之後，基隆市改設為省轄市，基隆郡則劃歸為台北縣的基隆區，舊有的街庄改稱鄉鎮。而後，七堵又劃歸基隆市所屬，區分成七堵與暖暖兩區，由此形成了今日的基隆市—仁愛、信義、安樂、中正、中山、七堵、暖暖七個行政區域。儘管「金、雞、貂、石」的範疇歷經更迭變化，今昔不同，但不變的是「金、雞、貂、石」的象徵意義，仍被保留在「鷄籠中元祭」裡繼續流傳。

移民族群在籍貫、語言腔調與風俗信仰的差異下，衝突事件屢見不鮮，清廷則以放任的消極態度任由發展，乾隆六十年（1796）更明訂政策，「台灣民情聽其自然，以其互相牽制。」[7]更助長了這類以械鬥的報復方式來取代法律制裁的衝突情形。特別是漳、泉械鬥，造成了重大的傷亡結果，衍生出「鷄籠中元祭」的普度祭典。

衝突的原因何在？移民的開墾除了要克服外在的自然環境之外，為了自身的利益所形成的內在衝突也是造成社會動盪不安的禍源之一。基隆的移民以福建省漳、泉兩地為主，清˙雍正元年（1723）漳州人先從八里坌沿著海路進入基隆牛稠港虎子山一帶定居，在市區的丘陵地上先後建立了崁仔頂街、新店街、暗街仔街，特別是崁仔頂街，成為熱鬧的市集與貿易集中地點；反觀泉人，稍晚約在乾隆年間才進入基隆開墾，在優勢地利均為漳人佔據的情況下，只能沿基隆河往

7　陳世一著，《尋找河流的生命力：基隆河中段暖暖、七堵段歷史與地景巡禮》（基隆：基市文化，1997年），頁73。

七堵、暖暖等較為貧瘠的山區尋求發展，胼手胝足的建立了暖暖街的繁榮景況，流傳有「水流東，吃勿會空」的風水地理經驗。而此地域的分布現象，形成了以魴頂、獅球嶺為界線的漳、泉勢力範圍。

地理上的界線區隔並不能禁止或約束族群的活動，特別是地利條件較差的一方。漳州人與泉州人由於土地與水源的爭執不斷，加上濃厚的地域觀念影響，經常發生械鬥事件，洪連成在《滄海桑田話基隆》中說：「咸豐元年（1851）八月，漳、泉人士在魴頂之械鬥最烈，因而死者一百零八人，誠為基隆開發史中之慘事。漳、泉相仇，糾紛常起，識者之士相約出面呼籲收集遺骸，慰安亡靈，建老大公廟（即義民祠）於舊主普壇後面，此後日人為紀念大正登基，建高砂公園，再將老大公廟遷於安樂區石山，即今之嘉仁里。並諄諄善誘，以普渡賽會以代血鬥，即賽陣頭之重大民俗改革。」[8]

魴頂，即今日南榮公墓一帶，咸豐元年在此地發生大規模械鬥，造成一百零八人慘重的死亡結果，而後經有力人士出面協調，採取集中埋葬共同祭祀安置。這些只是概略性的事件敘述，而最初僅為義民祠性質的老大公墓並不是建廟，如《基隆市志·沿革篇》之記載：「咸豐十年，云有慶安宮之某僧，率先煽動，領導人至魴頂，與泉人擊鬥，焚屋劫財，血流溪澗，官莫能止。自是漳泉相仇，糾紛常起。如蚵殼港之義民廟（按老大公廟以前稱為義民廟），乃安葬械鬥而死者一百零八人之骨骸，誠為雞龍史實中之慘事。」[9]

與洪連成的敘述對照，相同的是漳、泉發生械鬥的地點與傷亡的結果，不同的是，《基隆市志》中增加了僧侶人物以及義民廟的記錄，還有年代上咸豐元年與十年的差異記載。而年代的差異現象是否意味著此段期間，基隆地區漳、

8　洪連成著，《滄海桑田話基隆》（基隆：基市文化，1993年）〈基隆中元祭〉篇，頁108。

9　基隆市文獻委員會編輯，《基隆市志—沿革篇》（基隆：基隆市文獻委員會，1956年4月），頁16。

泉械鬥的情形始終沒有平息？簡萬火於昭和六年（1931）出
版的《基隆誌》一書，便已記載關於基隆中元祭的緣起，「
自咸豐三年八月起，漳泉雙方械鬥，初漳人方面，係慶安宮
一和尚，首倡當先，率漳人至魴頂，與泉（安溪人）擊鬥，
雙方死傷甚多，血流溪澗，如此慘事，至咸豐十年九月十五
日，計有發生三次，誠民族未曾有之憾事，如現在蚵殼港舊
隧道口之義民廟，乃安葬是等犧牲者百零八名之骨骸也。
」[10]文中進一步提到在咸豐三年到十年之間，發生過最嚴重
的衝突與傷亡有三次之多。之後出版的《基隆市志·風俗篇》
也延續相同的脈絡，記載「咸豐三年，漳人糾同鄉欲襲擊暖
暖泉人，泉人預知，設伏，盡殲漳人於魴頂，死者連為首之
慶安宮和尚計一百零八人。」[11]可以確定的是，咸豐元年到
十年之間未曾間斷的漳、泉械鬥衝突，直接構成了「鷄籠中
元祭」的興起。

　　有關中元祭的起始年代與「輪姓氏」的主普緣起，《
基隆市志·風俗篇》中記載：「咸豐三年漳泉械鬥悲劇之
後，……，乃由重望者呼籲，暫緩報復，先行收埋遺骸，超
渡亡魂，以免冤鬼作祟，……。於是合埋於蚵殼港河畔（今
之成功二路），後日人建築軍眷宿舍，迫遷於現址，安樂區
嘉仁里石山，建義民公祠，俗稱老大公墓，自咸豐五年起，
每七月中元由十一姓輪流主普，開關鬼門，即在此舉行，是
本市主普由各姓輪值之緣起」[12]。

　　梳理文獻記錄後可見較為清晰的發展脈絡彙整出以下幾
點：

（1）中元普度祭典的開始年代：清·咸豐五年（1855）；

（2）亡靈安頓形式：從義民祠形制的老大公墓到老大公廟

10　簡萬火，《基隆誌》（中譯版，台北：成文，1985年3月），頁
　　6-7。

11　基隆市政府編輯，《基隆市志—風俗篇》（基隆：基隆市政
　　府，1979 年 12 月），頁 431。

12　同前註。

的建廟祭祀；

（3）負責主普單位：以十一個姓氏團體組成「輪字姓」的
主普秩序，由張廖簡開始，其後為吳、劉唐杜、陳胡
姚、謝、林、江、鄭、何藍韓、賴、許等十一個宗親會
組織依序輪流擔任祭典的主普單位。

2. 衝突、和解、共生：口傳俗語下的族群歷史記憶

在語言與文化的緊密互動關係中，透過語言可以發現文
化變遷的軌跡，而通過族群方言的研究，也能呈顯族群文化
的發展脈絡，而閩南族群經常使用的俗語便是一個觀察的途
徑，除了原鄉的文化傳統之外，還可反映特殊的人文現象。

文獻上記載的「鷄籠中元祭」，只能概括描述出「漳
泉拼」的始末發展，卻無法傳遞族群衝突所衍生的生活影
響。以族群角度而言，同樣源自於福建省的移民因著地域籍
貫的不同，衝突之後發展成「輪字姓」姓氏輪值的共同祭祀
模式；而祭典中的陣頭表演競爭，卻是源自於「仝管不仝師
父」—北管西皮、福路械鬥，以「賽陣頭代替打破人頭」的
陣頭表演傳統。[13]透過基隆俗語中與族群械鬥有關的內容，
不僅能反映衝突的激烈狀況，也能追溯中元祭的變遷發展，
特別是結合了在地族群信仰的特色。

「咸豐三，講到今」，清˙咸豐年間（1850-1860）漳、
泉移民因土地與水源等因素，開始有了衝突與械鬥情形發
生。回溯基隆地區移墾初期，除了同姓聚落的形成，也有鄉
土神的建祠與立廟現象，在顯聖競爭下進一步凝聚了信仰的
虔誠態度。最先進入基隆市區的漳州人，在佔據了較肥沃的
土地後，以基隆街為範圍，建立「奠濟宮」供奉原鄉守護神
開漳聖王（又稱陳聖王），即唐代武進士陳元光；較晚來到
的泉州人，只能選擇較貧脊的山區開墾，後以暖暖、七堵為
範圍，在暖暖街建立「安德宮」供奉原鄉守護神廣澤尊王

13　即洪連成所指的「賽陣頭」，參見洪連成著，《滄海桑田話基
　　隆》，頁108。

（又稱保儀大夫、尪公），原為唐代進士張巡。在各自尊奉的鄉土神守護下，信仰隨著族群對立加劇也被引入了衝突之中，形成漳、泉與聖王、尪公的結合現象，展開神威的較勁。

　　兩造間以獅球嶺為界山，械鬥時往往搬出原鄉守護神明來助長威勢，除了有「開漳聖王派遣神兵助戰，保護漳人，陷泉人於海鏖殺之，神靈顯著云。」[14]記載外，亦有傳說保儀大夫紅光閃閃，會出兵、顯聖來庇護泉州人，阻退漳州人的進攻。俗語中有「尪公毋過獅球嶺」[15]之說，即言漳州人只要攻到獅球嶺就需要撤退，無法進入泉州人的勢力範圍。如此結合族群信仰的方式來相互對抗，也留下了不少傳說故事，鮮明的反映了「漳泉拼」的歷史現象。如「尪王沒頭殼，聖公沒手骨」的比喻，指漳、泉衝突嚴重到連最崇敬與神聖的神像都遭殃受損，可以想見戰況之激烈；「漳泉拼，拼俗目屎流」是老一輩基隆人仍留有的深刻印象，或如「頭鬃梳向向[16]，聽到漳泉拼，欲走腳骨軟，毋走無性命」唸謠裡傳送的女性驚慌與恐懼的樣態。

　　分類械鬥的事件在移民開墾的社會中如同一枚不定時的炸彈，從籍貫、語言、風俗、信仰到了娛樂休閒，而衝突也由族群之間的「漳泉拼」延續到了北管社團的西皮、福路派別之爭，如「拼陣頭代替打破頭」[17]便反映了傳統戲曲中

14　見《基隆市志—風俗篇》（基隆：基隆市政府編印，1979年12月），頁430，「據日台灣總督撫社寺台帳記載，咸豐年間分類械鬥…」。

15　此語可見《基隆市鄉土史料—耆老口述歷史（一）》（南投：台灣省文獻委員會編印，1992年7月），頁7。尪公，即唐朝進士張巡，又稱保儀大夫，為泉州人的守護神。這句俗語是形容泉州人因為有保儀大夫的庇護，使得漳州人的勢力無法越過獅球嶺，侵入其範圍。而意思相同的俗語還有「尪公毋過獅嶺」、「保儀大夫毋過獅嶺」等說法。

16　向向，hiann hiann，指偏向梳頭髮的樣子。

17　陣頭，指迎神賽會時的遊行隊伍。此語的流傳非常廣，對基隆的影響尤其深遠，可見《基隆市志—風俗篇》頁431。

「北管」的派系問題。「北管」是相對於泉州「南音」系統的名稱，其中包含崑腔、吹腔、梆子腔、皮黃及一些民間小戲、雜曲，兼蓄雅部與花部諸腔音樂。[18]在台灣傳統生命禮俗中，不論是廟會、婚禮、祝壽、入厝、開業、喪葬等場合，經常可以看見北管戲曲的出現。

音樂上，北管分成「西皮」、「福路」兩大聲腔系統，或稱「新路」、「舊（古）路」，前者以皮黃腔為主，後者則是亂彈腔系。邱坤良教授認為「新」、「舊」之別，當與其傳入先後有關。[19]清·道光二十五年（1845）北管傳入了基隆，因著「仝管不仝師父」而衍生了西皮、福路之別，兩者最大的差異在於樂器與供奉的戲神。[20]西皮派使用的「京胡」俗稱為「吊規仔」，以竹製的絃仔與蛇皮製成的琴筒進行演奏，供奉田都元帥為戲神，以「堂」、「軒」為名號，如「得意堂」；福路派則使用「殼仔絃」以及由椰殼剖半製成的琴筒，並供奉西秦王爺為戲神，以「社」為名號，如「聚樂社」、「慈雲社」以及後來改以「郡」為名號的暖暖「靈義郡」等，為基隆著名的子弟社團。[21]

在北管子弟盛行的年代，當時西皮、福路兩派都有「打贏告就贏」的心理，先打再說。以廟口生意人為主的西皮派，輸了就告官處理；以碼頭苦力工人為主的福路派，打輸了不用說，若打贏了，因有日本人在背後支持並關說，警察也不敢干涉處理，所以兩派的械鬥情形也就愈來愈嚴重，對民眾的日常生活也造成影響。為維護社會秩序，日本政府透

18　邱火榮、邱昭文編著，《北管牌子音樂曲集》，台北：國立傳統藝術中心籌備處，2000年，頁2。

19　邱坤良，《舊劇新劇--日治時期臺灣戲劇之研究》，台北：自立晚報，1992年，頁151。

20　參見鈴木清一郎著、馮作民譯，《臺灣舊慣習俗信仰》（台北：眾文圖書，1989年），頁12-13。

21　有關基隆北管四大子弟團的源起與發展概況，可詳見黃素貞主編，《鑼鼓喧天.話北管.亂彈傳奇》（基隆：基市文化，1996年6月），頁50-62。

過地方人士進行協商，改以陣頭競賽的方式取代打破頭的流血衝突，這就是「拼陣頭代替打破頭」的由來。[22]

　　族群互動由衝突到和解共生的過程，可以在「雞籠中元祭」的儀典中看見一二，展現著融合與尊重的態度，此即「三板橋都勿會得過」[23]呈現的變化。三板橋的位置在慶安宮前崁仔頂一帶，過去旭川河尚未加蓋之前河上架設的三座木板橋：福德橋、新興橋、旭橋，分別連接今日的仁二路與忠一路、仁三路與忠二路、仁四路與忠三路，以供民眾渡河之用。在北管分裂時，西皮與福路兩派協定以旭川河為界，東邊靠近廟口「奠濟宮」一帶，屬於西皮派勢力範圍；西邊靠近火車站城隍廟附近，屬於福路派勢力範圍。因為不得越界的緣故，往往靠西皮派這邊的人若要到火車站，就需要遶路或轉到八堵站坐車；而在福路派這邊的人，也沒有辦法進入廟口一帶活動，「三板橋都勿會得過」所反映的便是派系衝突情況對族群生活上的影響。

　　這樣的歷史經驗，今日還能透過百年祭典中的「迎斗燈」[24]儀典中的「交陣」[25]得到再現。由北管軒社引導宗親會斗燈進行「迎斗燈」的活動於農曆七月十三日下午進行，依循傳統，每年均聘請兩派軒社大公——西皮派得意堂十組、

22　此語也有「迎陣頭代替打破人頭」的說法，意思相同。

23　見陳穎慧撰，《地方劇團的變遷——以基隆暖暖地區靈義郡為例》（台北：國立藝術學院戲劇研究所理論組碩士論文，1998年），頁69。

24　斗燈，為寺廟建築、普度常見的避邪祈福器物，主要由斗與燈組成，斗，用以計量五穀，為盛裝的圓形容器；燈，指置放於斗內的油燈，每斗一盞，與斗並稱為斗燈。民間信仰有北斗解厄、南斗延壽之說，認為斗燈具有禳被邪祟、祈求福祥的作用。「雞籠中元祭」的斗燈，屬於團體非個人，為參與中元祭輪值主普各姓氏宗親會團體所有，平時由各宗親會保管，只有在中元祭「迎斗燈」時才會請出，經過市區遶行後迎至「慶安宮」暫時安置並點亮斗燈，保佑普度祭典圓滿、宗親團體運勢興旺，待普度法會結束後再各自迎回。

25　指兩大軒社於勢力範圍交接處進行前導秩序的交換，以表示尊重。

福路派聚樂社一組，在熱鬧的鑼鼓嗩吶聲中引導宗親會斗燈車前行。當進入昔日兩派勢力交界處，即傳統旭川河區域（即三板橋一帶），十組與一組會進行「交陣」交換前導秩序，分別有兩次，第一次於崁仔頂、今海洋廣場前方高架橋下，先行的「得意堂十組」禮讓後方的「聚樂社一組」隊伍先行，第二次，則在斗燈隊伍即將再度通過崁仔頂進入廟口時，「聚樂社一組」禮讓「得意堂十組」先行，再度交換前導秩序，最後進入「慶安宮」停留。透過得意堂與聚樂社的交陣，再現了昔日西皮、福路的勢力範圍，也從衝突緊張的氛圍轉化成相互尊重的態度，在社團默契下，不用言語，僅以微笑或揮手致意快速交換隊伍通過，展現了和解共生的和諧氣氛。

再者，談到對族群的尊重，過去魂歸基隆的異國孤魂，也不能忽略，即外患事件所留下的影響，俗語中有「西仔來打此台灣，百姓合齊要征番」[26]反映的便是清‧光緒十年（1884）法軍侵略基隆的事件，史稱清法戰爭（1884-1885年）。法軍侵略北台灣基隆、淡水等地一役，造成基隆地區百姓走「西仔反」[27]的動盪亂象，當時雙方在沙灣海水浴場、獅球嶺山區等地發生搶灘與激戰，造成不少將士陣亡。至今本地還留有俗語「法蘭西水，食一點氣」的歷史記憶。日治時期應法國政府要求於此地修建公墓以紀念不幸客死異地的軍魂，戰後民眾將法軍和清兵分開收葬，清兵葬在民族英雄墓（俗稱清國公），法軍則長眠距離不到300公尺的法國公墓。

清國公暨法國公墓普度，為清法戰爭入侵基隆地區的歷史見證，普度對象包含戰死的清兵與法兵。2022年空間經修繕整治規劃後，合稱「清法戰爭紀念園區」。最初普度的

26　見陳世一著，《尋找河流的生命力：基隆河中段暖暖、七堵段歷史與地景巡禮》，頁83。

27　可參見《基隆市鄉土史料—耆老口述歷史（一）》，頁　6、42、94。

緣起與附近居民有關。據中正區正砂里長俞明發先生所述，因為相鄰的生活空間，因著合境平安的想法，早年居民在舉行普度活動時，很自然的也開始將附近的好兄弟們納入普度對象，包含民族英雄墓的清兵與法國公墓的西仔兵，延續至今，已形成在地特有的普度傳統。循例於農曆7月4日上午舉行清國公暨法國公墓普度活動，依主辦單位（正砂里）聘請，由道長或法師主持祭典。因值鷄籠中元祭期間，2003年被輪值主普的賴姓宗親會首度納入中元祭相關祭祀活動之中。此後形成慣例，主辦單位每年都會邀請輪值主普宗親會與法國在臺協會官員前來參與祭典，以專為異國孤魂準備的西洋祭祀供品最具特色，有長棍麵包、巧克力、紅酒以及準備燒化的美元冥鈔、紙糊孤拔軍艦等。

百年來，政權更迭，這裡的人不斷的流動，城市不斷的發展進步，祭典也有些改變。如「輪字姓」輪值主普的循環方式，從最初「張頭許尾」[28]十一個姓氏輪值秩序，已擴展成「張頭郭尾」的十五個姓氏團體輪值的規模。國民政府遷台後增加了聯姓會團體，1954年聯姓會加入輪值主普團體，之後，聯姓會中的李、黃、郭三姓陸續獨立出來，至1981年擴充成目前十五個姓氏宗親會團體輪流主普的秩序，以同血緣、同字姓的緊密關係，凝聚向心力。也因著每隔十五年才能擔任主普的輪普傳統，使得每年主普姓氏莫不用心於祭典的籌備與遊行表演的設計上，期盼吸引群眾的目光與讚賞，在各姓氏之間也展現出正面的良性競爭。

可以說，漳、泉械鬥的結果，產生了「鷄籠中元祭」的祭祀儀式，而後建立了收容安頓這群無主孤魂的「開基老大公廟」；參與祭典的範圍含括了「金雞貂石」四堡在內的族群，並透過「輪字姓」主普的秩序持續傳承，不僅消解了因籍貫差異所引發的隔閡，延續至今已有168年的普度傳統，

28　指張廖簡姓排第一、許姓排最後的輪值順序。參見前引書，《基隆市鄉土史料—耆老口述歷史（一）》，頁61、97。

具有全台普度歷史與規模最盛大、長達一個月的祭典活動時間與科儀最為完備的特色,更成為基隆的一大特色而輪值主普的姓氏也由最初十一個姓氏團體增加到現今十五個姓氏團體組織規模,從「張頭許尾」到「張頭郭尾」的輪值秩序所呈現的宗族血緣意涵未曾改變過,象徵著字姓輪替的傳統所帶來的族群和諧意義。

(二) 變遷

百年來的中元普度,經歷了政治、社會、經濟與文化變遷的影響,產生了許多轉變,最明顯的就是祭典參與者與祭典場域的變化,「四大柱」僅存「主普」一柱的變遷,祭典移至新建的主普壇進行。

1855年開始的「鷄籠中元祭」,由十一個字姓宗親會輪值主普,每輪值主普的字姓團體要先選出爐主一人,再由爐主代表主普來邀請由地方行業所劃分的三個區域:草店尾、石牌街、灰窯仔為一區;福德街、崁仔頂為一區;新店街、蚵殼港、仙洞為一區,分別負擔主會、主壇、主醮的事務,此主普、主會、主壇、主醮稱為「四大柱」,共同籌辦中元普度的祭典事宜。昔日傳統「四大柱」依循道教醮祭儀式,建立醮壇進行祭祀活動,道場科儀與經懺的宣行空間稱為道壇或內壇,[29]往年皆於「慶安宮」進行。醮典時分成天、地、人、鬼四門搭建於廟宇四周角頭以舉行祭拜活動的區域,稱為外壇或醮壇,即四大柱。中元祭主要的道場科儀有發表、啟請、延壽三項,由三名道士進行宣行,包含在三界壇進行《發表科儀》,以發牒文上達天界,使神明知道境內即將舉行普度法事;於三清壇進行的《啟請科儀》與《延壽科儀》,迎請各界高真蒞臨法會並為參與普度善信祈福延壽。

29　詳見曾子良,《鷄籠中元祭的過去、現況與未來》報告書(基隆:基隆市政府文化局主辦,鷄籠文史協進會承辦,2007年11月20日),頁13。

　　依據道教的稱法，「四大柱」分別為天師壇—主會壇、北帝壇—主醮壇、觀音壇—主壇、福德壇—主普壇。更進一步細分，主普、主會、主壇、主醮又稱為「頂四柱」，而副會首、協會首、都會首、讚會首，稱為「下四柱」；天官首、地官首、水官首、三官首則稱為「外四柱」，其他尚有供獻首、正副經理、水燈首、古佛首、斗燈首、篙燈首、觀音首（大士首）、發榜首等，統稱為「柱首」，分別掌理各項工作。[30]「雞籠中元祭」普度祭典即由輪值主普所選出的爐主與各柱首協議籌辦，但是在醮祭儀式活動之中，負責普施賑濟孤魂野鬼的主普壇，對民眾來說最為重要，普度儀式由主普姓氏團體負責，其餘字姓團體以「贊普」形式參與普度祭祀，由此，雞籠中元祭成為本地最大型的普度活動，也是民眾參與層面最廣的普度，屬於「公普」型態。[31]

　　歷史上為四大柱「主醮」場所的慶安宮，現今也是中元祭典重要儀式的進行與成員聚合的地點之一，主普團體循例需參與慶安宮的普度活動，也因此與公普舉行的時間互有重疊，成為外界注目與比較的焦點。就普度形式來看，以廟宇為中心的普度活動稱為廟普，慶安宮、城隍廟、奠濟宮等廟宇籌辦的普度皆屬於此類，同一日舉行的普度法會與參與祭祀者的身份，在在突顯出慶安宮與雞籠中元祭在祭祀緣起與發展上的緊密關係。

　　可以說，整個七月除了十五一日「拜七月半」的中元普

30　洪連成編纂，《基隆市志—卷二，住民志禮俗篇》（基隆：基隆市政府，2001年），頁33。

31　慶讚中元的普度形式可依參與的成員性質而有不同的名稱，約略可分成「公普」與「私普」兩大類。公普又稱為大普，雞籠中元祭即屬於公普性質，為整個基隆地區的普度活動。輪值的姓氏團體稱為主普，祭典費用由主普單位負責籌措辦理，其他參與的姓氏則為贊普。相對於公普，私普的規模較小，籌辦的成員包含單一的家庭及團體兩大類。而以團體組織為主的普度活動又依照各行業別或地點而有不同的名稱，包含碼頭普、攤販普、漁會普、農會普、市場普、街普、廟普…，規模雖小卻能呈現出行業與地區的特色。

度法會之外，在基隆各個區域、大街小巷都可見規模不一的普度祭典進行著，正如《基隆市志》所載：「七月之中，日必有祭」[32]，已成為本地的民俗信仰特色之一。當然，最具特色的還是屬於公普性質的「雞籠中元祭」，其規模形式也隨著時代的更迭而有所變化，尤其是從四大柱到僅存主普的演變，其中重要的影響因素則是源自於政治的介入。日治末期第二次世界大戰期間（1938-1945），日本政府禁止中元祭祀活動的鋪張浪費情況，加上經濟困難，儘管輪值的字姓仍舊依序輪流，但已不再有大型活動的出現，主會、主醮、主壇相繼廢置，僅存主普而已。其次，建立在舊主普壇後方西定河畔（即今自來街一帶）的老大公墓，在日治時期日人為紀念日本大正天皇的登基，欲將老大公墓鏟毀建立高砂公園，後因街紳楊火輝的奔走勸募，將老大公墓遷移至石山（今安樂區樂一路現址）安置，發展成為今日的「開基老大公廟」規模。

　　主普壇的地點也經過一番變革。舊主普壇建築落成於日治時期（1929），因位在交通往來要衢上，每逢祭典都造成嚴重的堵塞狀況，後來在街市發展與交通考量下決定遷移重建。現今位在壽山路中正公園上採取面海方位所興建的主普壇，是經由各字姓團體多方探勘與協商之下所擇定的位置，並於民國六十年（1971）由基隆市政府發包興建，三年後（1974）落成，由該年輪值主普的鄭姓宗親會正式啟用。就建築特色來看，新主普壇共有三層建築，兩翼部分設有副壇的建置，第一層規劃為中元祭祀文物館，陳列並展示各項與雞籠中元祭典相關的民俗文物，供市民與遊客觀賞。新主普壇不僅是中元祭典普度科儀與法會進行的地點，於七月十二日晚上點燈之後，成為全市最鮮明絢爛的地標。

32　同註30。

三、「鷄籠中元祭」的祭祀儀典

在祭祀儀典變化上，「鷄籠中元祭」因著政治因素的影響，光復後四大柱傳統並未被恢復。由於國民政府為避免聚眾滋事，禁止演劇賽會活動的舉行，而民國四十一年（1952）民政廳頒布的節約政策，明確規定「七月普渡，全省統一規定在十五日舉行，牲祭以豬羊一對為限，演戲僅限於祭典當日及平安祭日，每次最多不得超過二日」、「放水燈、照路燈、開關鬼門、栽燈篙絕對禁止」。由此，「鷄籠中元祭」由原來「二十四迎斗燈、二十五放水燈、二十六普渡」改成現今的「十三迎斗燈、十四放水燈、十五普渡」。

歷經不同統治政權，中元普度祭典的形制與舉行時間都產生變化。而後，提倡節約政策轉變成加強地方文化建設，由政府帶領開始投入民俗活動與傳統藝術的維護與展現，屬於邊陲地帶的基隆因擁有此項悠久歷史的中元祭典才又受到了重視。民國七十三年（1984），在「端正禮俗，改善民俗風氣，發展觀光」政策下，正式定名為「鷄籠中元祭」，每年邀請中央部會首長、民意代表以及各國駐華使節、姐妹城市等蒞臨參觀，朝觀光城市積極發展。

現今的「鷄籠中元祭」，規模之大、時間之長，可謂為全台第一，自農曆七月初一零晨交子時刻的「起燈腳」與未時舉行「開龕門」揭開序幕，一直到農曆八月一日酉時進行「關龕門」與「交接手爐」為止，整套繁複的祭典儀式歷時一整個月才告完成，展現了百年中元祭豐富的歷史傳承與經驗。就十項較為重要的祭典活動與程序，概述「鷄籠中元祭」祭祀儀典情形。

（一）起燈腳

起燈腳，又稱開燈夜，為農曆六月最後一日、七月初一交子時刻，在深夜十二點於開基老大公廟進行普度公燈的點

燈儀式。點燈用意在照引老大公、好兄弟返回人間的道路，前來享受祭祀與供食。儀式經過僧道簡單的誦經祝禱與獻供之後，由輪值主普的姓氏宗親會理事長、市長以及老大公廟主任委員等人共同舉行象徵性的開燈儀式。點燈後，懸掛在廟埕前方、上方各處建置好的燈排、燈樓全部亮起，這些由信眾敬獻的普度燈將持續到七月結束為止才會熄燈。

（二）開龕門

開龕門，即開鬼門。龕，依佛教之意為「塔」或「塔下室」，指涉的即是埋藏在此的義民遺骸，而今以龕門取代鬼門，用意在彰顯老大公神格的轉化提升。七月一日為鬼月的開始，藉由舉行啟開墓扉的儀式，象徵鬼魂可以開始進入陽間享食。一日下午二時（未時）在開基老大公廟進行「開龕門」儀式，正式揭開「雞籠中元祭」的序曲。

當日午後、儀式進行之前，先由輪值主普的姓氏宗親會代表，供上三牲五果；之後再由老大公廟主委率領眾委員集體進行三獻禮—初獻、亞獻、終獻的儀式，向「老大公」稟告此次普度事宜，而透過「一而二，二而三」三獻禮的繁複儀式中，展現著對於神祇的崇高敬意。二時一到，儀式正式開始，由輪值主普負責主祭，與祭者包含市長、政要、爐主、各宗姓代表等，在上香禮、獻爵、獻帛、宣讀疏文、獻果、獻花、行禮、禮成後鳴砲，進行開龕門。此時由老大公廟主任委員將裝有鑰匙的木製錦盒交給市長，再由市長轉交給輪值主普的宗親會理事長，由他打開錦盒、取出盒內的紅色紀錄簿，先記下開龕門時辰、取出者姓名，再拿起鑰匙前往龕門處打開龕門，完成儀式。此後民眾可自由參拜，迎接冥界好兄弟來到人間享食。

（三）豎燈篙

豎燈篙是台灣民間在「中元普度」和「建醮普度」之前

所進行的重要儀式，用意在於招引四方鬼魂前來享受祭祀，而燈篙的高度愈高，代表著可招引來到的「好兄弟」愈多，對主普的姓氏團體愈有利。道教祭儀中，豎立燈篙用以招請天界諸神與冥界鬼魂前來接受供養，所立的燈篙必須選擇高直且堅硬的青竹，並削去竹枝保留下竿尾，俗稱「透腳青」，保留有「大葩尾」除了意喻子孫成串外，有頭有尾也象徵著「有始有終」的吉兆，即閩南語所說的「有好尾」。

　　「鷄籠中元祭」循例在七月十一日上午進行「豎燈篙」儀式，於醮場地點─「主普壇」分別設置天、地篙（亦有陽竿、陰竿之稱）。天篙，由三根帶有大葩尾的青竹組成，橫置掛有天燈的竹竿上分別懸掛有天幡、蜈蚣旗、地幡，幡布上分別書寫上符咒與坐鎮之神祇名諱，兩側有天、地錢的布置，於天亮時升起，招引神明降臨。地篙，亦由三根帶有「大葩尾」的青竹組成，分別懸掛招魂幡、三角旗與七星燈，幡布上書寫符咒與招引水路兩界男女無主孤魂等。七星燈為地燈的主體，由七個分別書有日、月、木、火、土、金、水字樣的燈籠組成，最頂端置有斗笠以遮蔽陽光，於天黑時點亮升起，目的在於招引四方孤魂，前來享用普度祭品。

　　懸掛在竹竿上的燈籠、旗幟等器物，以竿數多寡及地方習俗而定。白天時，天幡為天地神祇的目標，招魂幡則為孤魂野鬼的目標；入夜後，天燈成為前者的標誌，七星燈則為後者明顯的目標。燈篙的設置，主要在招引天神與孤魂，而豎立燈篙的地點即為神聖領域，所以在建醮時期，每根竹竿上都貼有符咒，用以淨化除穢，在燈篙的底部，則以草蓆覆蓋綑綁，藉以保持燈篙的潔淨。並在燈篙腳設置有香案，供奉水酒五果，朝夕上香祭拜。

　　有關燈篙的高度，原則上越高代表招引的範圍越廣，據道長轉述，相傳一尺燈篙可招引三里範圍內的鬼魂，假使燈篙過高但祭品卻不夠供養，反而會招來好兄弟的不滿與作祟。在基隆，燈篙的高度多在三丈六寸左右，約1000公分，

以不超過主普壇的高度為限。布置好後的燈篙，經過豎燈篙科儀後即正式豎起，至此燈篙的範圍被賦予了神聖性，禁止任意碰觸以免沾染不潔穢氣，直至普度結束，舉行「謝燈篙」儀式後才算功德圓滿。

（四）送燈獻敬

「送燈獻敬」所送的燈為主普燈，獻敬對象為各字姓宗親會主任委員及爐主，具有通知姓氏團體祭典即將開始的意義。此儀式由祭典主壇道長負責安排，循例於七月十一日上午九時從慶安宮出發，道長帶領主普姓氏代表，將小型水燈頭、字姓燈、祭品、有頭有尾的竹竿等四項器物，一一送至各宗親會會館與爐主家中，主人備好香案迎接，並將主普燈掛在香案兩側，由道長於香案前進行誦經祈福，為主人家赦罪增福以帶來好運，至此送燈獻敬儀式才算完成。由於需要分送的對象很多，分成十一、十二兩日按照獻敬名冊進行。

（五）開燈放彩

七月十二日晚上七點舉行主普壇點燈儀式。開燈前，要先由道士進行施法淨壇儀式，接著由主普姓氏主委與爐主等人一齊按下啟動燈火的開關，讓已布置好的主普壇瞬間燈火輝煌，稱為「點燈」。絢爛的燈火，使得主普壇成為基隆入夜後，全市最為明顯與亮眼的地標，點燈後有藝文團體進行表演，讓民眾親身感受祭典的熱鬧氣氛。疫情影響的這三年，以往在十四日晚上舉行的水燈遊行前藝文表演活動因遊行規模縮小或取消遊行規劃，原本盛大精彩的藝文表演被移到點燈夜主普壇前進行，透過網路直播方式傳播出去，傳達疫情有變、祭典不變的誠心誠意。

（六）迎斗燈

迎斗燈，也稱請斗燈，為七月十三日下午舉行的斗燈遶

境活動，除了輪值的主普之外，各姓氏宗親會都需要參加。斗燈，主要由斗與燈組成。斗，用以計量五穀，為盛裝的容器；燈，指置放在斗內的油燈，每斗一盞，與斗並稱為斗燈，為寺廟建築、普度常見的避邪祈福器物。民間信仰中有北斗解厄、南斗延壽之說，斗燈有厭勝之功效，具有禳被邪祟、祈求福祥的作用。

　　「鷄籠中元祭」的姓氏團體斗燈有傳統的單座木構造型，也有大型華麗的三層可拆解、組合的木構形制設計，多以上、中、下三層對應天、地、人三壇，天壇雕有福祿壽仙界傳說，人壇雕有教忠教孝故事，而地壇則刻有殺戮流血典故，雕工細緻，並有二到三個層次，必須由內層刻到外層，並使用傳統榫接技法，展現精湛的木雕工藝。斗燈內安置的器物各有其意義，斗內盛裝的白米象徵著生機，有五穀豐收之意；油燈，燈為火，火代表元神，生命力的象徵，亦有神光普照之意。過去以瓶裝油，再插入燈芯而成，稱為「燈火盞」，或用錫製成小碟，後由蠟燭瓶取代，目前則以燈泡裝置為主；傘，或稱涼傘，本用於保護斗內的器物，亦具有庇神護人之意；鏡，具有照鑑之用，可以照現妖魔，而圓鏡又有圓滿之意；劍，可斬妖除魔，代表正氣，與鏡同樣可以劈除邪惡不祥；尺，代表度量，能知長短不逾矩；秤，代表公正，能事事權衡輕重；剪刀，可以剪除惡煞作祟，亦屬於辟邪器物。

　　七月十三日下午二時進行的「迎斗燈」儀式，斗燈遶境隊伍於信一路金雞橋頭前集合，依照輪值字姓的秩序排列，在北管子弟團—得意堂十組、聚樂社一組的前導下出發，過程中，經過崁仔頂時會進行北管社團「交陣」，最後進入慶安宮安置。斗燈進入廟宇也有一定的程序要遵循，在進入正殿之前需要跨過地上的檀香爐以淨化不潔污穢，稱為「淨斗」，再迎入正殿安置；其次，依照輪值秩序、已分配好的姓氏斗燈位置進行安置。十五座字姓斗燈，正殿兩側

各安放七座，並依照左尊右卑、前小後大的秩序，隔年輪值的姓氏斗燈為大，安置於左側首位，而前一年主普的姓氏斗燈則安置於右側最末，依序排列。主普的斗燈安奉於正面供桌上，與其他「柱首」斗燈一起接受供奉。依照中元普度組織與祭祀神祇的區分，由各單位捐獻供養的柱首斗燈包含：玉皇首、發表首、獻地首、天官首、水官首、五穀首、福德首、仁官首、地官首、水燈首、副會首、斗燈首、三官首，即統稱為「柱首」的下四柱、外四柱及其他斗首。而迎入慶安宮後的斗燈，要到十四日清晨經過發表儀式後，才能正式點燃，象徵各字姓都能元辰光彩，祈福平安。

（七）放水燈

七月十四日是「鷄籠中元祭」的高潮。上午由道士舉行「發表科儀」，各宗親會執事、爐主共同參與祭祀，以向上天發表祝禱，宣告即將舉行中元普度，請諸神降臨鑒察。整個儀式包含開壇請神、誦讀疏文、發表、放榜等，向天帝神祇表明普度賑濟的虔誠心意。發表疏文之後，需將上傳天庭的文件，包括疏文、金紙、功曹、表馬、封函等，放在已準備好的「天香鼎」中焚燒，象徵訊息已上達天庭。而後，進行溫、趙、馬、康四大元帥、山神、土地、大士爺、五方引魂童子等紙糊神像的開光儀式，經過開光後，在大士爺的監督下，男女孤魂可以進入寒林院、同歸所、沐浴亭等紙厝內停留休息，並享受普度供食。

下午進行發文放榜儀式，於外壇張貼兩張榜文以供各界觀賞，此為放水燈與普度科儀之前需要進行的動作。依照榜文的顏色區別，紅榜為提供神人閱讀，黃榜則為昭告水陸兩界無主孤魂，內容包括此次普度的籌辦團體與爐主斗首姓名、普度目的為何、舉行的時間與地點等，並有硃筆圈點畫押，最末再書上一大字「榜」以及「一點誠心」等字樣，至此中元普度前的科儀活動才告完成。

　　晚上七時開始，在基隆市區進行「放水燈」陣頭遊行活動。基於「輸人不輸陣，輸人ㄅ看面」的較勁心理，除了必要的代表各姓氏團體的「水燈頭」紙厝之外，為了爭取市民的目光，特別是輪值主普的姓氏，莫不費盡心思、耗費鉅資的籌劃許多遊行項目，包含：舞龍舞獅、扯鈴跳繩、北管團體、踩高蹺、鼓陣、花車、藝閣、儀隊表演、民俗與現代舞蹈等，花費不貲外，也有政府團體為宣傳政策而設計的演出，展現多元化的風貌。在萬人鑽動的基隆市區中，遊行隊伍精采的演出，每每贏得觀賞群眾的讚嘆與熱烈掌聲，展現了嘉年華會般的熱鬧景象。

　　各宗親會車隊中裝載有「水燈頭」的車子在遶行市區後隨即開往望海巷海邊集合，至晚上十一時，供桌香案上各姓氏依序放置好水燈頭開始進行銀紙、香燭的填裝佈置，並由道長進行水燈科儀，經過誦經、淨灑水燈頭後，開始燃燒經衣、銀紙，接著燃放鞭炮，象徵禮成，並於十二時交子時刻，正式進行水燈施放。依照字姓輪值秩序，一座座水燈頭被點燃、推送入海。

　　「放水燈」和「豎燈篙」是台灣民間在大型普度和建醮之前進行招引鬼魂前來享受奉祀的儀式，知會水、陸兩界的孤魂野鬼前來接受祭祀。水燈頭為紙厝造型，紙為身竹為骨，以紙與竹枝糊成，內部裝入蠟燭、經衣、銀紙，底部則襯以保麗龍以便於水上漂浮。民間習俗相信，水燈頭漂流的愈遠，代表接收到普度訊息的好兄弟愈多，除了前來接受普度的孤魂們會庇祐供食者的觀念外，火勢旺盛連結了運勢的象徵，相信宗親會團體的運勢會更好。

（八）普度法會

　　七月十五日為地官大帝聖誕，上午先由道士在已搭建好的道壇中進行慶讚祝壽科儀。下午，輪值主普團體先至老大公廟祭拜，宣告當日將舉行普度，接著開始進行普度會

場的供桌布置。傍晚，會場佈置完成後、普度法會即將進行前，由道士引導輪值主普團體遶行祭祀供桌，進行灑孤淨筵儀式，清淨祭品。晚上七時，普度法會正式開始。佈置好的道壇上共五位道士皆著絳衣，開始進行誦經儀式，先誦《度人經》使孤魂聽經聞懺；而後，負責主持的高功道士進行換裝，化身為「太乙救苦尊者」，為孤魂誦經超度，隨後進行施食儀式，進入普度法會的高潮。此時放置在孤棚上的孤棧於道長化身為太乙救苦天尊的同時進行供品拆解，以盛盤方式傳遞到普度台，藉由「太乙救苦天尊」道士之手再拋撒給台下的群眾拾取，象徵普度眾生之意。

鷄籠中元祭所製作的孤棧共有十二座，包含祝賀地官大帝壽誕的麵線棧、壽桃棧，以及招待並提供伴手禮的薑棧、鹽棧、必桃棧、冬粉棧、粿粽棧、米粉棧、糕仔棧、摩訶棧、米香棧、龍眼棧等。至於製作孤棧時的食材選擇，以較易保存為重點，避免因暑熱祭祀時間過長而變質腐壞。除了象徵山珍的薑棧、海味的鹽棧、祝壽用的麵線棧、壽桃棧之外，摩訶棧與必桃棧為農曆七月中元普度期間才會製作的特殊供品，通常以一對的形式放置在供桌的最前方。摩訶（Maha），原為梵文，偉大之意，《摩訶婆羅多》為古印度著名的史詩之一，意為「偉大的婆羅多王後裔」，民間則擬音訛為毛荷，指其外型像荷花。荷花是佛教最神聖的花朵，有普度眾生之意；必桃，必，即台語裂開之音，外型與桃子相似，也有祝壽之意，蒸好後會自動裂開，象徵期望好兄弟能早日脫離地獄，轉世陽間。

普度法會結束之後，接著進行謝壇送神儀式，宣告普度法會結束。首先，道士在三清壇前，藉由三清道祖的神力與醮典的功果，施法取雞冠與鴨嘴之血，並敕於平安符與令旗之上，以庇佑主普以及參與普度的人士。接著送走為醮會而請來的紙神，包含醮壇內的三清壇、三界壇以及其他諸神後便可進行謝壇。謝壇之後，接著進行「送孤」，是七月十

五日的最後一個儀式，也稱做跳鍾馗。鍾馗，為辟邪驅厲的神祇，專門捉拿人間惡鬼，中元普度法會招來了四方各界的無主孤魂，在聽經聞懺與普施搶食之後，為了避免酒足飯飽後的好兄弟流連不去，便會搭起戲棚或將孤棚佈置成臨時的舞台，進行跳鍾馗儀式。台上的設置包括中央供桌，安置有西秦王爺牌位、素果，台前地上有米糍六碗以及由生豬肉、豆乾、魚漿組成的小三牲、酒等的祭品。時辰一到，扮演鍾馗的演員正式登場，先口念一串咒語後，進行灑鹽米的除煞驅邪動作，再以嘴咬破雞冠向五方敕符，接著拿起由符紙綑成的草蓆，由舞台右方行至左方不斷揮灑舞動草蓆以「破五風，壓煞氣」，驅逐不肯離去的「賴皮鬼」，恢復地方的清淨，整個中元祭普度祭典儀式才算完成。

　　在謝壇與送孤之後，開始進行醮壇的拆解，包括三清壇、三界壇以及所有的紙糊神像與紙厝佈置，都要一起焚燒處理。以往由慶安宮負責在夜間進行的「公普」儀式，依序先在廟中祭拜之後，再到主普壇祭拜，回到慶安宮後進行誦經作法以普度亡魂，之後再將紙糊神像、紙厝、金銀山焚化，祭典才算大功告成。2008年開始與往年有異，不僅全部儀式都在主普壇進行，包含醮壇的設置、豎燈篙、放焰口、謝壇、跳鍾馗送孤等，此變化原因與主事者、委任道教科儀者有關。而統一焚燒大士爺等紙糊神像與祭品的活動，後為響應政府環保淨化政策，全部送往「天外天」焚化爐集體焚燒，一般市民無法觀看，近兩年才又恢復到海邊進行燒化，但也衍生出環保問題，特別是製作水燈頭的保麗龍底座，迫切需要找出替代方案。

（九）關龕門

　　農曆八月一日下午五時（酉時）於開基老大公廟進行關龕門儀式。農曆七月最後一日，俗稱關鬼門，也是地藏王菩薩誕辰日，地藏王所管轄的陰間地獄門在此日關起，四方鬼

魂要回到原來的地方。

　　老大公廟的普度活動循例在七月最後一日到八月一日午後進行，為期兩天，多延請「雷成壇」主持。七月最後一日上午九時開始，首先「啟請」，啟告神明，說明整個科儀主旨、目的；過午後展開三獻科儀；次日八月一日上午九時，再次啟請神明，稱為「重白」；接著設天公壇，舉行拜天公儀式，感謝天恩庇護一個月來的祭典順利完成。隨後道長一一呼請各地的神祇降臨，直至近午時結束。下午二時後，進行普度後「謝壇」儀式，以表示謝神與送神，其中的「結界」儀式成為全場關注的焦點。道士以地為八卦，艮方為鬼方，手持雙鐧追索四方孤魂並集結於一處，雙鐧朝地一劃，於艮方封住鬼門，稱為「結界」，不僅是謝壇儀式中的最高潮，更具有人鬼兩界區隔的象徵意義。

　　待老大公廟普度活動完成之後，於酉時開始進行雞籠中元祭關龕門儀式。關龕門時間訂在八月一日，主委、道長表示是為了使四方好兄弟能及時返回陰間。儀式由老大公廟主委、輪值主普宗親會理事長進行，包含市長、民意代表與各字姓宗親會代表一同參與。與開龕門一樣，由老大公廟主委將裝有鑰匙的錦盒交給市長，再由市長轉交給輪值主普宗親會代表，接著取出錦盒中的紅色紀錄簿，寫上關龕門的時辰與取用者姓名，隨即將龕門關上鎖住，宣告整個七月雞籠中元祭典結束。

（十）交接手爐

　　關龕門結束後，接著轉往慶安宮進行手爐交接儀式。依循輪值順序，今年與明年輪值的姓氏團體代表分站兩列，由今年主普姓氏將已點燃線香的手爐移交給明年輪值的姓氏團體，具有傳承的象徵意義。

　　上述形式大約固定，有些因輪值主普姓氏主張而略有變化，如斗燈安置地點、手爐交接地點、普度連桌米雕供品

等，但不影響整個中元普度祭典的進行。從七月初一開龕門，象徵普度儀式的開始，到八月一日關龕門，鎖上龕門象徵孤魂野鬼與人間的隔離，整個「鷄籠中元祭」代表的意涵不僅是純粹的敬畏鬼魂，也象徵著族群的融合、共生等內在意義，最後以手爐交接儀式，展現出族群和諧與傳承的象徵意義，彰顯輪值主普姓氏被賦予的神聖任務。

四、傳統與當代：「鷄籠中元祭」多元文化樣態的展現

當代「鷄籠中元祭」已成為台灣地區最盛大的中元節民俗觀光活動，兼具文化、藝術、宗教等多重社會功能，構成的歷史要素—咸豐年間漳、泉械鬥早已成為往事，但中元祭典卻賦予它更多的人文意涵，透過祭典儀式與場域，展現著多元文化樣態，成為「基隆學」的一部分。

回溯開發史上的族群衝突，正是基隆中元祭典興起的契機。包含內部的移民開墾衝突以及外部的列強侵略危機，種種動盪不安造就了基隆今日的風貌，特別是族群之間的「漳泉拼」械鬥衝突，深深的影響了本地的人文社會發展。歷經咸豐年間幾次大規模的傷亡事件後，為了撫慰無主祭祀的孤魂，為了能繼續在同一塊土地上生存，分裂的族群透過宗教儀式的舉行，藉由信仰的權威來彌平傷痛的痕跡。在地方人士的協調下，漳泉移民共同舉辦了超度儀典，這就是「鷄籠中元祭」的緣起。伴隨儀式而來的，是基隆地區族群間的和諧，至此分類械鬥的衝突逐漸消失，取而代之的是「輪字姓」的重要傳統，而「張頭許尾」正是這項傳統的標記，象徵著祖籍差異轉換成血緣相承的歷史意義。

現今「鷄籠中元祭」對基隆人來說已成為一項重要的年度盛會，而前述儀典所代表的歷史意義卻多被忽略，在整個祭典場域內，被關注的多是如嘉年華會般熱鬧的節慶活動。如同潘英海所言，「儀式是一種文化的書寫與體現的過程，

而非鬼神信仰展現的象徵意義體系」[33]，而「雞籠中元祭」
的遊行儀式，參與的姓氏團體隊伍循往例都要在慶安宮前集
結，這裡正是中元祭典剛開始的地點，不分漳、泉，都要在
此聚集。祖籍差異的流血械鬥外，又有因北管子弟團音樂派
系不同而產生的衝突，過去這裡是西皮、福路兩派以旭川河
為勢力範圍的分界點，在祭典中由北管社團引導前行的斗燈
遶境活動，隊伍走到昔日旭川河流域時，聚樂社與得意堂的
隊伍會在這裡進行前導秩序的交換，以具體行動展演著當年
「三板橋都勿會得過」的北管衝突歷史，彼此不容僭越的勢
力範圍。

　　族群的不同，音樂的差異，基隆人透過祭典場域再現歷
史，經由「不斷重複的行為建構集體性的共識與社會性的記
憶，並因此有了相互所屬的認同與歸屬」[34]，集體記憶得以
被召喚、得以維繫與認同，更重要的是「儀式使集體記憶在
我們的日常生活中保持鮮活，而集體記憶使群體得以繼續凝
結在一起」[35]，藉由年年舉辦的「雞籠中元祭」，強化族群
開發過程中的歷史記憶，從此分類械鬥的歷史不再，祖籍地
域文化的隔閡也漸漸趨於平淡，「雞籠中元祭」的儀式象徵
著本地族群從分裂、和諧、轉向融合的重要關鍵，多族群互
動下，展現了多元的文化樣態。

　　逐項檢視，在族群部分，包含多族群的融合展演，展現
著衝突到和諧的歷史，其中，由北管團體負責請斗燈遊行，
不僅重現了傳統音樂派系間的和解與共生，華麗的大型姓氏
斗燈更展現著精湛的傳統工藝美學；從祭祀科儀來看，完
整的道教儀典、水燈頭紙糊器物的製作，保存了宗教儀式與
傳統技藝；在祭祀供品上，主要的普度供品葷食、素食、西

33　潘英海，〈儀式：文化書寫與體現的過程〉，全文收錄在黃美英
　　著，《臺灣媽祖的香火與儀式》（台北：自立晚報，1994 年），
　　頁15-26，導論。

34　同前註。

35　潘英海語，同前註。

洋三連桌，展現了族群融合的悲憫關懷，而具特殊意義的供品，除了展現性別關懷的麻油雞湯外，模擬戲曲娛樂效果的看牲與看桌主題作品，栩栩如生的展現了精緻的傳統捏麵巧雕技藝。

工藝、音樂、宗教、民俗，祭典中傳承下來的重要傳統如今正面臨了存續危機。在傳統與當代接軌的祭典氛圍中，這些多元文化樣態的呈現，成為關注的重點，而此點正牽涉到保存與維護工作擬定進行的方向。2022年，在努力媒合與聯繫下促成了傳統與當代的合作共好機會，首度將基隆北管聚樂社一組納入中元祭典表演活動重要團隊行列，結合采風國樂團、台北愛樂交響樂團，在中、西方音樂的編曲設計下串連著基隆開發歷史，透過舞蹈戲劇的展演，強烈的視覺與聽覺交會下，映現著一段段曾經發生過的本地歷史，在祭典場域主普壇前，構建了一幕幕族群衝突到融合的社會行動美學樣態，最在地，最感動。這次成功的媒合經驗，可為之後的中元祭典與在地無形文化資產的繫連樹立了典範，為在地傳統文化的傳承與活化注入了新生機。

五、 保存與維護：台灣第一項國家指定重要民俗 「鷄籠中元祭」

從緣起到變遷，從傳統跨入當代，「鷄籠中元祭」變與不變的關鍵與人的生活樣態改變有關。儘管十五個宗親會團體「輪字姓」主普的傳統形式不變，儘管普度祭典的傳統儀式不變，但因著時代變化與娛樂型態的改變，參與者的心態改變了，受邀參與盛會的陣頭不一樣了，「傳統」跟著不太傳統。

如何讓瀕臨延續危機的傳統民俗得以被保存與維護？目前觀察，僅依賴民間力量是無法有效達成的，還需要政府部門的支持、協助與推動。回到〈文資法〉來看，依據文化

部公告的「文化資產保存法」第92條規定，「主管機關應訂定無形文化資產保存維護計畫，並應就其中瀕臨滅絕者詳細製作紀錄、傳習，或採取為保存維護所作之適當措施」，在施行細則第34條中明訂，「本法第九十二條所定保存維護計畫，應依登錄個案需求為之」，保存維護計畫的內容包含：基本資料建檔、調查與紀錄製作、傳習或傳承活動、教育與推廣活動、保護與活化措施、定期追蹤紀錄、其他相關事項等七項，依據登錄項目性質與需求來進行。

有了〈文資法〉的法源支持，回到「鷄籠中元祭」來看，自2008年指定為國家重要民俗活動後，同年筆者接受林茂賢教授主持的台灣民俗文化工作室委託，執行文建會文化資產籌備處「鷄籠中元祭民俗及有關文物保存維護計畫」普查工作；2018年擔任曾子良教授主持的「鷄籠中元祭保存維護計畫研擬案」協同主持人，承辦文化部文化資產局委託的保存維護案。這些都是由文化部依據文資法施行細則規定委託進行的專案報告，從剛開始的普查建檔再到保存、維護與活化建議，完成的報告書再由文資局提供給地方政府參考。除了祭典的完整調查報告之外，也會就個別登錄保存項目進行傳習計畫，「鷄籠中元祭」民俗活動項目中的「水燈頭」、「看生」供品製作，屬於傳統工藝類技術保存人範疇，2016年文資法修訂前列為列冊追蹤項目，修法後水燈頭、看生兩項技藝保存人於2021年送入基隆市無形文化資產審議委員大會議程，進行討論後仍列為追蹤名單。2023年，看生項目列冊追蹤保存人謝源張先生再度進入審議委員大會議程，討論是否通過登錄為傳統技藝保存人，投票後仍未通過，維持列冊追蹤。以技藝傳承與推廣情形來看，每年祭典期間由輪值主普宗親會、基隆市政府文化局辦理看生、糊紙技藝推廣、講座與展覽，傳統技藝目前並未有消失的危機，持續觀察即可。

整體來說，十年來由筆者陸續參與的調查案中關於祭

典的形式、內容，並未有明顯改變，但宗親會參與人數的遞減，是最難突破的困境，這牽涉到老齡化、世代接替的問題。另就傳統技藝的傳習來看，看牲看桌與水燈頭製作雖然年年有主普宗親會與基隆文化局納入推廣規劃，可惜力道稍顯不足，甚至可能因人廢事，傳統祭典形式幾度因之出現變化，而「水燈頭」技藝推廣更受限於列冊藝師自身的意願不高與配合問題，有窒礙難行的危機。相較於傳統技藝保存人，傳統北管音樂的部分則顯現出幾分樂觀情勢。

2019年通過提報、審查、登錄程序，已授證成為基隆市傳統表演藝術音樂團體保存團體—聚樂社一組，也是負責「迎斗燈」的兩大北管音樂團體之一，這是〈文資法〉2016年修訂後基隆第一個提報通過登錄的無形文化資產保存團體，並於2020年7月正式啟動保存維護與傳習計畫，首次招生及有多位年輕人加入，為老社團注入新活力。而後，包含全台歷史最悠久的彰化梨春園、屏東東隆宮大漢樂府青年團接連前來探館進行交流，突顯聚樂社一組在傳統北管社團中的代表性，而擁有傳統表演藝術北管音樂保存團體的文資身份，具有推波助瀾之效。繼聚樂社一組之後，和平島社寮得義堂九組也已完成提報流程，等待進入基隆市無形文化資產審議大會進行討論。

科儀、北管、看牲看桌、水燈頭，這些是目前「鷄籠中元祭」祭典場域中仍然能看見的無形文化資產，展現著民俗、音樂、工藝與藝術美學，不僅是值得珍惜的文化資產項目，更彰顯著「鷄籠中元祭」豐厚與多元的文化樣態。這些，在本人擔任策展總顧問並已完成重整規劃與更名的「鷄籠中元文化館」[36]內，有了較為完整的呈現，一場社會藝術美學的盛宴。從「鷄籠中元文物祭祀館」到「鷄籠中元文化館」，透過祭典觀察將行動美學置入文化館內的視覺呈現，

36　鷄籠中元文化館已於2022年7月底建置完備，中元祭典期間長官接連視察，後因主普壇內部修繕問題與銜接市中心豎梯、廊道建置工程未完成而延宕啟用，目前預定6月正式開幕。

重新梳理了祭典緣起與衝突地理位置相關人文面貌，有系統的納入民俗、傳統表演藝術北管音樂、傳統工藝等項在地無形文化資產，集中展現在「雞籠中元祭」下的多元文化樣態。期待新館的呈現，能扮演好國指定重要民俗001號的重要角色，使「唯一」的中元文化館成為「第一」的中元祭典主題文化館，發揮教育與推廣的功能，達到保存與維護工作的目的。

從1855年開始，這一項源自於民間的百年祭典便承載了地域開發初期的諸多複雜因素，由人與土地構成的歷史面向與當代現象，核心要素不曾改變，祭典場域下，展現的是族群的衝突、和解、共生。回到族群問題，近年，宗親會組織因成員的高齡化現象，加上年輕世代多不願意加入，直接造成輪值主普團體的經濟壓力，也是祭典活化推動的阻力之一。過往經費自籌的情況早已不復，近20年來，多透過公部門的經費挹注方能順利舉行的百年祭典，正面臨著關鍵問題：如何能在不干預、不影響祭典的情況下，公部門僅提供支援、協助「輪字姓」主普宗親會籌辦祭典？兩造之間如何取得平衡，這不僅是「雞籠中元祭」面臨的難題，也是現今台灣各項國指定重要民俗活動的共同問題。

參考書目：

一、專書

（日）鈴木清一郎著、馮作民譯。1989。《臺灣舊慣習俗信仰》。台北：眾文圖書。

（日）伊能嘉矩。國史館臺灣文獻館編譯。2011。《臺灣文化志》（上冊，中譯本）。台北：台灣書房。

台灣省文獻委員會。1992。《基隆市鄉土史料—耆老口述歷史（一）》。南投：台灣省文獻委員會編印。

余燧賓。1997《基隆開發史—崁仔頂文化》。基隆：基隆市立文化中心。

李豐楙、劉還月、許麗玲。1991。《雞籠中元祭祭典儀式專輯》。基隆：基隆市政府。

江韶瑩總編輯。2003。《北管文物風華：宜蘭總蘭社捐贈文物修復特展》。宜蘭縣：傳藝中心。

邱火榮、邱昭文編著。2000。《北管牌子音樂曲集》。台北：國立傳統藝術中心籌備處。

邱坤良。1992。《舊劇新劇-日治時期臺灣戲劇之研究》。台北：自立晚報。

吳蕙芳。2013。《基隆中元祭：史實、記憶與傳說》。台北：學生書局。

徐亞湘。2006。《史實與詮釋：日治時期臺灣報刊戲曲資料選讀》。宜蘭：國立傳統藝術中心。

洪連成。1993。《滄海桑田話基隆》。基隆：基隆市立文化中心。

基隆市立文化中心。1996。《鑼鼓喧天話北管亂彈傳奇》。基隆：基隆市立文化中心。

基隆市立文化中心。。1996。《暖暖采風—靈義郡傳奇85年全國文藝季˙基隆市活動成果專輯》。基隆：基隆市立文化中心

基隆市文獻委員會。1956。《基隆市志—沿革篇》。基隆：基隆市文獻委員會。

基隆市政府。1979。《基隆市志　風俗篇》。基隆：基隆市政府編印。

基隆市政府。2003。《基隆市志〈卷二〉，住民志》。基隆：基隆市政府。

基隆市政府。2003。《基隆市志〈卷六〉，文教志》。基隆：基隆市政府。

國立編譯館十三經注疏小組編輯。2001。《十三經注疏分段標點　春秋左傳正義》。台北：新文豐。

國立藝術學院傳統藝術研究中心。1989。《基隆中元祭》。基隆：基隆市政府。

陳紹馨原修、李汝和主修。1972。《臺灣省通志》卷二。台中：臺灣省文獻委員會。

陳世一。1997。《尋找河流的生命力：基隆河中段暖暖、七堵段歷史與地景巡禮》。基隆：基市文化。

許梅貞總編輯。2003。基隆北管傳統藝術保存計畫（一）——老藝師陳添火其人 其藝 共其事。基隆：基市文化。

黃美英。1994。《臺灣媽祖的香火與儀式》。台北：自立晚報。

簡萬火。1985。《基隆誌》（中譯版，原日文版，昭和六年1931）。台北：成文。

二、政府報告書

林茂賢計畫主持人、游淑珺計畫共同主持人。2022。110-111年度基隆市民俗、口述傳統暨傳統知識與實踐普查計畫成果報告書。基隆：基隆文化局。

曾子良計畫主持人、游淑珺協同主持人。2018。雞籠中元祭保存維護計畫研擬案。文化部文化資產局。

林茂賢計畫主持人、游淑珺協同主持人。2010。《臺灣民俗采風》。台中：文建會文化資產總管理處籌備處。

林茂賢計畫主持人、游淑珺執行。2008。雞籠中元祭民俗及有關文物保存維護計畫報告書。台中：文建會文化資產總管理處籌備處。

曾子良。2007。《雞籠中元祭的過去、現況與未來》報告書。基隆：基隆文化局。

三、學位論文

陳緯華。1997。《雞籠中元祭：儀式、文化與記憶》。台北：國立政治大學民族學系碩士論文。

陳穎慧。1998。《地方劇團的變遷——以基隆暖暖地區靈義郡為例》。台北：國立藝術學院戲劇研究所理論組碩士論文。

俞思妤。2009。《「雞籠中元祭」之道教科儀唱腔研究》。台北：臺灣師範大學民族音樂研究所與保存組碩論。

附錄一：「鷄籠中元祭」指定公告

行政院文化建設委員會　公告

地址：台北市一○○中正區北平東路三○之號

發文日期：中華民國 97 年 1 月 29 日
發文字號：文資籌三字第 0972100852 號

主旨：公告指定「雞籠中元祭」為重要民俗。

依據：文化資產保存法第五十九條、傳統藝術民俗及有關文物登錄指定及廢止審查辦法第五條。

公告事項：

一、公告指定「雞籠中元祭」為重要民俗。

二、民俗名稱：「雞籠中元祭」。

三、種類：節慶。

四、位置或地址：基隆市全市。

五、進行時間：每年農曆七月一日至八月一日。

六、指定理由：

〈一〉　風俗習慣之歷史傳承與內容顯現人民生活文化典型特色。

〈二〉　人民歲時重要節慶儀式，顯示藝能特色。

〈三〉　民俗藝能之發生與變遷，其構成上具有地方特色，且影響人民生活。

七、保存者或保存團體：暫缺。

主任委員　翁金珠

附錄二：「鷄籠中元祭」指定公告表

民俗及有關文物指定公告表

名稱		鷄籠中元祭
分類 特殊文化意涵		節慶
		鷄籠中元祭起源於咸豐元年〈1851〉八月之漳泉械門，在謀懸報仇將發生的情傲，漳泉地方人士出面調解，平息衝突，代之以各字姓輪值上普，超渡冥府施孤魂幽客，以血緣代替地域觀念，達成社會和諧之功能。
		中元祭與自農曆七月一日老大公廟開龕門開始，歷經十二日主普壇開燈放彩，十三日迎斗燈繞境祈福，十四日放水燈遊行，海濱放水燈頭，以及十五日公私普渡、跳鍾馗，最後於八月一日關龕門，活動時間達一個月。
		本項民俗文化音畜祭典儀式完整，研究論述豐富，且相當保存及推廣活動能吸引民眾主動參與，為最具代表性之民俗文化資產。
所在地		基隆市全市
保存者或保存團體之基本資料	姓名（團體名）	
	團體負責人	
	團體立案時間	
	立案字號	
	聯絡地址	
指定理由 及其法令依據		1. 風俗習慣之歷史傳承與內容顯現人民生活文化典型特色（傳統藝術民俗及有關文物登錄指定及廢止審查辦法第三條第三條第二項第一款）。
		2. 人民歲時重要季節慶儀式，彰顯藝能特色。（傳統藝術民俗及有關文物登錄指定及廢止審查辦法第三條第三條第二項第二款）
		3. 民俗藝能之發生與變遷，其構成上具有地方特色，且影響人民生活（傳統藝術民俗及有關文物登錄指定及廢止審查辦法第三條第三條第二項第三款）。
附註：		1. 保存者或保存團體之基本資料一欄，依公告標的需求填列，若僅公告民俗，則本欄可省去不填。若同時公告民俗以及該民俗之保存者或保存團體，於最末的理由欄需分別敘明兩項理由。
		2. 保存者聯絡地址一欄，為保護個人住所隱私，僅列出所在縣（市）；保

潮汕功德法事和目連戲—兼談泰国的潮汕善堂與儀式

志賀 市子

日本・茨城基督教大學教授

　　盂蘭勝會的法事和個人死者喪禮儀式的功德法事有很多共通之處，最主要的共通點是法事的目的—超度亡靈。另外，在兩種法事中都會表演「目連戲」中的一段。

　　功德法事與「目連戲」有著密切的關係，田仲一成教授早就就此做過如下的敍述：　　在中國農村社會表演目連戲的機會有兩種，一種是伴隨個人死者喪葬儀式的功德法事的機會，另外一種是村落發生大災難時，為了安慰被視為造成災難原因的遊魂及孤魂野鬼，全體村民打齋和做功德法事。前者是因為死者的遺族擔心亡魂會被關在地獄裏而要求舉行的。為了救濟關在地獄裡的亡魂，道士或僧侶通過目連戲的表演方式表現「破地獄」的法事。在四川和臺灣都有這樣的例子。民國時期的浙江山村也曾有過事例報告。這樣的儀式不是由專業演員表演的，而是由僧侶道士表演的，主要的節目是「遊地獄」。[1]

　　有關在臺灣和福建的功德法事中表演的目連戲，已經有

1　田仲一成：〈目連戲の地方的分化とその背景〉，《中國研究集刊》14，1994，頁17-18。

不少道教和人類學學者發表過調查報告。[2]不過，對潮汕功德法事的研究卻還很少，目前幾乎沒有人關注潮汕功德法事與目連戲有哪些關聯。本文將概述潮汕功德法事的特色，並特別關注它與目連戲的關聯，同時介紹一下潮汕功德法事在泰國的情況。

　　本人九十年代在香港留學時，有緣份結識到了香港潮人善堂的經師們，還參觀過幾次潮汕功德法事，但一直都沒有深入地就此進行過研究。其後，在2014—2016年間，又重新訪問了潮人善堂，參觀過幾次法事，才終於整理好了部分資料。因為我的專業並不是戲曲，所以對法事和戲曲之間的關聯應該算是初步的認識。通過這次報告，我本人希望能得到潮汕儀式的專業人士的指教。

一・潮汕功德法事的概要

　　在潮汕地區和香港潮人社會，為超度個人死者的功德法事，也叫「做功德」，是由念佛社的經師(也叫「居士」)主持的。

　　構成潮汕功德法事的各個科儀，是根據主持者的服裝和動作而分的，一共有三種： 第一種是穿黑色僧服的經師念誦佛經（「讀懺」）。第二種是幾位經師用仿佛耍雜技那樣的動作進行表演，如奔跑、跳躍(「走供」或「走金山」)。第三種是由身穿灰色僧服的法師主持的部分，很有演戲或說唱文藝的氣氛(「沐浴」、「血盆科儀」、「過橋」等)。

　　從音樂的角度來看，潮州的宗教儀式音樂，大約分為兩

2　詳看*Ritual Opera, Operatic Ritual : "Mu-lien Rescues His Mother" in Chinese Popular Culture* (Publications of the Chinese Popular Culture Project, 1). Edited by David Johnson. Berkeley, Calif.: Distributed by IEAS Publications, 2223 Fulton St., Berkeley, California, 1989; 野村伸一編著：《東アジアの祭祀傳承と女性救濟—目連救母と藝能の諸相》，東京：風響社，2007年。

種，「道調」和「佛曲」。道調是由道士（俗稱「師公」）唱的。佛曲則有兩大宗：一是「禪和腔」，貳是「香花板」。[3]佛曲一般是在唱佛經的「讚」和「偈」時用的。法師主持的「沐浴」、「過橋」等部分內容是用戲曲、民間小曲的腔調演唱的。[4]

　　根據釋慧原編《潮州市佛教誌・潮州開元寺志》，「香花板」，又稱為「本地板」，是最古老的曲調，也是禪和板進入潮州之前已流行於潮汕地區的曲調。香花板的音調旋律類似於閩南僧侶所唱的，也具有閩南戲曲的風格，可以推知此板與閩南音樂有關聯。「禪和板」，又名「善和板」，是乾隆元年（1736年）羅浮山華首台（曹洞宗華首派）的密因和尚被邀請到潮州中興開元寺時傳來的。禪和板是曹洞宗華首派所傳的特有佛樂，與江浙叢林唱法（外江板）完全不同。因為密因和尚住在廣州海幢寺很久，所以禪和板的《焰口施食起壇儀》、《道場發關儀》用的都是海幢寺本。還有，禪和板的部分字句是用廣州音念的，這也足以證明此板與廣州方面有關。[5]

　　禪和板被引進開元寺後，咸豐四年（1854），邑紳李謹人、辜笠舸等皈依開元寺的住持可興和尚為師，在寺內諸天閣念經，後來他們組織了「潮郡念佛社」。他們嗣延開元寺的可聲和尚教授禪和板的讚偈經懺以及焰口施食法事等等。潮郡念佛社被視為是在潮汕地區作為居士團體的第一個念佛社。[6]

3　互聯網文獻：余亦文《木魚鐘鼓、清幽祥和—漫畫潮州廟堂樂》http: //hk.plm.org.cn/gnews/2009217/2009217106118.html，2015年12月7日閱覽。

4　范玉煌：〈汕頭明心善堂功德儀式音聲考察〉，《韓山師範學院學報》34(1)，頁44-53。

5　釋慧原編：《潮州市佛教志・潮州開元寺志》，出版社不詳，1992，第885頁。

6　釋慧原編：《潮州市佛教志・潮州開元寺志》，出版社不詳，1992，第885頁。

　　香花板不僅在潮汕地區流行，還流行於梅州客家地區。據李國泰所著《梅州客家"香花"研究》記載：「"香花"又稱"香花佛事"是指流傳在客家地區的一種佛教科儀。客家地區的佛教禪宗僧尼在舉行法會或法事時，以說唱方式，演繹佛經故事、佛教人物、佛法哲理、演唱勸善勸世文，輔以念佛經、頌佛號和法器表演於同台，融佛教道場儀式和大眾化表演於一體。」[7]客家香花儀式的以上說法大體合適於潮汕功德法事。據李國泰所述，客家地區也有禪和板和香花板共存的情況，他說，粵東在潮（汕）梅（州）地區「叢林派」的寺院舉辦法會時多用禪和板，香花派寺院舉行法會時也多用禪和板，而超度佛事時候，則用香花板。[8]

　　潮汕功德法事是從什麼時候、又是如何形成的呢？關於這個問題，歷史資料不多，有待進一步研究。目前為止筆者所了解到的潮州功德法事的形成過程如下所述：蘇克在一篇〈潮汕地區做亡齋風俗述論〉的論文中指出，明代宣德年間的戲曲寫本《劉希必金釵記》(潮安出土的宣德南戲寫本)裡有民間請和尚做法事的場面，因此在明代的潮汕地區，超度亡靈之俗已極為普遍。戲曲寫本裡的法事節目有誦靈前經、清淨道場、發關請佛召靈、供佛供靈、散花等，與今天的法事內容相差無幾。[9]當時民間的佛家僧侶大部分是沒有正式剃度的「香花和尚」。他們做的法事是佛道混合的，一般採用所謂「香花板」的民間佛曲和戲曲。自清末禪和板傳到潮州開元寺後，不久在家居士開始學禪和板的法事。當時正值各地興辦善堂、佛堂、念佛社等宗教慈善結社興辦之時，禪和板逐漸滲透進了民間，潮州的宗教儀式加強了佛教色彩。

7　李國泰：《梅州客家"香花"研究》，花城出版社，2005，第2頁。

8　李國泰：《梅州客家"香花"研究》，花城出版社，2005，第5頁。筆者並不是民族音樂的專家，因此，不太了解禪和板和香花板的區別及地方宗教音樂的差別。

9　蘇克：〈潮汕地區做亡魂風俗述論〉，《潮學研究》10，2002，頁268。

同時引進了不少民間小調，逐漸形成了如今的功德法事的樣式。

二·香港潮人念佛社的功德法事

　　如前所述，在潮汕功德法事裡，由法師主持的像演戲或說唱文藝似的儀式佔據了重要地位。其內容基本上是勸人行善、宣揚儒家的孝道思想和目連救母等佛教故事，其曲調有些悲傷。也可以說是說唱寶卷、宣卷的一種。呂梅絲，研究潮州音樂的人類學家，是在泰國、馬來西亞和新加坡研究過潮人善堂的功德法事。她在她的論文中敘述潮州功德的科儀程序後，又做了如下的敘述：

　　　　在我觀察到的功德表演中，除上述基本核心程序外還包括幾個稱為"雜事"的部分。而"雜事"正是由菜姑或者稱為"白衣輩"的居士儀式者表演。隨著時間推移，"雜事"也逐漸加入到功德基本程序當中。它們具有演唱和戲劇元素，與有著舞蹈與雜技等元素的潮劇不無相似。由於雜事很好德傳達了儒家的價值觀與佛教的訓導，同時具有娛樂性，因此備受歡迎。有些"雜事"部分如"過橋儀式"，不論由哪一類宗教儀式專家呈現都儼然是功德儀式中的重要部分。[10]

　　筆者在採訪香港、泰國的潮人念佛社時，曾經向幾位經師們詢問過，在潮汕功德法事中什麼科儀最為重要，或者不可缺少？　他們的回答都是「過橋」儀式。他們還解釋，最關鍵的部分是勸參與儀式者行善，還送死者往生西方淨土。雖

10　呂梅絲著、杜思瑤、陳慧賢譯：〈泰國、馬來西亞、新加坡潮州功德班喪葬儀式中"血盆"的展現及其社會和歷史因素的考慮」曹本冶主編《大音》第三卷，北京：文化藝術出版社，2010年，頁32-33。

然實際上每個地區的過橋儀式有所不同，但過橋儀式在標準的潮汕功德法事中是不可缺少的重要節目，所有地區的經師都有這個看法。

　　本節將介紹香港潮人念佛社的功德法事內容及主持的法師經歷。在此主要討論的是香港九龍城的念佛社「慈心佛堂」的經務主任許志博先生主持的科儀,尤其是「血盆科儀」和「過橋科儀」。

　　許志博先生1935年出生於泰國。他父親是做米進出口生意的。作為長子，他五歲時就被送回父親的家鄉--中國廣東省揭陽縣。戰爭后，他上中學，1957年移居香港，在香港做過搬運工和出租車司機等工作。一個偶然的機會，他在慈心佛堂打工，一段時間後，他跟慈心佛堂的經師謝雯鶴學了潮

許志博先生(2013年12月攝影)

州經懺，並很快就成為了經師。許氏雖未從事過此類行業，但幼年時曾在潮州戲班中表演過，並得到了師父的鼓勵，說他有一副好嗓子。從那時起，直到80歲，他一直在不同的念佛社擔任法師。

謝雯鶴先生曾經在慈心佛堂和靈霄閣做過經師主任，一九七九年他整理了有關科儀的資料，編成了三本科儀書，即《度幽科儀》、《血盆科儀》、《過橋科儀》。這三本科儀書是把經師口傳的儀式內容用文字寫出來的，其中部分內容是用潮州音的音譯字表達的。每個節目都是由「唱」和「白」構成，再加寫節奏和簡單的動作。謝氏是潮安人，1940年移居香港，筆者調查時他72歲。

做法事的許志博師父(1994年3月攝影，
於慈心佛堂)

　　許志博先生的儀式基本沿用了科儀書的內容，但由於時間關係，有時候會有所刪節或改動，所以不一定忠實於科儀書。

　　資料①是 1994 年 1 月 13 日在世界殯儀館為一位女性舉行的喪禮時的功德法事的科儀程序。那天晚上6點開始〈禮血盆〉儀式，9 點舉行了〈沐浴〉儀式，以淨化死者的靈魂，隨後舉行了一係列的 〈過橋〉儀式。

　　資料②摘錄了〈禮血盆〉儀式的內容。它是參考幾位女性喪禮時的功德法事的錄音，並按照《血盆科儀》，將錄音中的唱和白寫成字稿。

　　資料③摘錄了〈過橋〉儀式的內容。它也是參考幾位女性喪禮時的功德法事的錄音，並按照《過橋科儀》，寫成字稿。

****

資料①

　　死者：女性

　　時間、地點：1994年1月13日，香港，世界殯儀館

　　法壇懸掛圖像：三寶＋文殊菩薩、普賢菩薩

　　15：05　孝子拜法壇和靈壇

　　15：15　「發關」五位經師

　　宣讀「關文」（通知三寶司接引死者的靈魂)

　　15：30　「走供」（又名「走金山」或「串金山供」)

　　　　：

　　16：00　「召靈」

　　16：10　完

　　16：15　「讀懺」：《慈悲三昧水懺法懺》

　　　　　　　　　《銷釋金剛科儀》

　　　　　　　　　《十皇懺》或《觀音水懺》

在〈禮血盆〉科儀中佈置的「靈筵」(1993年
1月13日攝影，於世界殯儀館)

17：30　　完
18：00　　「血盆科儀」法師主持
夕食
19：30　　「還庫」：《還庫科儀》
19：50　　「讀懺」：《現在千佛法名寶懺》(中卷)
19：55　　《佛說阿彌陀經》《觀世音菩薩普門品》
21：00　　完
21：00　　「沐浴」：法師主持
「過橋科儀」法師主持
　　　　　　　《憶亡靈》
　　　　　　　《歎五更》
　　　　　　　《歎古人（十歸空）》
　　　　　　　《娘娘勸》
　　　　　　　《請八仙》
　　　　　　　《挨池規儀》(男性《挨塔規儀》)
　　　　　　　《橋頭對唱》
　　　　　　　《參拜冥府十王科儀》
　　　　　　　《百花》
22：30　　「謝佛」

資料② 〈禮血盆〉

　　禮血盆儀式場地佈置如下：　　首先設置象徵亡靈的「靈
筵」。在主壇前方的空地上擺放著一把椅子。把一卷筵席立
在椅子背上。在椅子上掛著用紅紙作成的一套衣褲，地板上
擺著一雙紅鞋。椅子上放著「靈爐」(為亡靈的香爐)。紅衣
褲的旁邊放著一個盛十個紅色的包子的碟子，包子上插著三
炷香。在紅色衣褲的前面擺放了用竹子編成的筐籮，它的中
間放著一個大碗，碗裡面盛有清水，在大碗上平放著一束楊

在筐籮上擺放的
十碗水(1993年1
月13日攝影，於
世界殯儀館)

柳枝。大碗的周圍擺放了十個小碗，碗裡盛有紅色的水(象徵
「血」)。每個碗裡都有四枚硬幣。孝子坐在紅色衣褲的旁
邊。法師站在筐籮和主壇中間，用楊柳枝洒淨水。

〈大悲咒〉(一遍洒淨靈筵)
南無甘露王菩薩摩訶薩……。
神通妙法起慈悲，毫光朗照見血盆，憐憫女身多受苦：靈山
啟教釋迦尊。
南無羽州山。追陽縣，血盆教主。奉請目連僧菩薩。
南無求懺悔菩薩摩訶薩……。
(唱)目連昔日。點救慈親。三途地獄悉皆明。苦趣免災殃。

剪剔銀燈。擊破鐵圍城。

南無目連僧菩薩摩訶薩。

南無蓮池海會佛菩薩。

(主唱)靈山會上釋迦尊,報苦母親養育恩。

十月懷胎娘艱苦,三年哺乳母恩功。

靈筵和孝子(1993年1月13日攝影,於世界殯儀館)

南無大孝目連僧,尊者菩薩摩訶薩。

求懺悔菩薩摩訶薩,摩訶薩,般若波羅蜜。

(主腔)愛河千尺浪。(眾和)苦海萬重波。

(主腔)若離輪迴苦。(眾和)大眾念彌陀。

法師拜十九位神佛,向每位神佛一一跪下叩頭。十九神佛包括佛法僧三寶(南無常住十方佛、南無常住十方法、南無常住十方僧),以及觀音和地藏王、閻羅、泰山神等地獄的十王,也包括目連(他的尊號叫「南無目連僧,大尊者,說出大藏正教血盆經,血盆海會佛菩薩」

(中略)

(白)　善哉。善哉。苦楚難猜。今日不度,等待何來?

(唱)　稽首蓮花三世尊。報答靈魂養育恩。靈魂功勞未有報。禮個血盆還你恩。

為人孝眷痛靈魂。血盆未散夜?眠。今日請佛來超度。超度靈魂正安心。

孝眷跪落聽緣因。聽說血盆一卷經。為人仔兒著行孝。古人行孝目連僧。

尊者行孝極專心。七歲食齋口念經。皇覺寺中修正果。後來地獄救母親。

目連尊者貌堂堂。手執獄鎗去度人。去到羽州追陽縣。看見血盆驚殺人。

勸人穢物勿染江水。□（誤？　筆者注）人取水去煮煎。候待百年陽壽滿。閻君治罪不容寬。

尊者聽著心憂煩。回來靈山見世尊。世尊教人經一卷。教人食齋禮血盆。

血盆一經其分明。句句教人讀得真。讀有一千四百卷。蓮花載母上天庭。

人生勿做女人身。百般苦楚難述陳。未有孕時未煩惱。十月懷胎不非輕。

生做婦人實艱難。勤儉刻苦欲成人。總然富貴心未足。意望後裔眉頭灣。

(木魚板)〈十月懷胎〉

一月懷胎如露水，形骸未成胎包圍，腹中孕心欣喜；亦有欣喜亦有悲。

二月懷胎血朦朧，行骸未成結兒童，渺渺茫茫居母腹；漸漸凝結欲成功。

三月懷胎成人影，一半欣喜一半驚，不知是男共是女；男女都是命生成。

四月懷胎結成形，頭髮蓬鬆圍烏巾，但願胎神勿阻隔；母仔平安值千金。

五月懷胎分男女，仔未出世母心酸，自從有孕母艱苦；

一夜思想到天光。

六月懷胎六根金，驚慌謹記有萬端，人呾飼仔著行孝；
孝順父母是本願。

七月懷胎分七孔，仔兒欲知父母功，但願胎神勿阻隔；
養育成人繼祖宗。

八月懷胎動母身，夜日艱苦難成眠，自從有孕母艱苦；
黃金難買爺娘身。

九月懷胎施施轉，割母心肝割母腸，不知是男共是女；
有男有女正齊全。

十月懷胎十月滿，勝如擔水上高山，行往坐臥母艱苦；
四筋百脈不調和。

不覺肚中痛起來，四筋百脈難忍耐，不知性命在何處；
昏昏迷迷全不知。

母親肚痛叫一聲，公媽燒香求老爺，庇佑腳手著輕快；
遲慢就欲[母子]人驚。

肚今痛來在臍中，亞奴轉身母娘難，牙齒咬得鐵釘斷；
弓鞋掉在房地中。

阿奴出世哭哀哀，手執咬刀來返臍，臍今返好就抱起；
裙圍衫仔包起來。

……

法師唱〈十月懷胎〉，他從一月懷胎唱到十月懷胎。每唱一
　　個月，助手就倒掉一碗水。法施唱完〈十月懷胎〉，
　　助手就倒掉了十碗水。

生著男仔如金獅，生著女仔如銀牌，金獅銀牌一樣惜；
超度你母上天台。

勸人男女行孝順，代母食齋禮血盆，禮得血盆超度母；
超度靈魂脫苦輪。

(尊者白)觀音娘來到血湖中，觀見血盆紅堪堪，
　　手執楊柳共靈洗；洗得清淨往西方。

觀音娘來到血湖邊，觀見血盆紅哩哩，

手執楊柳共靈洗；洗得清淨上西天。漕溪水。一派向東流。觀音瓶內除災咎。

醍醐灌頂滌塵垢。楊柳洒處潤焦枯。咽喉中甘露自有瓊漿透。南無甘露王菩薩摩訶薩。

血盆散了鬧凄凄，懺悔靈魂無罪戾，隻手輕輕棒靈過；靈魂從此上西天。

法師帶領捧著香爐的孝子繞「靈筵」一周，最後讓孝子走到靈壇上去。孝子向著靈壇上的母親牌位跪下，叩頭。

(唱)　食菜修行。正是為著。為著何因？為著，為著何因？慈親養育。母親養育。養育恩義深。鴉有反哺。羊有跪乳。跪乳之恩，跪乳，跪乳之恩。六畜尚知。六畜尚知，尚知報恩義。仔兒豈無孝義，孝義之心，孝義，行孝之心。嘆亡靈，嘆亡靈何處，何處去尋？　何處去尋？救苦救難，救苦救難，救難觀世音。觀音菩薩，觀音菩薩，觀音菩薩，觀世音菩薩。

願生西方淨土中，九品蓮花為父母，

花開見佛悟無生；不退菩薩為伴侶。

〈禮血盆〉儀式到此結束。

資料③〈過橋科儀〉

過橋儀式的場地佈置如下：　在主壇前方的空地上搭建了一座鐵橋，橋上標有「蓮花寶橋」字樣。　橋上擺放著蠟燭、金紙、兩個紅桃包、一炷香和一個杯子，橋的旁邊擺放著一盆水。在橋尾附近放著一個紙紮的「池門」，用於〈挨(蓮)池〉儀式（男性的為「塔門」，用於〈挨塔〉儀式）。「池門」和「塔門」形狀像寶塔，女性的「池門」則頂平，男性的「塔門」則頂尖。紙塔分三層，每層都畫著佛像。儀式開始後，扮演目連尊者的法師，穿著灰色僧服、舉著靈幡，

站在橋首和主壇之間，披麻戴孝的孝子（長子）以及親人，面向主壇坐在橋的左邊的席子上。

　　法師開始吟誦「西國傳來在眼前，誦經念佛心清閑，寶座嶽嶽三千界，壇中現出寶橋來」。跟著高聲宣言，「念接引人，西天雷音寶寺炉下念佛弟子是也。今晚陳府孝子孝眷所請所託，將他母親靈魂、前往西天，此去西天，有兩万八千里，路途遙遠，真是難於得到，今晚望藉佛祖輝光，讓我口念真言，手搖法寶銅鈴，引靈魂從西方路上，慢慢行上便了。」口白說完後，合著音樂開始唱：

(唱)　引靈魂你來行，來行起，欲到西天拜阿弥。聞法西天好景緻，金磚地，粉壁，瑠璃。七洲寶橋甚清奇。八功德水冲滿蓮池。九品蓮花紅綠，依稀。獨坐觀音共勢至白鶴、孔雀、鸚鵡舍利。伽陵頻伽隻隻遊戲。鴛鴦交頸，相白路絲。西方勝境世無比。觀音勸人修持，日月如梭，光陰似箭。人無二轉再少年。人生七十古來稀。百年之人來到邊。金童玉女排列兩邊，手執幢幡引過橋。靈你死了不復生，船到江邊着歇夜，閻君注定三更死，便無留人到四更。便無留人到四更。引靈魂，到西天，參釋迦，拜阿弥，禮觀音，朝勢至；給予文牒歸返圓。給予文牒歸返圓。

　　法師唱完後，帶領孝子孝女和親人，繞橋一周。

(白)　此去西天路途多，千重山嶺萬條河，　　一心引靈拜佛祖，煩勞眾師念彌陀。

(唱)　稽首蓮花三世尊，報答母親養育恩，母親功恩深似海，今晚拜懺還親恩。父是青天母是地，食著果只憶著饑，飼男飼女多勞苦，男女當做孝順兒。父母唔親誰是親，不敬父母敬何人，在生父母不孝敬，死了何須哭哀啼？一年過了又一年，一年一歲老來添，好兒細時靠父母，父母老來靠仔兒。山中唯有千年樹，世上難逢百歲人，日落西山香香去，落花流水無回還。石榴開花咀含英。

　　仔兒自細母親來勤成，自細飼奶飼到大，今晚拜懺還親
恩。

(腔白)　三步要做兩步行，鳥啼雀叫千樣聲，前無人家後無
　　　　店，山嶺崎區步難行。

　　下一段的節目，根據儀式時間長短，照科儀書舉行或省
略。

〈憶亡靈〉

目連尊者帶領亡靈游地獄，教訓亡靈人生如黃梁一夢。

(木魚)　西天有一目蓮僧，自幼食齋口念經，觀音坐蓮來
　　　　說法，說出真經度亡靈。
　　　　道場點起長夜燈，照耀壇中僧誦經，僧人不比真
　　　　羅漢，代佛宣揚度亡靈。
　　　　靈魂一去心滔滔。

〈挨蓮池〉

扮演目連尊者的法師站在紙塔的傍邊、開始舉行「挨蓮
池」的儀式。

(白)　七寶蓮池九品開，寶幡寶蓋滿空排，金童玉女成雙對，
　　　接引靈魂拜如來。

(唱)　挨到初更聲，引靈西天拜釋迦，釋迦佛祖來超度，超度
　　　靈魂上佛所。
　　　挨池挨到二更時，引靈西天拜阿彌，阿彌陀佛來超度，
　　　超度靈魂上西天。
　　　挨池挨到三更深，引靈南海拜觀音，觀音娘娘來超度，
　　　超度靈魂禮千真。
　　　挨池挨到四更來，引靈西天拜祖師，祖師菩薩來超度，
　　　超度靈魂上天台。
　　　挨池挨到五更天初光，引靈縣城拜城隍，城隍老爺來判
　　　斷，判斷靈魂出苦輪。

(白)　引靈來到蓮池邊，蓮池輝煌又燦麗，孝眷請佛求懺悔，

佛光接引上西天。

蓮池分九品，上品上生，中品中生，下品下生。

(唱) 蓮池讚，往生咒(參遍)

　　法師念了咒，用手鈴打破「池門」。

(白) 天無忌，地無忌,佛祖賜我寶鐸八金剛，拍天，天噲崩，拍地，地噲陷。池們拍開中間，一切吉祥平安，池門拍到碎碎，拜懺後大富貴。

　　〈橋頭対唱〉(摘錄)

　　過橋儀式的最後節目是扮演目連尊者的法師和扮演橋頭長官的經師對口相聲的「橋頭対唱」。扮演橋頭長官的經師坐在主壇的左邊。目連尊者帶領孝子孝女和親人一行在地獄裡遊行，才到達奈何橋的橋頭。

在「挨蓮池」科儀中所用的「池門」(1994年3月25日攝影，於慈心佛堂)

(腔白) 自家鄉這路來，九天仙界神佛知，無事不入西天境；為因薦拔這路來。

　　　　閒行三五步，不覚來到金橋關。橋門半開亦半掩。內面灯光燭亦紅，必有值夜長官把守，待我

　　　　　　吟詩三二首，打動長官開門便了。

（者唱）　來到橋頭百花開，舖毡結彩錦欄干，橋門半開亦半
　　　　　掩；把橋長官是何人？

（官唱）　聽見橋頭鬧猜猜，夜半三更何人來，有文有牒橋
　　　　　頂過，無文無牒橋頭待。

（者唱）　聽是橋頭長官声，目蓮便是我姓名，早燒關文通
　　　　　三宝；文牒在身勿阻行。

（官唱）　淡淡青天不可欺，未曾舉意我知機，神仙不可分
　　　　　明説，祗恐凡人洩事機。

　　橋頭長官懷疑目連尊者的一行，他說沒有文牒就不能過
橋。目連尊者回答我早就燒化三寶司牒文，沒有攜帶文牒，
但長官不相信。尊者自己介紹西天雷音古寺的目連，長官回
答原來是目連尊者到來了。長官要求尊者將亡靈的住址、姓
名和親人的名字與他的公簿一一對同，才可能被允許過橋。

（官白）　鉄面無私掌陰間，　威風凜凜守橋中，不怕英雄豪
　　　　　傑漢，來到橋頭心膽寒。打坐之間，聽見橋外經
　　　　　聲嘹喨，木鼓喧天，必有善男信女欲過此橋，待
　　　　　我步上祥雲觀見。借針補袈裟，客來水當茶，勿
　　　　　嫌茶無味，來者道友家。借問欲往何処？通報姓
　　　　　名上來。

（者白）　內面高聲接語者，莫非值夜長官麼？

（官白）　然也。

（者白）　我乃西天雷音古寺，爐下治子目蓮是也。

（官白）　原來尊者到來，稽首阿彌陀佛。

（者白）　阿彌陀佛。

（官白）　請問尊者，你為何夜半三更，手持魂幡白紙，後
　　　　　面又帶有靈魂孝眷人等，來此奈河寶橋，胡行亂
　　　　　走，倘若傍人觀見，豈不失了念佛威儀麼？

（者白）　長官有所不知，念出家之人，慈悲為本，方便為
　　　　　懷，令為孝眷所託，欲薦拔他親靈魂，往西方求

佛懺悔，路従金橋經路，打擾一遭。

（官白）　既是為著薦拔兩字，下官也不敢相阻，尊者你可
　　　　　將靈魂在生鄉村住址，人等姓名，報來與我公簿
　　　　　對同，然後開橋相送。

（者白）　説得也是。念靈魂，一泗天下，南瞻部洲，令則
　　　　　奉佛宣經禮懺，陽世報恩孝子…

　　　（宣讀孝疏）

　　暨合孝眷眾等，哀哀痛念亡故。某某一位靈魂，魂歸西土，魂往南柯，天曹註定，壽數難逃，令屆拔度之期，早已請靈沐浴清淨，欲往琉璃寶殿，參拜佛祖，給牒回家，做個公據，名字報來豈否對同麼？

　　一行開始過橋。長官告訴一行過橋時的規矩：在橋頭和橋尾燒化金紙銀紙，花過橋費才能通行。尊者舉著靈幡，帶領一行過橋，並把零錢放在橋下的盆子裡。過一周後回到橋頭，再過一次橋，從一洲橋到七洲橋一共過七次。

　　頭洲橋頂高如梯，欄幹鉄鎖兩辺隨，來來往往人無數，人物多多應行開。

　　二洲橋上高如山，欄幹鉄鎖兩辺攤，來來往往人無數，人物多多應行磨。

　　三洲橋下水澄清，觀見鯉魚化做龍，鯉魚化龍歸東海，搖頭擺尾入龍宮。

　　四洲橋座對中間，天地父母有二人，世上父母輪流做，先人傳俺俺傳人。

　　五洲橋下水清清，鬼卒走來問姓名，早間啓壇經伸報，靈魂積德身家清。

　　六洲橋下水波波，人死之日過奈何，大小功德隨人做，請佛超度念彌陀。

　　七洲過了完滿洲，過了完滿便無憂，裙衫撥在高樹頂，風吹雨拍無人収。

　　無憂樹頂斷烏聲，無憂樹下無人行，烏烏暗暗無質問，

神火鬼火姆人驚。

　　善惡到頭終有報，行到此処便知端。

　　彌陀佛啊，啊阿彌陀佛。

（者白）滑溜溜；滑溜溜。行到完滿第七洲，行到山完水行
　　　　盡，前麵就是三世之佛，待我引靈參佛便了。

　　〈過橋〉儀式到此結束。

三‧從目連戲的角度看出潮汕功德法事的特色

　　從以上的科儀內容中，可以看出潮汕功德法事與目連
戲是有關聯的。雖然如此，但它並不是照搬《目連救母》的
劇本來表演目連戲的，只是由法師扮演了目連尊者，並在科
儀的幾個節目中唱了目連故事的片段而已。在潮汕功德法事
中，法師扮演目連尊者的主要場面是在〈禮血盆〉和〈過
橋〉的兩種科儀中。在這兩種科儀中，法師作為目連尊者扮
演重要的角色：去救濟落在血盆地獄的女性亡靈，然後帶領
亡靈和孝子眷屬遊地獄，最後過奈何橋，把亡靈平安地送到
西方淨土去。

　　以前對功德法事的目連戲研究，大部分是福建、臺灣和
新加坡的興化人(莆田出身的華人)等，這些都是閩南系族群
的事例。潮汕功德法事，無論是音樂方面還是科儀方面，也
都受到了閩南系法事的影響。因此，潮汕功德法事與目連戲
有關聯的部分，並不足為奇。但是潮汕功德中的目連戲與福
建、臺灣功德中的目連戲是有所不同的。

　　第一個不同是目連在血盆科儀中所扮演的角色。《目連
救母》故事只在潮汕功德血盆科儀的表演形式中明顯反映出
來。法師在唱〈十月懷胎〉之前，先唱了一段目連的來歷，
如七歲食菜出家，為了救濟母親去地獄等等。目連巡遊地獄

時，目睹了母親在血盆地獄中受的苦，他感到無奈，回到靈山求世尊幫忙。世尊告訴他讀血盆經能救濟母親。一般來說，在臺灣的功德法事中，目連救濟母親的行為是在「打城」或「破地獄」的科儀中表演的，即法師(或道士)打破地獄裡的枉死城或血盆地獄，把被關在那裡的亡靈救出來。在臺南的事例中，道士打破紙作的血盆城，把魂身(人偶)拿出來。[11]在臺灣客家釋教壇所進行的「打血盆」科儀中，釋教法師扮演目連尊者，他的主要角色也是負責打破地獄(血盆池)的。[12]

在潮汕功德法事的科儀文本中，雖然有一句「目連昔日，點救慈親，三途地獄悉皆明，苦趣免災殃，剪剔銀燈，擊破鐵圍城[13]」的詞，但在表演時法師並沒有做「打城」的動作[14]。在潮汕的血盆科儀中，法師的主要角色是把觀音引導到血盆池邊，靠觀音的慈悲和血盆經的靈力，把亡靈的罪過洗乾淨。把十碗水倒掉和用楊柳枝洒淨水的動作是表示洗掉亡靈的罪，用水淨化亡靈，準備往生西方的意思。值得注意的是法師用楊柳枝洒淨水做動作時，他說的台詞是「醍醐灌頂滌塵垢」。「灌頂」是真言密教的重要儀式。這一儀式一般是阿闍黎向弟子傳授新法門時舉行的。上師把聖水灑在弟子頭頂，以象徵授予力量。日本真言密教的一部分寺院有一個被稱為「流水灌頂」的儀式。這個儀式是為超度流產而死的女人或溺水而死者。僧侶向建立在河邊的「卒塔婆」(木牌子)上灑水清洗有生之罪。潮汕的居士佛教曾經受過密教的影響，民國時期成立了「密教重興會」。[15]因此，潮汕血盆

11　野村伸一編著：《東アジアの祭祀傳承と女性救濟—目連救母と藝能の諸相》，頁19。

12　黃慈慧《釋教「打血盆」拔度儀式之研究—以南投縣釋教團體為例》，南華大學宗教學研究所碩士論文，2012年，頁112。

13　有些經師解釋，鐵圍城就是地獄內的枉死城。

14　在潮汕式功德法事中，一般沒有「打城」或「破地獄」的科儀。「破地獄」是在香港本地人(廣府人)的功德中相當普遍。

15　林俊聰編著：《潮汕庵寺》上冊，廣州：花城出版社，2004年，頁15-19。

科儀中的部分概念也有可能受密教儀式的影響。[16]

第二個不同的是目連在過橋科儀中的角色。其他閩南系族群的功德法事，過橋儀式都比較簡單，甚至也有不做的。但，在潮汕功德法事中，過橋科儀是最後表演的最重要的節目。在此，目連作為一個帶領亡靈的先導，與橋頭長官談判，得到過奈何橋的允許，把亡靈送到西方淨土。不過，法師只是自報「西天雷音古寺，炉下治子目蓮是也」，在科儀中並沒有講目連的故事。過橋科儀與目連故事的關聯實際上並不大。

與潮汕人語言和文化相同的海陸豐人，其功德法事的科儀程序和內容，與潮汕功德法事大體相同。在過橋科儀中進行的對話也是大致相同的。但是，在海陸豐和潮汕功德之間的最大的區別是前者標榜道教，後者標榜佛教。海陸豐功德法事的主持者是道士。在海陸豐的過橋科儀中，道士不是扮演目連尊者，而是扮演「引魂官」。引魂官和橋守的土地公之間進行對話。[17]

筆者估計，潮汕過橋科儀並不是從《目連救母》故事創造的，也不是由來佛教儀式。很久以前，在潮汕(包括海陸豐)地區，一直流行著香花僧(道士)主持的佛道混合的過橋科儀。過橋科儀的基本內容原來是法師(道士)帶領亡靈和孝子眷屬巡遊地獄，最後把亡靈送到西方淨土的情節。現在過橋科儀的整個節目是這個基本情節與佛道的地獄觀念、佛家的因果報應，儒家的孝親觀念等各種元素聯繫，混合而成的。潮汕過橋科儀，只是為了強調佛教色彩，法師扮演目連尊者而已，內容並不是與《目連救母》故事聯繫。

四・泰國潮人善堂的功德法事

潮汕功德法事的科儀傳統在海外華人社會裡被傳承，並

16　關於潮汕的居士佛教與日本真言密教豐山派的交流，詳看田中文雄、川城孝道：《華南巡錫》，東京：護國寺，2009年。

17　志賀市子：〈香港海陸豐福佬人の功德儀禮—"過橋"儀禮を中心に」《比較民俗研究》第9號，頁189-197。

在當地的喪禮中也得到了實踐。甚至也受到在泰國、越南、馬來西亞等東南亞國家的非華人族群的歡迎。本節將介紹一下泰國的情況。[18]

　　泰國華裔的喪禮，通常舉行泰國式和中國式兩種。從人死亡之日起至「頭七」（第七天）之間的七天內，每天請泰人和尚念經，但只有第六天是做潮州式的功德法事。死者的家族並不認同自己的華人身份。

　　2013年3月23日，筆者參觀過泰国的潮人善堂「明慧善壇」承包的功德法事。明慧善壇位於泰國的春武里府（舊名叫萬佛歲）。明慧善壇的前身是1939年創立的萬佛歲佛教社，是一種以在家經師為主的念佛社。明慧善壇的主要工作有扶鸞儀式、功德法事、各種法會以及其他的救濟活動。近年，在泰國各地由潮人善堂和德教會主辦的大規模修骸法會相當盛行。[19]過去超度的主要對象是客死在泰國的華人死者，而現代的主要超度對象是無依無靠或貧窮的泰人死者。參加者也有變化，除華裔之外，還有不少屬於中產階層的泰人為積德而參加。

　　明慧善壇有一個經樂組，主持法會和功德法事。經樂組是由一位主任、一位副主任、十一位組員、以及四位佈置人員組成的。[20]他們都出生在泰國，跟前輩學習經樂，都不會讀中文。所以，在經書的漢字上被註上了表示潮州話讀音的泰文。

18　志賀市子：〈潮州の"念佛社"とその儀禮文化─香港及びタイへの傳播と継承〉，志賀市子編著《潮州人：華人移民のエスニシティと文化をめぐる歴史人類學》，東京：　風響社，2018年頁208-211。

19　明慧善壇修骸法會，是挖掘明慧山莊的萬人墓，將無緣死者的屍骨收拾起來，經過洗骨，火化的過程，最後永遠埋葬於公墓。修骸的全過程是通過八仙的乩示進行的。第八期修骸法會的經費總共達到1千多萬泰銖(大約200萬人民幣)。

20　玉置充子：《タイの潮州系華人の葬送儀禮：上座佛教國における適應と變容》，《拓殖大學海外事情研究所報告》第47號,2013年,頁111。

　　功德法事當天，正當明慧善壇的修骸法會進行中，因為經師人數不夠，所以由「佛統保宮亭佛教會」的經師來做法事。「佛統保宮亭佛教會」是屬於「保宮亭」系統的一個念佛社。「保宮亭」是有一百多年歷史的宗教結社，保宮亭系列的廟和佛教會遍布全泰。佛統保宮亭佛教會實際上是專門做功德的殯儀組織。經師大部分是年輕的泰國男子，在法事中的一個節目「走供金山」（別稱為「走金山」）中，他們表演得仿佛雜技一樣，如在儀式場地裡奔走、跳躍、翻勁頭。過橋科儀基本上是沿襲傳統樣式的，歌詞和橋頭對話都是用潮州話，但是死者的眷屬和親人都不懂潮州話。因此，司儀用泰語講解。在過橋的過程中，在目連尊者和地獄的鬼卒之間進行對話，他們是用泰語進行即興對話，有時有可笑的聲調和內容，觀眾中不時發出笑聲。泰國華人被同化了，族群之間的境界也越來越模糊。功德法事的參加者是泰人(泰族)還是華人,從外貌和說話來看分不清楚。他們自身大概也分不清楚。他們對靈魂、積德、冥界等觀念，也可能是將中國的傳統觀念和泰國的傳統觀念混合在一起了，難以將它們簡單歸類。要注意，今日泰國人生死觀念的多樣化，是因世代、社會階層、個人的經驗不同而不同的。

　　在這種情況下，非潮州人和非華人積極接受潮汕功德法事和音樂，潮汕儀式文化不僅是潮州人繼承的傳統文化，也成為了超越族群很受歡迎的一種品牌。潮汕功德法事是超度儀式的選擇項目之一，人們並不一定是根據潮州人、泰人等的族群認同感而選擇，而是按照社會共識和個人的價值觀來選擇。由此可見，潮人善堂的儀式文化已經成為現代泰國日趨多樣化的宗教文化資源之一。

　　雖然泰國的功德法事改變了部分作法，但還能夠維持使用潮州話、潮州音樂的傳統模式，很大程度上是中國本土出生者的貢獻。現在60歲至70歲的經師、法師、樂師之中，有

泰國潮汕式功德法事的「過橋」科儀 (2013年3月23
日攝影，於春武里府明慧善堂)

一批人是改革開放以後才來泰的。他們在潮州長大，從小接
觸潮州音樂，會演奏幾種樂器。大部分人士30歲左右渡泰，
從事各種職業，業餘幫助善堂的儀式活動。有些人退休后就
組織潮樂聯誼會，定期聚會練習，有時候開一些演奏會。這
種人雖然得到泰國的國籍，但自我身份認同還是中國人，有
不少人每年至少一次經過香港回家鄉。回家之際，還參加家
鄉的潮樂聯誼會加深交流。通過這種跨國境的私人交流，在
潮州、香港、泰國的善堂、念佛社、潮樂聯誼會之間已經形
成了一種人際網絡，實現持續性的人才往來。

小　結

　　本文概述了潮汕功德法事的特色，並特別關注它與目
連戲的關聯。潮汕功德法事與香港本地人(廣府人)、海陸豐
人、客家人的法事不同，其最明顯的區別是佛教色彩很強，
同時受到了閩南系法事的影響。潮汕功德法事採用目連戲大

概也是它認同佛教，還與它受閩南系功德法事的影響有關。不過，潮汕功德中的目連戲與福建、臺灣功德中的目連戲有所不同。

潮汕的血盆科儀中並沒有法師打破地獄，把亡魂搶救出來的動作。而是由潮汕法師扮演的主要角色是把觀音引導到血盆池邊，靠觀音的慈悲和血盆經的靈力，去把亡靈的罪過洗乾淨。法師用水淨化亡靈的罪，使其準備往生西方淨土。此外，潮汕功德法事中的過橋科儀有很多的講父母之恩和孝道的內容，法師唱得很悲哀，有時候可以看到孝子們淚流滿面。但，在法師和橋頭長官的對話中，有時候可以看到他們的交流中有一些令人發笑的內容。總之，過橋科儀是一種吸引人的戲劇，是潮汕功德法事中最精彩的場面。潮汕功德法事的這種特色也被在泰國華裔在喪禮中所繼承。潮汕功德法事作為無形文化遺產，它的價值，堪比盂蘭勝會的儀式內容，值得繼續深入研究。

越南南部潮州善堂

芹澤知廣

日本天理大學 國際學部教授

1　序言

　　本文所研究的「善堂」是指潮州人的小規模慈善機構。接近於陳志明（Tan　Chee-Beng）提出的「Charitable Temples（慈善廟堂）」 [Tan　2012]。這些廟堂在中國潮州，新加坡和馬來西亞的潮州社區中很常見。正如陳氏所指出的那樣，這些慈善機構跟以往在明清史中所介紹的「善會」和「善堂」等比較，其宗教特徵更為強烈。

　　而在越南，跟在明清史中所介紹的「善堂」一樣，作為大規模慈善機構的「會館」也很重要。本文從越南華人社會歷史中說明會館的重要性，並從胡志明市的潮州會館的活動及其與潮州小規模慈善機構的關係中介紹潮州善堂的現狀(注1)。

2　越南的潮州人

　　一般而言，越南分為北部，中部和南部三個區域。潮州人一直聚居在北部，中部和南部地區的主要城市。

　　例如，在北部僅次於河內（Hà Nội），海防（Hải Phòng）的第三商業城市南定（Nam Định）中，有一種名為「kẹo Sìu

Châu」的糖果作為土特產出售。這是由麥芽花生製成的一種硬糖甜食。這種糖果跟在中國南部常見的「花生糖」是一樣的。該名在越南語的意思是「潮州的糖」。換句話說，「Sìu Châu」是指「潮州」。

　　還有，在2005年筆者到訪的中部古城順化（Huế）和港口鎮的會安（Hội An）里有潮州會館，至今仍是很活躍。筆者碰巧拜訪順化的時候，遇見一個潮州老頭，會館內的人給筆者介紹了這個老漢就是順化潮州幫的「幫長」。如今越南社會主義共和國的行政術語既沒有「幫」也沒有「幫長」，但由此可見，在順化潮州社區中仍被經常使用。

　　另一方面，南部的潮州人口比北部和中部地區人口多出很多。根據越南在2009年進行的人口統計，有823，071越南籍華人「dân tộc Hoa（華族）」。其中包括南部最大的城市胡志明市（Thành Phố Hồ Chí Minh）的東南部和其背後的腹地「湄公河三角洲」里，有727，475的華人人口 [Department of Population and Labour Statistics, the General Statistics Office 2010： 134]。

　　只可惜在越南人口普查中，沒有按祖先分類的華人人口統計數據，因此尚不清楚各地的潮州人口分布。不過根據筆者的實地調查，在胡志明市裡廣府人為多數派，他們的通用語言是叫「唐話」的廣府話（廣東話）。而潮州的人口僅次於廣府人[注2]。還有，在湄公河三角洲，潮州人為多數派，「người Triều（潮人）」一詞有時不僅用於指稱「潮州人」，還通常指「華人」。

　　十七世紀明清交替之際，拒絕歸附於清朝的中國人集體移居到越南南部。《大南寔錄》的太宗三十一年（1679年）條文記載了明軍龍門總兵楊彥迪和他的副將黃進，還有高雷廉總兵陳上川和他的副將陳安平率領五十多艘軍船和三千多士兵向越南中部投降，其後，越南朝廷命楊彥迪和陳上川各自從海路遷移，楊彥迪的船駛往南部的美萩（Mỹ Tho），而

陳上川的船則駛往邊和（Biên Hòa），並移居於南部的湄公河三角洲［許‧謝　2000：3］。

那時，從中國來的移民活躍於從湄公河三角洲的河口到柬埔寨和泰國的沿岸一帶。作為柬埔寨入口的重要港口河仙（Hà Tiên）里，歸順了柬埔寨王朝的中國人鄭玖，後來自立王國。隨着河仙王國的勢力擴張，跟泰國灣地區的潮州人結盟並於暹羅建立新王朝的鄭信（或鄭昭，Taksin），成為了其最大的對峙勢力［北川　2001：197-198］。

據陳荊和指出，因為楊彥迪，陳上川和鄭玖都是出生於廣東省，所以鄭玖之子鄭天賜和鄭信之爭也有被視為廣府人和潮州人之爭［Chen 1979］。不過，與鄭信一起行動的重要華人人物之中，也有潮州以外其他族群出身的人，所以對於有關十八世紀泰國灣地區華人集團的探討，仍然是有研究的空間［增田　2001：246］。

另外，把十八世紀說成為「華人世紀」的特羅基（Carl A. Trocki）指出，這個時期移居東南亞的中國移民，其定居模式和經濟活動跟以往的中國移民有所不同。在暹羅，柬埔寨和越南南部的中國移民的特徵是，他們成為了當地的農業勞動力，定居在未開發的土地內，並與當地人同化。中國移民的農民們，引進並開始生產甘蔗，胡椒等新農作物，更開拓其銷售途徑［Trocki 1997：84-85］。

他們在農村定居，並不熱衷於泰國和越南之間的政治事宜。對於當時很多已和當地的泰國人和高棉人混居通婚的中國移民來說，他們的祖先被分類為廣府人或潮州人，相信並不重要。

之後，具體地把中國移民劃分為「潮州人」的分類法，便是從在十九世紀統一了越南的阮朝和其後把交趾支那殖民化的法國統治期間而來的。他們採用「幫」（congrégation）這一種按原籍地管理中國移民的系統。中國移民按各自的出生地組成族群，並興建會館和設施等以互相幫助。這種做法

在各地常見。法屬印度支那時，廣府，潮州，福建，海南，客家的「五幫」分類法，在當時的行政管理上，具有一定重要性。

在「五幫」分類之先，越南還有「七府」的分類法。在「中華總商會」為團結中國移民而設的「中華會館」出現之前，「七府」是一個較高的類別，一個超越了把中國移民的原籍地分類的名目。如現存的邊和「七府古廟」中的「七府」，是指當地所有的華人，在這情況下，是否把原籍七府的所有人都計算在內，可能並不重要。另一方面，「五幫」這個名稱，在離開胡志明市的地方，當地聚居的華人偏向把他們的族群分佈情況具體地用五幫算出來，如「我們這裡有四幫」，「我們這裡只有三幫」等。

潮州人這一分類，因其與其他族群的關係而產生了意義。在胡志明市華人社會中，潮州人是僅次於廣府人的第二大族群。胡志明市的潮州幫，於2001年興建了名為「潮安醫院」的私立醫院。近年，他們把附設在提岸地區的潮州幫會館「義安會館」里的關帝廟裝修得富麗豪華。

從1990年代末到2000年代初，當筆者在胡志明市進行研究時，經常聽到有人說，現在不是多數派的廣府幫，而是潮州幫最有勢力。在胡志明市的潮州人，容易被人想象為「積極」或「好鬥」的原因，可能是與他們為第二大幫，足以威脅多數派的廣府幫的有關。

另外，潮州人和廣府人，在越南華人社會中的民間信仰方面，也代表着一對的。「義安會館」里的關帝廟，不僅是潮州人，還是所有華人的信仰對象。那是因為關帝為「阿公」，跟鄰近廣府人的「穗城會館」里為「阿婆」的天后聖母，被視為一對所致。雖然現已不存在，以前在這兩座會館附近，還有一座「七府武廟」（關帝廟）和一座「七府天后廟」。由此可見，當時關帝和天后也被視作為一對而被供奉的。還有，在「義安會館」里供奉關帝的做法，被湄公河三

角洲各地里的潮州人所仿效。例如，在茶榮（Trà　Vinh）省的叫小芹（Tiểu　Cần）的一個小鎮里，只有兩個華人的宗教設施。一個是天后廟被廣府人管理，而另一個叫「義安宮」的關帝廟則由潮州人管理。

　　除了附屬於相對較大的同鄉會中的廟宇外，潮州小規模的宗教組織「善堂」，在越南一直也有着它重要性。如現今還注重五幫里各幫內的通商和通婚般，在宗教方面，在潮州人的葬禮中，必定要請專家用潮州話來做法事。會館經營醫院，老人院和墳場。例如胡志明市（舊西貢[Sài Gòn]），組成了所謂「從搖籃到墓地」的綜合社會福利設施。不過，在那殯儀館所做的法事，是由與會館不同的宗教組織的專家負責。

　　如後文所介紹，潮州善堂不只是用潮州話來舉行宗教儀式的設施，廣府人和安南人（越南的多數民族「dân tộc Kinh（京族）」）等也視它為葬禮用的互助團體。後文將具體地說明其中幾個的善堂。

3　胡志明市的潮州會館

　　五幫的制度和移民系統有關。新移民必須先往自己所屬的幫的辦公室進行註冊。在組織上，幫辦公室是政務的「公所」，與附有供奉神靈的「廟宇」在內的「會館」一起，組成為「會館」。

　　歸化了越南的中國移民後代鄭懷德，在1820年著述的地理歷史書《嘉定城通志》里的「卷之六　城池」的「柴棍鋪」中記述如下。「大街北頭，本鋪關帝廟，福州廣東潮州三會館，分岐左右，大街中之西，天后廟，稍西，溫陵會館，大街南頭之西，漳州會館」　[Trịnh 1999：491]。

　　「柴棍」雖是指「西貢」，但在十九世紀的越南文獻中所寫的「柴棍」卻是指現今的堤岸（Chợ　Lớn）地區 [Choi

2004：　37]　。由此可見，這個時代已經有廣府幫的「廣東會館」和潮州幫的「潮州會館」。還有，「本鋪關帝廟」是指在1820年改建的「七府武廟」（如上所述，它於1975年南北越統一后被拆除）。「福州會館」是指與其相鄰的「三山會館」（現存。現在七府武廟的關帝像和銅鐘已移至三山會館）。「天后廟」是指與「七府武廟」為一對的「七府天后廟」（如上所述，儘管它已不存在，但在遺址的體育館中，仍遺留着舊廟宇的建築殘骸和銅鐘）。「溫陵會館」是指福建省泉州府出身者的會館。「漳州會館」是指福建省漳州府出身者的「霞漳會館」。從《嘉定城通志》的描述中可以明顯看出，自那時起，現今的堤岸地區即胡志明市第五郡趙光復街的周邊地區，已是華人聚居的中心。

　　在前文引用的《嘉定城通志》記述了五幫之中的廣府，潮州和福建會館，但海南和客家的會館則沒記下來。五幫之前的七府中包括海南島的瓊州。附有天后廟的「瓊府會館」現位於趙光復街旁。　但是，獨立的客家會館從未出現在堤岸內。現在，客家幫的「崇正會館」的幫辦公室，設置在潮州的「義安會館」內。

　　與廣府穗城會館的「廣肇善堂」一樣，被稱為「六邑善堂」的潮州義安會館，長期以來一直擔負醫院兼殯儀館事宜，為同鄉移民舉辦慈善活動。

　　至於六邑善堂，由於窮人和病人漸漸地聚集到潮州人的共同墓地，潮人在1885年為此建造了一棟簡樸的建築物，成為六邑善堂的由來。從1916年有醫生開始長期在那裡替人看病後，這地方就被改稱為「六邑善堂」。此後，在1945年改稱為「六邑醫院」，除中醫外，還引入西醫。從1948年起，增設了「產育院」，「看護宿舍」，「殯儀館」和設立了「西醫部」。1975年西貢解放后，更名為「安平醫院」　[陸　1997：18]　。

　　自1975年以來，政府接管了與會館慈善活動有關的設

施。1990年代，政府讓各幫的人們再管理各自的會館。在1993年，義安會館和穗城會館成為首批被認定為國家級的「歷史文化遺迹」的華人會館。

　　從以前的六邑醫院到現今的安平醫院，仍然是靠潮州商人們的資金來維持。現在新增設的從地下一層到地上十二層的安平醫院病房，就是因為獲張美蘭的萬盛發集團所捐贈的4，517億8，490萬盾（約2千萬美元）而在2018年5月動工的［楊　2019：148］。張美蘭在1956年生於現今的胡志明市第四郡，家族為潮州人。她家族從汕頭葛洲鄉來到西貢，經營名為「和潤發」的運輸公司。2004年。她與丈夫朱立基在胡志明市第五郡安東市場附近買了些未完工的大樓，並把它重新興建了被譽為堤岸地標的「溫莎酒店」［楊　2019：40-43］。朱立基出生於香港，父親朱鎮康在上還東邊街經營名為「銘昌號」的乾貨店。1980年他留學德國，回港后從事進口德國啤酒的工作。由於該公司的緣故，他去了越南，在那裡跟張美蘭認識並結婚［東周刊　2010］。

4　潮州人的共同墓地（義山）和明月居士林

　　如橫濱般世界各地的廣府唐人街，會把去世后的廣府人遺體運到香港。和他們的做法一樣，越南胡志明市的潮州社區，除了死後葬在同一義山內，他們一直以來也會把同鄉的遺體（骨灰）送回潮州的家鄉。1920年代，建設了「平西街市」的著名潮州企業家郭琰，把一百位以上的骨灰，經由他創辦的「元亨輪船公司」的「元利輪」送到汕頭，保存在「存心善堂」，並安排各家屬到善堂領取親人的骨灰［楊　2003：59］。

　　至於墓地，如上所述，現今的安平醫院的所在地原本是潮州人的墳場。不過後來在那裡興建了醫院，政府也命令把義山移往至郊外。結果自1956年起，潮州幫的墓地遷移

至新山一（Tân Sơn Nhất）區「橡義祠」內的兩個墳場和富壽（Phú Thọ）區里的一個小墳場，共三個地方［陳　1956：60］。

與現在的安平醫院相鄰，有一座叫「橡義祠」的廣式祠堂和一座小觀音廟。這個祠堂過去供奉着醫院有關人士的牌位。不過在1975年解放后就荒廢了，直到1994年再被修復［陸　1997：17］。

如今的潮州義山都在胡志明市以北，邊和的化安（Hóa An）里的「邊和義安墓園」。在盂蘭盆節，義安會館會安排免費巴士接送參加者到墓園參拜。2004年9月在義安會館內，從W氏里聽到有關「七月節」（盂蘭盆節）所舉行的活動概要如下。

農曆七月十一日在「橡義祠」進行祭拜。七月十六日則在會館祭拜。會館的法事，不一定請潮州的宗教團體負責，也不每年請同一個團體。2004年請了「龍華寺」（是出身於江蘇省的超塵法師在1958年開山的，現在的住持慧功法師，是曾修行華宗佛教的安南人）。有時也請「靈福壇」（後述）做法事。和尚會用國語（標準普通話）和廣府話誦經。申請者可以免費申請祭祀祖先的「附薦」。會館還會派食物給窮人。七月十八和十九日去義山祭拜。這兩天會館會包三輛車，並與其他的私家車一起，在早上七點從胡志明市出發。一共有數百名參加者。他們會在義山上煮飯並和大家一起享用齋菜。這頓飯是免費的。之後，在三點或四點左右回程。

據W氏指出，「橡義祠」是由會館管理。另一方面，邊和的義山目前不由會館管理，但會館也會參與一些事務。如果死者家屬希望把死者埋葬在那裡，他們要直接到義山申請。最近不太用土葬而多用火葬。

邊和義安墓園是六邑醫院第十三屆董事會董事長黃綿禎提議興建的。他籌集捐款購買土地，並把它捐贈於六邑醫

院董事會，然後墓園在1964年建成。黃綿禎有感富壽里的墓地太狹窄不夠空間讓入土三年的遺體挖出來，加上窪地下積水，他覺得當時有必要尋找更好的土地［陸　1997：58］。

根據在邊和義安墓園裡於1968年為紀念黃綿禎而立的「綿禎亭」碑文寫道，「明月居士林」的「林友」馬成寶，林龍，黃成超，黃植夫因為贊同黃綿禎的想法而捐贈了善款。

明月居士林是一個在堤岸的潮州小規模的宗教組織，源於1944年在潮州府潮陽縣大布鄉組成的「明月善社」。明月善社供奉「祖師」李道明（潮州中的八仙之一）和宋禪祖師（俗名「超月」），「明月」一名便是由這兩位神名而來的。自從在胡志明市堤岸地區明月善社的南方設置分壇后，善社開始活躍起來。在1947年更設佛教祭壇，加強了作為居士佛教善信團體的宗教特色［芹澤　2009；Serizawa　2014; 芹澤　2016］。

2013年筆者在明月居士林的M氏口中得知，富壽區的義山，是由李伯勳所捐贈的土地興建而成的。李伯勳是從1960到70年代很活躍的明月居士林林長李仰伯的父親。他買下土地捐贈給義安會館。這個義山解放後由政府接收。解放前，潮州窮人葬在富壽的義山裡，而有錢的潮州人士，則在邊和的墓地或在胡志明市以北的城市土龍木（Thủ Dầu Một）里建個人墓穴。

筆者在2004年到訪邊和義安墓園時，也到過富壽義山，不過在那裡已沒有墓碑。只剩下大門，門前寫上「一九六七年」的年份。

李伯勳在堤岸建立了名為「來安堂」的「東醫醫館」（「東醫」是越南話，意思是中國醫學的診所，藥房）。根據M氏所說，胡志明市的華人即使不認識李伯勳，也都知道「來安堂」。「來安堂」位於沿着堤岸郵局前的大街，周文廉街上。

李仰伯在1960年代已為人知。在1963年堤岸出版的《

華裔在越南》中的〈越南華僑華裔聞人簡介〉里簡單介紹了他的經歷。他原籍澄海縣，1963年時59歲。廣州仲房針灸研究學院畢業，汕頭市第六屆優等全科中醫師合格。現為明月居士林林長。他研究醫學與佛學，繼承了父親的來安堂「樂善」精神。他曾把自己手抄的「藥師彌陀普問品」等經文，印刷成中文和越語的對比版，免費派發給大家〔施　1963：第十五編之13〕。M氏指出，以往明月居士林里，有兩三位老醫生用兩三個小時給病人們「贈醫施藥」，但目前已沒有這樣做了。

潮州墓地與明月居士林的關係當中，「執骨」事宜尤為重要。「執骨」是指把那些沒有子孫供奉的墳墓挖出來，取出遺體殘留的白骨，為他們做法事，修建原有的墓地。明月居士林把在堤岸的祭壇稱為「總林」，而把在湄公河三角洲的地方城市裡的五個分壇（寺院）稱為「分林」。M氏指出設立分林與的「執骨」關係如下。

當要重建「義莊」（義山）或政府要求搬移義山的時候，就必須把數百年前的遺骨挖出來。在湄公河三角洲的地方城市裡，並沒有潮州系的佛教組織和潮州的「乩手」（靈媒），相反，在堤岸的明月居士林則有能用潮州話誦經的潮州「師傅」。正因如此，善信可以通過在湄公河三角洲各地的「潮州公所」請師傅出門做法事。

例如，在蓄臻（Sóc Trăng）的分林，當接到當地潮人的要求后，李仰伯林長和乩手會從堤岸出發到當地的義莊里做扶乩。在這情況下，宋大峯祖師的神靈會附降在乩手身上。因為宋大峯祖師是「執骨」的專門神靈。一天會做一至兩次有關的扶乩。之後再做扶乩問神靈可否建設分林，若神靈准許的話，就可建設分林。這時附降的神靈，不是宋大峯祖師而是李道明祖師。在藩切（Phan Thiết，近中部的平順（Bình Thuận）省的省都），迪石（Rạch Giá，湄公河三角洲的堅江（Kiên　Giang）省的省都），順化里，要是得不到祖師的允

許，是不能建造分林的。

蓄臻市的潮州義山「潮州八邑安義祠」，位於蓄臻市以北一公里的地方。1886年竣工，1888年開光［胡·范　2007：347］。后因義山變得荒蕪，在1956年重新修補，並從堤岸請明月居士林的居士們來主持法事，設壇啟建法會。還遵照「天尊祖師」（李道明天尊和宋襌祖師）與宋大峯祖師的乩示，挖出白骨，於1957年完成挖骨的工作。在同年10月20日，以潮州幫幫長郭英達為首的有關人士開會，決定設立明月居士林的第一分林［胡·范　2007：349］。

現在的明月居士林第一分林的辦公室，設在蓄臻市中心的「永福寺」內。永福寺於1968年建立。當初在「潮州八邑安義祠」的祠堂里，因設了祭壇而成為了分林。·

筆者在2017年9月到訪「潮州八邑安義祠」時，剛好在祠堂後面建築物二樓的祭壇前，明月居士林的居士們正在舉行盂蘭盆節的儀式。

在明月居士林的五個分林中，第二分林是在1960年設立的薄寮（Bạc Liêu）分林。薄寮省與蓄臻省相鄰，像蓄臻省一樣面對大海，並有許多潮州人居住。

筆者在2019年8月到訪了薄寮市郊的「潮州義地」。根據1927年建成的祠堂遺留下來的匾額和2016年第十九屆理事會會長張應仁在〈越南薄寮潮光崇善堂即《潮州義地》略介〉中的記載，由1957至58年，義地請了堤岸的明月居士林「執骨」，修建墓地。自1957年，「潮州義地」改稱為「潮光義地」，由幫長吳浩管理。此外，1965年遵照李道明祖師的乩示，更名為「潮光崇善堂」，負責管理祖師的祭壇，後來更成立了管理委員會。

正因如此，明月居士林的薄寮分林，在薄寮市中心的「永福寺」里，與義山的「潮光崇善堂」，成為了分開的組織。

5　胡志明市第八郡的靈福壇和可妙壇

靈福壇幾乎每年負責舉行胡志明市潮州墓地里的盂蘭盆節儀式。靈福壇是由胡志明市第八郡里的潮州人於1954年成立的機構。在那裡的一樓供奉着主要神靈的「感天大帝」。

筆者在2012年靈福壇里得知「感天大帝」是宋朝人，名為「鄭子明」。他的「寶誕」為農曆三月二十九日，「成道日」為農曆六月十八日。在這兩天會有祭禮。

除此之外，在七月舉行盂蘭盆節活動。2012年，靈福壇於七月二十五日至二十九日舉行了盂蘭盆節的儀式。

現在靈福壇里的「悟修堂」，建於1990年。三樓的「三聖殿」里供奉佛祖，觀世音菩薩和大勢至菩薩。每逢「初一」，「十五」和「佛祖誕」做法事。當要請專門的佛僧時，他們會請華宗佛教會的日修法師（祖籍於中國廣西省（今廣西壯族自治區）的華人佛僧。草堂禪寺的住持）。日修法師是用「國語」（標準普通話）誦經。

靈福壇有理事會，每四年改選一次，現在是第九屆。

另外有「父母會」的制度。會員有400名以上，年費為40萬盾（約20美元）。入會後，會員的「夫妻父母」去世時，靈福壇會幫其舉辦葬禮。

另有「法事組」專責父母會的葬禮法事。有兩位師傅分別教導「打」（音樂）和「唱」（誦經）。當有練習的時候，負責人會打電話通知會員。

至於慈善活動，遇到天災水災等時候，靈福壇會協助紅十字幫助市民。另外，在每年七月盂蘭盆節時會派米。這些米是由理事會的會員捐贈的，理事會還會負擔其他經費，更會親自把米送到郊區。靈福壇也會施棺，但不做扶乩。

從2013年8月7日《西貢解放日報》的廣告得知，邊和義安墓園在2013年農曆七月十八和十九日兩天，舉行了盂蘭盆節的儀式。在十八日，「靈福壇悟修堂主持法事全天」，而

十九日，「萬佛寺主持法事‧下午一時恭請釋傳強法師主持瑜伽焰口施食」。靈福壇和傳強法師被選為主持法事並非是偶然。人們認為他們是舉行潮州法事的理想人選。萬佛寺是從福州西禪寺來到堤岸的僧侶在1960年代開的寺門，現在的住持傳強法師是潮州人。還有，筆者在2015年到訪邊和義安墓園，實地觀察了靈福壇主持的孟蘭盆節儀式［芹澤　2019：144-146］。

據明月居士林的M氏所說，靈福壇誦經的「唱板」「唱腔」，是正宗的「潮州板」（「開元寺板」）。反而，現在明月居士林的誦經，是潮州以外的「外江板」。潮州板和外江板的分別在於「口腔」的高低。如今明月居士林的誦經，夾雜了「國語」（標準普通話）和「潮州話」的發音。他說要好好教導現今的年輕人學用潮州音讀漢字。他又指出潮州系的華人社會重用靈福壇的原因，是因為在那裡也可以做「過橋」。

為了說明靈福壇是適合為潮州人舉行法事儀式的善堂，本文要向另外一座善堂作介紹。

靈福壇所在的胡志明市第八郡，是潮州人的聚居地。名為「森舉（Xóm　Củi）」的第八郡是在華人聚居的堤岸中心（第五郡和第六郡）南邊對岸的位置。在靈福壇旁，有一座潮州善堂叫「可妙壇」。

可妙壇的正式名稱為「可妙壇余德善堂」。從那裡稱為「善堂」這一名字和供奉「宋大峯祖師」，就可知道可妙壇在華人社會中，是一所非常特別的宗教設施。筆者在2012年可妙壇中打聽到，在第八郡里還有多一座供奉宋大峯祖師的廟宇，不過一直都是關着門。

可妙壇是因為會長Y氏信奉宋大峯祖師而開始的。Y氏出身於潮陽縣，1946年十多歲的時候來到越南。而這廟是建於1955，56年左右。據說除了會長以外，所有草創時期的成員均已去世。現在的可妙壇，是在1974年修建而成的。

在宋大峯祖師「寶誕」的農曆十月二十九日和「成道日」的十一月九日有慶祝活動。另外還有其他祭日，不過不會像這兩天那樣隆重慶祝。1975年西貢解放數年後，因為做扶乩的乩手去世了，所以可妙壇如今已不做扶乩。

Y會長主張與宋大峯祖師一樣，多辦慈善活動。可妙壇理事會的理事僅限於潮州人，不過慈善活動的對象就不僅限於潮州人。

其中一項慈善活動就是「施棺」（把棺材贈送給沒有能力買的窮人）。「棺材」是在胡志明市北部福門（Hóc Môn）里製造的。一副「棺材」的價格為30萬盾，一套「壽衣」為4萬盾。總計34萬盾（約17美元）。

可妙壇一年四季都施棺。不過在農曆七月「派米」時，因要將免費派發給窮人的大米放入倉庫中，而無法在倉庫內放置大量的棺木，所以那時棺材的數量很少。

派發的大米，有的是善心人士捐贈的，有的由理事會購買的。理事會買米的時候會考慮價錢，所以不會買很好的米。派米時，人們在廟前排隊等候，當派的大米不夠用時，理事會會安排並立即去購買補充。

還有，在盂蘭盆節「放蒙山」時，會請龍華寺的慧功法師（如上所述）負責。慧功法師會用廣府話或國語（標準普通話）來誦經。

作為其慈善活動的一部分，可妙壇於1996年在平陽（Bình Dương）省買下土地並建義山，提供免費的墓地。另外，應政府的要求，他們還會從事建橋，向窮人捐款等慈善活動。更與政府合作建設「情義屋」（提供免費房屋）。

可妙壇有「父母會」的制度，年費為60萬盾（約30美元），有5百名以上的會員。會員不僅有潮州人，還有廣府人和京族人。父母會幫會員去世的父母舉辦葬禮。據與可妙壇有關人士說，因為那裡用潮州話誦經時的氣氛非常「嚴肅」，所以吸引了廣府人和京族人入會。他們又指出，儘管

有很多胡志明市的華人加入了父母會，但由於這是一項可妙壇的慈善活動，因此年費低廉，只收60萬盾。

在可妙壇做「法事」的居士叫「經生」。包括演奏音樂的人在內，總共約有二十人。經生會到會員家舉行的葬禮，為死者「打齋」。他們所需的交通和膳食費用，由死者家屬負責。除了請可妙壇的經生外，有些死者家屬也會請佛僧到葬禮誦經。

「經生」分男女兩組。「女法事」和「男法事」各組分別有20人。「女法事」負責「放蒙山」，而「男法事」負責做「過橋」。至於「放蒙山」還是做「過橋」，則由死者家屬決定。

可妙壇和附近的靈福壇有聯繫。據與可妙壇有關的人士指出，靈福壇里有「鑼鼓隊」，但可妙壇卻沒有。

6　湄公河三角洲的潮州樂隊

離開胡志明市，在湄公河三角洲的其他城市裡也有潮州會館和善堂，保留着潮州文化。其中如胡志明市的靈福壇和可妙壇般，葬禮用的樂隊尤為重要。

筆者在2014年到訪的茶榮省省都茶榮市的潮州會館，就是其中一例。茶榮省連接上述的蓄臻省的東邊。於1972年，在市內潮州公館的遺址里，興建了混凝土築的三層會所。在屋頂附近，仍掛着寫上「義安會館」的紅字照牌。一樓雖然供奉「土地公」，但館里並沒有供奉神靈的祭壇，只用作為會議廳。一樓和二樓也會出租為婚宴的場地。跟會館前面出租的咖啡廳一樣，那些租金是會館的收入之一。

作為茶榮義安會館的一項活動，會館中有一個名為「仁風樂社隊」的潮州音樂團。在茶榮的華人社會中，這個是唯一的樂團。

仁風樂社隊受聘到葬禮現場后，會在那天晚上和第二天

早上演奏。樂隊在葬禮演出的一次費用為300萬盾（約150美元）。在葬禮內，以前只演唱潮州的歌和演奏傳統的潮州音樂。不過，現在既演奏潮州話又演奏越南話的歌曲。因為京族的客人能聽懂越南話的歌曲，而華人顧客能聽懂潮州話的歌曲。有時應顧客的要求，他們也會演奏現代歌曲。

樂隊的成員平常各自有自己的工作。隊員為多年的班底，新成員很難進入。正因如此，他們不會特意聚在一起練習。

在湄公河三角洲的其他城市，與胡志明市不同，華人人口不多，在當地各自的「五幫」文化都不突出。加上在農村地區，華人也逐漸地融入了越南主要民族的京族或湄公河三角洲土著的高綿族（dân tộc Khmer）的文化之中。特別是近年來，因華人的年輕一代，不學漢字和潮州話，令通過會館活動保持着的潮州傳統文化逐漸失傳。

筆者在2020年2月到訪蓄臻省時，從潮州當地人那裡聽到了以下的事情。

在省都蓄臻市中，歷史上為蓄臻市華人主要寺廟的「和安會館」里，曾經有一支樂隊。不過現在因為沒有演奏的人，樂隊也沒了，在那裡只剩下樂器。另外，和明月居士林一樣，供奉李道明和宋禪祖師的「羅漢壇」里，有一支「潮州鑼鼓隊」。隊員會聚在一起練習，不過因為羅漢壇正在維修中，所以樂器都放在別的地方。

美川（Mỹ Xuân）市的潮州會館，以前有舞獅隊，不過年輕一代並沒有把舞獅用的道具整理好，去年他們更把道具賣掉。如今會館里只有樂團，團員會聚在會館練習或到葬禮演奏。

朱洋（Vĩnh Châu）市裡有潮州樂隊，經常被請為華人葬禮演奏。樂隊只演奏歌曲而不演唱。根據在朱洋的潮州人所說，喜歡潮州樂隊演奏的人減少了。因為有些人覺得中樂讓氣氛沉重，反而喜歡西方音樂。

7　結語

　　無論在胡志明市還是在湄公河三角洲的其他城市，潮州善堂跟潮州義山有着密切的關係。正因如此，作為傳承和實踐潮州文化的設施，潮州善堂對於越南南部的潮州人民而言是極為重要的。

　　另一方面，潮州善堂也與其他民族有聯繫。在胡志明市可妙壇的父母會中，會員不僅有潮州人，還有廣府人和安南人。湄公河三角洲茶榮市的仁風樂社隊，也有潮州以外的安南客戶。在潮州的宗教文化中，葬禮儀式和民間音樂，已經超出了潮州人的框架，而被其他族群廣泛接受。還有，潮州善堂設有的父母會制度，包括其儀式和各種服務，對於其他族群來說，是非常有吸引力的。

　　據筆者所知，以前在潮州善堂中很流行的「扶乩」，現在已不再做了。不過，與改建潮州義山（1950年代明月居士林在蓄臻市和薄寮市參與過的項目）時同時進行的「執骨」就有所不同。隨着祠堂的老化和墓碑的荒壞，加上經濟發達城市化帶來的搬遷需求和海外同胞經濟資助的增加，相信將來潮人對於執骨，仍然有很大需求。

　　胡志明市的華人社會，現在還是以廣府話用作通用語，華人分為五幫，這種中國文化在日常生活中正變得越來越明顯。如此不同，在湄公河三角洲的其他城市中，因華人人口很少，加上難發現學習漢語的好處，對於新一代的華人來說，讓他們繼續認知自己中國人的身份，變得越來越困難。因此，很難找到將潮州正統文化從胡志明市帶入地方城市的必然性。當推動越南南部經濟發展的潮州人開始非常活躍，通過他們的財力把當地華人寺廟進行大規模翻新時，人們對他們的稱呼，由只稱他們為「潮州的」漸漸地改稱為「一般華人的」。在這種種變化中，今後筆者仍會密切關注越南南部的潮州文化將如可繼續保持下去。

注釋

（注1）　自1993年以來，筆者一直參與許多合作研究，並且對以胡志明市為中心的越南華人社會進行了實地調查。本論文尤其基於許多2010年代的實地調查，是JSPS科研費資助計劃的研究主題JP22251003，JP24520920，JP26300038和JP17H04515的研究結果的一部份。

（注2）　據蔡茅貴（譯音、Tsai　Maw-Kuey）指出，1948年當時的西貢和堤岸（現今的胡志明市）內華人方言集團的分佈數據顯示，廣府佔41.3%，潮州佔36.9%，福建佔7.8%，客家佔10.6%，海南佔3.4%〔Tsai　1968：　85〕。另外，1992年胡志明市的華人工作處的統計數據顯示，廣府為56%，潮州為34%，福建為6%，客家為2%，海南為2%〔Serizawa 2007：　66〕。

引用文獻

中文文獻

◆陳極星

1956　《南越高棉華僑事業》西貢：陳極星。

◆胡芳蘭‧范篁君編

2007　《胡志明市與南部　華人黃金篇》河內：勞働出版社。

◆陸進義主編

1997　《越南胡志明市義安會館(關帝廟)特刊》胡志明市：越南民族文化出版社‧胡志明市各民族文化協會。

◆芹澤知廣

2016　"一九二〇年代以後日本佛教真言宗對香港和越南華人社會的影響"，蕭國健‧游子安主編《1894-1920年代：歷史巨變中的香港》香港：珠海學院香港歷史文化研究中心，161-171頁。

◆芹澤知廣（商倩譯）

2019　"供品，饋贈與祭宴：越南潮州系華人社會的盂蘭盆節"《節日研究》第14輯，135-152頁。

◆施達志編

　1963　《華裔在越南》堤岸：施達志。

◆東周刊

　2010　"獨家天匯買家現真身揭神秘富商朱立基百億上市大計(詳盡版)"，《東周刊》第335期A（2010年6月19日）　http://eastweek.my-magazine.me/main/7155（2017年10月1日閱覽）。

◆許文堂・謝奇懿編

　2000　《大南實錄清越關係史料彙編》台北：中央研究院東南亞研究計畫。

◆楊群熙

　2003　《潮人在越南》広州：公元出版。

◆楊迪生

　2019　《滄桑彙集》胡志明市：文化-文藝出版社。

日文文獻

◆北川香子

　2001　「ハーテイエン」、池端雪浦他編『岩波講座東南アジア史第四卷　東南アジア近世國家群の展開』東京：岩波書店、289-209頁。

◆芹澤知広

　2009　「海外華人社會のなかの日本密教 -潮州系ベトナム華人の居士林をめぐる実地調査から」『総合研究所所報』（奈良大學）、第17號、55-70頁。

◆増田えりか

　2001　「トンブリー朝の成立」、池端雪浦他編『岩波講座東南アジア史第四卷　東南アジア近世國家群の展開』東京：岩波書店、241-264頁。

越文文獻

◆Trịnh Hoài Đức

　1999 *Gia Định thành thông chí*, TP. Hồ Chí Minh: Nhà xuất bản giáo dục.

歐文文獻

◆ Chen Chinho A.

　1979 "Mac Thien Tu and Phrayataksin: A Survey on Their

Political Stand, Conflicts and Background," *Proceedings of the Seventh IAHA Conference*, Bangkok： Chulalongkorn University Press, pp. 1534-1575.

◆Choi, Byung Wook

2004 *Southern Vietnam under the Reign of Minh Mạng (1820-1841):Central Politics and Local Response*, Ithaca： Cornell Southeast Asia Program Publications.

◆Department of Population and Labour Statistics, the General Statistics Office

2010 *The 2009 Vietnam Population and Housing Census: Major Findings*, Hanoi： Department of Population and Labour Statistics, the General Statistics Office. http： //www.gso.gov.vn/Default_en.aspx?tabid=491 (2014年7月21日閱覽).

◆Serizawa, Satohiro

2007 "The Fujian Chinese and the Buddhist Temples in Ho Chi Minh City, Vietnam," Yuko Mio (ed.) *Cultural Encounters between People of Chinese Origin and Local People: Case Studies from Philippines and Vietnam, Proceedings of International Workshop*, Tokyo： Research Institute for Language and Cultures of Asia and Africa, Tokyo University of Foreign Studies, pp. 65-75.

◆Serizawa, Satohiro

2014 "Japanese Buddhism and Chinese Sub-ethnic Culture： Instances of a Chinese Buddhist Organization from Shantou to Vietnam," Tan Chee Beng (ed.) *After Migration and Religious Affiliation: Religions, Chinese Identities and Transnational Networks*, Singapore： World Scientific, pp.311-327.

◆Tan Chee-Beng

2012 "*Shantang*： Charitable Temples in China, Singapore and Malaysia," *Asian Ethnology*, Vol.71, No.1, pp. 75-107.

◆Trocki, Carl A.

1997 "Chinese Pioneering in Eighteenth-Century Southeast Asia," Anthony Reid (ed.) *The Last Stand of Asian Autonomies: Responses to Modernity in the Diverse States of Southeast Asia and Korea, 1750-1900*, Hampshire and London： Macmillan Press, pp. 83-101.

◆Tsai Maw-Kuey

1968 *Les chinois au Sud-Vietnam*, Paris： Bibliothèque nationale.

越南南方潮汕社群的
文化信仰與廟宇建築特色

阮清風 博士

越南胡志明市國家大學下屬人文與社會科學大學文化學系[1]

【摘要】在明末清初華人大量遷移東南亞的熱潮之中，有一部分潮汕一帶的移民聚居於越南南方，與當地原住民高棉人和占人，以及陸續遷來的北中部越南人雜居，造成多元族群與多元文化的南方區域。從18世紀至20世紀上半葉，隨著中國政治社會局面的變動，潮汕商民與難民先後跨海南來，最多居留於南方的邊和、西貢、堤岸各地與沿海的茶榮、濱臻、薄遼、金甌各省份，將一層又一層潮汕文化信仰移植新域，造成各地方濃郁潮汕文化信仰的風貌。

本文結合書籍文獻與田野調查資料，回顧過往三百多年來越南南方潮汕社群遷移史，探討其在南部多元文化環境下所凝聚的潮汕文化，並且了解華越文化互相交流滲透與固守己優的雙面性，特別聚焦於在地潮汕社群的盂蘭文化與廟宇建築特色。基於探討一些具體場合的文化

1　Nguyen Thanh Phong, lecturer, University of Social Sciences and Humanities, Vietnam National University Ho Chi Minh City, Vietnam. Email： nguyenthanhphong@hcmussh.edu.vn.

信仰，本文進而揭示其大眾化、本土化、簡易化的現象。

【關鍵詞】潮汕社群、越南華人、民間信仰、盂蘭文化、廟宇建築

一、越南南方的潮汕社群沿革

「越南南方」這個概念，以來曾有好幾種解釋，故於此先須界定清楚。越南17世紀初是後黎朝鄭主與阮主紛爭割據時期（1627-1775），以中部廣平省箏江（Sông Gianh，又稱靈江）以南區域稱為塘中或南河（即今日中部廣平至廣南、平定、富安、慶和等省）。阮朝執政時期（1802-1884）以順化以南是南方（即今日順化以南至金甌省）。法國殖民越南時期（1884-1945）區分越南領土成三個部份：東京（Tonkin，北圻，即現今越南北部）、安南（Annan，中圻，即現今越南中部，從清化至平順省）、及交趾支那（Cochinchine，南圻，即現今越南南部，從同奈至金甌省）。越戰時期（1955-1975）又將17號緯線以南是南越（從廣平以南至金甌省）。至於1975年南北越統一後又恢復法國殖民時期的區分方式。本文所使用的「越南南方」一語，即指示法國殖民時期所區分與命名的交趾支那範圍，即是17至19世紀華人大量遷移聚居的邊和、農奈、嘉定、永隆、河仙一帶，今日包含東南部同奈河流域及西南部湄公河三角洲兩個部分。

南方是越南最晚被開發的區域，是諸多移民團體聚居的地盤，亦是同奈河（Sông Đồng Nai）流域與湄公河（Sông Cửu Long）流域所孕育而成的南方文化體系的搖籃。正在此土地上，一個新的南方文化體系得以形成，融會棉、占、越、華等四個主要族群的多元文化。雖然不如北、中部文化具有那麼悠久的歷史，但其三百多年來各族群先後確立了自

己的文化價值，並含有多元性、活潑性、應時性、地方性以及大眾性等特點。

南方（或稱南圻、南部）已經歷320餘年的形成歷史，以塘中廣南阮主政權阮福淍王於1698年特派統率阮有鏡（Nguyễn Hữu Cảnh，1650-1700）往南經略並於同奈（Đồng Nai）、嘉定（Gia Định）、永隆（Vĩnh Long）一帶確立土地主權為時標。其之前，南部是許多本地少數民族如高棉族（Khmer）、占族（Chăm）、埃地族（Ê Đê）、嘉萊族（Gia Rai）、斯丁族（Xtiêng）等分散聚居的地盤，接受印度傳來的婆羅門教（印度教前身）與南傳佛教、伊斯蘭教的深厚影響。隨後，各新移民團體如北、中部越南人與華人南往而來繼續墾荒，逐漸建設此地成為多元族群與文化底蘊的地域。

當初，北、中部越南人移民對象主要是遷居窮民、流放犯人、退伍兵士、江海商民等；接著是明末清初逃亡避難的明遺臣將士，以及清朝海盜和華人商民、難民都陸續上船跨海南來。不久後，廣南阮主致力招募塘中順廣一帶的流民往南開疆拓土，與明清華人在平坦肥沃土地的同奈、邊和、嘉定、永隆、美萩、河仙一帶建設日益繁盛的南方區域。各地商港、村鄉、舖坊、市井在海口沿岸、高平腹地、河流兩岸等處先後被建起。[2]

潮汕人遷居至越南南方，最早可推算到17世紀末。當時，在塘中廣南阮主政權的支持之下，明朝遺臣與難民被賢王阮福瀕命令沿海南下開墾定居，並傳訊給受保護的真臘國國王安南二世（匿蟎嫩，1654-1691）要求割讓土地給他們。1679年廣西龍門總兵楊彥迪（Dương Ngạn Địch，？-1688）及其副將黃進（Hoàng Tiến，？-？），與廣西高、雷、廉各州總兵陳上川（Trần Thượng Xuyên，1626-1720）

2　越南歷史學會：《越南南部地區史略》（河內：國家政治出版社，2014）。

及其副將陳安平（Trần An Bình，？-？）已帶領三千民兵，搭乘六十艘戰船分別墾荒和定居於同奈、邊和與美萩、永隆一帶。另外一人是廣東雷州人鄭玖（Mạc Cửu，又稱鄭敬玖，1655-1735），他帶領部隊及眷屬乘船避難於靠暹羅灣的水真臘，開墾荒蕪的恾坎地區成為後來繁盛一時的河仙城鎮，之後由暹羅軍頻次侵犯而歸順投靠廣南政權。以上史實都曾被記載於鄭懷德《嘉定城通志》及阮朝國史館《大南實錄》，雖然其中罕見提到具體的潮汕人，但是在眾多遷來的軍民之中，估測會有一部分是潮汕移民。

　　從此以後，隨著中國的社會動亂，一波又一波小規模的清朝難民及商民跨海南來，尋地扎根，與當地越、棉人交易及通婚，並承先啟後，傳承文化。明鄉人及華人的各種社團與組織從順化以南先後得以成立，包括「大明客鋪」（1640年成立於順化）[3]、「明香社」（1650　年代成立於會安）、「明鄉社」（1700年代成立於藩鎮）、「閩地館」（1695年成立於堤岸）、「清河社」（1698年成立於順化、1700年後成立於鎮邊）等，逐漸都成為華人移民在地聚落的重鎮。在西山黨起亂期間，阮文岳（Nguyễn Văn Nhạc，1753-1793）於1782年因痛惜其心腹大將范彥被殺，故率兵至柴棍搶奪財貨，並殺盡華僑商民萬餘人，邊和、同奈一帶華僑逃難到西貢與堤岸，建設日益繁盛的嘉定城。自1802年嘉隆皇帝阮福映平定西山餘黨建立阮朝以後，華人基於地緣與語緣而設立廣肇、潮州、福建、客家、海南五幫自行管理。[4]此後，以州

3　大明客鋪，又稱清河社，或稱清河明鄉社。

4　據陳荊和，1788年阮軍收回嘉定就下令所屬華人不問新舊一律登冊。二年後（1790）阮府下令廣東、福建、海南、潮州、上海各省唐人各置該府、記府各一，以各行管制，並任中軍掌奇陳公引（閩人，又作張公引）爲唐人總藍。另在各府，任橋領爲「總府」以看管所屬唐人，並替阮府辦稅務。……。至嘉隆初年才令所在鎮臣據福建、廣東、潮州、海南各予分類登冊，並置幫長。其年代當在1802-1807年之間。陳荊和：〈17、18世紀之南越華僑—1968年2月28日香港大學亞洲研究中心演講〉，《新亞生活》，民國57年5月10日，頁4。

府為關係的會館，以地緣、血緣為關係的社團及行業性組織
陸續成立，潮州幫及潮汕人才特別被強調，以區別於來自不
同籍貫的華人。潮籍人雖然人數不如廣肇籍與閩籍眾多，但
仍是重要華人團體之一，其豐富多樣的文化信仰仍能在地得
以不斷傳承，造成各地根深蒂固的潮汕傳統文化。

　　由於華人日益增多，分佈零散各地，且與當地各族群雜
居，故為了能管理華人的遷居與聚落，阮朝命令各地成立幫
會組織作為華人自行管轄社群的機關，並且對其幫會、社群
管理較為緊密。據《大南寔錄正編》，阮福映於1790年成立
「七府」[5]以管轄之：「令凡廣東、福建、海南、潮州、上
海各省『唐人』之寓轄者，省置該府、記府各一。」（第一
紀，卷四，二月）。至1826年，明命帝續承先父制度，加以
設置幫長以易於統攝之：「前者唐人投居城轄，民間鋪市，
業令所在鎮臣，據福建、廣東、潮州、海南等處人，各從其
類，查著別簿，置『幫長』以統攝之。」（第二紀，卷四
十，七月）《大南會典事例》（卷44）的「戶部清人」章節
中記載如下：

　　　　各地若有清人南來投靠，遵守既有的規定
　　案例，將其登入清人幫籍，繳納稅賦。清人幫籍
　　人所出的子孫，均不得剃髮垂辮。年到十八者，
　　幫長即行報官，登入明鄉簿籍，依明鄉慣例繳納
　　稅賦。若不得已乃從該祖父登入清人幫籍。省管
　　轄內，除原有之清人幫外，又有明鄉社民者，該
　　幫人之子孫即由明鄉社登錄籍簿。若省屬只有清
　　人幫，而無明鄉社者，其該幫人之子與孫輩們，

5　「七府」包括廣州、潮州、瓊州、福州、泉州、漳州、寧波（另
　　稱徽州）等，這種按籍貫區分的華人自治組織從阮福映管轄南方
　　就有，後法國殖民者繼續使用。1871年，法國殖民政府將居住在
　　西貢「堤岸」的華人分為廣肇、潮州、福建、海南、福州、瓊州
　　等七府；1885年採用原先「華人幫籍」的管理制度，將福州列入
　　福建幫，瓊州列入海南幫，七府因此改稱五幫。據李白茵：《越
　　南華僑與華人》（桂林：廣西師範大學出版社，1990），頁52。

暫時登錄為清人幫籍，一旦出現五名以上的明鄉
籍人，立即另立明鄉社。儻若僅有一、二人，不
及五人者，不應另立一社，聽其併入清人幫登記
籍簿，但須註明有明鄉社籍人若干名，一旦湊足
五名之數，即另立明鄉社。由該地方官編冊到部
裡，照慣例繳納稅收。[6]

上文揭示阮廷對華人的管理措施，並且很在乎區別明
鄉人及清人，實際上由於明鄉人對阮朝復業時期立成大功，
故官方對他們的待遇更高一層，許多明鄉人後裔如李文馥、
鄭懷德、吳仁靜、潘清簡等都被任命當朝中重臣。鄭懷德
（Trịnh Hoài Đức，1765-1825）於1802-1820期間寫成的《嘉
定城通志》確認當時從越南南方有通往中國各處的航道，其
中有通往潮州的航程：

> 藩安鎮士重名節，俗尚奢華，文物、服舍、
> 器用多與中國同。平陽、新隆二縣，民居稠密，
> 鋪市聯絡，樑家瓦屋比比相望，多通福建、廣
> 東、潮州、海南（俗稱瓊州府為海南）、西洋、
> 暹羅諸國。集為嘉定一大都。[7]

有關西貢、堤岸華人聚落都市空間，鄭懷德亦曾仔細地
描述，他特別肯定當時柴棍鋪（即西貢）潮籍人聚落眾多，
猶如福州、廣東各社群一樣建設潮人會館：

> 大街北頭本鋪關帝廟，福州、廣東、潮州
> 三會館分峙左右，大街中之西天后廟，稍西溫陵
> 會館，大街南頭之西漳州會館。凡佳晨良夜，三
> 元朔望，懸設案閒巧爭奇，如火樹星橋，錦城瑤
> 會，鼓吹諠闐，男女簇擁，是都會熱鬧一大舖

6　［阮］阮朝國史館：《大南會典事例》（卷44，戶部清人）。
7　［阮］鄭懷德：《嘉定城通志・風俗志》（河內：教育出版
　　社，1999年），頁389。

市。[8]

　　在鄭懷德寫成《嘉定城通志》之前，潮汕人久已聚居越南南方，可惜目前留下的文獻記載較為稀罕。早期遷居到越南，華人都設立會館作為同鄉聚會與相助的住所，並加附奉祀神明、祖先、無方依靠亡靈的廟宇，潮汕人亦不例外。在越南的華人會館分為兩種，由明鄉人主導的明鄉會館，以及由五幫華人主導的福建會館、廣肇會館（廣東幫）、潮州會館、瓊府會館（海南幫）及客家會館等。據吳靜宜，越南會館組織具有多元化經營的特質，提供鄉親各方面的需求，包括醫院、廟宇、學校、體育館及義莊等，更特殊的是越南華人的會館與廟宇常並合為一。[9]

　　越南中部及南部各地的潮州會館現在共有十幾所，其稱謂稍有不同，從北以南的重要會館有會安潮州會館（廣南省會安市錦州坊阮維效街360號，360 Nguyễn Duy Hiệu, Cẩm Châu, Hội An, Quảng Nam）、萊睺潮州會館（平陽省順安市萊睺坊嘉隆街11號，11 Gia Long, Lái Thiêu, Thuận An, Bình Dương）、土龍木潮州會館（平陽省土龍木市富強坊釋廣德街307號，307 Thích Quảng Đức, Phú Cường, Thủ Dầu Một, Bình Dương）、潮州義安會館（胡志明市第5郡第11坊阮廌街678號，678 Nguyễn Trãi, Phường 11, Quận 5, Hồ Chí Minh）、鵝貢潮州會館（前江省鵝貢市第一坊澤噙街23號，23 Đường Rạch Gầm, Phường 1, Gò Công, Tiền Giang）、扒草潮州會館（溯臻省美川市美川鎮，Thị trấn Mỹ Xuyên, Mỹ Xuyên, Sóc Trăng）等。這意味，除了分佈在西貢、堤岸之外，潮州人還分佈在南方沿海各地如茶榮、溯臻、薄遼、金甌、芹苴各省市，因而善於農、漁、鹽、牧、手工業等。另外，越南南方

8　［阮］鄭懷德：《嘉定城通志‧城池志》（河內：教育出版社，1999年），頁490-491。

9　吳靜宜：《越南華人遷移史與客家話的使用——以胡志明市為例》，國立中央大學客家語文研究所碩士論文，2010。

華僑於1975年越戰結束後撤離南越到國外定居亦建設潮州會館，比如美國南加州潮州會館等。[10]

跟其他社群相比，潮汕人居住於西貢比較少，至今西貢只留下唯一潮州會館是義安會館（Hội quán Nghĩa An）[11]。該會館建立於1840年（另一說1737年[12]），由潮州及客家兩幫聯手建設，主祀關帝，附祀福德正神、天后媽祖、玉皇大帝、文昌帝君、財白星君等，並兼有學校、醫院、義莊等機關，1975年越戰結束後轉交新政府管轄。會館左側原是崇正學校，今改為正義國小，供華越學生就學。館內至今總有十五張碑文，載三次重修會館建築（同治5年（1866）、光緒28年（1902）、中華民國己酉年（1969））的碑記及其功德芳名碑文。觀察館內三次重修的碑文內容，某程度上能了解過往潮州商民謀生立業兩百年左右的風雨過程：

> 我義安會館商賈輻輳必恭敬止，聯義同德，取善輔仁，經營順遂，地利相安，鴻圖大展，海晏河清。前輩遠志擇地南邦，山環水繞毓秀鍾靈，風景醇醇名區勝地。我粵人創建義安會館崇

10　據陳荊和教授，同治年間（1862-1874），海南人、潮州人及廣東人之營商順化者漸多，於是瓊州會館（天后宮）、廣肇會館（關帝廟）及潮州會館先後被建立。後由戰爭頻仍，華人勢力減弱，越人代之管理，一些會館已被改成佛寺或越人公廟，不再有華人會館面貌。陳荊和：〈17、18世紀之南越華僑—1968年2月28日香港大學亞洲研究中心演講〉，《新亞生活》，民國57年5月10日，頁2。

11　胡志明市至今總有15座華人會館，其中福建會館有四座（霞章會館、溫陵會館、三山會館、二府會館）、廣東會館有兩座（穗城會館、廣肇會館）、海南會館有一座（瓊府會館）、客家會館有兩座（群賓會館、崇正會館）、明鄉會館有四座（明鄉嘉盛會館、義潤會館、麗朱會館、豐富會館）、台灣會館有一座（金門會館）、其餘是潮州會館（義安會館）。

12　陳紅蓮：《南部華人文化：信仰與宗教》（胡志明市：社會科學出版社，2005）。

祀。[13]

> 會館之建設久矣！其初為潮客兩幫諸商董協
> 力同心創成基址。凡吾兩幫人等來南者皆得賴以
> 聯絡鄉情，會議商務。即今左右門楣懸掛公所，
> 潮客兩幫相對輝映，所以壯會館之觀瞻也！取其
> 名為義安云者：蓋以潮客自唐所來，人色非其親
> 朋即其故友。古人有言：朋友之道以義合，苟能
> 以義合，故無不可以相安者。而是地人適以安南
> 名，於是義安二字遂因之而成立。[14]

> 本館經前人之創建擴充，後繼者之發揚滋孺
> 舉，凡醫院、學校、公祠、義山等，養生安逝之
> 要務，莫不燦然具備。[15]

可見，潮州會館不僅是奉祀神明、重現故鄉文化的場
所，而且還是同鄉聚會、聯繫、救濟、商議公益事務的住
所。因會館對移民生涯發揮巨大的功能，故而深受移民的積
極響應與參與。這種鄉情的愛護在地其他族群幾乎未曾體會
過。

在越南南方的潮汕人，雖然人口不如廣東人與福建人
眾多，但在各方面仍獲得重大的成就，其中一些人已成為南
方的名人，比如元韶禪師、郭琰、王鴻盛等。郭琰（Quách
Đàm，1863-1927）是潮州潮安村人，年輕時遷居堤岸，並以
廢料、牛皮、魚圍買賣謀生，後投入大米營業，以「通合」

---

13 〈重修義安會館碑記〉，於同治5年（1866）題，取自范玉紅：
《胡志明市漢喃碑文：考究與介紹》（胡志明市：總合出版
社，2020），頁149。

14 〈重修義安會館碑記〉，於光緒28年（1902）題，取自范玉
紅：《胡志明市漢喃碑文：考究與介紹》（胡志明市：總合出版
社，2020），頁148。

15 〈重修義安會館碑記〉，於中華民國己酉年（1969）題，取自范
玉紅：《胡志明市漢喃碑文：考究與介紹》（胡志明市：總合出
版社，2020），頁149。

為商號，不久後發大財，西堤眾所聞名。當時，平西市場被火燒盡，郭琰出資在附近田地蓋新的平西市場，融合中西建築特色，並在市場周邊建舖出租，成為當時東南亞華僑巨富之一。至今該市場仍完整留存，成為胡志明市的重要貿易中心，該市商民曾建設郭氏銅像以懷念其恩。[16]郭琰對堤岸潮州幫曾有巨大的貢獻，他呼籲成立潮州同鄉會，將會所置於潮州會館，並在會館周邊出資建設商舖出租，每年以租金作為會館香油錢。[17]《重建義安會館碑記》有載郭琰出大一筆錢「通合號喜捐銀二千一百元」贊助重修會館建築。另外，他以落葉歸根為懷，熱心資助在越過世的潮民將骨灰帶回故鄉，並委託汕頭存心善堂保存，並通知眷屬領回安葬。此義舉受到國內外潮州同鄉會的熱烈歡迎。[18]

二、越南南方潮汕文化信仰特色

　　華人遷到哪裡，他們的文化信仰便跟隨著傳到那裡。17世紀末的中國移民浪潮，促進中國華南與越南南部在18到19世紀文化信仰的緊密交流，一直到20世紀中葉才稍微舒緩。

16　胡志明市平西市場旁邊的郭琰銅像下有立碑記載如下：「郭琰先生，粵之潮安龍坑人也。少來越，以米業起家成鉅富，性慷慨樂善好義。曾提岸擬建新市，先生極力相助，俾底於成。政府嘉馬，因立銅像，示不忘也。先生誕於西元一八六三年，卒於一九二七年云。前南圻中華總局商會會長葉伯行撰。」取自范玉紅：《胡志明市漢喃碑文：考究與介紹》（胡志明市：總合出版社，2020），頁337。

17　義安會館左側的正義國小有一塊古碑，碑文內容記載該會館受郭琰資助如下：「光緒三十年十一月初一日，即西一千九百零四年十二月七號，啟潮州幫通合號備資租建週圍厝仔，共一百零四間。計每間每年納本會管地租銀三元。公義租至二十年，即西一千九百二十四年十二月七號為滿到期之日，資本具体該厝仔一概全歸還本會管收租，以為永遠蒸業。特此勒碑外各有合約守存劇。義安會館公啟。」取自范玉紅：《胡志明市漢喃碑文：考究與介紹》（胡志明市：總合出版社，2020），頁340。

18　范玉紅：《胡志明市漢喃碑文：考究與介紹》（胡志明市：總合出版社，2020），頁122。

華人原鄉所崇拜的神明如玉皇大帝、天后媽祖、關聖帝君、
保生大帝、三山國王、齊天大聖、福德正神、玄天大帝、廣
澤尊王、灶君、地神、門神等都隨著移植新域。華人亦依然
重視發揮宗教信仰中的祭祀、救濟、安身、解難等社會功
能。正由有宗教信仰力量的助力，華人社群在新域仍能保持
安穩、和諧地共存。

　　自華人遷居南越，越、華、棉文化信仰強烈地互相交
流與滲透。當初，越方朝廷也看到華風的魅力，恐怕會籠絡
本國已定形的風化，故針對華人移民頒佈一些防備性的禁
條。1696年，阮主傳下禁令如下：「自清入帝中國，薙髮
短衣，一守滿州故習。宋明衣冠禮俗，為之蕩然。北（華）
商往來日久，國人亦有效之者，乃嚴飭諸北（華）人，籍
我國者，語言衣服一遵國俗。諸北（華）來寓，無知識人經
引，不得擅入都城。沿邊之民，亦不得效其聲音衣服，違者
罪之。」[19]雖然既有禁令，但在民間密集交流過程中，難以
避免各族群的民俗互相滲透之現象，更何況南方遠離順化京
城，法律實施不很嚴密。因而華人的生活習慣亦逐漸影響到
越人及棉人，華人的宗教信仰也被越人及棉人積極地吸收。

　　眾所周知，潮汕區域歷史悠久，文化信仰豐富多元，孕
育成民間特別深層的文化根底，容易移植到新的區域。南越
與潮汕兩區域有著特別的機緣，航海貿易時期就有潮汕人士
旅居塘中，將潮汕佛教臨濟宗廣傳此地，明末清初遷居浪潮
時期許多民間信仰又被傳播過來，長達兩三個世紀，抗日戰
爭時期又有潮汕道侶將新興教派的明月居士林傳來，使一波
又一波潮汕文化信仰影響到南越。本文於此先後介紹相關的
重要場合。

　　南越的佛教臨濟宗由廣東潮州府程鄉縣元韶禪師
（1648-1728）應時南傳。元韶是中國臨濟宗第33代祖師，19
歲出家，1677年隨著商船到越南塘中歸寧府（今平定省歸仁

―――――――――――
19　［阮］阮朝國史館：《欽定越史通鑑綱目》（正編卷34）。

市），創建十塔彌陀寺作為傳教住所，1682-1684期間由順化缺欠高僧，賢王阮福瀕請他赴京住持國恩寺及普同塔，之後任命南下農奈、藩鎮各地傳教，住持河中寺直至1728年圓寂。元韶廣收華越弟子，續將潮汕區域的臨濟宗傳遍南越各地，道脈綿長至今已是第四十幾代。他歷來被視為南越臨濟宗的開山祖師。

　　潮汕群的民間信仰，雖然跟廣東群、福建群、客家群等有所重疊之處，一般越南人難以辨別其間之差異。但是，在一些群聚大量潮州人的地方，各種信仰的特色都很凸顯，造成地方民間信仰的表徵，在文化版圖上劃出亮點，比如胡志明市潮汕群的關帝信仰、茶榮省椽棋縣潮州群的本頭公信仰，安江省朱篤市潮州群的三山國王信仰、安江省新洲市潮州群的保生大帝信仰、金甌省金甌市潮州群的天后信仰、滀臻省永州市潮州群的天后信仰等。本文以下陸續揭示各地潮州群的文化信仰特色。

　　三山國王信仰是南越潮汕社群特有的信仰標誌。在南方19個省市之中，奉祀三山國王廟宇有安江省朱篤市永美坊三山廟（主祀）、安江省安富縣二王廟（主祀）、堅江省河仙市一王廟（主祀）、滀臻省永州市三王古廟（主祀）、福興古廟（主祀）、清明古廟（附祀）、帝德廣運古廟（附祀）等。以上諸廟皆由各地潮州群建設與管理，在地流傳許多神明顯靈的故事，特別的是至今仍保留跳神儀式，吸引大量華越信眾的參與。以安江省朱篤市永美坊三山廟為例，這座兩百年歷史的廟宇由潮州移民建造，從小規模茅屋的家廟逐漸擴大範圍變成巍峨殿宇的公廟。此區域另有關帝廟、天后廟、保生大帝廟、主處聖母廟等，但是由於三山國王每年經跳神儀式的廟會活動，能降臨與眾共處、替民頒福去邪，故深受當地居民的熱情信奉。三山國王信仰逐漸成為本地的文化信仰特色。

　　有關天后媽祖信仰，雖然媽祖信仰源自於福建，但在福

建人與潮汕人移動交流的過程當中，此信仰逐漸傳遍潮汕區域，以後又隨著潮汕人移民傳至南越，尤其沿海一帶。在南越華人聚落各地，媽祖信仰特別興盛，屬於廣東、福建、客家、潮州各社群管理的媽祖廟，其間具有大同小異的信仰特質。南越最南端的金甌省居留眾多潮州人，他們大約從18至19世紀陸續遷來此地，以農商漁為謀生之計。無形中，他們的媽祖信仰已成為同鄉群聚固結的精神象徵，有助於該社群自行組織管理的一種工具。據阮玉詩的統計，南部全境總有75座媽祖廟，其中華人媽祖廟有55座，越人媽祖廟有17座，其餘由戰火頻仍而被消失。金甌市中心媽祖廟建於1882年，其殿宇巍峨、墙壁華麗、四季香火不絕，由潮州群領頭建設與管理至今。每年此廟舉辦許多祭典，最重要活動是農曆初三晚上恭請聖母回宮的祀典，吸引當地華、越、棉的信眾來參拜，帶動各種華人文化表演類型如舞獅、奏樂、演戲等活動。與其他媽祖廟不同的是，此廟媽祖信仰配上當地迎年各種習俗，包括臘月24日如同灶君、天官一樣，恭送媽祖升天稟告上帝，到大年初三又舉辦典禮迎祂從天上降來。祂不僅在社群範圍內發揮影響力量，且在各家庭範圍兼有家中福神的角色，如保佑家主平安、生意盛旺。一些當地信眾恭迎祂形象回家中奉祀，類似奉祀祖先的意義。明顯可見，禮儀活動逐漸傾向於配合華人社群信仰禮儀與越人家庭的信仰禮儀。[20]

　　群聚眾多潮州人的滀臻省永州市，似乎所有潮汕地區的民間信仰與靈物崇拜都移植此地，包括天后、北帝、關帝、福德正神、火德星君、財神、廣澤尊王、三山國王、感天大帝、神農、天公地母、龍鳳、虎爺、獅子等，其中奉祀最普遍是天后、北帝、福德正神及關帝，原因是潮州人聚居

20　阮玉詩（Nguyễn Ngọc Thơ）：〈金甌省過年期公廟與家庭之間的媽祖儀式配合之現象〉（Hiện tượng phối hợp nghi lễ Thiên Hậu với phong tục gia đình trước và trong tết Nguyên đán ở Cà Mau），《民間文化雜誌》，第4期（總178期），2018年，14-26頁。

於永州市的人數及密度相當高，比其他華人社群更密集，因而潮汕文化的氣氛特別濃重。永州市潮州社群總有20座廟宇左右，其中奉祀男神共有11座，坐落零散各地，奉祀鄭和、鄭恩、玄天上帝、三山國王、福德正神等；奉祀女神共有9座，坐落集中於市中心，奉祀天后、九天玄女等。[21]

　　關帝信仰雖然在越南久已存在，但在新的政治局面與文化交流背景之下，關帝信仰更得到廣傳與興盛：「在起源於中國文化中的各聖仙之中，關帝早就被越南官方與民間接受為忠誠、尚義、勇敢與愛國的表像。深受忠、孝、禮、義、勇等儒家道德體系的越南封建統治階層希望通過關公的精神向老百姓弘揚忠君、愛國的教育。從16世紀末期至20世紀中葉，經過了幾百年充滿戰爭的歷史階段，越南人真實地體驗到尚義、忠誠的蓋世英雄角色，進而推廣關公崇拜之俗。」[22]關帝不但對戰亂時期具有愛國忠君的精神引導功能，而且在亂後平定時期又有保祐平安、消解禍害、掃除妖魔、護財造福等功能。可言，關帝形象乃是華、越兩族群文化交流之象徵。

　　胡志明市義安會館主祀關帝，另附祀關平、周倉及馬夫。廟內碑文稱讚神明的顯赫威勇及佑世功勞如下：「尊神聰明正直，護國蔭民，神靈默佑，物阜人康，今以酬報，飲和食德，民沾樂利，豈不美哉。」（1866年〈重修義安會館碑記〉）「堂上虔祀，關聖帝君，以昭我人，修德作善，當念桃園，義高要知，梓里情篤，安於斯也，義誠是乎於茲。

21　20座廟宇名稱如下：清明古廟（奉祀北帝、三山國王、本頭公）、八座天后古廟（奉祀天后）、感天大帝古廟（奉祀鄭恩）、帝德廣運古廟（奉祀玄天上帝、三山國王、天后、福德正神）、玄女古廟（奉祀玄女娘娘）、上帝古廟（奉祀玄天上帝）、三王古廟及福興古廟（奉祀三山國王）、五座福德古廟（奉祀福德正神）。據維芳鸞：《潮州人的信仰特徵：以滀臻省永州市清明廟為例》，茶榮大學文化學系碩士論文，2016年。

22　阮玉詩（Nguyễn Ngọc Thơ）：〈越南文化中的關公研究〉，南華大學《文學新論》，第19集，2014年6月，頁69。

」（1902年〈重建義安會館碑記〉）[23]另外廟內還設許多對聯歌頌關帝的才智、義勇品德，比如：「義氣忠心，巍巍帝德參天地；安劉佐漢，赫赫神威貫古今。」這些都證明潮州信眾對關帝的崇尚與尊敬，祂已成為人格的偶像，廣泛影響到同鄉會的信仰慣例。

　　保生大帝信仰在安江省新洲市華人各信仰之中最為凸顯。該廟位於新洲市隆山坊，由村內早期移民的潮州人建造，已有大約150年的歷史。祂在當地被廟方描寫成威靈顯赫的神仙、且醫療奇效的神醫、以來濟世功績無邊廣大。這與村民慣稱「老爺」、「大官」、「老醫」一致，並與廟內歌功頌德的匾聯內容相契合。比方說，廟內置放許多楹聯如：「保世靈丹傳千古、生方妙藥授萬民」、「醫藥有功封大帝、千秋無私救真人」、「保生我民恩三邑、大帝德福載一村」、「德澤汪洋布萬方、聲靈赫濯昭千古」、「保功宏且遠、生法顯而靈」、「保生施大化德沾乾坤護百姓、大帝齊群生沛澤正氣庇萬民」。另外，廟內柱子還掛上各種配套的顯揚神績對聯：「保命玉封安為百姓、生方救世以德貫之、大法有權無私日月、帝呼定位福滿乾坤」，「英靈傳千古、顯赫多施主、正直趨酉人、隆山貼萬年」，「保玉封真君妙濟、生方藥救世眾人、大德宏揚天有日、帝出時恆赫威靈」等。可見，保生大帝在地的神祇地位明顯是一位醫神、福神、保命神、護安神，甚至是嬰兒產婦的保護神。為了滿足信眾的多樣需求，保生大帝的神祇功能逐漸被擴大，超出祂原本醫神的功能。

　　在南方華人廟宇，天后、關帝、福德正神組成最普遍的奉祀配套，許多廟宇奉祀其中一位為主神，正殿兩旁大部分都配祀其餘的兩位。可是在信眾家中，最普遍是觀音及關帝的奉祀，各地流傳一種信念，觀音會庇佑家戶中的女人，關

23　范玉紅：《胡志明市漢喃碑文：考究與介紹》（胡志明市：總合出版社，2020），頁220。

帝會庇佑家戶中的男人。在文化信仰實踐的過程當中，各地潮州社群的各信仰團體，顯著相依相助的團結精神。比方說溘臻省永州市群廟之中，在進行祭祀儀式時，特別是盂蘭勝會之節，理事會經常邀請在地明月居士林的佛教團體光臨誦經念佛。這無形中促使在地潮州社群的聯繫更為密切，各不同信仰團體的和睦團結精神居高，而且肯定明月居士林在社群各種信仰中居於崇高地位，該派信徒更受社群中信眾的尊尚。

　　明月居士林（又稱明月善社）是越南南方華宗佛教的一個支派，由潮州移民於1940年代傳至南越。它的信仰成分包含中國華南佛教、道教及民間信仰、加入日本佛教密宗及越南佛教淨土宗等；其總堂在西貢，南方各都市都有分堂如芹苴、沙瀝、溘臻、薄遼、金甌、大叻等地。該宗派奉祀三世佛、釋迦牟尼佛、觀音菩薩、地藏王菩薩、伽藍菩薩、濟公活佛、准提菩薩、十八羅漢、韋陀護法神、宋禪祖師、李道明天尊等。1975年以後，明月居士林亦跟隨越南逃避難民傳至第三國家如加拿大、美國、澳洲，更能成為世界性的宗教現象。

　　南方潮州群雖然在經濟潛力方面不如廣東群及福建群富有，但與當地越人及高棉人相比更好得多。因而，在歲時廟會活動之時很關心慈善事業，不僅樂捐重修廟宇，資助同幫子弟上學就醫，而且還發賑救濟其他族群的窮民及難民。在他們意識中，這也是信仰實踐的一個重要項目，慈善事業能幫助提升心靈境界，亦是精神依靠的一個支柱，並帶來給他們更和諧及穩固的現實生活。

三、越南南方潮汕社群的盂蘭文化

　　盂蘭節（Lễ Vu Lan），在越南又被稱為中元節（Tết Trung Nguyên）、捨罪亡人節（Lễ xá tội vong nhân）、孤魂

節（Tết cô hồn）、七月望日（Rằm tháng Bảy）等，是越南傳統重要節日之一。越南由自古接受中國佛教的影響，故而越南文化中的盂蘭節跟中國傳統中大同小異。於此節日之期，信眾相信地域門大開，亡魂從陰界回歸陽間，期待親屬供養衣食，受用飽滿後又返回陰界受刑。在佛教傳統文化中，盂蘭是超渡亡魂之節，子孫為了救渡祖先脫離地域的苦難，此時廣施慈善功德：修補寺廟、供養僧侶、布施窮人、誦經念佛等，會能解救眷屬亡魂。盂蘭節由此逐漸成為報孝祖先父母養育重恩之佳節。

　　盂蘭節亦是胡志明義安會館的重要節日之一。每年農曆7月16日廟方都舉辦齋戒超拔法會，邀請華宗佛教寺院的和尚來主持活動，祈求潮州群信眾的過世眷屬得以超升佛國。7月18至19日於潮州義莊舉辦祭祀儀式，以滿足孤魂野鬼的衣食渴求，並表現後代對於祖先的孝順。祭祀完畢後在祠堂內設宴共飲，群聚來自潮州六邑的潮安、潮陽、揭陽、澄海、普寧、饒平等同鄉親友歡喜的參與。除了盂蘭節之外，潮州義安會館亦被知名是舉辦萬人緣祈安普度大法會的重鎮。從1998年以來，胡志明市華人已舉辦五屆萬人緣祈安普度大法會，第一屆於1998年由華宗佛教教會與安平醫院合辦，第二屆於2003年由華宗佛教教會與義安會館聯合啟建，第三屆於2010年由華宗佛教教會與溫陵會館聯合舉辦，第四屆於2015年11月19日由胡志明市華宗佛教教會與義安會館聯合啟建[24]，最近第五屆於2022壬寅年11月1日由華宗佛教教會與義安會館聯合舉辦。源自於盂蘭盆會的萬人緣大法會，雖然不在農曆七月份舉行，但很明顯超度亡魂與救苦救難的功能，尤其是2022年新冠疫情暫時緩和後的法會儀式。

　　就芹苴市（thành phố Cần Thơ）潮州幫盂蘭文化而言，所有祭祀活動都舉辦於義地或義祠之中。芹苴市地盤上總

24　游子安：〈萬人緣法會——從香港到越南的華人宗教善業〉，《輔仁宗教研究》第三十八期（2019年春），頁113-130。

有八座華人墓園，其中屬於潮州幫的墓園佔有四座：丐冷郡
（quận Cái Răng）潮州達義祠義莊（達義祠建於義莊中心）
、豐田縣（huyện Phong Điền）潮州永義義莊（義莊內尚未
建祠堂）、烏門郡（quận Ô Môn）潮州義莊（祠堂建於義莊
的中心）、平水郡（quận Bình Thủy）潮州楊宗祠，其餘是
廣肇、崇正、福建各幫的義莊。每年，各地義祠都舉辦各種
歲時節慶的祭祀活動，　包括元旦節、元宵節、清明節、盂
蘭節、重陽節、冬至節等。芹苴市潮州人特別重視盂蘭節，
各地舉辦祭祀活動的日期稍有不同，烏門郡潮州義莊定於農
曆7月25日祭祀、平水郡潮州楊宗祠定於農曆7月28日祭祀、
丐冷郡潮州達義祠義莊定於農曆7月最後一日祭祀、豐田縣
潮州永義義莊因沒有祠堂故只有小規模的家族性祭祀。與其
他華人社群相比，潮州群舉辦祭祀活動稍微遲慢，比方說福
建義莊定於農曆7月15-16日、豐田縣廣肇義莊定於農曆7月
19-20祭祀。

　　芹苴市各潮州義莊舉辦盂蘭祭祀活動在儀式方面大同小
異，其目的皆是表現後代子孫對於祖先父母的悼念，並期待
在地獄開放祖先亡魂回歸人間之期，能飽滿地享受人間子孫
所奉祀的一切供物。雖然接受佛教盂蘭文化的影響，可是南
部潮州人盂蘭文化頗具華南民間信仰的文化特色，這與當地
越人的祭祀活動大有不同。當地越人於盂蘭勝會當期常組團
巡遊奉拜供養各地佛寺，或參加寺院所舉辦的超渡法會，靜
修誦經念佛以祈求祖先得以超脫地獄、投胎轉生為人或超升
善良境界，因此供品香燈花果純潔淡薄，若做飯供奉祖先亡
靈都以素食為禮，絕對不用葷食。芹苴市各地潮州人祭祀當
日群聚於義地裡頭的義祠，擺設各種各樣禮品，通常要有大
豬一隻（至少要有豬頭）、烤鴨烤雞數隻、麵條、米飯、魚
塘、餅乾、包子、水果、香花、茶酒、金紙等。祭祀之時幫
長或族長代表大眾宣讀祭文，恭請以往祖先父母眷屬同來享
受飽滿，兩邊有潮樂起奏交響助嚴。禮畢進行燒金紙，發賑

救濟窮人，最後共享盛宴，或均分禮品攜回。除了在祠堂裡頭奉祀之外，一些家庭還特別在祖先墓前設禮祭祀，以滿足亡魂的需求，並表示家族後裔對祖先的懷念。

　　芹苴市各地潮州幫的祭祀典禮僅在內部舉辦，跟當地廣東幫稍微不同。據調查資料，每年盂蘭節期間，廣東幫都邀請胡志明市慶雲南院諸位道侶於義莊內舉辦超拔法會，誦讀經典祈求超渡，舉行地藏王菩薩大開獄門儀式，並以過奈何橋超升的儀式為結束。可見，芹苴市華人各幫的盂蘭文化各具其特色。經盂蘭文化的考察可見，南方潮人的血緣與地緣關係特別緊密，能作為維繫歷代及同代社群人們之間的重要工具，並助於保護華人族群的傳統文化信俗。

　　瀋臻省永州市（thị xã Vĩnh Châu tỉnh Sóc Trăng）的潮州群也很重視盂蘭節，當地人們貫稱孤魂供奉節（Lễ cúng cô hồn）或超拔亡靈節（Lễ cầu siêu thân nhân）。特別的是，奉祀男神的諸廟舉辦活動不如奉祀媽祖廟隆重。這意味當地八座媽祖廟能吸引更多信眾，由坐落於永州市中心，故而經濟條件更優佳，尤其近年來又有更多當地越棉信眾來參與。法會進行之前廟方理事會發佈樂捐，農曆7月15日當天擺設禮品供奉，據老人說過往還舉辦「搶食」、「搶金」（giật vàng）儀式，即開放窮民搶奪供品，後由危險及失嚴而改成發賑禮物給窮民。

　　有趣的是，至今在一些南方潮汕社群的盂蘭節之中，有些地方仍保留古傳的跳神儀式。就茶榮省梂棋縣（huyện Cầu Kè, tỉnh Trà Vinh）潮州群為例，在他們所奉祀本頭公的四座廟宇（明德宮、萬應豐宮、萬年豐宮，年豐宮）之中，跳神儀式乃是每年盂蘭節的中心活動。這四座廟宇被當地信眾譽稱為兄弟廟宇（明德宮主祀大爺感天大帝、萬應豐宮主祀二爺、萬年豐宮主祀三爺、年豐宮主祀四爺，後三者不詳主祀哪位神明），目前不知建造歷史及分香程序，僅知道由潮州移民於19世紀初從嘉定遷居此地，並先後建廟信奉。因不詳

四座主祀神明的來歷與關係，故當地信眾以為祂們是最早遷移此地的四位潮州群首領，並同心結義為兄弟。盂蘭勝會之期，四廟分配先後連續舉辦祭祀活動：萬應豐宮於農曆七月8、9、10日三天舉辦，年豐宮於15、16日兩天舉辦，明德宮於18、19、20日三天舉辦，萬年豐宮於25、26、27、28日四天舉辦。在這個俗稱「做齋戒」（làm chay）的正日，廟庭裡擺滿供桌及信眾供奉的禮品，據傳古時祭拜結束後會進行「搶籌」儀式，誰搶到會領一份供品，後直接分發給貧窮的信眾。祭祀的重點是跳神活動，乩童們都是當地越人，日常不會講潮州話，在諸神附身後能用潮語溝通很流利，並割舌頭沾血畫符。後來，由原有儀式未能滿足信眾想要超拔祖先亡靈的願望，故廟方又邀請附近萬和古寺的越人僧侶及南宗佛寺的高棉人僧侶一同前來主持法會。這證明越棉信眾也積極參與，造成混融多元文化信仰的局面。

其實，茶榮省椽棋縣現今的盂蘭勝會是潮人本頭公信仰祭祀儀式與佛教盂蘭盆儀式結合體。為了減少活動經費，以及增加信仰權力，二十世紀初四座廟宇的代表已商討並合盂蘭節（7月15日）與本頭公紀念日（7月25-28日）為一體，在四座廟宇連續舉行，另外還結合當地越人與高棉人佛寺聯手舉辦，揭示當地各族群的團結精神。因此，該盂蘭勝會特有本頭公信仰的跳神於畫符儀式，相應之，本頭公祭典又加上盂蘭會祭佛、誦經、拜懺、超拔亡魂等儀式。萬年豐宮於25-28日四天舉辦最為隆重，具有最多法事，並吸引最多信眾來參與。多達二十項目的法會儀式會於萬年豐宮舉行，包括：（1）恭請諸佛、諸神聖典禮；（2）請經典禮；（3）興做典禮（向本境城隍稟告）；（4）請祖開鐘典禮；（5）開光典禮；（6）開經典禮；（7）放鶴典禮；（8）祈求國泰民安典禮；（9）開科迎孤魂典禮；（10）請本命筒典禮；（11）祭祀先賢後賢典禮；（12）超度典禮；（13）揚幡典禮；（14）午時祭祀及超度亡魂典禮；（15）拜懺與

還經典禮；（16）壇外請像典禮；（17）放燈放生典禮；（18）召幽孤魂典禮；（19）登壇施食典禮；（20）謝神典禮。[25]儀式進行時除了少數廟內理事會主持外，其餘大部分由請來臨近佛寺的僧眾主持。盂蘭勝會明顯地成為此地潮汕社群民間文化信仰的表徵。

四、越南南方潮汕廟宇建築特色

　　越南南方各華人群如福建群、廣東群、潮州群、客家群、海南群等都有自己的建築特色。本地越人及高棉人在不同地方，由不同氣候、地形與物資，會有不同的建築特徵。在越、華、棉共存的過程當中，各方之間的文化交流促使廟宇建築的互相滲透，造成南方廟宇建築豐富多彩的景象。基本上，南方的華人廟宇都要繼承原鄉傳統廟宇的建築特色，甚至有的廟宇是模仿原鄉的樣貌。但是，隨著在地的經濟、文化、氣候、物資的條件，各地廟宇建築稍有改變，顯示應地、應時、應人的文化特徵。

　　潮汕群的廟宇建築雖然跟其他社群廟宇沒有很大的區別，但是若在一些具體的細節來辨識，能認出潮汕廟宇的建築特色。當初，遷來華人的廟宇建築尚為簡陋，除了能夠供奉保佑生命的神明以外，最主要的是作為新移民暫居的會館性住所。逐漸隨著村落的規模擴大，經濟環境日趨發達，廟宇建築得以擴大重建，新的廟宇亦能得以開創，以滿足各種社群日趨龐大的精神需求。早期一些廟宇被重建之時，由於模仿原鄉祖廟的風貌，連工匠與特殊的材料都要從中國運來，神像亦需從原鄉帶來才具足權威性。華人由於擁有巨大的經濟實力，故而其廟宇建築大多數都比當地越南人廟宇建築更為巍峨華麗。通常每一座廟宇都具有大門、庭院、

25　張氏錦鸞（Trương Thị Cẩm Loan）：《茶榮省楝棋縣盂蘭盛會典禮研究》，茶榮大學文化學碩士論文，2020。

前殿、中殿、正殿、天井、東西廊以及附設建築。華人廟宇多設靈物形象為殿堂神聖空間加以振威，並與其他項目相配飾造成和諧及莊嚴的景象，最常見的靈物是龍鳳、麒麟、石獅、烏龜、白鶴等，多以兩龍爭珠、兩龍朝月、龍鳳朝日為雕飾主題，並以浮雕、壁畫、形象、瓷器、香爐等方式作為載體。這一點與越南人廟宇靈物雖有類似，但在數量、質料以及造型的兇猛相、歡悅相、慈祥相、從容相稍微差異。越南南方因位於更南方故而陰性更為凸顯。[26]

越南南方的華人廟宇具有華風濃重的建築特徵，與當地越、棉、占人廟宇大有區別，使人們一看就能認出是華人的建築。潮汕社群的廟宇跟其他華人社群的廟宇沒有很大的差別，都以「國」字、「口」字或「工」字為建築模型，其中正殿居於最高及最中間的，兩邊常附設同鄉會館及華文學校，造成和諧穩固並凸顯美觀的配景。可能在建設的早期，民眾聚落疏散，廟宇雖然坐落於各都市中心，但仍保留寬闊的外觀與堂皇的面貌。由於幾十年來都市化過程加劇，廟宇周圍陸續建起大樓，促使一些地方廟宇建築變成狹小低落，造成廟方理事會辦理祭典活動的困境，影響到歲時祭祀的規模。

這幾年來，各地許多華人廟宇得以大規模的重修，並裝飾華麗，加設神明尊像，甚為吸引信眾。以安江省新洲市隆山坊保生大帝廟為例，除了廟內正殿設有保生大帝、福德正神、慈悲娘娘等神龕之外，廟外又新設神像如八仙、門神、五方神、萬班五行、福祿壽三仙、燃燈老祖等。廟主蔡文薇說明，廟方設立諸多新像是以滿足本地華人的精神需求。但是由於邀請越人水泥工匠塑造，故而深有越人美術的影響，由此更能吸引當地越人來膜拜。

一般信眾基於一些建築特徵來認出華人廟宇，包括屋頂

26　潘安（主編）：《胡志明市華人寺廟》（Chùa Hoa thành phố Hồ Chí Minh）（胡志明市：胡志明市出版社，1990）。

蓋著深紅色的陰陽琉璃瓦，周圍附加青色琉璃瓦，正中間常
裝飾兩龍奪珠的雕像，兩端設置鯉魚化龍雕像，前邊有設日
公月婆拿鏡子護廟，有的地方設八仙的尊像，使廟貌更加尊
嚴與壯麗。廟宇的前面幾乎都設置門神圖像與獅虎石像，正
門兩邊常有多幅畫圖，大部分以《三國演義》、《西遊記》
、《封神演義》為描繪題材，特別有廟宇畫船舶描述華人先
民跨海遷來的過程。

　　大部分華人廟宇的正中央都設有「天井」，即是通往天
空的廟宇空間。據傳，「天井」又有建築佈局意義，又有信
仰心靈意義。就建築佈局而言，陽光及清氣能通過「天井」
照射全廟，廟內香煙亦能由此散發天空，使廟內保持清涼的
空氣與光亮的環境。就心靈意義而言，「天井」有助於信眾
的香火及祈求從廟內通往天上的神明，造成陰陽貫徹暢通的
神聖空間。「天井」周圍的前殿與中殿常設有馬夫，或是馬
前將軍尊像，附近是天公壇、設禮供桌以及兩套八寶兵器，
以增加神明的威嚴。接著中殿是正殿，這是最重要並最神聖
的空間，以奉事本廟主神及附神，常配飾華麗，雕刻花紋浮
雕仔細，為神像加以莊嚴及潔淨。芹苴市的廣肇會館、武帝
古廟、協天宮、平水關帝廟皆有如此的建築特色。

五、結　論

　　越南社會從19世紀中葉以後，歷經了劇烈的變動，從
阮朝封建社會變成法國殖民地，二戰結束後北越爭取獨立成
為共產黨領導的民主共和國，冷戰時期又被列強拉攏導致南
北越戰爭長達20年，1975年統一後變成社會主義過渡期的國
家。社會政治的變動，往往影響到文化信仰的傳承與實踐，
許多古傳的因素不復存，使今天所見證的文化信仰廟貌與過
往有很大的距離。就越南華人而言，他們已經歷遷徙期、
開拓期、穩定期及發展期，相應於文化信仰的移植期、建造

期、改進期及肯定本色期。每一階段都需要各華人社群的集體奮鬥，擺脫一切困難，堅持建造更美好的生活環境。

華人信仰原本已廣采博收從上而下的各宗教理念及民間信俗，包括儒佛道三教義理，更加上華南民間文化信俗，明顯顯著包容性、大眾性。其在越南南方的移植與傳播，由合乎越南傳統文化信仰，並在南方遷移開墾及聚居的背景下，發揮巨大的影響力。但在南方由早期被法國殖民，以及後來共產黨領導的背景之下，華人的許多過度迷信或暴烈的信俗都被官方制衡，甚至多次被斷層，僅能留下相當簡易及和諧的信俗。與其他華人社群信仰相比，潮汕社群的信仰習俗更貼近當地民間，顯著高度的在地化、大眾化及平衡化，因而更容易受到越棉人的歡迎及參與。

現今南方潮汕社群正面對順利及不利必須和諧地解決的張力。就順利而言，近年來經濟條件更佳，學問水準得以提升，各地理事會更年輕化，廟宇得以大規模的重修、信仰正朝向肯定本色的復古趨勢等。在不利方面，年輕人對原鄉的聯繫日趨疏鬆，網路文化的影視娛樂拉攏年輕人，使之忽略民間文化習俗，中國崛起及南海爭端對周邊各國更加威脅力，某程度上挖深各國華人及當地人之間的隔閡等。在這種環境下，越南南方潮州人的文化信仰在不斷轉變的環境之中，會兼具本地化及固守己優的雙面性措施。據Bronislaw Malinowski (1844-1942) 的理論，一旦社會學問水準提升，信仰裡迷信性的魔術行為會逐漸被刪除，僅留下填滿心靈虛空及道德教育的文化信俗。可言，越南南方民間信仰正踏上這種路程，各信仰習俗日趨明顯地定型，能成為現代人很有價值的精神依靠。

參考文獻

［阮］　　阮朝國史館：《大南寔錄》（東京：慶應義塾大學語學研

究社，1961-1963）。

〔阮〕　　阮朝國史館：《大南會典事例》（卷44，戶部清人）。

〔阮〕　　阮朝國史館：《欽定越史通鑑綱目》（正編卷34）。

〔阮〕　　鄭懷德：《嘉定城通志》（河內：教育出版社，1999年）。

吳靜宜：《越南華人遷移史與客家話的使用──以胡志明市為例》，
國立中央大學客家語文研究所碩士論文，2010。

李白茵：《越南華僑與華人》（桂林：廣西師範大學出版社，1990）。

阮公歡　　（Nguyễn Công Hoan）：《越南南部潮州人的轉換禮儀》
（Nghi lễ chuyển đổi của người Hoa Triều Châu ở Nam bộ），
胡志明市人文社會科學大學歷史學系博士論文，2010年。

阮玉詩　　（Nguyễn Ngọc Thơ）：〈金甌省過年期公廟與家庭之間的
媽祖儀式配合之現象〉（Hiện tượng phối hợp nghi lễ Thiên
Hậu với phong tục gia đình trước và trong tết Nguyên đán ở
Cà Mau），《民間文化雜誌》，第4期（總178期），2018
年，14-26頁。

阮玉詩　　（Nguyễn Ngọc Thơ）：〈越南文化中的關公研究〉，南華
大學《文學新論》，第19集，2014年6月。

林心　　　（Lâm Tâm）：《安江省華人》（Người Hoa An Giang）（
安江：朱篤民間文藝會，1994）。

范玉紅　　（Phạm Ngọc Hường）：《胡志明市漢喃碑文：考究與介
紹》（Văn bia Hán Nôm Thành phố Hồ Chí Minh: Khảo cứu
và giới thiệu）（胡志明市：總合出版社，2020）。

張氏錦鸞　（Trương Thị Cẩm Loan）：《茶榮省梂棋縣盂蘭盛會典禮
研究》，茶榮大學文化學碩士論文，2020。

陳紅蓮　　（Trần Hồng Liên）：《南部華人文化：信仰與宗教》
（Văn hóa người Hoa ở Nam Bộ: Tín ngưỡng và tôn giáo）（
胡志明市：社會科學出版社，2005）。

陳益源、裴光雄（Bùi Quang Hùng）：《閩南與越南》（臺北市：樂
學書局，2015）。

陳荊和：〈17、18世紀之南越華僑──1968年2月28日香港大學亞洲研
究中心演講〉，《新亞生活》，民國57年5月10日。

陶禎一　　（Đào Trinh Nhất）：《客住勢力與移居至南圻的問題》
（Thế lực khách trú và vấn đề di dân vào Nam Kì）（河內：
瑞記印書館，1924）。

游子安：〈萬人緣法會──從香港到越南的華人宗教善業〉，《輔仁
宗教研究》第三十八期（2019年春），頁113-130。

越南歷史學會：《越南南部地區史略》（河內：國家政治

出版社，2014）。

黄皇巴　　（Huỳnh Hoàng Ba）：《芹苴市華人義莊：社群交際文化特徵》（Nghĩa trang người Hoa Cần Thơ – Đặc trưng và ứng xử tộc người），茶榮大學文化學系碩士論文，2017。

黄蘭翔：《越南傳統聚落、宗教建築與宮殿》（臺北：中央研究院亞太區域研究專題中心，2008年）。

維芳鸞　　（Duy Phương Loan）：《潮州人的信仰特徵：以滴臻省永州市清明廟為例》（Sinh họa tín ngưỡng của người Hoa Triều Châu (Trường hợp miếu Thanh Minh, thị xã Vĩnh Châu, Sóc Trăng)），茶榮大學文化學系碩士論文，2016年。

潘安　　（Phan An）（主編）：《胡志明市華人寺廟》（Chùa Hoa thành phố Hồ Chí Minh）（胡志明市：胡志明市出版社，1990）。

潘安　　（Phan An）：《探究越南南部華人文化》（Góp phần tìm hiểu văn hóa người Hoa ở Nam Bộ）（胡志明市：文化通訊出版社，2006年）。

潘繼丙　　（Phan Kế Bính）：《越南風俗》（Việt Nam phong tục）（河內：文學出版社，2014）。

香港盂蘭文化再探

從盂蘭勝會到盂蘭文化節：
傳統的創新與再發明[1]

陳 蒨[2]

香港樹仁大學 社會學系教授

引 言

　　香港潮人盂蘭勝會於2011年被列為中國國家級非物質文化遺產，自此之後，潮籍社群、非政府的民間組織和特區政府便開展了一系列保護此項非遺活動（Chan 2015）。過往有關中國大陸和香港的研究指出，宗教文化遺產的保護與促進旅遊和經濟發展關係密切。在這一過程中誰發揮了主導性作用，以及為何它能扮演如此角色？在中國大陸，中央政府或地方政府積極把宗教視為一項重要的非物質文化遺產，加以保護、推廣和利用 （e.g., Chan and Lang 2015; Yan and Bramwell 2008：985; Ryan and Gu 2010：171），經濟發展和國族主義成為了最重要的推動力（e.g., Chan and Lang 2015;

1　本文的題目借用了Eric Hobsbawm （1983 ）在The Invention of Tradition 一書中對傳統的看法，指出傳統並非一成不變的。

2　本文稿絕大部分篇幅沿自筆者於2019年在美國的一個宗教與中國社會的國際同行評審期刊上發表的英文論文，即Selina Ching Chan 2019, Creepy No More: Inventing the Chaozhou Hungry Ghosts Cultural Festival in Hong Kong. Review of Religion and Chinese Society 6: 273-296.中文稿件由楊薇和馬雅園協助翻譯，特此鳴謝。

Sutton and Kang 2010：113; Svensson 2010; Goossaert and Palmer 2011）。但是在香港，則是地方社區主導推動宗教作為非遺的傳承與發展，政府只是扮演有限的角色（Lu 2009; Chan and Lee 2016）[3]。

　　在經濟發展和旅遊業推廣過程中，宗教文化遺產發生了哪些變化？這些變化對地方社區產生什麼影響？在香港，近年的傳統民間宗教活動「長洲太平清醮宗教文化遺產」由社區居民以宗教嘉年華的形式舉辦，吸引了大批來自本地和海外的遊客[4]。對遊客而言，節慶和儀式是盛大的景觀。然而，宗教文化遺產在中國大陸有不一樣的情況。在浙江，村民的民間信仰成為非遺之後，當地人實踐宗教習俗的主體性受到了限制（Chen 2015：330）。類似的情況也出現在少數民族聚居的西南地區。例如，白族的宗教節日成為非遺之後被國家賦予新的政治和經濟意義，而地方信俗原本所鑲嵌的倫理和宇宙觀被忽略（Liang 2013）。同樣，在貴州，Timothy Oakes（2010）發現儘管村民做出了積極努力，但地戲的儀式最終還是在當地旅遊業發展過程中產生了意義上的改變，演變成主要服務於國家的儀式。總而言之，目前的研究表明，在內地的大部分地區，當地方傳統節慶或儀式成為非遺，它們往往會受到強大的外界團隊或政府的影響，并且在形式和意義上會發生地方社群無法掌控的變化。這些改變與地方旅遊、經濟發展和國家的文化治理有著密切關係。

　　自從香港潮人盂蘭勝會被列為國家級非物質文化遺產，該節慶活動便被廣泛報導。2015年，由潮籍的富商和精英組成的香港潮屬社團總會創辦了第一屆「盂蘭文化節」，其特

3　以民俗活動「長洲太平清醮」為例，雖然政府和旅遊局在活動宣傳上起到重要作用，但是該活動主要是由地方社區參與、設計和組織的。

4　部分儀式被改造成體育賽事時，尤其吸引遊客（Chew 2009：35）。

色表現在該節日是由民間力量而非國家或政府促成的。本文側重分析：這個新發明的文化節如何突出孟蘭勝會所蘊含的道德意義，從而吸引大眾瞭解潮人孟蘭節；文化節如何成爲為一項被凝視的景觀和讓人們學習文化知識的途徑。本文亦會分析族群是如何組織、帶動、統籌該節日，並且擔當教育市民瞭解國家級非物質文化的角色和進行非遺傳承。這個情況與之前提及的內地情況相悖，經濟刺激和旅遊業的發展完全不是香港孟蘭文化節的主要推動力。

　　本文的資料基於2012年以來的田野研究與深入訪談。作者於2012年7月至2015年12月針對香港不同孟蘭社區舉辦的慶祝活動進行了密集的人類學實地考察和訪談。後續的田野工作分別於2016年，2017年和2018年的8月份展開對文化節的研究，針對孟蘭勝會召集人、參與者、信徒、地方政策制定者和退休政府官員開展超過兩百次訪談。

香港潮人孟蘭勝會成為國家級非物質文化遺產

　　2004年，中國政府確認加入聯合國教科文組織「保護非物質遺產公約」，這之後，中央政府開始組織編制非物質文化遺產名錄。2009年，香港特區政府邀請公眾遞交申報非遺的名錄，香港潮屬社團總會向香港政府提交了潮人孟蘭勝會的申遺計劃書。此次申報由多位來自潮屬社團總會的資深領導主動負責了整個流程，尤其是馬介璋和許學之主席，他們不僅在申報上親力親爲，也是地區孟蘭勝會活動的熱心參與者。此次申報也顯示了香港潮屬社團總會如何積極回應了中央政府的期冀，即通過籌辦及參與孟蘭勝會節慶活動團結基層市民(Chan 2020)。其後，香港政府非物質文化遺產諮詢委員會審批了潮屬社團總會提交的非遺申請，并根據潮人孟蘭勝會的歷史淵源、節日獨特性、廣泛性、公眾支持度，以及瀕危的狀況而將其認定為香港的非物質文化遺產。2011年，

香港潮人盂蘭勝會進一步得到了中央政府的認可，成為國家級的非物質文化遺產。

　　盂蘭節最早傳承自印度的佛教，在中國以「盂蘭盆」和目連救母的故事聞名。傳說，佛祖的弟子目連知道母親死後在地獄受煎熬，他向佛祖請示了解救之法，其後用盂蘭盆盛百味五果，供養十方大德僧侶，最終讓母親脫離苦海。故事具報恩、供奉、孝順和超度的意義。西元538年，南北朝梁武帝以佛法舉辦盂蘭盆會，以報答父母及祖先恩德。　　歷代帝皇加以追隨，佛教的故事得以結合儒學的孝義發揚光大（Chan 2015）。唐宋以後，目連救母的故事在民間以戲曲的方式廣泛流傳，盂蘭節被納入道教的中元節，並漸漸在民間普及　（Teiser 1988：32,95,97）。歷史上，有以佛教法會形式舉行，稱為盂蘭法會；也有以道教儀式進行，多稱為中元慶典；也不乏以佛道混雜的模式出現。

　　農曆七月，盂蘭節的活動遍及中國大陸和海外的華人社區。除了各家庭組織的拜祭活動之外，也有由社區、鄉村或宗教團體在公共空間舉辦的大型宗教活動。在潮州地區，盂蘭勝會通常由鄉村、佛門寺院或廟宇舉辦（Guo 2013：128）。在其他地區，如南京、廣州和臺灣，也有相關的活動（Poon 2004；Nedostup 2008；Weller 1987, 1994, 2001）。在台灣、馬來西亞和新加坡華人社區也有大小各異的拜祭活動（Debernardi 2004；Heng 2014）。在多元族群的檳城，中元慶典活動既有聲色壯觀的宗教活動，也具備著大量的慈善和族群政治文化的意義 (Debernardi 2004)。

　　在香港，該節日被稱為「盂蘭節」或「中元節」，目的在於紀念祖先和超度那些不幸逝世的亡魂（Chan 2015）。每逢農曆七月，潮州、福建、海陸豐和本地的族群或社區組織紛紛舉辦形式各異的大型宗教活動。據統計，2014年由社區內的潮籍人士組織，在全港至少56個公共場所舉辦盂蘭勝會

（Chan 2015）[5]。　　據考察，本港最早的盂蘭勝會是由擔當搬運工作的潮人苦力發起的。早期的勞工以單身的新移民為主，做苦力時或遭意外橫死，或因重疾去世。於是，他們的同鄉工友發起了盂蘭勝會以超度和安撫這些不幸逝世的潮人鄉里的靈魂（Chan　2018：148）。此外，盂蘭勝會還具備紀念祖先的意義，讓未能夠回鄉祭祖的移民一表慎終追遠之情。隨著這些潮州移民在香港不同地區定居，盂蘭勝會活動在各區廣泛流傳發展。時至今日，該節日仍是許多本港居民祭拜祖先、紀念因災難或事故不幸死亡人士的重要契機[6]。

地方社區籌辦的潮人盂蘭勝會

不少大型的盂蘭勝會活動會在地區上的公共空間如球場等地舉辦[7]，場內會搭建數個臨時棚架，以天地父母棚（又稱神棚）、經師棚（又稱建醮台）、孤魂棚和附薦棚最重要。此外，不少社區也設有戲棚以及各類放置紙紮等的棚架。棚架設置的規模、裝飾，場內的祭品、宗教儀式等會因人力、財力和社區環境而有所不同，參加盂蘭勝會的社區居民數目也會因為社區關係和地區環境特色有所差異。盂蘭勝會舉行期間，參與者原則上應當茹素[8]，貢神（即天地父母、南辰北斗，由香爐代表）的物品也是素食，包括各類潮式的食物，例如鴨、雞等形狀各異的花生糖、綠豆餅、棋子餅等。在完成最後一天下午的節慶活動儀式後，街坊善信才可將肉類供奉諸神，屆時人們亦可開葷。盂蘭勝會節慶活動結束後，

5　節慶活動舉辦與否與地方社區的財政能力和居民的宗教需求息息相關。

6　該節日也體現了對災難的社會記憶，旨在幫助當地社區居民克服與這些災難或事故（如颱風、戰爭、火災、交通意外等）相關的創傷（Chan 2015）。

7　各區的廟宇也會籌辦中元慶典或盂蘭法會。

8　實際上，不是很多人會遵守這一個規則。

會有派發「平安米」的慈善活動。過去，這類免費送米的活動是盂蘭勝會的重頭戲。人們排隊領取五、六公斤的大米，形成了壯觀的排隊景象，媒體也會對此大肆報導。遺憾的是，2005年，因一位老婦在排隊領米時不幸發生意外死亡，隨後政府便規定「每人只可領取一公斤大米」。這項規定使得排隊領取平安米的人群大不如前，也減少了盂蘭勝會的人氣。

　　特別值得指出的是，潮人盂蘭勝會是一場由居住在地方社區的潮州人自發籌備的活動[9]。活動組織者和協助人員均是基於宗教信仰或社區事務的原因而參與其中，以男性為主，年紀在50歲以上。每年各區的潮人盂蘭勝會規模不一，所需的經費由幾萬到幾十萬甚至上百萬港元不等，資金來自基層社區不同籍貫的成員自發募捐。節慶期間，一塊巨大的紅色橫幅懸掛在會場內，上面列出所有捐贈者的姓名和捐贈金額。捐贈者大部分是社區的居民，小部分是社區內的小商家，後者通常會在財政上慷慨支持有關活動。

　　據受訪者表示，上世紀六、七十年代，盂蘭勝會吸引了大批民眾的參與。節慶期間，社會上各個年齡段的人都會來到社區拜神祈福、聊天、玩樂至午夜。場內可見騎車肆意玩耍的孩童、兜售各類零食和玩具的小商販、特意趕來看潮州大戲的居民，以及互相寒暄的鄉里街坊。然而，近年參與盂蘭勝會活動的人數減少了許多，籌辦者在資金募集和人員招募方面也遇到不少困難。盂蘭勝會漸漸式微的原因主要包括以下幾個方面。首先，港人更加西化，不少年輕人逐漸放棄中國傳統的宗教信仰。其次，社區關係鬆散，隨著城市化的發展，人們與左右鄰里互不相識，缺乏交流，大大降低了人們到社區內公共空間參加宗教活動的意願，繼而導致向社區公眾募捐活動經費變得愈加困難。再者，社區內小商店數量的急劇下滑也在很大程度上減少了可能的捐贈者數量。

9　在某些地區，非潮州人也是盂蘭勝會的組織者之一。

現在在社區內佔多數的企業是連鎖店，他們並不關注、參與和支持任何社區活動。第四，過往人們不僅將盂蘭勝會視為一項宗教活動，也看成是娛樂項目。但是，當下的人們擁有更多的休閒選擇，盂蘭勝會不再是一個吸引力特別高的休閒活動。第五，現今有更多的規則來規範盂蘭勝會節慶活動期間可能帶來的噪音和污染。例如，政府要求所有活動必須在晚上十一點結束，這也意味著潮州大戲表演得提早結束。最後，聚在一起領取免費平安米的人也在減少，這也迫使盂蘭勝會的慈善功能進一步減弱，在場內聚集的市民更少。

盂蘭文化節的發明

2015年，為進一步向公眾宣傳和挽救瀕危的國家級非遺潮人盂蘭勝會，潮屬社團總會提出籌辦「盂蘭文化節」。在中國大陸，「文化節」通常指的是由政府官方舉辦的宗教活動，其中「文化」一詞的使用正是為了避免給政府留下宣揚迷信的印象。然而，在一國兩制之下，香港的宗教自由受到國家的充分保護，選擇「文化」一詞的命名並非出於發起人對消除迷信的考慮。潮人盂蘭文化節的籌辦過程體現的是潮屬社團總會出資主導（包括盂蘭文化節籌資、設計和組織）和社區公眾的參與[10]。政府的角色只限於提供舉辦該節慶活動的公共場所和在節慶期間設立盂蘭文化節宣傳展示板。

除此之外，潮屬社團總會邀請不同的民間組織（NGO）參與或協辦文化節，這些組織以不同形式支援盂蘭文化節。自2015年以來，以保護文化遺產為旨的長春社一直協助潮屬社團總會籌辦盂蘭文化節。隨後在2017年和2018年，風水和藝術社也會在節慶期間設立自己的攤位，旨在通過參與盂蘭

10　華人廟宇委員會是由民政事務局局長擔任主席的法定機構。在2017年和2018年，潮屬社團總會從華人廟宇委員會獲得資助以進行節日的籌備工作。

文化節推廣書法和傳統國畫。

2015年，盂蘭文化節在九龍觀塘區內的球場舉行，旁邊的另一個球場同時有社區居民舉辦的盂蘭勝會。自2016年以來，盂蘭文化節一直在港島的維多利亞公園舉行，維多利亞公園是香港各界舉辦大型節日活動的重要場所，交通便利。主辦者希望能夠吸引廣大市民參與，讓公眾可以瞭解和傳承這一傳統文化。然而，大部分熱衷於地區盂蘭勝會活動的人士並沒有參加文化節的活動，一方面是他們本身在這段時間也忙著籌備自己區內的盂蘭勝會；另一方面，他們認會文化節和盂蘭勝會是兩個完全不同的活動，大多數人沒有太大興趣參加。儘管如此，潮屬社團總會仍然積極動員鼓勵地方社區居民來維多利亞公園參與文化節的活動，並安排免費班車接送他們觀賞文化節開幕式和閉幕式。

為確保盂蘭文化節的順利推進，潮屬社團總會每年由各個會董募捐超過百萬港元來支持相關的活動。潮屬社團總會下屬的「盂蘭保護委員會（The Yulan Conservation Committee）」負責制定大方向，潮屬社團的行政人員安排籌備和分工細節[11]。通過借鑒世界其他地方的盂蘭勝會活動的豐富經驗，潮屬社團總會的會董兼盂蘭保護委員會的要員胡炎松先生設計了盂蘭文化節的內容和細節。胡先生是一位成功的商人，從小跟隨父親參與西貢的盂蘭勝會，對盂蘭勝會的歷史和儀式細節特別感興趣。在西貢盂蘭勝會70周年時，他收集了不少歷史照片和資料，出版了一本關於西貢盂蘭勝會點滴的小冊子。自從潮人盂蘭勝會成為非遺之後，他也負責不同區域的盂蘭導覽活動，致力於向公眾和專業導遊推廣這項重要的傳統習俗。

---

11 委員會包含如下成員：兩位來自潮屬社團總會、幾位來自地方盂蘭社區組織者、一位是旅遊局的潮州人、一位潮州區議員，以及本文作者等。本文作者受邀參與年度會議，只是作為觀察者和聽取討論的角色。實際上，委員會的幾位積極成員經常舉行非正式交流，討論盂蘭文化節的開展，大多數決定都是在這些交流上做出的。

如前所述，在盂蘭勝會期間，為淨化社區、安撫亡魂和拜祭先人，一定會安排佛教經師誦經，參拜者需獻上食物和香火供奉神靈和亡魂。儘管基層民眾舉辦盂蘭勝會有著強烈的宗教意義，這些宗教習俗在盂蘭文化節中卻變得不起眼。2016年、2017年、2018年文化節舉辦期間，主辦單位僅僅在場內角落處放置一張小桌子作簡單的祭壇，因實際上並不鼓勵公眾在祭壇獻祭和祈福，這點與傳統的盂蘭勝會的濃厚宗教意義相差甚遠。文化節只保留著簡約的誦經、請神、和送神儀式，宗教元素非常的有限。這一巨大轉變可歸為三個原因。首先，盂蘭文化節的初衷不僅是吸引信徒，更重要的是吸引一般公眾或其他宗教信仰的市民或遊客，因此需要淡化其中的宗教元素。第二，盂蘭文化節的舉辦場地維多利亞公園對噪音和煙霧污染有嚴格的規定。在公園不能焚燒香火。最後，也是最重要的原因，由於盂蘭勝會又稱「鬼節」，其儀式主要在夜間舉行，在不少大眾心中仍有著相對負面的刻板印象，對這個宗教節日往往有著令人毛骨悚然的想像，坊間流傳著鬼月（農曆七月）不游泳和不出門的禁忌。公眾會把對節日「鬼神」的陳規舊俗和未受過教育、宣揚迷信的老年人聯繫起來。因此，潮屬社團總會認為有必要通過淡化節日的宗教色彩來改善盂蘭勝會的公共形象。

盂蘭文化節：傳承文化知識

盂蘭文化節的內涵有幾個特色。第一、有關盂蘭勝會的展覽和演講表明盂蘭勝會與佛教的關係，期間進行的公眾教育強調的卻是盂蘭節作為文化知識和非物質文化遺產的內容。其次，通過形式多樣的遊戲推廣盂蘭文化的傳統道德價值。再者，通過增添趣味性和景觀性的遊戲和體驗活動掩蓋傳統盂蘭節陰森的刻板印象。下文將重點分析盂蘭文化節的發明如何突出和促進其蘊含的道德和文化意義，吸引大眾更

廣泛的認識和參與，特別是年輕一代的注意力。

自2015年以來，盂蘭文化展覽成為文化節期間一項重要的活動。該展覽由香港非物質文化遺產辦公室負責，經諮詢潮屬社團總會成員有關本港盂蘭勝會的詳情之後編撰。內容包括盂蘭的傳說、與佛教的淵源、盂蘭勝會的歷史、在香港的發展進程、宗教儀式、慈善活動及其社會和文化意義。所有展覽資訊圖文並茂，以中英雙語解說。自2017年以來，原本用於盂蘭勝會宗教儀式的各類大型紙紮品也展示在會場上，營造出一種景觀。雖有雙語詳細描述了這些紙紮品在儀式中的角色和藝術意義，但其主要目的是進行文化教育而非促進宗教實踐。

此外，文化節期間也安排了有關盂蘭勝會、佛教儀式、宗教實踐和非遺的各類講座，演講者包括學者、藝術家、儀式專家和非物質文化遺產保護實踐者。演講主題十分多元化，包括潮州大戲、佛教儀式、香、紙紮與非遺等。2018年舉辦的潮州大戲專題演講時還加入了小段的戲劇表演。總體來看，具有宗教元素的盂蘭文化節已經以一種嶄新的文化知識的形式向公眾傳播。

在2017年和2018年為期三天的盂蘭文化節活動，總共有9次以公眾教育為目的的導覽活動。導覽員都是經過訓練的大學生，由熟知盂蘭文化的專家胡炎松先生提供培訓，主要負責介紹盂蘭勝會活動和解說盂蘭文化。據統計，有超過兩百人參與導覽活動，大多數參與者是對盂蘭文化、節慶和宗教感興趣的本地人。

在每年歷時三天的文化節期間，公眾也可以到不同攤位瞭解與盂蘭勝會慶祝活動相關的各類文化知識，如盂蘭故事、潮州話，潮州茶和繪畫等。攤位更加注重參與者的互動。例如，市民可以繪製潮州大戲中使用的面具、試穿戲服、體驗潮劇中的表演道具。與此同時，訪客也可參與盂蘭文化知識問答，使用優惠券兌換潮州小吃和盂蘭紀念品，如

裝飾有鬼王形象的手機吊飾和盂蘭漫畫書。此外，香港旅遊局自從2016年起也資助設置盂蘭3D拍攝區，供有意拍照的市民體驗。為進一步吸引年輕人，主辦者還提供專門的盂蘭自拍牌匾。總之，所有這些遊戲或活動的目的都是通過吸引公眾的參與，增加互動，從而提高他們對盂蘭勝會、潮州文化和中國傳統文化的認識和瞭解。

　　值得注意的是，舉辦盂蘭文化節往往需要大量的人力。除了潮屬社團總會的小部分員工之外，還需另外招募兼職幫工和志願者協助活動的開展。這些工作人員既包括與潮屬社團總會保持聯繫的組織，也包括大量年輕人。潮屬社團總會尤其熱衷於從中學以及大專院校招募義工，因為協助活動的開展過程也是教育年輕一代深入瞭解傳統文化的一種方式。對於年輕一代而言，這樣的體驗方式是一種課外活動，讓他們有機會欣賞香港的傳統節日文化。

親子盆供比賽和虛擬實境（VR）體驗：通過遊戲重塑孝道

　　為宣揚盂蘭文化中孝親報恩的精神內涵，吸引更多年輕人的參與，自2016年開始，盂蘭文化節新增了兩個趣味性遊戲。其一是「親子盆供堆疊賽」。該比賽借用「目連救母」的故事，以一老一幼配對參賽，藉此弘揚孝道精神，讓更多年輕一代關注孝道。

　　比賽所用的是擺放供品的盆供，在比賽時將供品改為米包和一些日常用品。「親子盆供堆疊賽」每隊為兩人，3隊一組，小組勝出方可進軍決賽和總決賽。規則是比賽隊員在90秒內將放在竹籃裡的供品，以單手一次拿一件的方式堆疊在盆供上，堆疊數量最多隊伍為勝，如果兩隊堆疊數量相同，則以堆疊高度為評分標準。獲勝隊可獲得獎金。

　　每年都有數十支隊伍參與親子盆供大賽，團隊成員通

常來自同一家族的兩代人，比如母親和子女、或者祖父和孫子。此外，老師和學生也可以組成一個小組參與比賽。這是因為傳統中國人的信念認為家庭中的孝道是可以擴展到師生之間的關係，正如中國一句諺語所言「一日為師，終身為父」。在這個遊戲中，孝道的道德價值被強調，而儀式化供奉的宗教意味則被娛樂和比賽所取代。遊戲的參與者多是和潮屬社團總會有關聯的個人和組織，他們在享受遊戲的過程中，也可瞭解盂蘭傳統文化。

另一個具有創意性的遊戲是與現代科技相結合的「盂蘭文化虛擬實境（VR）體驗」。2018年，潮屬社團總會與一間高科技公司合作根據目連救母的故事製作了虛擬實境遊戲。這款遊戲尤為吸引年輕人的參與，常常人滿為患。玩家戴上特製眼鏡後，將進入目連救母的模擬場景，參加者需完成任務，才能幫助目連母親脫離苦海，投胎轉世。具體來說，開始時玩家處於一個代表地獄的場景中，面對不同的妖魔，玩家要徹底消滅他們，才算是完成第一項任務，可以解鎖進入下一個場景，即目連母親被烈火焚燒的慘況。為了營救目連的母親，玩家必須在一分鐘內給一排正在念經的僧侶供奉不同的祭品。獻上祭品之後，目連的母親就可以獲救。這個遊戲的目的是讓人們瞭解目連救母的孝親美德。

搶孤：文化混雜的競技活動和景觀

在盂蘭文化節多種豐富的活動當中，「搶孤」吸引了最多的公眾和媒體關注。本港的「搶孤」改良自潮州盂蘭勝會的民間習俗。2015年盂蘭文化節開始前一個月，潮屬社團總會組織了一個新聞發佈會，宣佈「搶孤」項目的落實，並詳細解釋了該項目的歷史起源。「搶孤」，又稱「施孤」，因而潮州的盂蘭勝會也稱為施孤節。「孤」既包括死者（遊蕩的靈魂）也包括生者（需要幫助的人）。在清末民初的潮汕

地區，盂蘭節的活動結合宗教和濟貧的模式，在儀式結束之後會派發祭品給貧窮的百姓，以解民眾燃眉之急。也有說以往家家戶戶各自將施孤祭品放在門前附近空地拜祭，拜祭後任由人們取食，時有造成搶奪的情況。在二十世紀初期，潮州鄉村地區的搶孤是一件盛事。據被訪者憶述，籌辦者會把代表送贈食物或農具且帶有號碼的竹籤牌子插在番薯上，扔出去，人們爭相搶奪，是為搶孤。潮州的搶孤活動在文革時期停止，又在當今社會復辦，形式卻更像一個有趣的集市。活動開始的時候，主辦者會把插著竹籤牌子的番薯扔到人群中，人們爭先搶奪牌子以換取禮物。在臺灣，競技性的搶孤活動也甚為盛行，早在1794年，就有報導提及祭品高達二、三十英尺（Weller 1987）。儀式結束後，乞丐和社區的邊緣人則爭相攀爬搶奪祭品，時有傷亡（Weller 1987），搶孤兼具慈善濟貧和暴力的內涵。在香港，二戰前的盂蘭勝會期間就有施予窮人食物和金錢的傳統（Cheng 2016：46），有報導指上環南北行有「拋三牲」，把雞鴨鵝等各類食物以及錢幣分給貧苦大眾（鄭寶鴻2016：46），也有說南北行附近街上民眾會有搶魚的活動（黃佩佳，沈思 2017），有說這就是本港的搶孤。不過這些沒有秩序的慈善活動很久不曾出現了，後來見到的是井然有序的派米習俗（Chan 2015： 157）。

　　2015年以後，香港的搶孤被發明成為一項旨在吸引年輕人和公眾參與的競賽活動。比賽形式採用3隊為1組，每隊輪流在限定時間於文化節圈定的場內向其他隊員拋「福米包」，其餘兩隊則在指定範圍內手持「孤承」搶接福米包，最後搶得福米包數量最多、積分最高的隊伍便是優勝隊伍。潮屬總會會董和地區上的盂蘭組織成員第一次聽到搶孤項目提議時，大多持有保留的意見。不少人會自然地把這個項目和家鄉潮州盂蘭搶孤混亂的活動場面聯繫在一起，擔心比賽會對參與者造成意外性的損傷。策劃者和香港潮屬社團總會對

安全問題尤其關注，部分也是源於十多年前派米活動期間一位老婦不幸身亡的事故。因為一旦發生意外，政府很有可能在搶孤遊戲進行過程中終止盂蘭文化節的活動。對此，搶孤設計者胡炎松先生詳細解釋了如何從技術和規則上加強搶孤的安全性。例如，比賽過程中避免肢體接觸，違反者將會受到懲罰；指定一名裁判監督比賽，該裁判有權向違反比賽規則的人出示黃旗警告，必要時可取消該參與者參賽資格。由此可以看出，香港的搶孤活動有別於潮州地區的傳統搶孤，其特色在於這不僅是主辦單位期望的一場比賽，還是一場熱鬧、開心及有秩序的活動。

　　今天香港的搶孤不再是一項宗教儀式或慈善活動，而是演變成一項團隊制的體育競技活動。過去的搶孤以社區居民個人自發性參與為主，不僅因缺少組織性而致場面較為混亂[12]，而且附帶了宗教儀式意義。今天，搶孤遊戲只接受預先登記的團隊參與，遊戲不再擁有宗教濟貧的意味。作為一項有清晰規則的團隊參與的體育活動，公平性和競技性是其主要特徵。更重要的是，今天的搶孤不僅有公眾團隊的參與，而且還需要觀眾的圍觀和凝視（Chan 2017,2018）。　這項新發明的搶孤遊戲更像是一項現代體育賽事——和報導籃球或足球比賽一樣，評述員用生動的方式解說比賽，觀眾聚集在一起為自己支持的隊伍歡呼。2017年尤其具有標誌性意義，這一年搶孤比賽首次在臉書（Facebook）上發佈其精彩壯觀的景象。總之，現時的搶孤活動表現出濃厚的現代性，具有強烈的秩序、安全、公平和運動競技的特色，不同參賽團隊也表現出了較強的團結性。這項新發明的傳統活動是全球本土的·（glocal）混雜性（hybrid）的活動，它傳承自盂蘭勝會籌辦者的潮州故鄉的搶孤活動，加上部分臺灣攀爬式、競技型的搶孤元素，並且注入本土現代性的秩序、安全和公平

12　在歷史上，關於臺灣地區搶孤活動混亂的場面導致參與者受傷的報導十分普遍（參考Weller 1987）。

的特質。最後，雖然搶孤參與者爭奪的是「福米」，但是獲勝隊伍的獎品不是大米而是金錢，前三名獲勝團隊會得到幾千港元的獎金。

　　有意思的是，參與搶孤比賽的隊伍在短短數年內增加了三倍：2015年參賽隊伍18支；2016年參賽隊伍24支；2017年參賽隊伍45支；2018年參賽隊伍54支。儘管參加比賽的隊伍總數有所增加，但是地方盂蘭組織派出的參賽隊伍人數並不多。有參與的幾個盂蘭組織大多數是來自社區關係密切的鄉村地區，其它搶孤團隊則來自各行各業：有由立法委員、警民關係組成員、中學生和大學生組織的團隊，也有來自深圳、潮州不同地區協會組織的團隊等。在2018年，三分之一的團隊來自於中國大陸。大多數參與者都是和潮屬社團總會有聯繫的組織，這些組織樂於支援此項賽事，他們將搶孤看成一次推廣非物質文化遺產的重要機會。對於另一些參與者而言，參與活動既能讓他們瞭解有關搶孤和盂蘭文化的知識，享受遊戲的樂趣，也可以增加團隊成員之間的感情。隨著海外參賽隊伍的大量加入和媒體關注度的提高，主辦者更加確信，這些有利的轉變更能推廣盂蘭勝會這一項非物質文化遺產。

許願：混雜的祈福實踐和廣泛參與度

　　2017年的文化節開設「天地許願區」，該設計理念取自與潮人盂蘭文化有關的宗教信仰：天地父母是潮州人供奉的一個重要神靈。在潮州人心目中，萬事萬物都是由天地父母化育而來的。祭拜天地父母體現為對自然的崇拜和對生命的感恩。天稱「天公」，地稱「地母」。天公和地母是整個宇宙和大地的統治者，人們在天地父母的養育和保護下成長……崇拜自然即是感恩我們的祖先（2017盂蘭文化節系列）。

　　具體來說，天地許願區以天圓地方，五行色相（青、

紅、白、黑、黃）代表東、南、西、北、中央五方位，象徵
天地宇宙的組成。許願者須以虔誠之心，通往許願區入口，
踏上紅地毯，經過銀色欄杆裝飾的樓梯，走到許願臺上，被
乾冰形成的煙霧籠罩。此時，人們即可誠心許願，其後沿對
側樓梯走下。這段樓梯的末端設置了展板，市民可以把寫著
願望的紅色絲帶懸掛在展板上。

　　有意思的是，天地許願區可看到混合性的祈福文化。
一方面，潮州人對天地父母的信仰傳統增強了創新性天地許
願區的合法性。另一方面，傳統的祈福方式通常會放置神像
和香爐，但是這些安排并未出現在這個天地許願區。場內的
祈福儀式非常簡單，許願者只需雙手合十五指朝天，心中
默禱；有的人也會寫下願望，把它懸掛於場內的展板之上[13]
。許願區的遊客以成年女性為主，其次是一些中小學生和年
輕人。一般而言，年輕人祈望學業進步；成年人祈求好運、
健康、和平和愛。許願後每人還可獲贈一袋白米或一張卡片
套。儘管天地許願區的模式並未完全沿襲傳統的宗教祈福方
式，但它卻成為盂蘭文化節上公眾光顧度最高、最引人入勝
的項目之一。

　　2018年，天地許願區被「心願蓮池」取代，坐落在公園
中央的池塘中，池塘上面放置些許機械魚和三個象徵好運、
健康及和平的大燈籠。同時，市民可以在祈福和許願後，將
組織者提前準備好的特製硬幣投入池塘。投擲硬幣許願的做
法在中國社會十分普遍，這樣的方式尤其受孩子們的歡迎。

盂蘭文化節和盂蘭勝會

　　回顧過去幾年，參加盂蘭文化節的市民逐漸增多，也偶
爾見到一些外地遊客的身影。多數人視該節日為一種旅遊休
閒活動，其中也有部分遊客想借此機會深入瞭解盂蘭文化中

13　在展板上書寫和懸掛願望是日本寺廟常用的一種祈福方式。

帶有宗教元素的活動，甚至詢問在哪裡可以參加由社區舉辦的盂蘭勝會。但另一方面，許多社區的盂蘭勝會組織者卻感歎盂蘭文化節雖然宣傳了盂蘭勝會，但是新發明的盂蘭文化節無助於解決社區舉辦的盂蘭勝會在資金短缺和人力不足方面的問題。對於這些基層的組織者來說，「盂蘭勝會」和「盂蘭文化節」是兩個截然不相同的活動。前者強調宗教習俗和社區精神（詳見表1），主辦方和參與者是熱忱社區事務或宗教活動的當地居民；後者彰顯的是盂蘭勝會所代表的道德和文化意義，其主要目的是進行公眾教育和吸引市民和遊客的參與，促使人們對非物質文化遺產和盂蘭文化的瞭解。

表1：盂蘭文化節和盂蘭勝會

	盂蘭勝會	盂蘭文化節
從神聖到世俗	<ul><li>宗教是由信仰和實踐構成的；</li><li>宗教信仰是核心；</li><li>祈福是關鍵活動；</li><li>目的是為了淨化社區，得到平安與祝福；</li><li>是地方社區的宗教活動。</li></ul>	<ul><li>宗教是一種文化知識；</li><li>道德價值是核心；</li><li>教育是關鍵活動；</li><li>目的是促進盂蘭作為一個國家級非物質文化遺產的公眾教育；</li><li>代表著推廣香港的非物質文化遺產。</li></ul>
從儀式到遊戲	<ul><li>個人與社區透過宗教儀式獲得祝福；</li><li>儀式揭示傳統習俗；</li><li>節日的形象是保守和傳統的。</li></ul>	<ul><li>個人通過遊戲增進對節日的認識；</li><li>儀式揭示文化的混合性；</li><li>節日的形象是時髦的和現代的。</li></ul>

「組織者是參與者」vs「組織者不是主要的參與者」	● 節日由基層社區民眾發起的； ● 參與者大多是地方上活動組織者。	● 節日由族群組織中的精英和富商發起； ● 到訪者主要不是發動和組織活動者，而是來自各行各業的大眾。

結論：文化節作為宗教節慶遺產化（heritagization）的保育意義

　　根據Eric Hobsbawm（1983）在傳統的發明（The Invention of Tradition）一書中的論述，傳統文化並非一成不變的。事實上，我們不少熟知的傳統是新近發明的，同時傳統也會因由著不同的當下需要而在意義上和形式上有所改變。在這樣的學術脈絡下，David Harvey（2001：324）指出了文化經歷遺產化過程時，往往會在不同的當下（presentness）呈現出新的意義。 通過考察「盂蘭文化節」作為一個保育非遺的案例，本文說明了它在當下呈現出新的表現形式和意義。

　　盂蘭文化節是一個由族群組織的精英所發明的節日。它揭示了族群領袖、社會精英和大商賈為了扭轉傳統節日瀕危的狀況，如何通過嶄新的手法來活化和推廣傳統節日，以文化節的形式來教育大眾有關宗教節日的意義及其與族群文化和中國文化的關係。新創造的盂蘭文化節並不著重宗教信仰和儀式實踐等神聖的宗教內容，它重視的是傳統宗教節日所蘊含的世俗的道德價值。社區所籌辦的盂蘭勝會中的宗教元素，如淨化社區和超度神靈，在新發明的文化節中被淡化，

這是由於盂蘭文化節是為了吸引大眾瞭解盂蘭勝會，尤其針對沒有宗教信仰或信仰其他宗教的人士。 這與在中國大陸的文化節大不相同，後者由政府主導，淡化宗教元素是爲了爭取活動的合法性、帶動旅遊和經濟發展。

在本港，文化節的目的和意義在於推廣傳統文化、非遺文化遺產和進行公眾教育。在盂蘭文化節中，籌辦者強調盂蘭勝會的道德和文化意義，同時企圖打破人們對傳統盂蘭勝會負面的刻板印象，重塑一個新的、淨化的、充滿活力的和具觀賞性的嶄新的文化形象。盂蘭節盂蘭勝會的歷史淵源和宗教習俗，以及它對當今社會的意義，都作為供公眾學習的文化知識展出。儀式的敍述是爲了對文化知識的傳承，紙紮品的展示是為了讓公眾欣賞和瞭解其技藝和美術而非進行宗教實踐。大學生負責的盂蘭導覽和專家的講座都是為了增強公眾對盂蘭節的文化認知，也加強他們對自身文化的自豪感。新發明親子盆供遊戲和高科技的「目連救母」虛擬體驗，進一步宣揚和傳承了孝道作為盂蘭文化的一種道德核心和文化價值。嶄新的搶孤競賽展示出香港、臺灣和潮州的盂蘭勝會的活動實踐如何以混雜的形式得以重新呈現。總而言之，文化節以觀賞性、參與性和教育性吸引市民大眾；以創新的面貌，休閒娛樂的形式進行非遺的推廣和傳承。然而在這個過程中，大多數信徒和社區盂蘭勝會的組織者在文化節中卻沒有擔當太多主導性的角色。

參考書目：

References

郭淩燕.　2013. 地域文化的悲情敍事──以汕尾陸豐地區鬼節為例.《民俗研究》112： 127–135.

陳蒨　2015. 潮籍盂蘭勝會：非物質文化遺產、集體回憶與身份認同. 香港：中華書局。

鄭寶鴻　2016. 香港華洋行業百年：貿易與金融篇。 香港：商務印書

館香港有限公司.

黃佩佳，沈思. 2017. 香港本地風光.附新界百詠. 香港： 商務印書館香港有限公司.

郭淩燕： 〈地域文化的悲情敍事——以汕尾陸豐地區鬼節為例〉，《民俗研究》第112期（2013），頁127-135

陳蒨： 《潮籍盂蘭勝會：非物質文化遺產、集體回憶與身份認同》，香港：中華書局，2015年。

鄭寶鴻： 《香港華洋行業百年：貿易與金融篇》，香港：商務印書館香港有限公司，2016年。

黃佩佳、沈思： 《香港本地風光.附新界百詠》，香港： 商務印書館香港有限公司，2017年。

Chan, Selina Ching. 2017. "Moral Taste： Food for Ghosts in Hong Kong's Chaozhou Hungry Ghosts Festival." Journal of Chinese Dietary Culture 13 (2)： 51–87. doi： 10.30152/JCDC.

Chan, Selina Ching. 2018. "Heritagizing Chaozhou Hungry Ghosts Festival in Hong Kong." In Chinese Cultural Heritage in the Making： Experiences, Negotiations and Contestations, edited by Christina Maags and Marina Svensson, pp. 145–168. Amsterdam： Amsterdam University Press.

Chan, Selina Ching. 2019. Creepy No More： Inventing the Chaozhou Hungry Ghosts Cultural Festival in Hong Kong. Review of Religion and Chinese Society. 6： 273-296.

Chan, Selina Ching, and Graeme Lang. 2015. Building Temples in China： Memories, Tourism and Identities. London： Routledge.

Chan, Selina Ching. "The Chaozhou Hungry Ghosts Festival in Hong Kong." Heritage and Religion in East Asia, edited by Shu-Li Wang, Michael Rowlands, and Yujie Zhu, Routledge, 2020, pp. 23. London： Routledge.

Chan, Yuk Wah, and Lee, Vivian P. Y. 2016. "Postcolonial Cultural Governance： A Study of Heritage Management in Post-1997 Hong Kong." International Journal of Heritage Studies 23 (3)： 275–287.

Chen, Zhiqin. 2015. "For Whom to Conserve Intangible Cultural Heritage： The Dislocated Agency of Folk Belief Practitioners and the Reproduction of Local Culture." Asian Ethnology 74 (2)： 307–334

Chew, Matthew M. "Cultural Sustainability and Heritage Tourism： Problems in Developing Bun Festival in Hong Kong." Journal of

Sustainable Development 2 (3)： 34–42, 2009. doi： 10.5539/jsd.v2n3p34.

Chinese Temples Committee. "About Us – Introduction of Chinese Temples Committee." Accessed September 10, 2018. http： //www.ctc.org.hk/en/aboutus.asp.

Debernardi, Jean. Rites of Belonging： Memory, Modernity, and Identity in a Malaysian Chinese Community. Stanford： Stanford University Press, 2004.

Goossaert, Vincent, and David A. Palmer. The Religious Question in Modern China. Chicago： University of Chicago Press, 2011.

Harvey, David C. "Heritage Pasts and Heritage Presents： Temporality, Meaning and The Scope of Heritage Studies." International Journal of Heritage Studies 7 (4)： 319–338, 2010. doi： 10.1080/13581650120105534.

Heng, Terence. "Hungry Ghosts in Urban Spaces： A Visual Study of Aesthetic Marker and Material Anchoring." Visual Communication 13 (2)： 147–162, 2014.

Hobsbawm, E. "Introduction： Inventing Traditions." In The Invention of Tradition, edited by Eric Hobsbawm and Terence Ranger, 1-14. 1983.

Liang, Yongjia. "Turning Gwer Sa La Festival into Intangible Cultural Heritage： State Superscription of Popular Religion in Southwest China." China： An International Journal 11 (2)： 58–75, 2013. doi： 10.1353/chn.2013.0023.

Lu, Tracey. "Heritage Conservation in Post-Colonial Hong Kong." International Journal of Heritage Studies 15 (2–3)： 258–272, 2009.

Nedostup, Rebecca. 2008. "Ritual Competition and the Modernizing Nation-State." In Chinese Religiosities： Afflictions of Modernity and State Formation, edited by Mayfair Mei-hui Yang, pp. 87–112. Berkeley： University of California Press.

Oakes, Timothy. 2010. "Alchemy of the Ancestors： Ritual of Genealogy in the Service of the Nation in Rural China." In Faiths on Display, edited by Timothy Oakes and Donald S. Sutton, pp. 51–78. Lanham, MD： Rowan and Littlefield.

Poon, Shuk Wah. 2004. "Refashioning Festival in Republican Guangzhou." Modern China 30 (2)： 199–227.

doi：10.1177/0097700403261881.

Ryan, Chris, and Huimin Gu. 2010. "Constructionism and Culture in Research: Understandings of the Fourth Buddhist Festival, Wutaishan, China." Tourism Management 31 (2): 167–178. doi：10.1016/j.tourman.2009.01.003.

Sutton, Donald S., and Xiaofei Kang. 2010. "Making Tourists and Remaking Locals: Religion, Ethnicity, and Patriotism on Display in Northern Sichuan." In Faiths on Display, edited by Timothy Oakes and Donald S. Sutton, pp. 103–126. Lanham, MD: Rowan and Littlefield.

Svensson, Marina. 2010. "Tourist Itineraries, Spatial Management, and Hidden Temples: The Revival of Religious Sites in a Water Town." In Faiths on Display, edited by Timothy Oakes and Donald S. Sutton, pp. 211–234. Lanham, MD: Rowan and Littlefield.

Teiser, Stephen. 1988. The Ghost Festival in Medieval China. Princeton: Princeton University Press.

2017 Yu Lan Cultural Festival Series—An Exhibition on the History and Culture of Yulan. 2017. Exhibition at Victoria Park, Causeway Bay, Hong Kong. September 1–3, 2017.

Weller, Robert P. 1987. "The Politics of Ritual Disguise: Repression and Response in Taiwanese Popular Religion." Modern China 13 (1): 17–39.

Weller, Robert P. 1994. Resistance, Chaos, and Control in China: Taiping Rebels, Taiwanese Ghosts, and Tiananmen. Seattle: University of Washington Press.

Weller, Robert P. 2001. Alternate Civilities: Democracy and Culture in China and Taiwan. Oxford: Westview.

Yan, Hongliang, and Bill Bramwell. 2008. "Cultural Tourism, Ceremony and the State in China." Annals of Tourism Research 35 (4): 969–989. doi：10.1016/j.annals.2008.09.004.

scchan@hksyu.edu

香港天后信俗的傳承
——以樂富慈德社天后廟為例

游子安
香港珠海學院　中國文學系教授

　　媽祖信仰從北宋初期在莆田民間形成後，由福建傳遍全國，及至海外華人社會，傳播到世界20多個國家和地區。據不完全統計，世界上共有媽祖分靈廟5000多座，湄洲島成為媽祖祖廟所在地。近三百多年，關帝與天后廣受尊崇，是朝廷與民眾在諸神「選擇」的結果。以越南為例，十七世紀後，來自福建、廣東、廣西等地的華僑移居越南西貢（胡志明市），先後建立會館和廟宇，最普遍供奉即是關帝和天后。在越南建立的福建會館、海南會館，大多主祀天后。　媽祖信俗，也稱為娘媽信俗、天后信俗、天上聖母信俗，是以崇奉和頌揚媽祖的立德、行善、大愛精神、拯溺濟難為核心，以媽祖宮廟為主要文化活動場所，以習俗和廟會等為表現形式的民俗文化。媽祖信俗與其他信俗的不同之處，在於媽祖的仁愛是一種母愛，信眾習稱「娘媽」、「媽娘」或「阿媽」，可見媽祖信俗兼具親和性、包容性、普遍性的特點。[1]《媽祖祭典》一書提到，媽祖信俗基本內容包括祭祀儀式、廟會活動、民間習俗、故事傳說、各種技藝，及建築文

1　媽祖信俗成功申報「世遺」，見周金琰編著《媽祖祭典》，濟南：山東友誼出版社，2013，頁394-396、401-402。

物。媽祖信仰已成為人們的生活，單看民間習俗，已歸納為以下16項：演戲酬神、媽祖元宵、謝恩敬神、媽祖游燈、媽祖服飾、聖杯問卜、換花求孕、佩戴香袋、誕辰禁捕、媽祖彩車、大門貼符、頸項佩玉、托看小孩、媽祖掛脰、人生禮俗、飲食習俗。以服飾與飲食習俗為例，媽祖信仰發展帆船狀的媽祖髮髻，還有待客時吃媽祖麵，平時以媽祖糕為點心。[2]

一、媽祖信俗：中國首個信俗類世界遺產

2006年、2008年，「湄洲媽祖祭典」與「媽祖祭典天津皇會」先後通過為國家級非遺名錄。2009年10月，媽祖信俗列入聯合國教科文組織《人類非物質文化遺產代表作名錄》，成為中國首個信俗類世界遺產。2014年，澳門媽祖信俗列入第四批《國家級非物質文化遺產代表性項目名錄》，傳承人為媽閣水陸演戲會。

對於媽祖信仰的定位，也由昔日「封建迷信」，轉為「重要的非物質文化遺產」，新時期的媽祖信仰又逐漸走上了一條現代化和全球化的道路，學者指出：由於媽祖信仰在歷史上的重要地位，學術界長期以來對此的研究和關注，以及媽祖信仰自身在實踐中的革新及其與當代社會思潮的接軌，它被列入從省市到國家乃至聯合國的「非遺」，也就是理所當然的了。[3]媽祖信俗由福建省莆田市湄州媽祖祖廟董事會牽頭，得到了港、澳、台媽祖宮廟與各地信眾的全力支持。「申遺」的過程，是海峽兩岸共同努力推動所獲得的成果，[4]然

2　媽祖信俗基本內容，見周金琰編著《媽祖祭典》，濟南：山東友誼出版社，2013，頁396-401。

3　詳參王霄冰、林海聰〈媽祖：從民間信仰到非物質文化遺產〉，載於《文化遺產》2013年第6期，頁35-43。

4　詳參周金琰〈淺談媽祖文化申報「世界文化遺產」工作〉，載於陳志聲總編輯《2007臺中縣媽祖國際學術研討會論文集》，臺中：臺中縣文化局，2007，頁159-176。

而，台灣媽祖信仰傳統，是以進香、遶境等大規模儀典與陣頭文化為其特有風采。

　　十八鄉、大埔舊墟等香港地區賀天后誕，列入2014年首份非物質文化遺產清單的480個項目之中。及後，香港天后誕和香港中式長衫製作技藝，獲列入國務院於2021年公布的第五批《國家級非物質文化遺產代表性項目名錄》。香港天后信俗的傳承，由於天后廟宇[5]數量眾多（主祀天后計算估計超過80間[6]），形式包括誕、醮、廟會慶典多樣化活動。大多廟宇在農曆三月廿三日賀誕，因神功戲編排演出及個別原因，有提早至三月十五日（長洲西灣），有些地區延至四、五月（如西貢墟）。[7]主要活動計有善信參拜、會景巡遊、花炮會組隊送還花炮、抽花炮、演神功戲、打醮、舞龍、舞獅、飄色等，精彩紛呈。不同地區都會舉行廟會賀誕，當中以西貢佛堂門、西貢糧船灣、元朗十八鄉及蒲台島等各有特色。其中西貢糧船灣、塔門聯鄉舉行天后海上出巡。[8]

二、天后廟的建立反映民系遷徙到香港的過程

　　香港雖然是彈丸之地，面積僅1,104平方公里，由香港島、九龍半島和新界（包括262個離島）組成，2015年香港人口約720萬。然而，香港中西宗教場所各綻姿彩，既保留

5　奉祀媽祖場所，香港大多稱天后廟或天后宮，天后是書面語，民眾慣稱「媽娘」、「娘媽」或「亞媽」。

6　謝永昌《香港天后廟探究》此書臚列歷史上及現存香港天后廟共100座，香港：中華文教交流服務中心，2006，頁30-111。

7　天后賀誕在香港不同日期，詳參Jean Law & Barbara E. Ward, *Chinese festivals in Hong Kong.* H.K. South China Morning Post, 1982. (3rd ed. : Hong Kong: MCCM Creations, 2005)，頁33；及陳天權《香港節慶風俗》，香港：明報出版社，2012，頁6。

8　天后海上出巡此習俗，可參考杜天生]編輯、　陳天權撰寫《塔門聯鄉太平清醮承傳》，　塔門鄉公所管理委員會、塔門青年會，2022，頁91-92。在疫情下，塔門聯鄉2020年如期啟建太平清醮及舉辦壓醮。

傳統的中國文化，又受英國殖民地時代的影響。如西人聚集消遣的中環「蘭桂坊」，屹立一座奉祀土地神的三義君廟；油麻地天后廟是算命看掌攤檔最集中地方之一，香火旺盛，著名的旅遊點「廟街」即因此廟命名。香港廟宇奉祀神祇甚夥，主要有關帝、北帝（玄天上帝）、文昌、洪聖大王、車公、觀音、黃大仙、龍母等，其中以奉天后者最多。香港天后信仰及其廟宇承載了豐富的文化內容：既是滄海桑田的地標，[9]又是社區歷史的縮影，也是傳統行業的印記。天后廟宇建築屬於物質文化遺產；而賀誕屬於非物質文化遺產。慶祝活動涵蓋多個範疇：如天后的故事是口頭傳說，而天后誕是民間傳統的節慶，天后誕中的神功戲則屬於表演藝術，而搭建演出神功戲的戲棚和扎作花炮等則是一種傳統的手工藝技能，簡表如下：

媽祖信仰、文化相關內容	分類	文化遺產範疇
媽祖故事	口頭傳說	非物質
誕、醮、廟會慶典	傳統節慶	非物質
誕中的神功戲：潮、粵劇	表演藝術	非物質
演戲戲棚	手工藝技能	非物質
神像雕刻	手工藝技能	非物質
媽祖廟宇建築		物質
神像		物質

　　若追溯三、四百年較長段歷史，天后信仰及其活動堪稱香港民間宗教最好的說明。香港長期都是一個移民城市，二十世紀以前，香港居民「民系」（「族群」）主要由本地人（廣府人士）、客家人（家籍人士）、福佬（學佬，閩南及潮汕人士）和蜑家組成；眾多天后廟的建立，反映不同民系先後遷港聚居的過程。

9　赤鱲角現已建成香港機場，之前是小島，島上建有天后廟，廟最獨一無二之處，是全石構建。建機場後廟遷東涌黃龍坑赤鱲角新村。又如大埔舊墟天后宮，原建於海邊，及後填海發展新市鎮，舊墟天后宮即可標誌大埔區填海的範圍。

　　十八世紀之前建立的香港地區天后廟，多是大宗族聚居的地方，集中在新界西部和北部。天后作為國家認可的神祇，扮演了整合地方的角色。[10]新界鄧族、廖族奉祀天后，如粉嶺龍躍頭天后廟、錦田水尾村天后廟、上水圍內村天后廟、大埔舊墟天后宮。十八世紀以後在漁港建廟，如離島和港島的天后廟，大都建於瀕臨海邊地區或漁港的地方，如塔門、香港仔、筲箕灣，其供奉與漁民信仰攸關。天后廣為閩粵潮汕沿海居民所奉，而自惠州入遷之漁民、石匠則奉祀譚公、三山國王。同是水神，洪聖為廣府沿海居民所奉；譚公為惠潮人士所奉；龍母為粵西沿江居民所奉。地名、港鐵站與街道命名，亦可以看到廟宇文化的影子。較著者是黃大仙區，以區內黃大仙祠命名，與天后信仰有關者亦不少，如港鐵天后站、天后廟道、馬灣（媽灣）、大廟灣等。香港各區天后廟，有些因歷史悠久而著名，如佛堂門天后廟（俗稱大廟）、大埔舊墟天后宮；有些是地區或村落主廟，如元朗十八鄉、坪輋、茶果嶺、衙前圍；有些與潮州文化相結合，如慈德社天后廟。潮州人移入香港地區，比廣府、客家人較晚。潮籍人士雖然自開埠至戰前已有移入，1950至1960年代則大量移居香港，老虎岩天后宮成立「慈德社」，1962年9月風災，舉廟盡毀，同年，壇生潮陽人郭忠平籌集金錢，重建天后廟。詳見下文。

三、慈德社天后廟：結合潮州文化弘揚媽祖信仰

　　有學者指出，「香港的天后廟沒有維持由湄洲媽祖廟分香而來的譜系關係」。[11]香港部分天后廟，「自福建莆田、

10　廖迪生《香港天后崇拜》，香港：三聯書店，2000，頁103。

11　廖迪生〈「地方宗教」與「民俗傳統」：香港天后崇拜活動的變遷〉，《媽祖研究學報》第一輯，雪隆海南會館（天后宮)媽祖文化研究中心，2004，頁54。

經汕頭放雞山（媽嶼），分香而來」，[12]慈德社天后廟即為一顯著例子。位於九龍樂富的慈德社天后廟，是一所由潮籍善信建立的廟宇。樂富前稱「老虎岩」，現在的「杏林街」以前稱「老虎岩街」，[13]老虎岩徙置區於1957年至1963年間落成。潮籍人士於1950年代大量移居香港，田仲一成稱從開埠到戰前遷徙到香港的潮州人為「舊潮僑」，戰後遷徙到香港的潮州人為「新潮僑」，統計 45 個潮僑盂蘭勝會，除公和堂、三角碼頭等5個港島屬舊潮僑，其他屬新潮僑。[14]2015年，香港人口720多萬，潮籍人士100萬，潮屬社團有一百多個，匯聚潮人力量。2011年，潮人盂蘭勝會被列入第三批國家級非物質文化遺產名錄。2010-2011年慈德社聯同27 個九龍東潮人各會為潮人盂蘭勝會「非遺」。

　　據天后廟重建人郭忠平之秘書陳萬峰云，天后廟始建於清代嘉慶六年（1801），「早年乃駐九龍水軍膜拜的廟堂」。[15]現存文物僅有光緒四年香爐。1950年，老虎岩天后宮成立「慈德社」；1962年9月的風災，舉廟盡毀，同年，壇生郭忠平籌集金錢，重建天后廟。　潮籍人士部分盂蘭勝會近年申請成為慈善團體，以求制度化及有效管理，樂富慈德社天后廟是其中先驅。1968年慈德社向華民政務司署轄下華人廟宇委員會正式註冊為有限公司，1997年慈德社正式確認為慈善團體。廟內現存1962年及1988年兩塊碑記，《慈德社天后古廟修建重光碑記》（1988）對該廟歷史，有一簡短的介紹：

12　謝永昌、蕭國健《香港廟神志》，香港道教聯合會，2010，頁10-11。

13　〈香港佛教醫院50周年——「老虎」易名「杏林」〉，刊於《佛聯匯訊》第227期，香港佛教聯合會，2021。 https://www.hkbuddhist.org/bulletin/hkba227.pdf，擷取日期：2023年11月8日。

14　見田仲一成〈二十世紀香港潮幫祭祀活動回顧——遺存的潮州文化〉，《饒宗頤國學院院刊》創刊號，香浸會大學，2014，頁412-415。

15　媽祖兒〈和平女神：千禧天后〉，香港：也仕美術社，2000，頁222。

……昔年老虎岩峭峪，丘陵環繞，木屋聚集，苦力之區。山腰之間，古木參天崩殘（原文如此）。古廟始建於清代嘉慶六年歲次辛酉，位置莠潤，四方八面，拔萃精華，地靈人傑，麟趾鳳毛之聖地。天后顯聖於公曆一九五零年歲次庚寅之春，報夢耆英，重建古剎。居民欣興，集資鳩工，冬月構成，巍峨壯觀，慈德社天后古廟重光。……[16]

其一集資者為郭汾陽崇德總會，奉唐朝明將郭子儀為始祖。筆者訪問致力辦註冊的慈德社理事長郭嘉炎，潮陽人，郭忠平兒子，郭嘉炎敬虔媽祖，積極保存歷史和推廣潮州文化，又擔任香港郭汾陽崇德總會副理事長。與慈德社和他相關的首份香港「非遺」清單已有三項：每年正月初九日天公誕、農曆十二月十一至十三日九龍城汾陽郭氏祭祖。[17]（社會實踐、儀式、節慶活動活動清單第3.33、3.39項）、及七月十九日盂蘭勝會，是區內盛事。

若與其他民系建立的天后廟比較，慈德社天后廟有多項特點：（1）由香港潮籍善信建立和管理，香火源頭可追溯至汕頭媽嶼島；（2）積極推廣潮州文化，如潮劇和潮陽英歌舞；並據粵東古建築特色重建廟宇；（圖1）（3）慈德社天后廟是香港唯一由湄洲祖廟分靈的天后廟；（4）慈德社天后廟較活躍與湄洲、臺灣媽祖廟結緣，如大甲鎮瀾宮與臺灣媽祖聯誼會主辦「2008臺灣媽祖文化論壇」，從其附錄「與會友宮名錄」可見，福建、澳門、日本、泰國、澳紐等

16　媽祖兒〈和平女神：千禧天后〉，香港：也仕美術社，2000，頁222。

17　汾陽郭氏祭祖在九龍城遊樂場舉行，有請神、祭祖、送太子和送神等儀式活動，是香港少有的市區同一姓氏祭祖儀式，郭汾陽宗親遍及世界各地，每年農曆十二月十二日，各宗親均在當地舉辦盛大祭祀大典。有關香港汾陽郭氏祭祖大典及其特色，詳見郭振忠、郭季欣、郭振城、郭嘉炎編著《香港汾陽郭氏祭祖文化手冊》，香港郭汾陽崇德總會有限公司，2017。

（圖1）　經重修的慈德社天后廟

地18所天后宮，香港唯一「與會友宮」即是「老虎崖（應為老虎岩）天后廟」。[18]此外，慈德社奉祀神祇，富有粵東信仰特點，與其他天后廟不同。主殿天后左右為太上老君，梨山老母；左側建觀音堂，右側建斗姆殿。主殿前還有南天大帝及翰林苑太子爺，[19]（圖2）南天大帝被尊為郭氏在潮陽家鄉獲眷顧的守護神，郭忠平為南天大帝乩童；翰林苑太子爺則是潮劇團戲班的保護神閩系戲班（福州班、莆田班、泉州班、海陸豐班），都奉祀戲神田都元帥，叫做「探花府」。潮班卻將其院號作為翰林院。可知潮人特別尊重儒家式的稱呼。[20]據說郭氏在家鄉，常到放雞山（位於汕頭市東南7公里

18　《2008臺灣媽祖文化論壇》，大甲鎮瀾宮與臺灣媽祖聯誼會編印，2008，頁25。

19　南天大帝及翰林苑太子爺誕期分別為四月初八日及九月初四日，見老虎岩慈德社天后廟編印《天后聖母古本靈籤》，2009，頁128。

20　昔潮州戲班祀奉太子神，四月初二太子爺誕，而潮劇班敬奉的戲神一般為田都元帥，其形象為三太子。見田仲一成〈二十世紀香港潮幫祭祀活動回顧——遺存的潮州文化〉，《饒宗頤國學院院刊》創刊號，2014，頁436-437。

（圖2）　慈德社天后廟主殿前奉祀南天大帝及翰
林苑太子爺

的海面上，清末改稱媽嶼島）參拜媽祖，島上有兩座媽宮，
分別建於元代及清咸豐年間，是台灣、香港一些媽祖廟的香
火源頭，嘉慶元年（1796）香火傳到臺灣新竹縣芎林鄉五和
宮。[21]由於廟內供奉的媽祖二百一十年前來自汕頭媽嶼島放
雞山的天后宮，農曆三月廿三日新竹縣五和宮信徒別開生面
信的舉辦「放雞」儀式，遙祭對岸放雞山的媽祖。據說：「
從前洋船船員、漁民，遠涉重洋的華僑，經媽嶼的時候，必
備活雞一隻，到島上朝拜天后聖母後，便把活雞放生山上，
致滿山皆有雞隻，所以被人稱為放雞山。」[22]

　　2000年郭氏開始發起重修廟宇，禮聘汕頭達濠區建築
設計室負責設計，帶有金字頂與青石精雕粵東古建築物的特
色，廟宇建成後，論者稱此廟「將潮式天后文化帶入社區」

21　林俊聰《媽嶼風情》，嶺南美術出版社，2008，頁19-22。
22　趙克進《錦繡潮汕》，香港潮州商會，2003，頁47。

（圖3）湄州媽祖祖廟之分靈宮（廟）證書

。[23]郭嘉炎參照潮陽東嶽廟、潮陽郭氏宗祠等祠宇，凝聚潮汕傳統文化和古建工藝。2002年由福建祖廟向樂富天后宮分出香火，並舉行了隆重的分靈儀式，湄洲祖廟贈慈德社「鎮廟三寶」：一、仿製清朝雍正皇帝御賜「神昭海表」匾額；二、奉贈古銅香爐；三、湄洲祖廟天后聖像及發給證書，其時慈德社「成為香港唯一由湄洲祖廟分靈的天后廟」。[24]2002年10月22日，湄洲媽祖祖廟董事會所發證書文字如下：

> 「香港慈德社天后廟奉祀媽祖，系湄洲媽祖祖廟迎請之分靈寶像，該廟確認為湄洲媽祖祖廟之分靈宮（廟），供海內外信眾虔誠膜拜，祈求風調雨順，國泰民安。」（圖3）

至此，慈德社既存清末初建者的香火，復有1950年代來自重建者潮籍人士香火，及2002年到湄洲「再壯」共三重香火。慈德社天后廟廟內原有八角形桌子，是壇生出乩時所

23　謝永昌《香港天后廟探究》，香港：中華文教交流服務中心，2006，頁47–48。

24　老虎岩慈德社天后廟編印《天后聖母古本靈簽》，2009，頁3-4。

（圖4）媽祖乩示賜聯：

　　　慈心和氣仁為德

　　　賢明忍辱是門生

用。魏俊義曾任正乩首、郭忠平任副乩首。1950至1960年代山邊木屋區，童乩甚盛。[25]廟前「媽祖乩示賜聯」：

　　　慈心和氣仁為德

　　　賢明忍辱是門生（圖4）

　　　石聯為「門生郭忠平喜敬」。因乩首見缺，近年扶乩已停止。建於康熙年間的塔門天后廟，以往亦有扶乩，可略見扶乩與廟宇的關連。[26]臺灣媽祖降乩亦不乏例子，如乾隆年間大甲鎮瀾宮「雨媽」降乩平亂，神蹟傳說使天后宮香火更盛。[27]

　　　慈德社天后廟另一特點，慈德社創會會長郭忠平先生，

25　2009年4月12日郭嘉炎訪問，案：郭嘉炎，1953年出生，是郭忠平兒子，郭老先生於2003年辭世。

26　塔門天后廟舊有扶乩（求取仙方、緊急事時問卜用）：由二位師傅（近六十年代知名者有藍佰達、黃進財）主持，先在桌上鋪上幼沙，工具為一副由木條製成的所謂『乩』，乩主雙手托起乩架，口中唸唸有辭，雙手會不停地自然顫動，乩頭有一口好像大木釘的筆，在沙上把字寫出來，助手在旁作紀錄，每個字都要讀出，若將字讀出時與乩主意思不符時，乩主就會把沙堆中重新再寫另一個字，每次扶乩要花個多二個小時才能完成。塔門天后廟之扶乩十分靈驗，深得老一輩人士倚重。見〈塔門天后廟之傳統習俗儀式雜絮〉，載於《第廿一屆塔門聯鄉太平清醮特刊》，第廿一屆塔門聯鄉建醮委員會編，2009，頁47。

27　詳見王見川、李世偉合著《臺灣媽祖廟閱覽》，臺北縣蘆洲市：博揚文化事業有限公司，2000，頁95-97，及133。

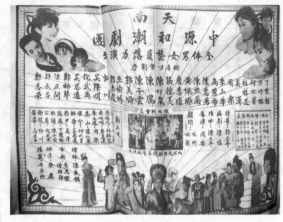

（圖5a）　天南中源和潮
　　　　　劇團1968年盂
　　　　　蘭劇目預告海
　　　　　報，郭嘉炎先
　　　　　生藏。

（圖5b）　天南中源和潮劇團團
　　　　　址位於老虎岩

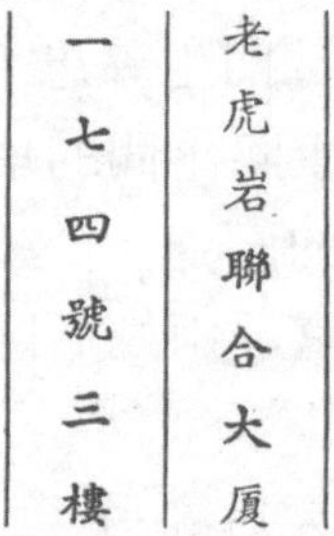

（圖5c）　天南中源和
　　　　　潮劇團團址
　　　　　位於老虎岩

本身是劇團班主。（因此廟內兼奉潮州戲班的神祇「太子
爺」）1964年斥資成立「天南中源和潮劇團」，提出「以
道緣結戲緣，以戲緣結善緣」，並擔任團長，這個劇團隸屬
於慈德社天后宮，天即天后，南即南天大帝。（圖5a,b,c）
農曆七月間在港九街坊神社開鑼公演，亦遍及東南亞泰國等
地推動潮劇及天后文化。1969年中源和潮劇團訪泰國演出三
個多月，創下連年來香港各潮劇團訪泰演出票房收入最高紀

錄。[28]「中源和潮劇團」雖已停辦，慈德社天后廟仍以弘揚媽祖文化與潮州文化並兼為目標，如1996年黃大仙區節，舉辦盛大的媽祖慶典，慈德社組織潮陽英歌舞匯演[29]及天后聖母巡遊，巡遊路線罕有地跨越黃大仙與九龍城兩區。天后聖母巡遊亦以誌慈德社46週年慶典。（見下文〈慈德社天后廟與非遺傳承年代簡表〉）他們又發揮天后慈悲博愛、弘揚孝道的精神，建立了擁有150名青年的義工隊，成為社區慈善活動的生力軍。如每逢元旦、盂蘭節等節日，開展為老人送米上門等活動；還經常探訪獨居老人、露宿者，並贈送各種日用品。

　　附帶一提，慈德社天后廟除了與湄洲、臺灣等地區天后廟密切往來外，慈德社還為湄洲與海外天后廟扮演橋樑作用，2010年5月2日舊金山華埠天后廟迎來100百年廟慶，經慈德社協助，前往湄洲祖廟請得天后聖像及發給分靈證書。〈湄洲禮祖慶百年〉一文記之甚詳，居中聯繫湄洲祖廟即由慈德社郭氏擔當：「……幸得老虎岩天后廟主持郭嘉炎與一群學者熱心為道，組成顧問團，專誠往湄洲祖廟為蒐集天后之文化資料，實行〔天下媽祖　祖在湄洲之行〕……」。[30]筆者亦是顧問團之成員。

附：慈德社天后廟與非遺傳承年代簡表（1950-2014）

1950年　老虎岩天后宮成立「慈德社」

1962年　9月的風災，除聖母像和神龕外，舉廟盡毀。同
　　　　年，壇生郭忠平籌集金錢，重建天后廟，廟內現存

28　黃葉天〈中源和潮劇團團長——郭忠平其人其事〉，載於《星暹日報》一九七零年四月十六日。

29　潮陽英歌舞相傳始於明朝中葉，原稱秧歌，是表現梁山泊好漢俠骨義風為主題的的舞蹈，潮陽英歌舞列入第一批國家級非物質文化遺產。

30　〈湄洲禮祖慶百年〉，收進蔡崇敬編撰《媽祖：天后信仰文化集》，香港：萬善鼎信道學研究社，2017，頁67-72。

1962年及1988年兩塊碑記。

1964年　成立「天南中源和潮劇團」

提出「以道緣結戲緣，以戲緣結善緣」，並擔任團長，這個劇團隸屬於慈德社天后宮。

1968年　向華民政務司署轄下華人廟宇委員會正式註冊為有限公司

1969年　中源和潮劇團訪泰國演出五個多月，創下連年來香港各潮劇團訪泰演出票房收入最高紀錄。

1996年　郭嘉炎任慈德社理事長

1996年　黃大仙區節，慈德社組織潮陽英歌舞匯演及天后聖母巡遊，巡遊路線罕有地跨越黃大仙與九龍城兩區。

1997年　慈德社正式確認為慈善團體。（圖6）

2000年　郭氏開始發起重修廟宇，禮聘汕頭達濠區建築設計室負責設計，帶有金字頂與青
石精雕粵東古建築物的特色。

2002年由湄洲祖廟向樂富天后宮分出香火，並舉行了隆重的分靈儀式。（圖7）

2010年　慈德社天后廟與三藩市天后廟結緣

（圖6）慈德社天后廟
　　　　註冊為慈善團
　　　　體並編印簡章

（圖7）湄洲祖廟贈予慈德社朝拜之錦旗

2014年與慈德社相關的首份香港「非遺」清單有三項（賀天后誕之外）：每年正月初 九日天公誕、農曆十二月十一至十三日九龍城汾陽郭氏祭祖、七月十九日盂蘭勝會

四、後話：「信俗類」非遺：述論　近年港澳地區「申遺」的趨向

港、澳、台及海外華人有影響力的民間信仰，包括關

公、[31]媽祖、黃大仙、[32]哪吒、[33]濟公等，[34]近年皆先後申報非物質文化遺產（以下簡稱「非遺」）。福建地區則包括保生大帝信俗、陳靖姑信俗、定光佛信俗、田公元帥信俗等皆立項。正如周星研究指出，近年中國內地民間信仰爭取合法性的路徑，其一是「民俗化」的路徑，即以信俗表述，反映和說明民間信仰的「非物質文化遺產化」。[35]而福建省第四批省級非遺名錄，除了田公元帥信俗（福州、龍岩），還有關岳信俗（泉州）、定光佛信俗（沙縣）等10項民間信仰，以「信俗」之名列入其中，據周星分析，「這不僅說明了信俗範疇的重要性」，在「地方政府的保護名錄中更容易得到關照」。[36]早年香港申報「非遺」，多與過節習俗有關，如大澳龍舟遊涌、大坑舞火龍、潮人盂蘭勝會，分別於端午節、中秋節、盂蘭時節舉辦。近年神誕習俗、與民間信仰相關習俗（簡稱「信俗」）成為「申遺」的常見選項，粵、港、澳早前已列「非遺」計有廣州黃埔波羅誕、悅城龍母誕、長洲太平清醮、澳門魚行醉龍節等。2014 年12 月公佈，柿山哪吒古廟值理會及大三巴哪吒廟值理會聯合申報「哪吒信俗」、媽閣水陸演戲會申報「媽祖信俗」，及嗇色園

---

31 由運城市、洛陽市申報「關公信俗」，列入第二批國家級非物質文化遺產名錄，基本內容主要分為娛神、祭祀兩大部分。詳參王文章主編《中國非物質文化遺產大辭典》，武漢：崇文書局，2022，頁790。

32 2008年，浙江省金華市申報「黃初平（黃大仙）傳說」，登錄「民間文學」類；黃大仙信俗，參考游子安、危丁明、鍾潔雄編著《香港非物質文化遺產系列：香港黃大仙信俗》，香港： 書作坊，2023。

33 有關哪吒信俗，可參考胡國年《澳門哪吒信仰》，香港： 三聯書店，2013。

34 2006年「濟公傳說」被列為首批國家非物質文化遺產名錄，由浙江省天臺縣以「民間文學」類別申報。

35 周星〈民間信仰俗與文化遺產〉，載《文化遺產》，2013年第2期，頁10。

36 周星〈民間信仰俗與文化遺產〉，載《文化遺產》，2013年第2期，頁8。

申報「香港黃大仙信俗」，同列入第四批《國家級非物質文化遺產代表性項目名錄》。

　　天后、黃大仙、哪吒信仰申遺成功，成為信俗的意義，是傳統宗教信仰帶給民生、帶給社會的強大力量，因而得到廣泛的認同。筆者相信港澳地區譚公、朱大仙、太平清醮（長洲之外，還有錦田、厦村鄉打醮）等信俗，很值得並有條件成為「申遺」項目，以進一步承傳、研究、保育及發揚傳統宗教信仰文化。

　　　　後記：　本文得以撰成，銘感慈德社天后廟郭嘉
　　　　　　　　炎先生大力協助，提供寶貴資料；祖師
　　　　　　　　降筆並存於大埔萬德苑「德慈共渡」以
　　　　　　　　勉之。

新冠疫情下的潮人盂蘭勝會

胡炎松

香港潮屬社團總會盂蘭勝會保育工作委員會 副主席

　　2020年初新冠肺炎疫情爆發，盂蘭團體首次面對疫情，各項祭祀儀式優化從簡。2021年疫情持續反覆，盂蘭團體汲取早前防疫限聚措施經驗，靈活變通積極完善各項儀式和布置擺設。2022年進入疫情第三年，中港兩地防疫隔離政策持續，盂蘭勝會聘用本地施演人員已成新常態。2023年疫情減退社會進入復常階段，無奈三年疫情，消耗社會營商環境、盂蘭團體人事新舊交替、盂蘭勝會供應商的營運變動，都直接影響盂蘭勝會重啟疫情前的慣性運作模式。潮人盂蘭勝會又將面對復常新挑戰，還須繼續迎難而上。

一、　潮人特色的盂蘭勝會

　　每年農曆七月籌辦潮人盂蘭勝會，需要匯聚大量人力、財力和物力資源，當中包括籌募經費、申請租借場地、棚架搭建、佈置擺設、聘請戲班佛社、購置各類紙糊竹架紮作和用於祭祀布置及擺設物品等，都是由社區街坊和商戶群策群力，有錢出錢，有力出力，共同參與。上世紀第二次大戰

後初期，大批內地難民湧入香港，潮汕地區的技藝人才也隨著逃難潮紮根香港，並為香港延續潮汕祭祀風俗文化發展帶來新命力。[1]

　　上世紀七十年代是潮人盂蘭勝會全盛時期，當年參與潮人盂蘭勝會的佛社經師和潮劇演員都以本地人員為主。至於用於祭祀的潮式餅糖糕包，以及紙糊竹架紮作，主要由本地製作和供應。[2]隨著國內經濟改革開放，香港與內地往來頻繁，潮汕地區與香港潮人社區之間往來更為密切，到上世紀九十年代初，參與潮人盂蘭勝會的本地佛社經師和潮劇演員已被內地施演人員所取代，至於大型紙糊竹架紮作、工藝制品、祀神用具等，大部份由潮汕地區供應。此時，香港潮人社區與潮汕地區文化藝術交流和營業性發展的緊密，促成兩地文化一體化。[3]

二、 2020年新冠初現，優化從簡的祭祀模式

　　新冠肺炎疫情在2020年1月首次爆發第一波，2月5日特區政府為減低疫情傳入社區，宣布從內地入境人士實施強制檢疫14日的措施。疫情發展到3月28日康文署戶外設施暫停開放，29日全港開始實施四人限聚令。此時，又正值盂蘭團體開始展開盂蘭勝會各項籌備工作，包括向康文署申請租借場地；與香港潮劇團和佛社主事人，簽訂國內戲班和經師人員來港合約；討論場地各項佈置和審議搭建物報價；訂購紙糊竹架紮作和相關祭祀物品。新冠肺炎疫情到了5月仍然持續漫延，由於疫情存有多變因素，都使到盂蘭團體籌辦各

1　陳蒨：《潮籍盂蘭勝會：非物質文化遺產、集體回憶與身份認同》（香港：中華書局(香港)，2015年），頁35-38。

2　區志堅、林浩琛：《九龍城潮僑盂蘭會成立50周年特刊》（香港：藝科創意製作及印刷有限公司，2017年），頁20-21。

3　田仲一成：〈二十世紀香港潮幫祭祀活動回顧 —遺存的潮州文化〉，《饒宗頤國學院院刊》，2014年，頁395-441。

項採購工作和簽訂合同事宜都難以落實。特別是公演潮劇的盂蘭團體，憂慮不知中港兩地封關政策何時解除?康文署場地能否如期開放 ?如防疫措施持續，康文署轄下場地繼續關閉，到時已獲批來港的國內戲班人員和佛社經師又如何安置他們?至於香港的潮劇團和佛社主事人也顧慮，如盂蘭團體的戲棚和經棚蓋搭好，國內戲班人員和經師未能獲得審批來港參與活動，又如何向盂蘭團體交待? 多項未知因素，使到雙方都把持不定。此外，盂蘭團體還憂慮除新冠疫情外2019年6月起香港持續社會暴亂，都直接影響商戶經營狀況，籌募經費會變得更加困難，基於多方面不明確因素，最後放棄公演潮劇的決定。

　　新冠肺炎疫情到了6月雖然疫情稍為緩和，康文署轄下場地陸續重開，有盂蘭團體恐怕疫情反彈，計劃把以往舉行三天儀式的盂蘭勝會，縮減為一天。可是，到了7月初又爆發第三波疫情，康文署轄下場地又重新關閉，全港實施二人限聚令，在疫情反覆嚴峻的情況下，早前作了決定的盂蘭團體對於是否繼續舉辦盂蘭勝會又舉棋不定，轉而向潮屬社團總會盂蘭勝會保育工作委員會徵詢意見。2020年7月16日盂蘭勝會保育工作委員會在「各區盂蘭勝會」群組發放了一段通告，致各區盂蘭勝會首長：[4]

　　　　「去年年中開始的「修例」風波，再加上今年年初蔓延至今的「新冠」疫情，對各區盂蘭勝會的舉辦產生了不小的影響。鑒於當前形勢仍不容樂觀，本會建議各區盂蘭勝會配合特區政府之防疫工作，齊心抗疫，暫停舉辦或縮小舉辦規模，安全為上。

　　　　而今年的「盂蘭文化節」，由於受疫情影響，將改以其他形式，繼續推廣盂蘭文

4　2020盂蘭勝會保育工作委員會：〈致各區盂蘭勝會首長通告〉，2020年。

化，具體活動詳情稍後秘書處將會發出通知。
若貴會今年已計劃繼續籌辦盂蘭勝會，並得到政
府相關部門同意，本會表示支持。如若需要本會
在相關工作上作出協助和支持，總會將盡力予以
支持。相信大家齊心協力，一定打贏這場硬仗，
以更好的姿態將「潮人盂蘭勝會」所蘊含的文化
發揚光大！

　　祝各位身體健康！

　　香港潮屬社團總會盂蘭勝會保育工作委員會
　　　　　　　　　　　　　2020年7月16日」

　　雖然農曆七月潮人盂蘭勝會，是宣揚孝親敬祖、施孤濟
貧，並有勸人去惡從善，樂善好施精神，更是街坊商戶憑藉
盂蘭勝會佈施功德追求合境平安，幸福迎祥的年度盛事。在
疫情嚴峻之下各區盂蘭團體仍然積極籌謀，在有限場地空間
和有限資料的環境下積極發揮多樣化的祭祀模式。

(一) 積極發揮多樣化的祭祀模式

　　在新冠肺炎疫情之下，對於需要借用康文署球場演出
潮劇酬神戲的盂蘭勝會最受影響。潮人盂蘭勝會傳統布局規
劃，需要搭建經師壇、孤魂台、附薦台、大士台、米棚、天
地父母棚、酬神戲台、神袍棚、辦事處及金榜，需要大面積
的場地空間來容納搭建各項設施。

　　2019年全港共有28個公演潮劇酬神戲的潮人盂蘭勝會。
這些盂蘭團體主要借用康文署足球場地，由於新冠疫情導致
康文署場地關閉，以及國內出入境部門在防疫措施的情況
下，暫緩審批涉及港澳台營業性演出活動，潮劇和佛社人員
未能來港參與活動。因此，在球場公演潮劇舉行三天儀式的
盂蘭勝會全部取消。有盂蘭團體積極尋找合適公共空間作
為盂蘭場地，包括有位於球場旁邊的行人路；團體會所；社

區寺廟前空間等。再按照場地面積調整儀式規模，較普遍形式是舉行半天拜神燒衣或一天拜神誦經施食，儀式流程由請佛、招魂、拜懺、施食，謝佛，一天完成。由於場地空間所限和經師人手短缺，經壇佈置、祭品擺設和法事儀式施演都優化從簡，各佛社互相抽調經師人手，再配合各區盂蘭勝會所擇定日期，安排二位至七位經師參與主持法事。[5]在新界的盂蘭勝會，由於場地多屬於私人土地或由地政署管轄，沒有康文署場地的繁複規條所限，特別在處理祭拜和燒衣就較易發揮。對於疫情前在社區行人道或公共空間以帳篷搭建的盂蘭勝會的影響較少，由於規模不大和舉行時間較短，仍可依舊舉行，規模和形式與往年相若，只是參與人數減少。在疫情下，最不受場地影響的盂蘭勝會，要以寺廟、佛社或道觀等團體舉辦的盂蘭勝會，多能夠如常舉行，但基於疫情關不會對外開放，善信仍可為先人供附薦蓮位，但為免人群聚集，大會安排工作人員代為燒衣化寶。[6]

(二)疫情下實體盂蘭情景

2020年新冠疫情持續反覆，盂蘭團體不斷因應政府防疫政策調整盂蘭勝會祭拜模式。康文署場地關閉，國內暫緩審批潮劇和佛社專職人員來港，以及政府防疫措施，都影響盂蘭勝會不能如常舉行。

香港潮屬社團總會盂蘭勝會保育工作委員會在2020年7月初，在新冠肺炎疫情爆發第三波後，向54個地區盂蘭團體查詢會否繼續舉辦行盂蘭勝會，當時表示會「簡單拜祭」的盂蘭團體有29個，將會「繼續舉辦」有17個，決定「暫停舉辦」有8個。由於各區盂蘭團體初次面對疫情持續不確定性，籌辦計劃不斷調整，到了農曆七月實際舉行盂蘭勝會的

5　胡炎松〈疫境中的潮人盂蘭勝會〉，《潮屬社團總會季刊第45期2021年7月》P26。

6　胡炎松〈疫境中的潮人盂蘭勝會〉，《潮屬社團總會季刊第45期2021年7月》P26。

規模和形式，與早前計劃有所不同。盂蘭團體會按照實際場地空間，靈活調整祭祀形式。

　　2020年8月19日至9月16日盂蘭節期間，筆者透過現場考察和電話訪問，54個盂蘭團體在2019年疫情前與2020年疫情期間舉行盂蘭勝會的地點比較，同時把祭祀形式分類為「拜神燒衣」、「拜神祭好兄弟」、「拜神誦經」、「拜神施食」。[7]（見表一）

1.「拜神燒衣」

　　有20個地區盂蘭勝會，沒有向公眾開放，由理事會成員在會址或社區公共空間舉行簡單拜神燒孤衣。例如：油麻地旺角區四方街潮僑街坊盂蘭勝會，以及荃灣潮僑街坊盂蘭勝會各理事成員集中在會址拜神後，便會到附近街道燒衣化寶。

7　筆者在新冠疫情期間，考察各區盂蘭勝會場地以瞭解疫情期間運作情況，以及訪談與盂蘭勝會相關持份者，本文得以順利完成，有賴以下人士指導和支持，謹致衷心感謝：

馬玠璋博士，林梅女士，陳馳欣小姐，陳黛藍女士，馬香順先生，
馮志成先生，陳運然先生，鄭仁創先生，李明華先生，楊開永先生，
黃英松先生，陳欽池先生，鐘海添先生，林深強先生，鄭淡輝先生，
楊育堅先生，楊形忠先生，陳俊達先生，蔡傑先生，吳炳森先生，
方玉璋先生，鄭奇昌先生，吳木林先生，葉財興先生，林永強先生，
劉宏英先生，周國昌先生，黃祥漢先生，曾祥裕先生，蔡開明先生，
陳統金先生，陳欣耀先生，黃素玉女士，胡長和先生，蔡學勤先生，
蔡達耀先生，陳文龍先生，廖志協先生，陳耀安先生，鄭海利先生，
李錫聯先生，黃勤愛先生，劉德興先生，黃玉華先生，陳光耀先生，
許瑞良先生，吳民順先生，陳偉昌先生，顏汶羽先生，鄧群就先生，
林景隆先生，李東江先生，曾耿賢先生，鄭相德先生，楊政毅先生，
陳大昕先生，姚志明先生，羅碧華女士，羅榮華先生，施寶欣女士，
許楚喜先生，徐嘉興先生，高卓峰先生，顏文龍先生，鄭文蘭先生，
蔡強安先生，蔡發展先生，朱重岳先生，鄺美嬌女士，吳平森先生，
張旭良先生，楊子儀先生，陳淑珊女士，張坤英女士，林雪雲先生，
林守培先生，翁振華先生，潘丹成先生，姚子強先生，姚直發先生，
黃偉倫先生，張玉鳳先生，王錫玉先生。

2.「拜神祭好兄弟」

有13個地區盂蘭勝會，以公開形式在廟宇或社區公共空間，擺設香爐，並在地上佈香路祭好兄弟。例如：潮聯工商聯誼會屬下股東會員司機盂蘭勝會，在觀塘裕民坊小巴總站舉行，祭拜規模和形式一如既往沒有受疫情影響，盂蘭場地將於2021年便要搬往裕民坊廣場的室內小巴總站。而紅磡三約街坊潮僑盂蘭勝會，因為疫情嚴重取消在蕪湖街足球場公演潮劇，改在寶來街福德古廟搭建花牌，供街坊善信拜神祭好兄弟。

3.「拜神誦經」

有7個地區盂蘭勝會，在廟宇或會址或社區行人通道作為盂蘭場地，擺設神明香爐，大士爺爐及孤魂爐，佈香路祭好兄弟。並由兩位或多位佛社經師誦唸《金剛般若波羅密經》、《銷釋金剛科儀》、《佛說阿彌陀經》等經文。

4.「拜神施食」

有12個地區盂蘭團體，擁有專屬廟宇或佛社或道壇等場地優勢，擺設神明香爐並設大士爺壇和孤魂壇。如西區石塘咀街坊盂蘭勝會在天福慈善社舉行一天儀式，流程由請佛、招魂、拜懺，並以簡版《蒙山施食》代替《瑜伽燄口》。也有如石籬石蔭安蔭潮僑盂蘭勝會在石籬福德古廟舉行傳統三天儀式，施演《瑜伽燄口》施食好兄弟，最後謝佛送神。

5.「停辦」

有2個盂蘭團體停辦，位於柴灣玄都觀的柴灣潮僑盂蘭勝會理事會透過擇聖杯獲太上老君指示疫情下需要停辦盂蘭勝會。荃灣潮僑盂蘭勝會由於會址面積不大所以也停辦。

表一、2019年疫情前和2020年疫情期間舉行盂蘭勝會地點和形式。

	盂蘭團體名稱	2019年盂蘭地點	2020年疫情期間盂蘭地點	2020年祭祀形式
1	石籬石蔭安蔭潮僑盂蘭勝會	石籬邨十座藍球場，公演潮劇	石籬福德古廟	拜神施食
2	東頭邨盂蘭勝會	買炳達道公園，公演潮劇	會所	拜神燒衣
3	粉嶺潮僑盂蘭勝會	粉嶺聯和墟安樂村遊樂場，公演潮劇	會所	拜神施食
4	牛頭角區潮僑街坊盂蘭勝會	牛頭角福淘街球場，公演潮劇	牛頭角福德廟	拜神祭好兄弟
5	李鄭屋及麗閣邨潮州工商盂蘭會	深水埗保安道球場，公演潮劇	會所	拜神燒衣
6	慈雲山竹園邨鳳德邨潮僑盂蘭勝會	雲華街中央遊樂場，公演潮劇	會所	拜神燒衣
7	西環盂蘭勝會	堅尼地城西寧街球場，公演潮劇	西環士美菲路露天劇場	拜神燒衣
8	荃灣潮僑盂蘭勝會	大窩口七號球場，公演潮劇	會所	停辦
9	黃大仙新蒲崗鳳凰邨盂蘭勝會	新蒲崗東啟德遊樂場，公演潮劇	會所	拜神燒衣
10	藍田街坊潮僑盂蘭勝會	藍田配水庫遊樂場，公演潮劇	會所	拜神燒衣
11	潮州南安堂福利協進會盂蘭勝會	愛秩序灣遊樂場，公演潮劇	會所	拜神燒衣
12	旺角潮僑街坊盂蘭勝會	詩歌舞街足球場，公演潮劇	詩歌舞街足球場旁天橋底	拜神誦經

13	錦田八鄉大江埔潮僑盂蘭會	大江埔村天德宮前天德廣場，公演潮劇	大江埔村天德宮前天德廣場	拜神誦經
14	觀塘潮僑工商界盂蘭勝會	觀塘康寧道球場，公演潮劇	會所	拜神燒衣
15	紅磡三約潮僑街坊盂蘭勝會	蕪湖街足球場，公演潮劇	寶來街福德古廟	拜神祭好兄弟
16	秀茂坪潮僑街坊盂蘭勝會	秀明道秀雅樓對面足球場，公演潮劇	順利邨道招利聖君古廟	拜神祭好兄弟
17	油麻地旺角區四方街潮僑街坊盂蘭勝會	佐敦道佐治五世紀念公園，公演潮劇	會所	拜神燒衣
18	深水埗石硤尾白田潮僑盂蘭勝會	石硤尾偉智街球場，公演潮劇	石硤尾偉智街場遊外人行道	拜神誦經
19	九龍城潮僑街坊盂蘭勝會	亞皆老街球場，公演潮劇	會所	拜神燒衣
20	元朗潮僑盂蘭勝會	元朗公園南路足球場，公演潮劇	會所	拜神燒衣
21	沙田潮僑福利會盂蘭勝會	沙田源禾路遊樂場，公演潮劇	會所	拜神燒衣
22	柴灣潮僑盂蘭勝會	柴灣玄都觀，公演潮劇	柴灣玄都觀	停辦
23	土瓜灣潮僑工商盂蘭勝會	土瓜灣下鄉道球場，公演潮劇	會所	拜神施食
24	尖沙咀官涌街坊盂蘭勝會	佐敦道佐治五世紀念公園，公演潮劇	會所	拜神燒衣
25	佛教三角碼頭街坊盂蘭勝會	中山紀念公園，公演潮劇	皇后街交匯	拜神誦經
26	西區石塘咀街坊盂蘭勝會	山道寶德街口，公演潮劇	天福慈善社	拜神施食
27	長沙灣街坊潮籍盂蘭勝會	深水埗保安道球場，公演潮劇	呈祥道福德念佛社	拜神施食
28	荃灣潮僑街坊盂蘭勝會	沙咀道球場，公演潮劇	會所	拜神燒衣

29	潮州公和堂聯誼會盂蘭勝會	銅鑼灣摩頓台球場	會所	拜神燒衣
30	九龍仔信福德堂有限公司	南山邨南偉樓	九龍仔信福德堂	拜神祭好兄弟
31	上水虎地坳德陽堂盂蘭勝會	上水虎地坳道	德陽堂呂祖廟	拜神誦經
32	香港仔黃竹坑鴨脷洲華富村街坊盂蘭勝會	大王爺廟前人行道	大王爺廟	拜神施食
33	中區卅間街坊盂蘭會	中環士丹頓街	會所	拜神燒衣
34	牛頭角工商聯誼會眾坊盂蘭勝會	牛頭角福淘街球場，公演白字戲	聖人公媽廟	拜神誦經
35	石排灣邨盂蘭勝會	石排灣邨漁光道球場	會所	拜神燒衣
36	西貢區盂蘭勝會	西貢鹿尾村休憩公園	鹿尾村大德元帥廟	拜神誦經
37	佛教觀園修苑	觀塘協和街協和大廈	觀塘協和街協和大廈	拜神施食
38	香港仔田灣邨華富邨華貴邨潮僑坊眾盂蘭勝會	香港仔華貴邨巴士總站旁球場	會所	拜神燒衣
39	坪石邨街坊盂蘭勝會	藍石樓休憩處	藍石樓互助委員會	拜神祭好兄弟
40	彩雲邨潮僑天德伯公	彩雲(二)明麗樓地下	天德伯公廟	拜神祭好兄弟
41	彩霞關注組	彩霞邨內休憩處	彩霞邨內休憩處	拜神祭好兄弟
42	深井潮僑街坊盂蘭勝會	深井深康路，公演鐵枝木偶戲	深井深康路	拜神施食
43	順天福德老爺廟	順利福德伯公廟	順利福德伯公廟	拜神祭好兄弟
44	黃大仙上邨街坊盂蘭勝會	黃大仙上邨啟善樓	啟善樓	拜神燒衣
45	黃大仙下邨龍興樓街坊盂蘭勝會	黃大仙下邨龍興樓	龍興樓前	拜神燒衣
46	慈雲閣盂蘭勝會	慈雲山道慈雲閣	慈雲山道慈雲閣	拜神施食

47	樂富慈德社天后古廟盂蘭勝會	樂富邨樂民樓天后古廟	樂富邨樂民樓天后古廟	拜神祭好兄弟
48	橫頭磡邨樂富邨竹園天馬苑街坊盂蘭勝會	橫頭磡東道福德堂善社前行人道	橫頭磡東道福德堂善社前行人道	拜神施食
49	觀塘翠屏潮僑街坊盂蘭勝會	翠坪南邨翠櫻樓後面大王爺廟	翠坪南邨翠櫻樓後面大王爺廟	拜神祭好兄弟
50	德教保慶愛壇盂蘭勝會	翠坪南邨翠櫻樓後面大王爺廟	翠坪南邨翠櫻樓後面大王爺廟	拜神施食
51	潮聯工商聯誼會屬下股東會員司機盂蘭勝會	觀塘裕民坊小巴總站	觀塘裕民坊小巴總站	拜神祭好兄弟
52	鴨脷洲同慶公社盂蘭勝會	鴨利洲洪聖廟前廣場	鴨利洲洪聖廟	拜神祭好兄弟
53	聯光佛堂	官塘秀茂坪曉光街達摩寶廟	官塘秀茂坪曉光街達摩寶廟	拜神祭好兄弟
54	德教紫靖閣	西營盤西都大廈	西營盤西都大廈	拜神施食

(三) 以西貢區2020年盂蘭勝會應對疫情個案:

西貢區盂蘭勝會,原定農曆七月廿七至廿九日在西貢鹿尾村休憩公園舉行第六十六屆盂蘭勝會。因受疫情影響,將日期改為2020年9月16日(農曆七月廿九日)場地轉移至鹿尾村關大德元帥廟,舉行半天拜神誦經燒孤衣。

2020 年 6 月份疫情稍為援和,西貢區盂蘭勝會舉行理事會會議通過,一如既往,決定將於9月 14-16 日(農曆七月廿七至廿九日)一連三天在西貢鹿尾村休憩公園 (非康文署轄下場地)舉辦第六十六屆盂蘭勝會,由於早前接獲念敬佛社通知,國內出入境防疫措施所限,在潮汕聘請經師未能到港,

(圖1) 2020年西貢區盂蘭勝會在會址前祭好兄弟。

佛社恐怕沒有足夠經師人手協助主持法事儀式，但可以保持三天儀式流程，儀軌會按照實際經師人手作出調整。事隔不久疫情再次反覆嚴峻，全港實施二人限聚令，理事會在7 月18 日再次召開緊急會議以應對不斷反覆的疫情形勢。會議最終決定把原有三天儀式流程，改為半天祭拜活動，由念敬佛社派出五位本地經師主持，拜神誦經燒孤衣。理事會向街坊善信發出通告和防疫措施如下。[8]

西貢區盂蘭勝會通告

　　本會原定於農曆七月廿七至廿九日在西貢鹿尾村休憩公園，舉行一連三天盂蘭勝會。鑒於新冠肺炎持續反覆，理事會決定今年第六十六屆西貢區盂蘭勝會，仍會在疫境氣圍延續傳統盂蘭文

8　西貢區盂蘭勝會：〈西貢區盂蘭勝會通告〉，2020-07-18。

化，規模形式將會優化從簡，現定於 2020 年 9 月16日(星期三)農曆廿九日，上午 10 時起在西貢鹿尾村關大德元帥廟舉行誦經拜祭，祈願神恩庇佑，疫境平安。因應疫情關係每年傳統儀式流程將會調整安排如下：

(一) 競投香爐：於上屆競投得各諸神香爐及長紅的善長，可選擇今年仍繼續保留供奉，並繳付相等於上屆的競投金額，或可自行將香爐送回關大德元帥廟供奉。

(二) 福品善款：上屆已競投福品善長，建議今年支付福品善款或可順延至明年盂蘭勝會繳交。

(三) 總理任期：今年第六十六屆盂蘭勝會總理胡炎松任期順延至明年第六十七屆。原第六十七屆總理柯木雄則順延至第六十八屆。

盂蘭勝會期間進入會場防疫措施：

鑑於新冠肺炎疫情嚴峻，為避免公眾傳播及保障善信及工作人員安全，進入本會場，需遵守防疫措施；

1. 進入會場人士需先接受體溫檢查，然後以消毒液搓手，全程需配戴口罩。

2.善信拜祭進香後，應盡快離開。

不便之處，敬希鑑諒！

西貢區盂蘭勝會謹啓

此外，西貢區盂蘭勝會在籌募經費方面，為配合政府防措施，減少人群聚集，取消以往上門拜訪商戶和街坊的募捐方式，改為透過網上社交群組WhatsApp呼籲西貢區各善信鼎力支持年度盂蘭勝會活動，善款多少隨喜功德。為方便統籌工作，各善長需要預先在訊息群組以接龍方式自行登記姓名

和捐款數目。善款則存入西貢盂蘭勝會銀行帳號。至於捐款善長姓名及捐款數目將會發放到網上群組，以及在祭拜當日在現場張貼金榜展示。[9]

　　盂蘭勝會每年經費主要依賴善信捐獻來支持活動，盂蘭勝會期間更是善信前來上香拜祭並順道繳交善款的重要日子。盂蘭團體始終憂慮如疫情又趨向嚴重，盂蘭勝會不能如期舉行，便沒有善款收入，早前籌辦各項支出費用便會化為烏有。

三、2021年在持續防疫措施下
積極完善各項儀式和佈置擺設

　　新冠肺炎疫情在2020年初爆發第一波後疫情持續反覆，到了2021年3月中，疫情已進入第四波，直至5月尾第四波疫情可算告一段落，這時又正是農曆七月潮人盂蘭勝會進入各項籌備工作階段。各區盂蘭團體汲取上一年防疫限制措施經驗，靈活變通積極完善各項儀式和布置擺設，希望能夠與「疫」同行如常舉辦盂蘭勝會。2021年雖然康文署轄下球場開放，始終最受疫情影響的盂蘭團體，仍然是租用康文署球場演出酬神戲的盂蘭勝會。由於康文署要求使用場地的盂蘭勝會需要含有戲曲元素才會批出場地。由於缺乏潮劇演員，因此大部份需要使用康文署轄下場地的盂蘭勝會無奈被迫再次取消。

　　2021年，中港兩地防疫隔離政策仍未解除，演出盂蘭勝會酬神戲的潮劇演員和主持法事經師來港無望。本港現存潮劇演員，主要是早年退休潮劇演員，以及一些潮劇愛好者，他們多以業餘玩樂性質參與潮曲樂社，間中在社區活動演出折子戲。2021年演出盂蘭勝會的潮劇團，只有新天藝潮劇團和香港唯一演出潮州鐵枝木偶戲的玉梨春潮劇團，演員方面

9　　西貢區盂蘭勝會：〈西貢區盂蘭勝會防疫通告〉，2020-07-18。

就由本地早年退休潮劇演員和潮劇愛好者組成的臨時班底參與演出。[10]

此外，香港本地約有六十多位潮籍經師，他們多以臨時顧用形式遊走各佛社之間從事喪殯法事。2020年至2021在疫情下參與盂蘭法事的佛社有慈心佛堂、慈心閣佛社、從德善社、荃灣玉霞閣、善德善社和慈善閣。[11]至於在本港從事製作潮式大士王、神馬、大神袍等，大型竹架紙糊紥作的本地師傅就始終不絕如縷。在2021年各區潮籍盂蘭團體為爭取成功復辦盂蘭勝會，積極在本港購置各項祭祀物品和聘請專職施演人員。在新冠肺炎疫情持續兩年之下，香港又再次成為自上世紀八十年代末期以來，潮人盂蘭勝會各項購置的主要供應地。

2019年新冠肺炎疫情爆發前，全港共有28個公演潮劇的潮人盂蘭勝會。2020年疫情持續，所有潮人盂蘭勝會拜祭從簡，取消潮劇演出。2021年，旺角潮僑盂蘭勝會是唯一在康文署場地復辦公演潮劇的盂蘭團體。此外，西環盂蘭勝會、錦田八鄉大江埔潮僑盂蘭會、深井潮僑街坊盂蘭勝會、以及西貢區盂蘭勝會[12]，卻以不同形式如常在戶外舉行涵蓋戲曲文化的潮人盂蘭勝會。

(表二)2021年涵蓋戲曲文化的潮人盂蘭勝會。

	盂蘭團體名稱	劇團類型	戲曲形式	盂蘭天數	演出天數
1.	西環盂蘭勝會	粵劇 (業餘)	折子戲	一天	一天
2.	旺角潮僑盂蘭勝會	新天藝潮劇團	折子戲	三天	三天

10　〈內地戲班因疫情未能來港演出本地潮劇團重登盂蘭戲台〉《香港商報》，2021-08-22。

11　〈「吾不與祭，如不祭」——疫下盂蘭，如何慎終追遠？〉，《端傳媒》，2020-09-02。

12　〈採土製紙紥祭品港木偶戲班登台西貢盂蘭勝會疫下本地化〉，《香港商報》，2021-09-08。

3.	八鄉大江埔盂蘭勝會	玉梨春鐵枝木偶潮劇團	折子戲	三天	二天
4.	深井潮僑盂蘭勝會	玉梨春鐵枝木偶潮劇團	折子戲	二天	二天
5.	西貢區盂蘭勝會	玉梨春鐵枝木偶潮劇團	折子戲	三天	二天

　　至於遠離市區具有場地優勢的盂蘭團體有，八鄉大江埔盂蘭勝會場地位於大江埔村天德宮前天德廣場，[13]是當地居民的祖堂地，由大江埔盂蘭勝會租用;深井潮僑街坊盂蘭勝會場地，位於深井深康路是屬於會址範圍;西貢區盂蘭勝會場地位於西貢鹿尾村休憩公園，場地是屬於地政署管轄物業。此外，旺角潮僑盂蘭勝會場地位於旺角詩歌舞街足球場，以及西環盂蘭勝會場地就位於堅尼地城卑路乍灣公園，兩者都是使用康文署管轄場地。

（一）康文署轄下球場的戲曲文化

　　雖然康文署要求使用轄下球場舉辦盂蘭勝會，活動需要有戲曲文化元素才會批出場地。旺角潮僑盂蘭勝會及西環盂蘭勝會，為求在疫情稍為緩和之下盂蘭勝會活動可以順利舉行，在籌辦過程積極進取，靈活變通以符合康文署規定。

1.本地臨時班底演出潮劇折子戲

　　旺角潮僑盂蘭勝會理事會，在籌備過程積極迎難而上，情商本地退休潮劇演員和潮劇愛好者組成臨時班底演出以短劇目折子戲作為酬神戲，以滿足康文署要求。

　　旺角潮僑街坊盂蘭勝會每年農曆七月初十至十二日於大角咀詩歌舞街球場舉辦盂蘭勝會，並由新天藝潮劇團公演潮劇，從德善社主持法事。2020年受疫情影響，拜祭規模從

13　〈盂蘭勝會難籌辦　市民續燒衣奉鬼神　保傳統文化留價值〉，《香港01》，2021-08-26。

簡，[14]於8月30日(農曆七月十二日)下午時段，在詩歌舞街足球場旁的天橋底行人道上，架設鋁架帳篷放置寫字枱作為臨時捐款收集處，場地設有大士爺爐祭桌，佛祖香爐供桌，由從德善社三位經師誦唸經文。行人道上祭品放置處，擺放大量25公斤袋裝白米，三牲有烏頭魚、雞、豬肉、燒鵝、燒豬以及果品、甜飯、甜粿、麵線、白飯、通菜、豆腐、福包、紙箱疏打餅等，還有衣包紙紮供街坊善信上香拜祭後，隨即搬往天橋底旁，放入預先設置的大鐵桶內焚燒，場地雖小各項擺設仍然能夠滿足儀式所需，派米活動就在附近多處地點以快閃形式派發。2021年第五十二屆旺角潮僑盂蘭勝會終於可以如常於8月17至19日（農曆七月初十至十二日）在旺角詩歌舞街足球場舉行一連三天酬神施孤，場地佈局一如既往以鋼架搭建各式棚座。戲班就依舊聘請新天藝潮劇團，但演員方面由以往來自潮汕戲班，改為採用香港本地戲劇人員，召集五代潮劇人員，由早期退休資深演員至青年一代業餘潮劇愛好者所組成臨時班底，參與台前幕後工作，一連三晚演足十一場，以短劇目折子戲代替以往的長劇目。佛社方面由從德唸佛社在原有班底基礎上再增聘本地經師協助。至於大型紙糊竹架紮作，大士爺、神馬、神袍等，基於成本原因以往從潮汕地區採購運抵香港後，再安排紮作師傅來港協助組裝，由於疫情關係中港兩地防疫隔離政策還未解除，兩地人員未能如常往來。主辦方曾考慮從潮汕訂購體型較細2.5米高的大士王，就可避免組裝問題，但有長老憂慮改用體型較以往細小的大士王，恐怕會失去原有氣勢，分衣施食時未必能震懾場面。最後決定洽商香港光藝紙品廠翁振華師父協助製作香港疫情下首個本地潮式大士爺。[15]

此外，旺角潮僑盂蘭勝會主事人羅碧華女士（華姐）基於近年疫情在全球漫延，不幸罹難者眾，同時2021年7月河

---

14 〈各區神功戲班缺資金停開〉，《香港01》，2021-08-22。

15 〈香港潮人盂蘭勝會在本地的傳承〉，《大紀元》，2021-09-07

南鄭州多地洪澇災難，造成嚴重死傷。因此除了由佛社主持
放燄口超渡無主孤魂，亦希望舉辦水陸法會和放蓮花水燈。
至於佛社和道壇兩種不同教派可否同場施演，華姐曾致電
筆者對此事看法。筆者認為為避免會有不同聲音，人事協調
會至為重要，如獲得理事會支持和社佛協助，問題便可迎刃
而解。華姐在佛社引荐下邀請「寶臺呂祖道壇」主持水陸超
幽盂蘭法會。此外，香港法例所限，蓮花水燈不能直接放在
河、海之中，任其漂泛。因此，大會在8月18日晚上在會場
設置一個十多呎直徑圓型透明水燈池，隨著道壇科儀道士施
演「破地獄」，此時大會理事和坊眾各持一盞LED蓮花水燈
圍繞著水燈池，待儀式結束後放蓮花水燈便正式開始，大家
一起把蓮花水燈放進水燈池，一時光映鄰流，星輝普照。[16]
旺角潮僑盂蘭勝會在新冠肺炎疫情下，可說是2021年首個在
康文署轄下球場舉辦最具熱鬧規模的潮人盂蘭勝會。

（圖2）　2021年旺角潮僑盂蘭勝會加入道教科
　　　　儀「破地獄」。

16　羅碧華〈旺角潮僑盂蘭勝會代表羅碧華分享〉，《香港潮人盂蘭
　　勝會『疫』難而上分享會》，2022-08-12[未刊稿]。

(圖3)　2021年旺角潮僑盂蘭勝會,設置圓型透
明水池,放LED蓮花水燈。

2.露天劇場設經壇為戲台演出粵劇折子戲

　　西環盂蘭勝會理事會在圓形露天劇場舉辦盂蘭勝會,同時將露天劇場舞台設為經壇和戲台,同場播放背景音樂演出粵劇酬神折子戲。在露天劇場舞台和公眾席各項佈置擺設,都把有限公共空間發揮得淋漓盡致。

　　以往西環盂蘭勝會每年農曆七月初七至初九於堅尼地城招商局附近西寧街足球場,舉行盂蘭勝會,佛社由觀圓修苑主持,新天藝潮劇團公演潮劇酬神戲。礙於2020年受新冠肺炎疫情影響,原有盂蘭勝會活動取消。並改於8月19至27日,在西環士美菲路旁擺設「天地父母」爐,供各方善信拈香參拜,並設臨時辦事處收取上屆競投福品款項及收集善信捐款。[17]

　　2021年疫情稍為緩和,理事會決定重啟第五十八屆西環盂蘭勝會,恐怕疫情期間募捐善款困難為減輕開支調整活動規模,。把盂蘭場地轉移到堅尼地城卑路乍灣公園,圓形露

17　〈疫情下的盂蘭勝會〉,《大紀元》,2020-09-02。

天劇場，定於8月15日(農曆七初八)上午10：00至晚上7：30，舉行一天酬神施孤。法事由善德善社本地經師主持。雖然在露天劇場舉辦盂蘭勝會，場地佈局擺設依然有序，經壇設在露天劇場舞台中央處，舞台對面觀眾席擺設天地父母爐供桌並貼有以紅紙黑字書寫「天地父母」、「南辰北斗」、「諸位福神」的神位，左方為祭品放置處及掛有大士王畫像大士壇。右方是捐款代收處，孤魂臺。為符合康文署使用場地規定，盂蘭勝會需涵蓋戲曲文化。由於本地潮劇演員不足，理事會靈活變通，把經師壇轉為戲台再由兩位粵劇愛好者以背景音樂演出粵劇折子戲《幻覺離恨天》，籍以滿足康文署對使用場地的規定。[18]

(圖4) 2021年西環盂蘭勝會，露天劇場舉辦盂蘭勝會。

（二）「華人廟宇基金」支助下的潮人盂蘭勝會

2021年度獲「華人廟宇基金」撥款支助的潮人盂蘭勝會團體有，東頭村盂蘭勝會有限公司、秀茂坪潮僑街坊盂蘭勝會、藍田街坊盂蘭有限公司、粉嶺潮僑盂蘭勝會有限公司、

18　〈香港潮人盂蘭勝會在本地的傳承〉，《大紀元》，2021-09-07

錦田八鄉大江埔潮僑盂蘭會有限公司、旺角潮僑盂蘭勝會有限公司、西貢區盂蘭勝會有限公司。雖然2021年5月疫情暫時緩和,當中以東頭村盂蘭勝會有限公司、秀茂坪潮僑街坊盂蘭勝會、藍田街坊盂蘭有限公司、粉嶺潮僑盂蘭勝會有限公司,面對使用場地問題,本地潮劇演員和佛社經師的不足,都做成盂蘭勝會難以舉辦的主要因由。此時,錦田八鄉大江埔潮僑盂蘭會、旺角潮僑盂蘭勝會和西貢區盂蘭勝會,卻密鑼緊鼓,按照自身條件,積極籌辦具適應疫情新常態,與「疫」同行的盂蘭勝會。

1.錦田八鄉大江埔潮僑盂蘭會

　　錦田八鄉大江埔潮僑盂蘭會場地,位於元朗八鄉大江埔村天德宮前天德廣場,土地性質屬於祖堂地私人物業。因此大江埔潮僑盂蘭會在舉行盂蘭勝會方面,甚有地利優勢。疫情前的盂蘭勝會每年農曆七月初十至十二日在大江埔村天德宮前天德廣場舉行由新韓江潮劇團演出酬神戲,念敬佛社主持法事。2020年基於疫情嚴峻,第六十三屆盂蘭勝會祭拜從簡,定於8月30日(農曆七月十二日)舉行大半天酬神祭好兄弟,取消潮劇、派平安米、福物競投等活動。天德廣場設有供奉天地父母的人字斜頂亭,在斜頂亭左右方向搭建帳篷設置大士爺爐祭桌及孤魂爐祭桌,兩位佛社經師在臨時帳篷內誦唸金剛經文。斜頂亭最前方堆了一條長而直沙堆,沿沙堆插滿燃燒紅燭香支,地上排列有,酒(瓶裝米酒)、茶(支裝地道烏龍茶及茶葉)、芽菜豆腐盆、雞翼盆、香腸盆、鳳瓜盆、雞、魚,隨後位置擺放大量孤衣、七色彩衣、往生錢、潮州大金、鞋帽紙紮等祭品。最後儀式是在下午時段由各首長和理事集體向會場各處祭拜點上香叩拜。

　　2021年疫情稍為緩和,理事會決定復辦第六十四屆盂蘭勝會,並定於8月17日至19日一連三天在天德廣場,於人字斜頂亭左右方搭建兩組鋁架帳篷,左方是長型大帳篷,分別設經師壇、木偶戲台、辦事處、物資存放處等。另一邊

(圖5) 2020年錦田八鄉大江埔潮僑盂蘭會場地，位於天德
宮前天德廣場。

搭建大型大士台，左右兩旁是孤魂台和符薦台。籌辦初期理
事會計劃由戲班演出兩天短劇折子戲，無奈本地潮劇演員人
手難求，最後決定改由玉梨春潮劇團演出鐵枝木偶戲。佛社
方面，由慈心閣佛社組成本地經師班底主持法事。由於潮汕
紮作師傅未能來港組裝大型大士王，故改為從潮汕訂購2.5
米高，體型較小的大士王紮作，並供奉在大型大士台內。此
外，獲得「華人廟宇基金」支助，加入推廣文化活動有工夫
茶工作坊、潮州話工作坊、潮州粿制作、潮州大金紙紮工作
坊、潮州地理展示等。由於限聚令關係仍然不設盆菜和取消
派發平安米活動。[19]

2. 西貢區盂蘭勝會

西貢區盂蘭勝會每年農曆廿七至廿九日在西貢鹿尾村休
憩公園舉行。鹿尾村休憩公園是由西貢地政署管轄的政府土
地，近年西貢公路擴建工程，鹿尾村休憩公園亦在施工範圍

---

19 胡炎松〈2020年、2021年錦田八鄉大江埔潮僑盂蘭會田野考
察〉，2020-08-30,2021-08-18。[未刊稿]

內，地政署把相關施工地段交給總承建商中國建築工程(香港)有限公司接管。而公路總承建商也承諾施工期間，都會把休憩公園場地配合每屆西貢盂蘭勝會活動。2020年初元宵節後正是潮汕建廟工匠來港為關大德元帥廟開始進行重修工程，關大德元帥早於1月8日(農曆十二月十四日)移駕到廟旁臨時搭建神壇供奉。隨後新冠肺炎疫情嚴峻，無奈重修工程被迫擱置。

　　2020年疫情持續，西貢區盂蘭勝會祭拜形式優化從簡改為半天誦經燒衣，場地轉移到關大德元帥廟旁西貢區盂蘭勝會辦事處內由念敬佛社五位經師誦唸經文。2021年疫情稍為緩和，理事會已密鑼緊鼓為9月3日至5日回復在鹿尾村休憩公園舉行盂蘭勝會進行籌備工作。疫情前西貢區盂蘭勝會由念敬佛社安排潮汕經師來港設壇參與法事，由於疫情關係念敬佛社主事人無法增加本地經師人手，理事會唯有改為聘請慈心佛社的本地經師班底。以往的紙糊紮作，大神袍、神馬、大龍香、孤衣紙紮等，都會派人前往潮陽訂購，由於疫情關係改由本地光藝紙品廠製作。盂蘭場地佈局一如既往，除設有附薦蓮台供善信拜祭先人，孤魂台蓮位新增「新冠肺炎疫情罹難者蓮位」以超渡近年因新冠肺炎疫情離世者。

　　由於2021年第六十七屆西貢區盂蘭勝會獲「華人廟宇基金」支助而加入多項文化推廣活動，包括由玉梨春潮劇團公演兩天鐵枝木偶戲、紙紮工作坊、盂蘭導賞團、總理體驗課。至於傳統儀式有9月3日選總理；9月4日至5日神廠前福物競投，以往競投期間的齋菜宴，由於實施四人限聚令便決定取消;9月5日派發防疫用品和平安米包，由於防疫政策限制社交距離四人限聚令，避免人群聚集，理事會經過多次與警方協調，決定由早上九時開始採用「隨到隨派即取即走」的派米方式。[20]

20　胡炎松〈2020年、2021年、2022年西貢盂蘭勝會田野考察〉，2020-09-16,2021-09-03,2022-08-23。[未刊稿]

(圖6) 2021年西貢區盂蘭勝會,公演潮州鐵枝木偶戲。

　　為配合政府的防疫政策，理事會向食物及衛生局咨詢防疫建議，因應冠狀病毒疫情而實施之防疫措施：

1. 大會安排最少30名工作人員，於活動期間負責管制人流及於會場內人士之防疫措施。

2. 會場入口設有酒精搓手液，探熱機，並於會場入口設有工作人員，確保來賓會配戴口罩及使用「安心出行」手機應用程式。

3. 大會為確保進入會場之人士保持合適社交距離，維持4人一組進行儀式。

4. 於戲棚前之座位席，採用不超過連續6張座椅被佔用之原則。

5. 場內並無向公眾提供飲食。

6. 本年度盂蘭勝會派發之防疫福包內，包含白米，藥油以及口罩。並設有工作人員管理排隊人士，保持適當社交距離。

7. 因應領取防疫福包之人數，大會將於2021年09月05日當

　　　　日盡早派發防疫福包，以減低場內人數，場內人數上限
　　　　大約為1200人之50%即約600人。

8. 大會將會遵循食物及衛生局提供的防疫建議而舉行活動。
9. 是次活動期間，負責人會實施措施確保活動在符合《預防及控制疾病條例》要求下進行。
10. 進入場內須為受邀人士。

四、2022年「疫」境成為新常態

　　2022年1月初，新冠肺炎疫情爆發第五波，疫情又進入嚴峻階段，直至4月21日因應疫情緩和，港府開始分三階段逐步放寬社交距離防疫措施，5月初康文署轄下球場仍然暫停處理非指定用途活動申請，到了6月終於開放接受場地申請，但距離7月29日開孤門還不足兩個月，而中港兩地防疫隔離仍未解除，從內地聘請潮劇演員和佛社經師來港已無望。同時各區盂蘭團體亦累積了兩年在盂蘭勝會期間應對疫情經驗，如配戴口罩、限聚令、不可提供飲食等防疫要求，疫情之下籌組盂蘭勝會已經進入新常態。

　　疫情期間始終最受影響都是公演潮劇的盂蘭勝會。2021年的盂蘭勝會，旺角潮僑盂蘭勝會是唯一在康文署場地復辦公演潮劇的盂蘭團體，到了2022年由於仍然在疫情之下基於經費考慮，決定把盂蘭勝會場地又遷回2020年位於詩歌舞街則繼續在卑路乍灣公園的露天劇場舉行拜祭，這次加插兩節潮曲演唱，由小生李靜蘭和花旦陳文香演出多首潮劇名曲，以符合康文署批出場地要求。錦田八鄉大江埔潮僑盂蘭會，往年由玉梨春潮劇團演出鐵枝木偶戲，轉而由新韓江潮劇團的本地臨時班底公演潮劇，演員有，林玉璇、許黛文、陳佩細、黃佩珍、黃佩珠、吳妙金、楊麗卿、金敏心、陳麗霞、劉成源、譚迪遜。[21]深井潮僑盂蘭勝會就一如既往，聘

21　〈大江埔盂蘭勝會稍復疫前盛景〉，《香港商報》，2022-08-14

請玉梨春潮劇團公演鐵枝木偶戲。佛教三角碼頭街坊盂蘭勝會，就以新昇藝潮劇團名義，聘請香港潮人文藝協會潮劇傳承中心全體演員演出，演員有，高丹青、張小雪、陳暘、郭德民、林雪雲、李彥彬、陳彥華、林唯文、梁錦璇、劉成源、何漫海、林如葉、蔡史潔。香港潮人文藝協會潮劇傳承中心，前身是香港潮人文藝協會成立於2012年，於2019年改稱為香港潮人文藝協會潮劇傳承中心，曾與廣東潮劇團協作在香港舉辦潮劇班課程，可說是香港本土唯一演出長劇目的潮劇團。至於長沙灣潮籍盂蘭勝會，疫情前由新天彩潮劇團負責演出潮劇，今年由新天彩潮劇團班主牽頭，以新韓江潮劇團本地臨時班底演出潮劇，演員有林玉璇、李靜蘭、陳文香、鍾麗華、陳佩細、黃佩珍、吳妙金、楊麗卿、金敏心、劉成源、譚迪遜。

(表三)2022年涵蓋戲曲文化的潮人盂蘭勝會。

	盂蘭團體名稱	劇團類型	戲曲形式	盂蘭天數	演出天數
1.	西環盂蘭勝會	潮曲 (業餘)	唱曲	一天	一天
2.	錦田八鄉大江埔潮僑盂蘭會	新韓江潮劇團	折子戲	三天	二天
3.	深井潮僑盂蘭勝會	玉梨春鐵枝木偶潮劇團	折子戲	二天	二天
4.	佛教三角碼頭街坊盂蘭勝會	新昇藝潮劇團	長劇目	三天	三天
5.	長沙灣潮籍盂蘭勝會	新韓江潮劇團	折子戲	三天	三天

另外，在2020至2022年之間參與盂蘭法事的佛社有，慈心佛堂、慈心閣佛社、從德善社、荃灣玉霞閣和善德善社，當中尤以慈心閣佛社成為疫情期間主持盂蘭法事數量之冠，其次是善德善社。至於從德善社、慈心閣佛社、荃灣玉霞閣主要參與的盂蘭團體，都是在疫情前已經是合作伙伴。

疫情時期社區
潮人盂蘭勝會祭拜形式概述

胡炎松

香港潮屬社團總會　常務會董

　　新冠肺炎疫情在2020年初爆發，疫情持續三
年反覆不斷，港九各區盂蘭團體在政府防疫措施
之下，仍然在農曆七月期間，按照自身條件，調
整日期地點和規模，積極發揮多樣化的祭祀模式。

　　筆者將2020年至2022年新冠疫情下，把部份
社區的潮人盂蘭勝會祭拜形式作簡要概述：

1.　佛教三角碼頭街坊盂蘭勝會

　　佛教三角碼頭街坊盂蘭勝會作為歷史悠久的盂蘭勝會團
體，以往每年農曆七月廿四至廿六日都會在中山紀念公園舉
辦盂蘭勝會公演潮劇。2020年受疫情影響，無奈取消在中山
紀念公園搭建場地，但是仍保留農曆七月一日起在干諾道西
與皇后街交匯處搭建竹棚，設天地父母壇及孤魂壇給坊眾參
拜。由於疫情反復，直至2020年8月17日才獲地政署批出在
皇后街搭建場地許可，翌日早上8時立即開始搭棚，11時完
成。8月19日(農曆七月初一)上午經師前來主持開壇後便開放

（圖1）　2020年佛教三角碼頭街坊盂蘭勝會在干諾道
　　　　　西與皇后街交匯處設天地父母壇及孤魂壇給
　　　　　坊眾參拜。

給坊眾參拜，直至9月16日(農曆七月廿九)止，可說是盂蘭節期間祭拜時間最長的盂蘭團體。2021年的盂蘭節仍然在干諾道西與皇后街交匯處的搭建竹棚設壇，並增聘從德善社在行人道旁設置經壇掛帳及畫像大士王，舉行一天法事。神壇供桌的三牲供品，孤魂壇旁邊擺放多包25公斤袋裝白米、雞、魚、滷鵝、滷豬肉及其他紙紮，祭品都較住年豐盛。

　　2022年終於獲得康文署批出中山紀念公園場地，並由新昇藝潮劇團組成臨時本地戲班公演潮劇，各項儀式活動基本已回復到疫情前的規模。[1]

2.　東頭邨盂蘭勝會

東頭邨盂蘭勝會以往於農曆七月初一至初三，在九龍城

1　胡炎松〈2020年、2021年佛教三角碼頭街坊盂蘭勝會田野考
　　察〉，2020-08-19,2021-09-06。[未刊稿]

(圖2)　2022年東頭邨盂蘭勝會以會址作為拜祭場地。

賈炳達道公園舉辦公演潮劇的盂蘭勝會活動。2020年是東頭邨盂蘭勝會第五值第八屆，由於疫情影響康文署轄下球場關閉，值理會曾嘗試借用其他社區設施，無奈最終要以會址作為拜祭場地，日期定於2020年8月9日(農曆六月二十日)上午十時在賈炳達道會所迎請天地父母儀式，並於每日上午十時至下午四時開放給各街坊善信參拜至8月21日(農曆七月初三)止。2021年仍然在會址舉行祭拜，在7月29日上午九時迎請天地父母後，每日上午十時至下午四時開放給各街坊善信參拜至8月10日。到2022年初，已開始向康文署申請盂蘭會勝會場地，終於在6月份才獲康文署批出許可，但附加條件必須包括有戲曲文化，由於籌組本地戲班時間太倉促，雖然已獲得「華人廟宇基金」撥款支助，也只好放棄在球場舉辦，繼續在會址舉行簡單拜祭。[2]

3.　石籬石蔭安蔭潮僑盂蘭勝會

　　石籬、石蔭、安蔭潮僑盂蘭勝會，以往農曆七月初一至

2　胡炎松〈2020年、2021年東頭邨盂蘭勝會田野考察〉，2020-08-17,2021-07-29。[未刊稿]。

（圖3）　2020年石籬石蔭安蔭潮僑盂蘭勝會在石
　　　　籬福德古廟舉行拜祭。

初三，在石籬天主教小學旁，第十座籃球場搭棚舉辦盂蘭勝會。2020年第五十四屆盂蘭勝會，因疫情原因，取消公演潮劇、請神巡遊和社區會堂派米等活動，於8月19-21日(農曆七月初一至初三)，把場地轉移至石籬福德古廟舉行，並由香港慈心佛堂主持三天傳統儀式。為配合防疫措施，方便信眾前往拜祭，現場張貼通告提示：　「敬啓者：　由於疫情嚴峻及地方關係，敬希諸善信帶上口罩，進香拜完神後，盡快離開，不便之處，敬希鑑諒!　尚告并祝闔境平安。」並備有測溫槍及搓手液，即保障公眾安全，又滿足拜祭心願。2021年第五十五屆盂蘭勝會仍然在福德古廟舉行，場地佈局一如既往，佛社經壇設在廟前右方，左方是畫像大士壇和孤魂台，福德古廟正前方就是天地父母壇，規模和形式與2020年無異，同樣取消社區會堂派米活動。到了2022年由於內地潮劇演員仍然未能來港，盂蘭勝會還是在石籬福德古廟舉行。

4.　香港仔黃竹坑鴨脷洲華富村街坊盂蘭勝會

　　黃竹坑大王爺廟盂蘭勝會創立於戰前，1997年重建，二十幾年來香火不斷，擁有大批善信。2020年盂蘭勝會定於8

(圖4)　　2020年香港仔黃竹坑鴨脷洲華富村街坊
盂蘭勝會,經壇設在大王爺廟旁佛堂內。

月19-21日(農曆七月初一至初三)舉行三天傳統儀式,疫情前由德恩善堂主持法事,現改為慈心閣負責法事儀式,神壇供品擺設在大王爺廟內主殿。由於疫情關係經壇設在大王爺廟旁佛堂內,大王爺廟旁範圍內設有掛畫像大士壇、附薦台、孤魂台。施食祭品有甜飯山、龍眼山、麵線山、通菜山、豆腐山、白飯籮、豆芽韭菜籮、通菜籮、25公斤袋裝白米,迷你潮州五色餅、排九紙牌等。大王爺廟前南朗山道行人路上放置一個天地父母大爐鼎及三枝盤龍香和供桌,附近掛有多件大神袍。為加強防疫措施避免疫情傳播及保障善信安全,不對外開放。附薦衣包安排在法事完結後,工作人員代各位善信燒衣化寶。2021年疫情稍緩,盂蘭場地回復昔日擺設在大王爺廟前行人道兩旁以鋼架搭建經師壇、大士台、孤魂台,附薦台,神馬,並掛有多件大神袍。此外,還恢復派米和附薦衣包,法事儀式仍然由慈心閣主持。2022年的盂蘭勝會基本復常一如既往,善信的附薦衣包堆滿如山。

5.　九龍仔信福德堂盂蘭勝會

1954年九龍仔潮僑街坊盂蘭勝會的延續。九龍仔信福德

(圖5)　2020年九龍仔信福德堂盂蘭勝會,大神袍掛在入口處。

堂盂蘭勝會,往年農曆七月初三至初五,在深水埗南山邨南偉樓地下舉行盂蘭法事。2020年疫情嚴峻,8月22-23日(農曆初四至初五)的盂蘭勝會轉移到大坑東棠蔭街信福德堂廟,改以酬神形式開放給坊眾進香參拜,樂助善信可於8月24日上午九時後到信福德堂廟前領取福品,入口處防疫安全提示:「顧己顧人,請佩戴口罩及噴灑酒精搓手液。」2021年的盂蘭勝會在8月11-12日(農曆初四至初五)仍然在信福德堂廟舉行,增設畫像大士壇和孤魂台,聘請香港慈心佛堂於8月12日上午九時至下午五時,主持一天誦經儀式。2022年8月1-2日(農曆初四至初五)　的盂蘭勝會依然在九龍仔信福德堂舉行,由香港慈心佛堂主持兩天盂蘭法事誦經施食,經壇裝飾擺設逐漸完善,並增設附薦蓮位。

6.　深井潮僑街坊盂蘭勝會

深井潮僑街坊盂蘭勝會迄今有70年歷史,是一個社區關係十分密切的盂蘭勝會,具有較強的凝聚力。2020年第七十屆盂蘭勝會於8月29-30日(農曆七月十一至十二日)仍然保持在深井深康路十三號,深井潮僑街坊盂蘭勝會會址舉行。

(圖6)　2022年深井潮僑街坊盂蘭勝會,天地父母
傳統花牌已改為噴劃布。

會址廳堂用作天地父母壇供品擺設,至於香爐供桌及三枝大
龍香設於會址門前通道。會址旁停車場分別以鋁架帳篷設置
慈善閣經壇、大士台及附薦台。由於疫情影響,取消請神巡
村,公演潮劇鐵枝木偶戲,盆菜及競投福品等活動。現場各
項搭建、祭品擺設均由該會理事親力親為!2021年疫情稍為
緩和,盂蘭勝會於8月28-29日由玉霞閣善社主持二天儀式,
並復辦由玉梨春潮劇團演出鐵枝木偶戲。2022年8月13-14日(
農曆七月十六至十七日)的盂蘭勝會已回覆一如既往,但天地
父母傳統花牌已改為噴劃布。[3]

7.橫頭磡邨樂富邨竹園天馬苑街坊盂蘭勝會(福德堂善社)

　　橫頭磡邨樂富邨竹園天馬苑街坊盂蘭勝會可追溯至日佔
時期,福德祠是該盂蘭勝會的專屬廟宇。2020年的橫頭磡邨

3　胡炎松〈2020年、2021年、2022年深井潮僑街坊盂蘭勝會田野考
　　察〉2020-08-29, 2021-08-28,2022-8-13。

樂富邨竹園天馬苑街坊盂蘭勝會於8月28-30日(農曆七月十至十二日)　一如既往在橫頭磡東道福德祠內設置天地父母壇香爐及供品桌，（扶輪中學側）福德祠前面停車場外牆掛上三件大神袍及放置神馬。街道兩旁分別以鐵管蓋搭籃白膠布帳篷設經壇、大士殿、孤魂臺和善款收集處等設施。並由慈心佛堂主持法事科儀。場地工作都是由街坊自發協助。可是在疫情下最不受影響。因此，在2021年和 2022年都能在戶外如常舉行的盂蘭勝會。

8.　深水埗石硤尾白田邨潮僑盂蘭勝會

　　深水埗石硤尾白田邨潮僑盂蘭勝會在1966年成立，籌辦人中不少親歷50年代的石硤尾大火，共同的苦難經歷，再加上緊密的鄰里關係，時至今日，深水埗石硤尾白田邨潮僑盂蘭勝會仍是維繫白田邨潮籍人士的重要紐帶。2020年的盂蘭勝會，因疫情關係，於9月5日(農曆七月十八日)轉移往石硤尾偉智街

(圖7) 2020年橫頭磡邨樂富邨竹園天馬苑街坊盂蘭勝會 ，一如既往把街道兩旁用作場地。

遊樂場外的人行道上架帳篷設臨時捐款收集處，經壇由善德善社五位經師誦唸經文。行人道上疊滿大堆壹公斤百家布裝米包，還有、雞、烏頭魚、滷鵝、滷豬肉、豆腐白飯蘿、甜飯蘿、芽菜豆腐、蔬果、汽水等供坊眾祭拜好兄弟。

　　2021年8月25日的盂蘭場地仍然設在石硤尾偉智街遊樂場外的人行道，佈置擺設一如往年，祭品卻比往年多，同時增設掛有大神袍的天地父母壇，並搭帳篷架設大士王畫像祭壇、孤魂台及附薦蓮位。2022年8月15日(農曆七月十八日)全日依舊在石硤尾偉智街遊樂場外的人行道上架帳篷舉行盂蘭勝會，規模也逐漸完善。[4]

(圖8)　　2021年深水埗石硤尾白田邨潮僑盂蘭勝會，設在石硤尾偉智街遊樂場外的人行道。

9.香港德教紫靖閣

　　香港德教紫靖閣創於1958年，德教主張五教同宗，萬善歸於一德，尊崇儒、道、釋、耶、回，五教真理。紫靖閣一直致力服務社會，開設中醫診療所贈診。2020年德教紫靖閣

4　　胡炎松〈2020年、2021年、2022深水埗石硤尾白田邨潮僑盂蘭勝會田野考察〉，2020-09-05,2021-08-25,2022-08-15。[未刊稿]

的盂蘭勝會於9月10日(農曆七月廿三日)仍然在德輔道西西營盤西都大廈十三樓舉行。為了使整個盂蘭勝會順利舉辦，該閣善信提前一過多月便協助開始摺大金。基於疫情影響是此次盂蘭勝會沒有對外開放，仍收到1700多個衣包，待盂蘭結束後，委託三角碼頭盂蘭勝會代為焚化。疫境之下仍準備了不少平安米包送給信眾。2021年和 2022年的盂蘭勝會一如既往，照舊聘請法師及眾諸山大德主持法事，誦經禮懺，普渡眾生，為居民祈福消災。[5]

(圖9)　2020年香港德教紫靖閣，一如既往
在會所舉辦盂蘭勝會。

10.西區石塘咀潮僑街坊盂蘭勝會

石塘咀潮僑街坊盂蘭勝會，每年定於(農曆七月廿七至廿

5　〈2022壬寅年七月十六日盂蘭勝會〉，《香港德教紫靖閣》，閱覽日期：2023-06-2，網站：https://www.chichengkok.org.hk/blog/。

(圖10)2020年西區石塘咀潮僑街坊盂蘭勝會,在天
福慈善社門前橫街(火井)舉行一天拜祭孤
魂儀式。

九日)在山道寶德街口,天橋底搭竹棚公演潮劇神前戲。2020
年第五十三屆盂蘭勝會受疫情影響改為9月16日(農曆七月廿
九日)移至天福慈善社門前橫街(火井)舉行一天拜祭孤魂儀
式,天地父母壇設於天福慈善社正殿,並在天福慈善社前
橫街,架竹棚蓋上紅白膠布,分別設置經壇、大士壇和孤魂
台,以及收款處。經壇掛有大雄寶殿刺繡掛帳,佛事由善德
善社主持,儀式由發關開始,以蒙山施食圓滿。即使在疫情
環境下,仍有不少長者到場支持,參與誦經,體現盂蘭團
體仍然堅持在「疫」境氛圍,優化儀式,憑藉誠意方殷,為
社區實現大降吉祥,祈求合境平安。2021年第五十四屆盂蘭
勝會定於9月5日,仍然在天福慈善社前(火井)橫街舉行,場
地布置依舊,經壇規模比往年具規模,孤魂台旁放置豆腐
白飯蘿、通菜、生果箱及大量25公斤袋裝白米,祭品更見豐
盛。[6]2022年的盂蘭勝會仍然依舊在天福慈善社門前舉行。

6　胡炎松〈2020年、2021年深水埗石硤尾白田邨潮僑盂蘭勝會田
　　野考察〉,2020-09-16,2021-09-5。[未刊稿]

結　語

　　在新冠肺炎疫情持續反覆，潮屬社團總會盂蘭勝會保育工作委員會仍然不斷注意疫情發展，總結疫情形勢後，建議各地區盂蘭團體在符合政府防疫措施之下，需按照自身情況決定是否繼續舉辦或調整活動規模和祭祀形式，同時為使公眾更好了解疫情間各區盂蘭團體舉辦盂蘭勝會狀況，保育工作委員會將各區盂蘭團體舉辦動向及詳情，發布在「香港盂蘭文化節」面書facebook。[7]雖然在新冠疫情之下舉辦盂蘭勝會規模肯定比以往縮少，而盂蘭勝會保育工作委員會仍決定不管盂蘭勝會規模大小，仍然繼續向各區盂蘭團體發放3000元香油金，在疫情期間更向各區盂蘭團體派發口罩防疫物資。

　　此外，在新冠肺炎疫情期間，盂蘭勝會保育工作委員會轄下盂蘭團體有多位年屆八十至九十多歲，在社區長期參與籌辦盂蘭勝會的資深首長相繼離世。在2020年期間分別有「潮州公和堂聯誼會盂蘭勝會」的鄭翔奮先生、「紅磡三約潮僑街坊盂蘭勝會」的劉建海先生，以及「觀塘潮僑工商界盂蘭勝會」的方漢永先生又名(方壯遂)，2021年有「東頭村盂蘭勝會」的莊沛先生又名(莊榮旋)。他們都是長期貢獻社區潮人盂蘭勝會的籌辦和傳承工作，是潮人盂蘭勝會在社區演變的見証，對於他們的離去深感婉惜。

　　新冠肺炎疫情期間，各區盂蘭團體面對政府各項防疫限聚措施，如康文署場地關閉，盂蘭團體仍然努力尋找合適盂蘭場地並按照有限場地空間，盡量簡化各項儀式和佈置擺設，將祭祀形式優化從簡。此外，中港兩地實施防疫隔離政策，國內戲班和佛社的施演人員未能來港參與，都直接影響潮人盂蘭勝會儀式組成是依賴中港兩地文化一體化的供應模式。

　　2022年12月26終於傳來好消息，國家衛健委宣布決定把

7　《香港盂蘭文化節Facebook專頁》，閱覽日期：2023-06-2，網
　　站：https://www.facebook.com/yulanfestival/。

「新型冠狀病毒肺炎」(簡稱「新冠肺炎」) 改稱為「新型冠狀病毒感染」並於 2023年1月8日調整預防控制措施，不再隔離感染者，取消入境全員核酸檢測及集中隔離。逐步恢復水路、陸路口岸客運出入境，有序恢復中國公民出境旅遊。[8] 香港也在此日與內地逐步有序全面實施通關，推出兩年的安心出行正式停止運作，2023年1月30日香港特區政府取消染疫人士強制隔離令，3月1日起全面撤銷「口罩令」，不論室內、戶外，以至在公共交通工具亦毋須戴口罩。市民日常生活終於走向復常。[9]

2023年疫情減退社會進入復常階段，無奈三年疫情虛耗人與事。潮人盂蘭勝會又將面對復常新挑戰，還須繼續迎難而上。

- 新冠肺炎疫情嚴重消耗社會營商環境，特別在球場公演潮劇的盂蘭勝會，所需費用動輒超過百萬，經費來源主要依賴商戶支持，營商環境卻不斷飽受疫情持續消耗，籌募經費變得更為困難。

- 盂蘭理事會在三年疫情，在防疫限聚措施之下成員之間聯繫減少，人事身故，失去傳統口頭交接機會，以及復常後失去籌款人事脈絡關係，都影響繼承者重啟盂蘭勝會復常的信心和動力。

- 疫情期間，有經營主持盂蘭勝會法事佛社結束盂蘭法事業務，以往曾合作的盂蘭團體也急須另洽商其他佛社替代，直接影響各區盂蘭團體持之以恆，原有共識在盂蘭節期間舉辦盂蘭勝會的日期和次序。

- 全港僅存替多個大型潮人盂蘭勝會場地，搭建辦事處及天

8　〈國家衛健委：將新冠肺炎更名為新型冠狀病毒感染 1月8日起實施"乙類乙管"〉，《國家衛生健康委員會公告2022年第7號》，2022-12-26

9　〈政府全面撤銷強制佩戴口罩的要求〉，《香港政府新聞公報》，2023-02-28。

地父母棚門樓，裝飾古典油畫佈景的承辦人陳新華先生。據說由於三年疫情已積壓大量須要維修木板構件及重新繪劃油畫佈景工作，缺乏人力和資金的支持，同時陳新華先生也年屆八十多歲，因此決定結束營業。雖然疫後復常，潮人盂蘭勝會又失去具有悠久歷史傳統門樓裝飾的傳統特色。

- 中港兩地防疫隔離政策解除，社會復常。香港各潮劇團及佛社如常向國內單位申請戲班演員及佛社經師來港參與盂蘭勝會活動。由於三年疫情，國內相關文化和旅遊管理部門對於民營文化團體出境從事商業活動的審批工作，有更規範及具體條件的要求。盂蘭團體憂慮盂蘭場地戲棚和經棚蓋搭好之後，戲班及經師未能來港，恐怕會做成嚴重經濟損失。直至8月1日筆者完成此論文之日，距離農曆七月初一還有15天，獲知國內審批部門已明確表示所有申請來港演出的民營劇團須由香港邀請方在香港入境處申請工作簽證。

- 在香港已經有126年歷史的潮州公和堂聯誼會盂蘭勝會，於2023年5月25日，發函香港潮屬社團總會，通知由於新冠疫情影響，盂蘭勝會停辦三年，引致以往支持的理事會成員及街坊善信大量流失，重辦盂蘭勝會須有餘力，但經濟環境存在不明因素，決定停辦2023年的盂蘭勝會。此外，石籬石蔭安蔭潮僑盂蘭勝會及黃大仙新蒲崗鳳凰邨盂蘭勝會盂蘭場地，曾用於盂蘭場地的足球場已改作其他發展用途，正忙於重新另覓合適盂蘭場地。

爭取盂蘭潮劇戲班於疫後復常
來港演出的經過

胡炎松

香港潮屬社團總會盂蘭勝會保育工作委員會副主席

　　持續三年的新冠肺炎疫情終於減退，中港
兩地防疫隔離政策解除，社會進入復常階段，對
於2023年重啟潮人盂蘭勝會酬神戲的盂蘭團體，
有的信心如常，也有憂慮疫情影響籌款而觀望。
至於承辦酬神戲的潮劇團，一如既往向國內部門
申請地方民營戲班來港參與盂蘭勝會，可是審批
進度停滯不前。據說國內部門在2019年已有新規
定，民營文化團體到香港演出，須由邀請方在香
港入境處申請工作簽注。此時，距離農曆七月初
一盂蘭勝會還有15天，時間緊迫戲班來港無期，
有盂蘭團體決定取消舉辦大型盂蘭勝會。潮屬社
團總會盂蘭勝會保育工作委員會，仍然爭取在有
限時間作最後努力，國內戲班人員在農曆七月初
一盂蘭勝會開始前5天終於獲得香港入境許可。

　　2020年初新冠肺炎疫情爆發，盂蘭團體不斷因應政府防
疫政策調整盂蘭勝會祭拜模式。康文署場地關閉，國內暫緩

審批潮劇和佛社專職人員來港，以及政府防疫措施，需要借用康文署球場公演潮劇神前戲的盂蘭勝會全部取消。[1]

2021年，中港兩地防疫隔離政策仍未解除，演出盂蘭勝會酬神戲神的潮劇演員和主持法事經師來港無望。新天藝潮劇團就情商本地退休潮劇演員和潮劇愛好者組成臨時班底在旺角潮僑盂蘭勝會演出短劇目折子戲。[2]此外，錦田八鄉大江埔潮僑盂蘭會、深井潮僑街坊盂蘭勝會、以及西貢區盂蘭勝會，就聘請玉梨春潮劇團演出潮州鐵枝木偶戲。至於西環盂蘭勝會把盂蘭場地轉移到堅尼地城卑路乍灣公園，在圓形露天劇場舉辦盂蘭勝會，由兩位粵劇愛好者以背景音樂演出粵劇折子戲。[3]

2022年中港兩地防疫隔離仍未解除，內地潮劇演員來港無望。西環盂蘭勝會則繼續在卑路乍灣公園的露天劇場加插兩節潮曲演唱。錦田八鄉大江埔潮僑盂蘭會，往年由玉梨春潮劇團演出鐵枝木偶戲，轉而由新韓江潮劇團的本地臨時班底公演潮劇。深井潮僑盂蘭勝會就一如既往，聘請玉梨春潮劇團公演鐵枝木偶戲。佛教三角碼頭街坊盂蘭勝會，就以新昇藝潮劇團名義，聘請香港潮人文藝協會潮劇傳承中心全體演員演出。至於長沙灣潮籍盂蘭勝會，疫情前由新天彩潮劇團負責演出潮劇，今年由新天彩潮劇團班主牽頭，以新韓江潮劇團本地臨時班底演出潮劇。

疫後持續取消潮人盂蘭酬神戲

2023年疫情終於減退，中港兩地防疫隔離政策解除，

1　胡炎松〈疫境中的潮人盂蘭勝會〉，《潮屬社團總會季刊第45期2021年7月》頁26。

2　羅碧華〈旺角潮僑盂蘭勝會代表羅碧華分享〉，《香港潮人盂蘭勝會『疫』難而上分享會》，2022-08-12[未刊稿]。

3　〈採土製紙紮祭品　港木偶戲班登台　西貢盂蘭勝會疫下本地化〉，《香港商報》，2021-09-08。

社會終於進入復常階段。踏入5月中，各地區盂蘭團體又開始籌辦在農曆七月期間舉行盂蘭勝會工作，潮劇團也開始與地區盂蘭團體落實承辦酬神戲事宜。這時有盂蘭團體信心如常，有部份憂慮疫情影響籌款而取消舉辦盂蘭，也有盂蘭團體因場地改作其他用途，須要另覓合適盂蘭場地。

2019年疫情前有28個潮人盂蘭勝會公演酬神戲。2023年疫情後持續取消舉辦盂蘭勝會酬神戲的6個盂蘭團體：：

盂蘭團體	停辦原因
1.石籬石蔭安蔭潮僑盂蘭勝會	石籬第十座籃球場改作其他發展用途
2.黃大仙新蒲崗鳳凰邨盂蘭勝會	新蒲崗東啟德遊樂場改作其他發展用途
3.潮州南安堂福利協進會盂蘭勝會	疫情憂慮籌款困難
4.柴灣潮僑盂蘭勝會	疫情憂慮籌款困難
5.西區石塘咀街坊盂蘭勝會	疫情憂慮籌款困難
6.藍田街坊潮僑盂蘭勝會	疫情憂慮籌款困難

國內民營戲班出境政策改變

香港現存有5個承辦潮人盂蘭勝會酬神戲的潮劇團。疫情過後一如既往，向國內部門申請地方民營戲班及經師來港參與盂蘭勝會活動。由於三年疫情，國內相關管理部門對於民營戲班出境從事商業活動的審批工作，有更規範及具體條件的要求。

7月4日，新天藝和新天彩兩個潮劇團班主先後致電筆者，反映他們與玉梨春和新韓江，共4個潮劇團在5月中旬，向福建省相關部門申請戲班來港演出盂蘭勝會被拒，因「福建省文化和旅遊廳」回覆，2019年政策調整，只審批公營劇團出境，不再審批民營劇團出境事宜。其後潮屬社團總會秘書處聯絡福建省在香港的對接團體，希望協助瞭解情況。到

(圖片1)　筆者胡炎松與5個盂蘭潮劇團班主,討論向入境事務處遞交申請潮劇戲班來港所需文件事宜

7月15日福建省統戰部回覆：　關於審批民營劇團來港之事,希望可以盡快辦妥。此時大家仍抱有希望繼續等候消息。

　　2023年7月27日又傳來消息,新昇藝潮劇團向汕頭市申請潮劇戲班來港,審批手續辦理至汕頭統戰部同樣遇到這情況。後來經過潮屬社團總會向汕頭統戰部瞭解後回覆表示,可以協助辦理國營戲班來港的審批申請,但申請資料須要重新提交,這時還有20天便到農曆七月初一,恐怕時間已來不及。到了8月1日,福建省台港澳辦回覆：經咨詢國務院港澳辦有關辦理意見,所有民營文化團體出境演出活動,全部由邀請方在香港入境處申請工作簽注後傳真給國內劇團,然後再到公安部辦理《往來港澳通行証》即因私証件簽注逗留。

國內戲班來港無期盂蘭團體各自籌謀

　　國內部門拒絕審批戲班出境消息,很快便傳遍香港各

區盂蘭團體。多個盂蘭團體、潮劇團、佛社也向筆者查詢求證情況，筆者亦只能把進度實情告知。他們憂慮戲棚和經棚蓋搭好之後，戲班及經師未能來港，會做成經濟損失。8月2日，有佛社向承辦的盂蘭團體發出通告：「因今年來港國內經師的證件還未辦理好，以多方面了解及求證但都未能有正確日期，經多方面考慮決定暫停接辦盂蘭法會，對此深表歉意。」[4] 也有盂蘭團體發出通告宣布：「今年舉辦的酬神典禮、誦經超渡及神功戲等暫停，原因國內有新政策對審核潮劇團及經師未能如期到港，故決定留待來年繼續舉辦。」[5]

　　此外，東頭村盂蘭勝會，舉辦日期在8月16至18日(農曆七月初一至初三)，早前已獲華人廟宇委員會批出支助，花牌、神袍紮作及白米也訂購好，也是要開始搭建戲棚的時候。無奈接獲潮劇團及佛社通知表示未能保證依時為是次活動承辦演戲及超渡法事。理事會緊急商議後，8月3日發出通告，決定取消本年度之大型盂蘭勝會活動，卻保留於七月初一至初三在會所進行酬神儀式，並安排部份平安米交由邨內之慈善機構及社區組織，轉送給區內長者及街坊。國內戲班能否如期來港前旺景不明朗，各盂蘭團體祇好根據自身經濟條件各自籌謀以減少損失。[6]

爭分奪秒為爭取戲班來港作最後努力

　　此時，距離農曆七月初一還有15天，國內部門因政策問題，已明確不接受辦理民營戲班來港審批手續。由於時間緊迫，潮屬社團總會盂蘭勝會保育工作委員會，仍然希望嘗試可以在香港入境處方面作最後努力，8月2日潮屬社團總

4　觀園修苑通知2023年8月2日。

5　尖沙咀官涌盂蘭勝會有限公司通告2023年8月3日。

6　東頭村盂蘭勝會有限公司取消大型盂蘭勝會特別通告 2023年8月3日。

會總幹士林梅聯絡香港入境事務處副處長　並告知國內潮劇團來港參與盂蘭勝會演出所遇困難，入境處方面反應積極並即時安排第二天進行會面，共同研究處理方法和所須提交的資料。8月3日下午4時半，筆者與林梅連同5間潮劇團，新天彩、新天藝、新韓江、新昇藝、玉梨春的代表，到灣仔入境事務大樓6樓與入境處主任會面。入境處主任表示，由於時間迫切，如個別人士以輸入內地人才計劃，申請時間最快也要一個多月至二個月，建議採用不反對通知書形式集體申請，並安排專責同事加快處理，這樣就會較為快捷。申請的潮劇團須要預備提交文件包括：

1. 香港潮劇團商業登記證
2. 盂蘭勝會活動證明 (提供合約或邀請函)
3. 參與活動內容：盂蘭團體名稱、活動日期、活動地點。
4. 國內入境人員名單表格：中英文名稱、姓別、出生日期、身份證編號。
5. 國內入境人員身份證副本
6. 陳述信 (解釋申請原因)
7. 香港潮劇團授權人簽署
8. 須要由香港潮屬社團總會發出支持是次申請的信函

　　還須注意，人員入境後獲批准逗留有效期7天。入境後可隨即申請延期30天，入境人員可憑《往來港澳通行証》以及入境時獲發給《入境簽證/進入許可通知書》《僱傭工作批准逗留許可》在網上申請延期，填寫申請ID91表格。

　　各潮劇團代表根據入境事務處要求，加緊安排整理及收集所須文件。為了保證所提交申請文件資料正確，避免修改或補交所引致時間延誤。8月7日上午10時各個潮劇團代表帶備申請所須文件，先行到達潮屬社團總會由筆者核對後，由秘書處職員帶領各潮劇團代表前往入境事務處遞交文件 。到了8月11日，潮劇團代表接獲入境事務處通知，已批出國內潮劇人員來港參與盂蘭勝會的《不反對通知書》。這時，距

離農曆七月初一還有5天，國內潮劇及佛社人員終於可以來港參與盂蘭勝會活動。新冠疫情後首批來港潮劇戲班如期在8月16至18日 (農曆七月初一至初三)參與粉嶺潮僑盂蘭勝會上演首場潮劇酬神戲。

農曆七月初一，首三場潮人盂蘭勝會，分別是東頭邨盂邨蘭勝會、牛頭角區潮僑街坊盂蘭勝會，以及粉嶺潮僑盂蘭勝會。據粉嶺潮僑盂蘭勝會黃祥漢先生表示，國內戲班來港日期不明朗，仍然搭建戲棚原因除了經費充足外，戲棚也可改為唱戲曲形式。至於東頭邨盂邨蘭勝會及牛頭角區潮僑街坊盂蘭勝會，早前已落實公演潮劇酬神戲，由於國內戲班來港日期不明朗，為避免經濟損失，決定不搭建戲棚取消舉辦大型盂蘭勝會活動。

2023年初還未知悉國內民營劇團出境政策改變前，本港5個潮劇團，合共承辦22個公演潮劇的盂蘭勝會。由於發生國內戲班來港日期不明朗因素，東頭邨盂邨蘭勝會及牛頭角區潮僑街坊盂蘭勝會，決定取消搭建戲棚舉辦大型盂蘭勝會

(圖片2)　國內潮劇戲班人員來港後立即投入西環盂蘭勝會演
　　　　　出工作

（圖片3）　新天藝潮劇團在觀塘潮僑工商界盂蘭勝會演出潮劇酬神戲

活動。到了農曆七月期間祇有20個公演潮劇的盂蘭勝會，此外，由於在9月1-2日強颱風蘇拉襲港，元朗潮僑盂蘭勝會及深水埗石硤尾白田潮僑盂蘭勝會演期也作出調整。20個公演潮劇的盂蘭勝會，合共演期由66天減至63天。

新天彩潮劇團承辦： [7]

東頭邨盂邨蘭勝會 原定日期：8月16, 17, 18日	取消舉辦（國內戲班來港日期不明朗取消搭建戲棚舉辦大型盂蘭勝會。）
慈雲山竹園邨鳳德邨潮僑盂蘭勝會 原定日期：8月19, 20, 21日	照常舉辦
荃灣潮僑盂蘭勝會 原定日期：8月22, 23, 24日	照常舉辦
紅磡三約潮僑街坊盂蘭勝會 原定日期：8月28, 29, 30日	照常舉辦

7　新天彩潮劇團班主黃素玉訪問2023年8月17日。

（圖片4）　荃灣潮僑街坊盂蘭勝會在疫後復常首次演出例戲仙姬送子

九龍城潮僑街坊盂蘭勝會 原定日期：9月03, 04日	照常舉辦
長沙灣街坊潮籍盂蘭勝會 原定日期： 9月12, 13, 14日	照常舉辦

新天藝潮劇團承辦：[8]

牛頭角區潮僑街坊盂蘭勝會 原定日期：8月19, 20, 21日	取消舉辦（國內戲班來港日期不明朗取消搭建戲棚舉辦大型盂蘭勝會）
西環盂蘭勝會 原定日期：8月22, 23, 24日	照常舉辦
旺角潮僑街坊盂蘭勝會 原定日期： 8月25, 26, 27日	照常舉辦
觀塘潮僑工商界盂蘭勝會 原定日期：8月28, 29, 30日	照常舉辦
元朗潮僑盂蘭勝會 原定日期：9月02, 03, 04日	照常舉辦（颱風蘇拉襲港祇演出9月02日及加演9月05日，合共演出2天）
尖沙咀官涌街坊盂蘭勝會 原定日期： 9月08, 09, 10日	照常舉辦
荃灣潮僑街坊盂蘭勝會 原定日期：9月12, 13, 14日	照常舉辦

8　新天藝潮劇團班主黃偉倫訪問2023年8月24日。

(圖片5) 來港潮劇戲班參與九龍城潮僑街坊盂蘭勝會請神活動

新昇藝潮劇團承辦: [9]

秀茂坪潮僑街坊盂蘭勝會 原定日期: 8月28, 29, 30日	照常舉辦
九龍城潮僑街坊盂蘭勝會 原定日期: 8月31日/9月01, 02日	照常舉辦
深水埗石硤尾白田潮僑盂蘭勝會 原定日期: 9月03, 04日	照常舉辦
土瓜灣潮僑工商盂蘭勝會 原定日期: 9月05, 06, 07日	照常舉辦
佛教三角碼頭街坊盂蘭勝會 原定日期: 9月08, 09, 10日	照常舉辦

新韓江潮劇團承辦: [10]

錦田八鄉大江埔潮僑盂蘭會 原定日期: 8月25, 26, 27日	照常舉辦
油麻地旺角區四方街潮僑街坊 盂蘭勝會 原定日期: 8月28, 29, 30日	照常舉辦
沙田潮僑盂蘭勝會 原定日期: 9月05, 06, 07日	照常舉辦

---

9   新昇藝潮劇團班主何長利訪問2023年8月24日。

10   新韓江潮劇團班主黃佩珍訪問2023年8月25日。

(圖片5) 來港潮劇戲班參與九龍城潮僑街坊盂蘭勝會請神活動

玉梨春潮劇團承辦： [11]

粉嶺潮僑盂蘭勝會 原定日期：8月16, 17, 18日	照常舉辦
李鄭屋及麗閣邨潮州工商盂蘭會 原定日期：8月19, 20, 21日	照常舉辦
慈雲山竹園邨鳳德邨潮僑盂蘭勝會 原定日期：8月22, 23日	照常舉辦
深水埗石硤尾白田潮僑盂蘭勝會 原定日期：8月31日/9月01, 02日	照常舉辦（颱風蘇拉襲港祗演出8月31日1天。）

結 語

　　疫情後，各潮劇團重啟申請國內戲班來港演出盂蘭勝會手續，到最後才知道國內審批政策改變，國內戲班來香港演出，須要由邀請方在香港入境處申請工作簽注。當時，距離農曆七月初一還有15天。時間緊迫各區盂蘭團體可說是心急如焚之

11　玉梨春潮劇團負責人陳育兒訪問2023年8月24日。

際，此時潮屬社團總會盂蘭勝會保育工作委員會，為爭取戲班來港作最後努力，事情峰迴路轉，幸得香港入境事務處在事情上積極配合和加快處理，4個工作天便向國內潮劇戲班人員批出入境《不反對通知書》，時間距離農曆七月初一還有5天。潮人盂蘭勝會終於可以在三年疫情後再次公演潮劇酬神戲。

香港潮州念佛社與戰後香港慈善服務[1]

黃競聰

香港珠海中國歷史研究所哲學博士

前　言

　　二次大戰後，大量潮汕人士來港定居，帶來不僅是勞動力，同時把自身的慈善文化引進香港。香港潮州念佛社多處於潮州人聚居之社區，曾提供不同類型的慈善服務，惠及不獨於香港潮州人。隨着時代演進，香港潮州念佛社日趨式微，業務主要承辦盂蘭法會與喪禮打齋儀式，它們過去的慈善服務已為人所遺忘。是次論文，分為兩部份，第一部份簡述戰後香港潮州念佛社發展概況，第二部份則從贈醫施藥、修建義塚、賑災濟貧、超幽普渡和慈幼敬老五方面，說明香港潮州念佛社的慈善服務工作。

1950年以來潮州念佛社發展

　　香港潮州念佛社源自潮汕善社，創立於宋，興於明、清，及至清末民初達至頂峰，此與潮汕的社會生活狀況不無關係。清代中葉以後，潮汕地區天災連連，清廷無力救濟，

地方鄉紳自發組織善社，參與濟貧救災工作。潮州善社大多供奉宋大峰祖師，與地方民間信仰關係密切，是帶有濃厚民間宗教色彩的慈善組織。善社以修身行善為宗旨，服務範圍廣泛，諸如修橋補路、贈醫施藥、興辦義學、施棺殯葬等都一一包辦。每逢潮汕地區出現天災人禍，造成重大傷亡時，當地善社的角色尤其重要，一呼百應挺身籌款賑災，並僱用工人撿拾無人認領的屍體，並建義塚妥善安葬亡者，故深得當地鄉民的信賴。

　　二次大戰後，內地戰亂仍頻，大量潮汕人士來港，他們不僅提供大量勞動力，亦有為數不少潮汕商人帶來雄厚的資金在港大展拳腳。香港潮州人仿效家鄉傳統，在地區創辦善社或念佛社，提供不同類型的慈善服務。志賀市子稱此為「香港的潮人善堂」，「有的善堂，自稱善堂、佛堂、佛社、念佛社等名稱，供奉中國普遍的神仙諸佛之外，還供奉宋大峰祖師、宋超月禪師等潮州特獨的神明，提供打齋、做功德、盂蘭勝會等宗教儀式服務，亦有一些善堂有扶鸞儀式」。[2]這些念佛社絕大部份都是戰後五、六十年代建立，當中只有普慶念佛社是創立於上世紀三十年代。

> 本社始創於一九三九年，一直以來，本社闡揚佛學外，更本着互助互愛之精神，致力於社會慈善福利事業……[3]

　　二次大戰以後，香港人口急增，因政府投放在社會福利的資源未足以回應各方需求，慈善工作亦需依靠民間慈善組織或宗教團體分擔，由此香港潮州佛社乘勢而起，成為戰後慈善救濟的新力軍。以下引自港九從德念佛社紀念特刊，從中可以了解香港潮州佛社創立的背景：

2　游子安、志賀市子：《道妙鸞通：扶乩與香港社會》，(香港：三聯書店(香港)有限公司，2021年7月初版)，頁302-309。

3　華僑日報，1988年6月22日，〈普慶念佛社下月初社慶暨瀝源邨老人中心開幕〉。

　　　　本社前身為港九從德念佛社，成立於一九四
九年間，由崇佛人士詹天眼，鄭碧木，劉傳勳，
鄭新嘉，張俊烈，鄭坤鍔，周朝合，曾增明，羅
濟民，潘書城，黃家志等十一人仿照潮汕各善堂
機構發起組織，自建社址於青山道長發街尾蓮花
台一號，（即蘇屋邨現址）崇祀諸佛菩薩，宋大
峯祖師，公推詹天眼，張俊烈，為籌備委員會主
席委員，劉傳勳，鄭碧木，羅濟民，鄭坤鍔，黃
家志為委員，呈經當局核准註冊，同年六月十九
日舉行成立典禮，依章選舉詹天眼為首屆社長，
鄭新嘉，鄭碧木為副社長，劉傳勳，張俊烈，胡
茗園，鄭坤鍔，潘書城，羅濟民，林社輝，黃家
志，曾增明，周朝合，許仁智，洪清梅，鄭永
源，王炳文劉香圃，黃少堅為理事，由是正式展
開社務……[4]

　　以港九從德念佛社為例，它成立於1949年，其宗旨「以崇
奉　宋大峯師祖遺教，秉承佛教宗旨而辦理一切有關社會福利事
業」。直到1951年，「鑒於社會事業日繁，為發展工作範圍，特
修改社章，廣徵社員，擴大組織，更名為港九從德善社」。[5]

　　早期港九從德善社社務工作如下：[6]

　　辦理普度超幽，曾響應東華三院及元朗博愛醫院舉辦萬
善緣勝會，主理：

　　（一）經壇法事
　　（二）夏季贈醫施藥[7]

4　港九從德善社，〈港九從德善社創社二十週年紀念特刊〉。
5　港九從德善社，〈港九從德善社創社二十週年紀念特刊〉。
6　港九從德善社，〈港九從德善社創社二十週年紀念特刊〉。
7　報載，1955年7月24日開始，港九從德善社贈醫時間由上午八時
　　派籌，十二時開診，單是一個月便有2750人受惠，贈醫施藥延續
　　至深秋後始停辦。華僑日報，1955年8月25日，〈從德善社　盼助
　　藥物〉。

（三）冬季派送寒衣

（四）施棺助殮

（五）一切有關社會福利工作 賑濟災民

　　1950年以後，香港潮州佛社相繼成立，其中有的佛社的骨幹成員曾加入普慶念佛社或港九從德善社，後來自立門戶，或加入其他佛社，佛教觀園修苑創辦人潘聖道便是其中一例。佛教觀園修苑於1962年創立，創辦人潘聖道是玉霞閣林守培的師傅，戰後他從家鄉潮陽縣赴港，先後在普慶念佛社和港九從德善社服務。[8]1966年佛教觀園修苑在觀塘協和街購會址買，開幕當天，同時舉行恭奉諸佛菩薩陞座儀式。不少名人高僧紛紛到賀，報載參觀開光的嘉賓超過3,000人，當天禮請永遠榮譽董事長楊日霖老居士剪綵，佛像開光儀式則由增秀老和尚主禮。[9]潘聖道在香港佛教界享有崇高地位，他於1974年逝世，出殯當天參加執紼者數百人，由湛山寺寶燈法師主禮說法封棺，出席的佛教高僧有妙法寺洗塵法師、妙法精舍金山法師、羅漢寺覺光法師、東普陀了知法師、妙音精舍應成法師、南天竺茂蕊法師、湛山寺寶燈法師、西方寺永惺法師、佛教青年中心保賢法師和華嚴閣明心法師等。[10]

　　香港潮州佛社地處潮州人聚居社區，佛社草創初期，多屬臨時搭建而成，鄰近為木屋或寮屋區。1953年石硤尾大火以後，香港政府常選擇在木屋或寮屋密集的地區，興建公共房屋，以圖改善市民的居住環境，然而不少潮州佛社卻面對拆遷的問題。港九從德善社原有會址位於深水埗長發街蓮花台，「係一連四間單層紅牆綠瓦建築物，外觀頗□於廟宇」

8　周樹佳：《鬼月鈎沉：中元、盂蘭、餓鬼節》，（香港：中華書局，2015年），頁78-97。

9　香港工商日報，1966年12月5日，〈佛教觀園修苑開幕及開光禮〉。

10　華僑日報，1974年12月29日，〈佛教觀園修苑創辦人 潘書城主席出殯 昨參加執紼者數百人〉。

。[11]1956年，徙置事務管理處通知港九從德善社需清拆會址，該地將興建樓房，故須暫遷他處。

> …惜乎蓮花台原址，地處徙置範圍，於一九五五年拆卸，遷租青山道長發街十八至二十號四樓……[12]

又如慈心佛堂約於1950年初創建，原址位於馬仔坑獅子山麓。[13]1982年，當區發生火災，佛堂倖存，但政府按照原定計劃，收地馬仔坑土地，興建屋邨。同年4月25日，慈心佛堂邀請了香港宗教界代表和議員，舉行記者會，表達訴求，然而當局不為所動。[14]清拆當天，慈心佛堂拒絕搬遷，遭數十善信阻撓，經警方介入後，清拆工作終順利進行。[15]1984年，慈心佛堂購入九龍城南角道48號兩層單位，堂內勒有碑石以茲其事，至今猶存。[16]

直到現在，香港仍有不少潮州念佛社，如普慶念佛社、港九從德善社、佛教觀園修苑、玉霞閣、慈心佛堂、念敬佛社和德教慈心閣等。隨着社會進步，上世紀七十年代以後香港社會福利制度大幅改善，香港潮州佛社的慈善角色已被徹底取代，它們的業務亦轉趨單一，主要承辦盂蘭法會和喪禮

---

11 大公報，1956年1月29日，〈從德善社正鬧拆遷〉。

12 港九從德善社，〈港九從德善社創社二十週年紀念特刊〉。

13 1980年慈心佛堂重修，佔地一萬二千多呎，佛堂正殿為大雄寶殿，右側為超月亭，供奉宋禪師，佛堂更供奉了祖先牌位。華僑日報，1982年4月26日，〈馬仔坑慈心佛堂 廿八日遷拆 負責人盼妥安置〉。

14 政府下令佛堂需於4月28日清拆，房屋署賠償8萬元。慈心佛堂希望政府順應民意，收回成命，允許佛堂保留，不用清拆。華僑日報，1982年4月24日，〈慈心例堂陸壓真人古廟 要求房署允許不必拆遷〉。

15 香港工商日報，1982年4月29日，〈房署清拆馬仔坑村 慈心佛堂拒絕清拆 數十善信護廟頑抗 警方強硬行動人群終被驅散〉。

16 碑文云：「慈心佛堂創於獅子山麓，後為政府徵用，自置現堂址…」。另詳見華僑日報，1983年7月28日，〈慈心佛堂二屆董事 日前舉行就職典禮〉。

打齋儀式。

回顧1950年至1980年代的香港潮州念佛社慈善服務

(一)　贈醫施藥

　　夏天屬炎熱季節，疾患頻仍，為救助貧苦大眾，故有不少慈善團體都選擇在夏季贈醫施藥，港九從德善社創辦初期，經常在7月至10月期間，於深水埗區舉辦贈醫施藥活動，甚至提供種痘服務。活動完結後，為隆重其事，更會舉辦結束典禮，頒獎給各義務中醫師，並舉行宴會答謝各屆友好。[17]由於需求甚殷，善社在贈醫施藥期間獲政府臨時借出元洲街與興華街交界空地作為臨時辦事處。[18]為籌募經費，除了善社善長捐款購藥，招募義務醫師，並在當區藥行設施藥站。1954年，港九從德善社更獲潮劇團中正天香男女劇團支持，一連五夜，假座普慶大戲院上演，義演潮劇。[19]又如1955年普慶念佛社更特聘名中醫主理，在港九兩區設立贈醫所兩處，分別是西營盤德輔道西234號愛春堂和深水埗長沙灣道利生堂，求診者甚眾，因而獲得不少熱心人士捐助。[20]

(二)　修建義塚

　　港九慈善閣由周彥生和倪木清等約於1960年代初創立，創辦初期慈善業務主力在屯門地區，其時蓮花山一帶屬荒山野嶺，骸骨暴露，無人殮拾，十分淒涼。港九慈善閣得張招利老伯鸞示，負責安葬白骨，並得到鄉紳和善心人士支持下，分三期殮拾骸骨。最後，港九慈善閣獲政府批地建義

17　華僑日報，1955年11月1日，〈從德善社 施贈結束〉。

18　華僑日報，1956年8月2日，〈贈醫享藥處 將遷址工作〉。

19　華僑日報，1954年6月14日，〈從德善社籌款〉。

20　華僑日報，1955年8月2日，〈普慶念佛社贈醫施藥成績良好〉。

塚，修路築亭便利往來。每年港九慈善閣會定例農曆九月十二日帶領會員赴蓮花山義山，舉行秋祭活動，以祭先友。[21]如1967年，義塚前面搭建經棚，一連兩晝連宵設壇誦經，超渡孤魂野鬼。[22]蓮花山義塚至今猶存，義塚刻有「義先人骸骨之墓」，左面刻有「公元一九六六丙午春恩吉日立」。

　　新冠疫情前，普慶念佛社在清明節前發函通知會友，並安排交通工具接送，前往沙嶺義塚拜祭。據考察所得，該義塚位於沙嶺潮州墳場，名為「宋大峰祖師古人墓」，兩旁石聯題為「青衣先共穴，沙嶺再結緣」。普慶念佛社除了敬備祭品外，更會安排經師誦經超渡，完成後會友享用午餐便乘車返回社址解散。[23]姚志強回憶，該義塚遷入沙嶺前，義塚原位於青衣島，其時該島尚未發展，陸路交通不便，出入青衣島全靠水路，猶記得一年他參與法會，由普慶念佛社提供船隻前往青衣島誦經。[24]筆者推測，在上世紀八十年代，青衣島填地移海，宋大峰祖師古人墓被迫遷往沙嶺重建義塚。

(三)　賑災濟貧

　　二次大戰以後，香港百廢待興，政府財政收入不穩，慈善工作多仰賴地區組織和宗教團體。上世紀五十年至七十年代，香港天災頻仍，遭遇風災、火災、旱災和水災等，香港潮州佛堂積極參與賑災濟貧工作。

　　1950年前後，深水埗區寮屋和木屋林立，易招火災，同屬該區港九從德善社派發物資，救濟災民。1949年，蘇村村大火，災場鄰近港九從德善社社址，除發動社員協助救火外，更在災場設施粥站6處，以及臨時收容所，收容300多位

21　游子安、志賀市子：《道妙鸞通：扶乩與香港社會》，(香港：三聯書店(香港)有限公司，2021年7月初版)，頁302-309；華僑日報，1972年10月24日，〈慈善閣善社 蓮花山秋祭〉。

22　華僑日報，1967年10月17日，〈蓮花山義塚 潮僑昨秋祭〉。

23　普慶念佛社姚直發訪問，2022年11月16日。

24　德教慈心閣姚子強訪問，2022年7月5日。

無家可歸的災。[25]1953年9月石硤尾大火，400多名災民無家可歸，港九德善社成員將棉毡舊衣，親自送往白田村中約防火會，由其代發給災民。[26]而受災社員每人更額外獲發白米50斤，港幣10元，以表互助。[27]此外，港九從德善社也不獨賑濟當區災，服務範圍及港九各區。

> 港九從德念佛社，以九龍城此次火災難民流
> 離失所，衣食無着，該社除贈麵包急賑外，仍感
> 災胞缺乏禦寒衣物，該社于二十三晚撥出棉毡二
> 百張，舊衣二百件……[28]

又如1961年紅磡山谷道火災，善社撥出新衛生衣200件交由華僑日報，代為轉贈紅磡山谷道火災急賑會，由其派送給災民。[29]除了賑濟災民外，為了防範火災，在1950年初善社與該區熱心人士組織居民防火處，捐助各種防火工具，如防火貯水桶、沙桶、滅火喉、滅火筒和救傷藥品等。[30]

(四)　超幽普渡

與一般慈善團體不同之處，香港潮州佛社認為舉辦法會儀式也可視為慈善服務之一。賑災救濟屬物質上的救援服務，舉辦法會儀式則能普利陰陽，超渡亡靈，賦予在生遺屬心靈安慰。

1.水災

1972年6月18日，港九地區豪雨成災，釀成多宗山泥傾

25　港九從德善社，〈港九從德善社創社二十週年紀念特刊〉。

26　華僑日報，〈從德善社贈石硤尾災民棉毡〉，1953年9月17日。

27　華僑日報，〈從德善社 昨天發賑〉，1954年1月13日。

28　華僑日報，〈從德念佛社救濟龍城災民〉，1951年11月25日。

29　華僑日報，〈從德善社 派贈寒衣〉，1961年1月22日。

30　華僑日報，〈從德念佛社組居民防火處 各界義贈用具〉，1950年7月24日。

瀉,傷死枕藉。「經緊急救濟後,生者既獲照顧,罹難亡魂,亦應予以超薦,俾得有所安息」,遂發起港九地區(六一八)雨災超薦法會。超薦法會的道場設備均由民政司署撥款贊助,其他支出則由大會成員隨心樂助,定於7月22日至24日一連四天,假九龍佐敦道與廣東道交界之臨時球場舉行,分設佛教、道教和潮僑三大主壇和分壇。潮僑壇是由潮州普慶念佛社負責,主理法事,誦經禮懺。[31]又如1976年8月25日颱風「愛倫」吹襲香港,導致暴雨成災,各區出現山泥傾瀉,秀茂坪的災情尤為嚴重,造成18人喪生、24人受傷。其時佛教觀園修苑舉辦大型超渡法會,祭祀亡靈,亦藉以安慰觀塘區的居民。[32]

2. 旱災

戰後大量內地移民來港,人口急增,水源緊缺,1960年初旱災肆虐,不少宗教團體紛紛舉行祈雨儀式。如1963年香港旱情嚴重,須四天供水一次,香港道教團體六合聖室設七星祈雨壇求雨。同年,普慶念佛社也設壇,誦經七天,祈求天降雨水。

> 昨在天台開壇祈雨七天,自農曆四月廿三日
> 起至廿九日止,由該社首腦陳覺軒、鄭貞譽等,
> 主持開壇,並通告全體經務人員及居士同人每日
> 上午五時起至晚十一時止到壇誦經。[33]

3. 火災

火災不單帶來財物的損失,還會隨時危及人命,如1957

31　港九地區(六一八)雨災超薦法會委員會主編:《港九地區(六一八)雨災超薦法會委員會特刊》,(香港:港九地區(六一八)雨災超薦法會委員會,1972),缺頁。

32　觀園修苑潘明崑訪問,2018年7月23日。

33　大公報,1963年5月19日,〈道教聯會祈雨 今在荃灣開壇 普慶念佛社誦經七天〉。

年廣東道發生大火，罹難者多達50餘人。

> 普慶念佛社同人，鑒于此次廣東道火災，罹難者五十餘人，除捐款交旺角街坊會急賑外，定三月五日六日在汝洲街社址設壇三天，誦經禮懺，超度亡靈，歸附吾佛。費用由社自給。遇難者家屬親友均可菈壇參加禮拜。各寺院高僧，繼續散心超拔回向，北證蘭因，俾遇難者靈魂，幽歸榮境去。[34]

普慶念佛社除捐款外，更設壇三天，誦經超渡亡靈。

(五)　慈幼敬老

隨着香港經濟起飛，只有少部份香港潮州念佛社能也因應社會需要，配合政府政策，提供多元化的社會服務。

> 港九福德念佛社(有限公司)為配合政府推行暑期康樂活動舉辦暑期自修室，現已開放學生欲於暑期進(修)功課者可到民政署元州邨第三座長沙灣分處，或荔枝角道二九九號三樓利署社區中心及九龍呈祥該社領取報名表，不收任何費用，並由該社免費提供自修生午膳及茶。該社自修時間，每日上午九時至下午四時，午膳時間中午十二時卅分。[35]

除了配合政府政策，為當區學生提供暑假活動之外，潮州念佛社更聯同政府部門合作，為地區人士提供社交康樂活動。

> 石硤尾白田分區委員會，港九福德念佛社，昨日假呈祥道福德念佛社濟公寶殿聯合舉辦敬老聯歡會，設筵卅桌招待區內二百多位六十五歲以

34　華僑日報，1957年3月2日，〈普慶念佛社超度火災亡靈〉。
35　華僑日報，1977年7月27日，〈福德念佛社自修室開放〉。

上耆老。請深水埗民政主任夏思義，深水埗許淇
安警司，白田分區委員會主席郭永昌主禮。[36]

普慶念佛社為響應政府安老政策，於1987年成立普慶
念佛社瀝源邨老人中心，1988年，普慶念佛社瀝源邨老人中
心開幕，普慶念佛社理事長陳覺軒致辭云：「…一直以來，
本社闡揚佛學外，更本着互助互愛之精神，致力於社會慈善
福利事業，由於社會不斷的改變，市民的需求亦隨著有所不
同，香港人口之老化日趨嚴重，為老人提供服務，更是急不
容緩，同人有見及此，創辦老人中心，去年六月投人服務，
現有會員三百二十多人，本中心宗旨是為區內六十歲以上高
齡人士提供不同類型活動，鼓勵其善用餘暇，發揮齡能及保
持與社會之接觸，以充實晚年的生活。」[37]陳氏的致辭正好
說明潮州佛社的慈善服務也隨着時代變遷而有所改變，服務
對象不再局限於當區居民，而是因應社會的需要提供適切的
社會服務。

自1980年代以後，大部份的香港潮州念佛社已很少投放
資源，提供慈善服務，念佛社參與慈善救濟的形象逐漸消失
於大眾的視野中。

總　結

過去，筆者曾協助籌辦香港盂蘭文化節和撰寫《香港
非物質文化遺產系列：香港潮人盂蘭勝會》一書，因緣際會
下經常走訪香港潮州念佛社。念佛社負責人大多慨嘆人手不
足，財力緊拙，莫說提供慈善服務，連承辦盂蘭勝會也依靠
「外援」，其式微狀況可見一斑。

36　華僑日報，1978年11月17日，〈白田區委員會福德念佛社 昨聯合
　　舉辦敬老聯歡會 招待二百餘耆老表揚敬老尊賢〉。

37　華僑日報，1988年6月22日，〈普慶念佛社下月初社慶暨瀝源邨
　　老人中心開幕〉。

「盂蘭」概念在人間：
神靈具現及都市靈媒[1]

區志堅

香港樹仁大學歷史學系副教授

田家炳孝道文化教研中心主任

引　言

　　近年學界多注意「語言」在現實社會中的應用，而在人文社會科，尤注意思想、語言怎樣推動社會文化的發展及不同群體的認同。昔日從事思想文化史研究的學界也多注意「思想研究轉向」，其中一個方向就是研究「概念史」及「概

1　本文作者運用「神靈具現」一語，主要參考及運用林瑋嬪教授
　　所用「靈力具現」一詞，見林瑋嬪：《靈力具現：鄉村與都市
　　中的民間宗教》　（台北：國立台灣大學出版中心，2020）; Lin
　　Wei-Ping(林瑋嬪), *Materializing Magic Power:Chinese Popular
　　Religion in Villages and Cities*(Cambridge: Harvard University Asia
　　Center,2015)二書；本文也參氏主編：《媒介宗教：音樂、影像、
　　物質與新媒體》（台北：國立台灣大學出版中心，2018）一書內各
　　篇論文。筆者閱讀林教授大作深受啟發；另外，筆者感謝盂蘭勝
　　會工作委員會主席馬介璋先生、副主席胡炎松先生、委員許學之
　　先生接受訪問及提供資料。

念」（Concept）；[2]另一方面，不少從事商業市場學的研究者，指出人們認識品牌，與商業機構藉文字及圖像，建立的公司品牌及「概念」（Concept），甚有關係，消費者對品牌的了解，在購物之初，也多受公司建構「概念」的影響，結合人文社會科學及市場學的研究，要使人們對品牌的了解，便要注意把品牌建構的「概念」，藉傳播媒體及物質，傳往公眾，而「概念」具體地呈現也要藉媒體及具體物質協作，又隨「概念」不斷向外傳播，也推動媒體及物質再更改及修訂其內容，在「概念」與媒體和物質互動下，反過來可以修改或豐富「概念」內涵，又可以進一步推動品牌延伸及發展。[3]

　　過去不少從事宗教文化的學者，多從社會的角度分析神靈的力量，學者武雅士（Arthur Wolf）認為研究民間宗教，要注意信徒及社會文化觀點，神靈世界是一個建構的官員體系，神靈的力量是來自人們建構國家管理體系的圖像。[4]也有學者如華琛（James Watson）認為神靈天后的名聲與天后崇拜的提升，與國家權力在華南沿岸地區逐步擴張，是同步進

2　參大衛.阿米蒂奇：〈思想史的國際轉向〉，達林.M.ji麥克馬洪、塞繆爾.莫恩編［張智.左敏等譯］：《重思現代歐洲思想史》（上海：上海人民出社版社，2023），頁263-284；李宏圖：〈概念史與思想史研究的「空間轉向」〉，《語境.概念.修辭》（上海：復旦大學出版社，2016），頁71-89；陳建守：〈作為方法的概念：英語世界概念史的研究回顧與展望〉，蔣竹山主編：《當代歷史學新趨勢》（台北：聯經：2019），頁175-246；區志堅：〈神靈呈現：七夕文化從傳統走向現代節慶〉，潘志賢、葉文筠、區志堅編：《節慶與傳播：七夕文化》（香港：中華書局，2020），頁63-115。

3　塞穆爾.莫恩、安德魯.薩托利：〈全球知識史的研究方法〉，二氏編［焦玉奎　譯］：《全球知識史：知識的產生和傳播》（鄭州：大象出版社，2021），頁3-35。

4　Arthur Wolf, " Gods, Ghost, and Ancestors," in Arthur Wolf (ed.). *Religion and Ritual in Chinese Society* (Stanford: Stanford University Press.1974), pp.131-82.

行的。[5]也有學者研究民間宗教與地方群體的認同，乃至發生對抗政府的力量。近年學術界尤多注意人與物之間的關係，尤注意把物質（material）成為社會群體認識、認同宗教、維繫宗教群體成員的依據，又認為物質往往成為概念或文化傳播的重要憑藉；一些研究物質文化的學者又認為，人於生產、製造及運用物質與消費物的過程中，與物質不斷交流及互動，使文化被重新建構及再次創造傳統，文化也得以藉人與物的互動得以成為「知識」（knowledge），傳播往不同地方，故物質世界及物質文化是為了解人類、文化及社會互動關係的重要研究領域，物質文化也成為研究人類感情的重要依據。[6]

　　至於宗教文化方面，學者也注意物質文化，與人類宗教文化、宗教概念傳播的互動關係。不少研究宗教文化的學者也注意，不只是研究宗教給人們心靈的安慰，也注意研究宗教與物質文化互動，由是也帶動宗教研究也進行「物質轉向」，不只是把神靈的力量藉物質化為具體形像，也就是神像，並以具體物質的儀式以供奉神靈，神靈力量也藉物質文化，如籤詩、符乩、香、紙紮物品及燒錢（burning money）。進一步，學者更注意民間宗教藉現代媒體呈現在群眾，使神靈形像藉現代都市媒體，如電台、廣告、音樂、電子科技、表演節目、節慶的人神共歡特色（不是西方的嘉年華）、體育運動、動漫畫、旅遊文化、都市電子媒體的社會網絡平台、出版及影像文化及教育制度等，當代物質及傳

5　James Watson,"Standardizing the Gods: the Promotion of T'ien Hou (Empress of Heaven) along the South China Coast,960-1960,"in David Johnson, Andrew Nathan, and Evelyn Rawski(ed.), *Late Imperial China* (Berkeley: University of California Press,1985), pp.292-324.

6　莎拉.瑪札著［陳建元譯］：《想想歷史》（台北：時報文化，2018），頁172-180；柏樺［袁劍譯］：《燒錢：中國人生活世界中的物質精神》（南京：江蘇人民出版社，2019），頁20-26；參約翰.特雷施：〈物質化的宇宙論：科學史與觀念史〉，達林.M.ji麥克馬洪、塞繆爾.莫恩編［張智.左敏等譯］：《重思現代歐洲思想史》，頁146-171。

播媒體相結合，運用當代宗教的傳播媒體，使宗教及信徒相信的神靈力量，結合「新靈媒視野」(new shamanic version, Humphrey)[7]，得以在當代社會發展，而人們的宗教信仰及心靈也藉參與及運用新靈媒的活動，返過來又鞏固宗教信仰，由是宗教藉神壇、宗教團體與信徒的發展，漸走向與城市情感轉向及與教育制度合作，宗教使心靈安慰，也成為一種民間的「知識」。[8]若把「盂蘭」作為概念，便要問「盂蘭」概念怎樣在當代社會流播？這種源自傳統農業社會的宗教文化怎樣在當代城市流佈？本文運用文獻、考察及口述訪問，得見當代香港潮籍盂蘭勝會及潮屬盂蘭文化節的成功和拓展，特別是成為國家級非物質文化遺產項目後，更可見宗教概念、宗教文化，與當代物質媒體，即為「新靈媒視野」相結合，又因為特區政府、潮屬社會總會及盂蘭勝會保育工作委員會、民間文化團體，如長春社文化古蹟資源中心及香港一地高等院校的協作和努力，使宗教信仰得以「在日常生活裡面發揮出它在文化依存、社群凝聚上的作用」（香港非遺諮委員會主席麥勁生語），[9]似乎這種把宗教信仰、概念、文化，與當代物質文化、當代都市新靈媒、政府及民間團體的多元化結合模式，是未來推動民間宗教文化及民俗發展的方向。其實，客家、廣府籍、福建籍人士等不同族群，也在香港一地舉行「盂蘭節」的祭祀活動，但為方便行文，本文以「盂蘭」一詞指稱潮籍盂蘭文化節，至於香港一地不同的社群及族群舉行「盂蘭節」與物質文化發展的互動關係，有待另文撰寫。

7　Caroline Humphrey, ' "Shamans in the City, " *Anthropology Today*, 15(3)(1999), pp.3-10.

8　參涂豐恩：〈感覺的歷史：理論與實踐〉；王晴佳：〈為什麼情感史研究是當代史學的「一個」新方向〉，蔣竹山主編：《當代歷史學新趨勢》，頁29-56；頁57-70。

9　〈香港非遺諮委會主席麥勁生：非遺的價值在於社會文化的傳承〉，《紫荊雜誌》，總397期(2023)，頁22。

概括而言，本文探討抽象「盂蘭」概念如何透過物質化的過程具體地呈現在人間，獲得獨特的靈力，與人間心靈世界交往。

二、「盂蘭」場地佈置形塑「盂蘭」文化氛圍

談及「盂蘭」概念在人間，先關注每年舉辦「盂蘭文化節」的場地佈置。場地佈置把「盂蘭」概念及內涵，放置在一個文化空間（場境），營造「盂蘭」文化的氛圍（Atmosphere），人們藉參觀場地，觀看及接觸場地內具體景物，人們的情感及思緒也受其氛圍所影響。

先看「盂蘭」概念。「盂蘭」是梵文Ullambana，漢語音譯為「烏藍婆拏」，日後演變為「盂蘭盆」，比喻亡者之苦有如倒懸。然而，由於音譯的關係，古代漢人把此字分拆成「盂蘭」和「盆」。依《翻譯名義集》：

> 盂蘭盆。盂蘭西域之語轉。此翻倒懸。盆是此方貯食之器。三藏云。盆羅百味。式貢三尊。仰大眾之恩光。救倒懸之窘急。義當救倒懸器，應法師云。盂蘭言訛。正云烏藍婆拏。此云救倒懸。[10]

「盆」是中文裡的「鉢」，在進行法事儀式期間會裝滿供品，如百味五果，供養佛陀和僧侶，並拯救在地獄被倒懸的眾生，是為「救器」，目的是「解倒懸」。古代漢人由是意譯為這個盤的名字為盂蘭，故稱此節日為盂蘭節，其實「盂蘭盆」一詞意，指放置供施以將亡魂從地獄倒懸之厄運中

10　法雲：《翻譯名義集（《大正藏》第54冊）》（台北：新文豐出版公司，1983），頁1112；參鄧家宙：〈說佛教盂蘭法會儀式〉，《風俗演義》（香港：長春社文化古蹟資源中心，2012），頁16；長春社文化古蹟資源中心編製：《香港潮人盂蘭勝會》(香港：長春社文化古蹟資源中心，2023)，頁16。

解救出來，未可拆開解讀，《佛說盂蘭盆經》也不等於〈佛說救倒懸盆經〉，上述都是語言交流的情況。[11]

　　盂蘭節出自一個傳說故事：目連救母。根據〈佛說盂蘭盆經〉所記，佛陀弟子目連修煉得道，能夠以法力「六神通」觀看世界，發現母親在餓鬼道中「皮骨連立」、飢餓痛苦交迫。原來他的母親生前雖富有，卻非常貪婪，厭恨提倡行善的僧侶，經常出言不遜、故意留難，且惡行累累，致死後轉世為餓鬼，永不超生，這是地獄中最恐怖的酷刑。目連嘗試以法力把食物送給母親，但一到嘴邊即化為火炭，遂向佛祖請教。佛祖告訴他於農曆七月十五日是「自恣日」，用盂蘭盆盛以百味五果，供養十方大德僧眾即可解救並超度亡母。[12]自此佛教徒會在農曆七月中，舉行盂蘭盆會，行善布施來報答父母恩，甚至解救亡世父母在陰間倒懸之苦。至於中元節的稱呼之來自道教的地官（舜帝）[13]誕辰，他會持人鬼錄簿檢閱善惡，若受到懲罰則永世難以超脫。由於地獄將在這個月大開鬼門，任何亡魂，包括餓鬼孤魂，甚至各方大聖都會來到陽間，故需設壇誦經、供奉三牲五果以普渡眾生，也可作法事期望地官赦罪。另外，史料記載上古舜帝的父親愚頑、繼母奸詐、弟傲慢，舜仍對侍奉家人恭敬有禮，後來獲堯帝禪讓帝位，[14]故中元節又叫孝子節，民間在這天會準備豐盛的祭品，以祭拜祖先，農村地區更會以最新的農

11　參陳蒨：《潮籍盂蘭勝會：非物質文化遺產、集體回憶與身份認同》（香港：中華書局，2015），頁6；周樹佳：《鬼月鉤沉：中元、盂蘭、餓鬼節》（香港：中華書局，2015），頁2。

12　參區志堅、林浩琛訪問及整理：〈胡炎松先生訪問稿〉，2018年10月3日，未刊稿。三藏法師竺法護：〈佛說盂蘭盆經〉，《龍藏：大乘經五大部外重譯經（乾隆大藏經）第29冊》（中壢市：財團法人桃園縣至善教育事務基金會，2007），頁527-528；胡炎松：《盂蘭的故事》（香港：三聯書店，2019），頁18-19。

13　地官名叫舜帝或清虛大帝，是黃帝的第8代孫兒。道教有天、地、水三官大帝載錄世人善惡之說，三元節就是他們的誕辰，並以天官生日為上元節、地官生日為中元節、水官生日為下元節。

14　曾展章：《華夏歷史年表筆記上冊》（香港：心晴行動慈善基金，2018），頁20。

作物貢獻給祖先報告秋成，紀念他事親至孝的善舉。[15]

其後，隨着五代時的梁武帝（464-549）提倡盂蘭盆會，盂蘭節成為朝廷定制，並在民間廣為流傳，逐漸融入中國傳統的儒家和道教的「孝悌為本」思想。歷史記載唐朝的武則天（624-705）、代宗（727-779）、德宗（742-805）在位時也到都城寺院觀看盂蘭盆會的儀式：「如意元年七月望日，官中出盂蘭盆，分送佛寺，則天御洛南門，與百僚觀之」。[16]768年，代宗參加盂蘭盆會祭祖、為萬民祈福，更安排寺院籌辦儀式，為其母親的解脫進行布施，[17]可見皇帝積極參與。節日的意義豐富了，從救濟父母擴大至與普渡孤魂，超度不幸逝世者，並由道士誦經及用道教儀式進行法事。[18]祭祀者也會「供僧」，除了幫助在生的父母求福澤，亦為自己排憂解難、延吉祥，對人、鬼、祖先而言也有幫助，[19]盂蘭節就是這樣結合佛道思想，延續至今。

總結，漢籍文獻表述「盂蘭」節、目連救母的孝道故事及盂蘭勝會保育工作委員會現任時副主席胡炎松（前任常務會董）在《破解盂蘭迷思》一書，表述盂蘭祭祀儀式，主要是強調「修德立品」的內函，盂蘭勝會具有宏揚中國傳統孝道精神，在盂蘭勝會法事儀式供奉多位佛、菩薩，可以給在世生父母及長輩增福延壽，也為辭世的父母及長輩消孽滅障；日後，在香港地區，更有貧富共融，富者施惠，貧窮人士受惠，無所依附的孤魂野鬼，也能夠聞經享食，遠離地獄

15　施仲謀等編：《香港傳統文化》（香港：中華書局，2013），頁28。

16　劉昫：《舊唐書》（北京：中華書局，1975），頁5003。

17　Teiser, Stephen F. "The Ghost Festival in Medieval China" (Princeton, New Jersey: Princeton University Press, 1988), P.47-48.

18　陳蒨：〈香港潮人盂蘭勝會：中國非物質文化遺產與身份認同〉，陳蒨，祖運輝，區志堅合篇：《生態與文化遺產：中日及港台的經驗與研究》（香港：中華書局，2014），頁28。

19　〈胡炎松先生訪問稿〉，未刊稿。

之苦，非如給民間所言只是祭祀「鬼魂」的故事。[20]

依Stella So 繪的漫畫、胡炎松撰寫文字、由潮屬社會總會主席陳幼南、盂蘭勝會保育工作委員會主席馬介璋出版的《盂蘭的故事》、胡炎松的《盂蘭的故事》、香港潮屬社團總會出版《盂蘭文化節》（小冊子）及長春社文化古蹟資源中心編《香港潮人盂蘭勝會》等資料，及相關研究成果所見，在每年農曆七月，在香港一地舉行的潮屬盂蘭勝會場地佈置甚具特色，把盂蘭概念放在場地中。場地的入口處有大型花牌，場內以竹棚搭建的經（師）壇，經壇旁為及盂蘭勝會保育工作委員會及盂蘭勝會保育工作委員會孤魂棚（臺），附薦臺、神棚、大士臺、神功戲棚、神袍棚及辦事棚，有些場地也在經壇旁立為孤魂臺，其實依胡炎松先生說應是經壇對面是孤魂臺，主要是經師頌經超渡經壇對面，坐在孤魂臺上供奉的祖先及其他孤魂。

香港一地的潮屬盂蘭場地具有以下佈置及特色：[21]

神棚：民間稱為天地父母棚，盂蘭勝會的主壇，信眾進入會場後，多在此壇上香，求賜福、許願及酬神恩，神棚多為兩進式的金字頂竹棚，前設有神壇，案上擺放排放「天地父母」、「南辰北斗」、「諸位神靈」、地區及社區神靈的香爐。先談前進的位置是香案，在中央位置供奉天地父母爐，其左旁為南辰北斗爐，右邊為供奉不同神靈的爐，尚有三山國王、福德老爺、城隍爺、關聖帝君、觀音菩薩及天后等神靈。

在後進則放各式酬神貢品及給予競投的福品。也有一些神棚內牆壁上掛頗大的紙製物質，如帝冠、腰帶及長靴，以奉獻給天地父母、南辰北斗及多位福神的神衣，以便酬神。棚內也懸掛潮式金銀，而神壇前有三「蟠龍大香」，大香約

---

20 胡炎松：《破解盂蘭迷思》（香港：暉德數碼，2015），頁4-5。

21 場地佈置主要參閱長春社文化古蹟資源中心編：《香港潮人盂蘭勝會》，頁62-71。

有兩米高。[22]同時，神棚正面朝向戲棚，主要舉行給神明觀賞的神功戲，表述酬神的意思，又有些地方士紳認為可以「人神共樂」，[23]神棚的後進地方，為潮籍人士稱為「擺社」，在神明前擺設各樣的競投福品，而一般排列者，就是具有物質文化特色的食物：茶、酒、湯、飯、齋菜碗、彩紮造型、麵塑藝術、五果、豆仁團五牲、潮式糕飽、豆團架、豆心架、薦盒及燈飾的糖方肚。

至於齋菜碗多以五谷或齋菜放在碗內堆起，彩紮造形，以鐵絲及棉花為人身骨架，以花布剪為衣服，面部表情及造形的「八仙賀壽」及古代人物。另外，麵塑藝術以麵粉或糯米粉製成動物、山珍海味的形狀。至於五果，有蘋果、橙、香蕉、提子、大桔等，而豆仁團五牲以花生糖造豬、雞、龍蝦、鴨、魚等形。競投的福品，有金器、陶瓷、電器及大吉等。還有，潮式糕飽，如：發粿、甜米粿、金錢糕、紅桃粿、糖獅塔、福桃、棋子餅、壽桃等。此外，也有豆團架、豆心架，也有豆方薦盒及八仙賀壽造型的糖方肚。

在盂蘭場地中，也有經師棚。主要為逝者超渡，藉頌經文及廟堂音樂，以音樂及說唱藝術這種非物質文化，進行法事儀式。更以物質工具搭建經師棚，在棚內正壇中央前方懸掛三幅畫像，以物質形塑神靈形像，並具體呈現在信眾前，三幅畫中安放在中央者為釋迦牟尼佛，左方為東方藥師佛，右方為西方阿彌陀佛，合稱為「三寶佛」。在正壇左方為文殊菩薩、觀世音菩薩，右方為普賢菩薩、大勢至菩薩、護法及天王等神靈畫像。棚內也布置紙製的金銀，又有潮州刺繡，在正壇前的菩薩畫像，貼有法事名稱的長方形黃色疏文，每度法事完成法事後，疏文及仙鶴、元寶及大金等物紙製物質，均由長老送往寶爐化掉，依主持者認為「仙鶴負責

22　要注意的是維園盂蘭神棚是沒有設立供奉神靈及祖先的大香及靈位。

23　區志堅、林力漢訪問及整理：〈馬介璋先生訪問稿〉，訪問日期：2021年10月15日，未刊稿。

把疏文呈報蒼天」。[24]

此外，場地以物質文化表述盂蘭勝會中的「瑜伽餤口」（此又稱「放焰口」）文化及儀式。此儀式多在盂蘭勝會的最後一天進行，儀式多由七或九名經師進行，主持經師必須單數，主要為站在中間者為「金剛上師」，又稱為「上師」，法事主要由三個壇，主壇為「瑜伽壇」、面然大士壇、孤魂壇。主壇位於經師棚內是施食儀式的中心神壇，主壇前供奉地藏王菩薩像及五方菩薩像，主要是引領孤魂餓鬼往法會。壇前祭品為發粿、租粿、喜飽、豆方餅等，上師誦念經文，使這些供品成為「上好飲食」，使鬼神滿意。主壇前地板供奉五個佛手飽及滿載鹽、米、水、炭、五色豆的斗砵，依主持人認為以此食物代表金、木、水、火、土，這種五行物質文化。[25]可見，地藏王菩薩像及五方菩薩像，這種物質的神靈造像，也具有人間世的「引領」形像。還有，上師為孤魂眾生消罪孽滅障礙，眾生得以接受佛法的加持及享受法食。

大士台及送大士王：把鬼王形像藉紙紮工藝得具體呈現。「大士王」又稱為「鬼王」。盂蘭勝會的大士王展示了以竹架紙糊紮或懸掛畫像，因以竹架紙糊紮作的神像為高高的神像，頭戴冠帽，額前放置觀音像，雙眼怒目，雙腳直立，左手高舉「南無阿彌陀佛」，右手抬高。一些懸掛畫像主要把大士畫像掛在大型幢幡，藉紙紮具體神靈形像，呈現「召引無主孤魂往盂蘭勝會聽經，以作超渡孤魂」，於放焰口法事儀式完成後，大會工作人士開始清理米棚內的祭品，亦進行「送人士爺」儀式，又把孤魂內的蓮位、衣紙、金銀元寶等以紙製的物質，送往焚化，也解下幢幡，又取下大士爺頭上的觀音像，把大士爺像送往化寶爐，進行焚化，而派米活動開始。可見藉這些物質與人們的心靈及情感互動，物

24　〈胡炎松先生訪問稿〉，未刊稿。
25　〈胡炎松先生訪問稿〉，未刊稿。

質被焚化了，在信眾的心中，代表大士爺登臨法場監擅的施食也圓滿了，也代表了人們恭送大士爺離去。[26]

　　魂台及附薦台：以紙紮的蓮位及附薦祖先蓮位，藉紙紮物質以安慰當代子孫的心靈，在紙紮的架上貼有一張寫上祖先姓名、陽間附薦人的姓名，藉此物質使人間的心意得以禮敬逝世的祖先。同時，也見子孫或及逝者的友人，往附薦台，藉帶往附薦台的衣紙及禮敬物品，以向祖先致謝及禱告求福。此外，在孤魂台旁懸掛「樹高燈」（又稱：「竹竿燈籠」），工作人員高懸長竹竿連葉接迎頂部，然後把竹竿升高，依工作人員表述此竹竿的物與就是：「召喚各方無主 魂前來法場受祭」。在孤魂台旁是附薦台，有上地方盂蘭勝會把孤魂台及附薦台放於同一竹棚內，人間坊眾隨意捐獻香油錢，可以把祖先的名字寫在紙製或紙架蓮位上，向附薦祖先一起禮敬。

　　在場地也有物質竹棚搭起的神袍棚。依場地觀察可見神袍棚內置有三件神袍，主要供奉「天地父母」、「南辰北斗」、「諸位福神」，信眾為神明更衣神袍，依信眾而言，是酬謝神恩，又在地方盂蘭勝會放置兩件或四件神袍，主要是供奉天父及地母。在神袍棚內也放置其他物質紙紮祭品，如神袍衣、金山、銀山、衣箱，也有溪紙、冥紙、金銀紙、元寶及潮州大金等。

　　米棚內放置信眾捐贈的白米及日常用品，主辦機構在盂蘭勝會活動的最後一天，在米棚內放大量祭祀食品，主要有五色飯山、白飯山、麵線山、飽山、通菜山、甜飯籮、芽菜豆腐，把這些物質食物「放焰口」、表述佈施給孤魂餓鬼。依工作人員所言：白米這些物質，具有靈氣及實型，把白米施米給孤魂眾生享用，而施食法事也是由上師、佛界進入觀想情景，唸咒結手印把白米轉入另一空間，成為甘露美食請

26　〈胡炎松先生訪問稿〉，未刊稿。

魂眾生享用，而捐白米的信眾可以藉此消災求賜福。[27]在傳統社會民間較貧困，為求免浪費白米，便把白米送給信眾及人間大眾，由是盂蘭勝會也具有施福濟貧的目的。

　　放置金榜：金榜的物質，設在場地入口或辦事處旁，用於公佈值理、商戶、信眾捐贈善款及福品。捐款者可以獲「金榜提名」，及後隨送神儀式，紅色紙紮神馬把「盂蘭勝會植福金章」及「金榜」送往上天以迴向功德。此外，在辦事處接受信眾捐助香油及接待客人的地方，多置在「神棚」旁，在辦事處附件設有煮食位置，供應食物給值理及工作人員，也有大鍋潮州粥及各式菜脯、鹹菜、黃麻葉、春菜等，具有潮汕特色的配菜。整個盂蘭勝會法事儀式，仍是經師誦經拜懺經文，為陰間及陽間求懺悔赦罪、減罪孽，故這些供奉食物以齋素為主，以免殺牲作孽，為逝者增添殺生的罪孽。

　　再見信眾對物質的福品競投情況，信眾也是藉福品以報答神明。福品競投多在盂蘭勝會的第二天及第三天晚上，在天地父母棚前舉行，機構把天地父母棚的福品給信眾競投，價高者得，主要是籌集未來活動的經費。信眾相信藉經過供奉神明的物質，這些福品，可以為自己及家人帶給福份，不少從事商業的競投者，也投得福品後，期待未來一年生意順利，並答允在明年報答神恩。[28]

　　此外，談及物質與潮籍人士宗教信仰及文化的互連關係，尤可以注意者參與舉辦盂蘭文化節的潮籍人士及領導，十分重視禮敬神靈的香爐，香爐這種物質與宗教信仰相為結合。盂蘭勝會保育工作委員會主席馬介璋先生便指出：他的父親均是熱心參與黃大仙新蒲崗鳳凰村街坊盂蘭勝會福品競投的環節，他的父親「鍾情於」黃大仙爐，馬介璋主席每年盂蘭節時，均在位於葵涌的公司特設神位，安放黃大仙

27　〈胡炎松先生訪問稿〉，未刊稿。

28　〈馬介璋先生訪問稿〉，訪問日期：　2021年10月15日，未刊稿帆；參《潮商隆商：許學之會長》[光碟版]（香港，2018）。

香爐，每年盂蘭勝會前，請神隊伍便大鑼大鼓往他的公司，把香爐請到盂蘭勝會的會場，把香爐請到會場的神棚之中，完結後再送回辦公司場就會人均派人同去。可見，主席認為香爐，此物質除了是禮敬神靈外，也帶來好運。[29]還有，依筆者曾訪問在盂蘭會場為祖先附薦人士，他們也認為禮敬祖先及孤魂（潮籍人士稱為「好兄弟」）的紙錢、紙衣服等物品，及食物等祭品，除了孝敬祖先、禮禮親人以外，也可以為在人世的子孫帶來福惠，可使子孫「燒災解難」、「出入平安」；而於2020年至2022年新冠疫情發生期間，有些捐助及參與盂蘭節的潮屬商人，也認為可以藉在盂蘭節禮敬祖先及「好兄弟」，是有助商業發展及「家宅平安」；也有些年長者認為於每年盂蘭節禮敬祖先及「好兄弟」，可使仍在學的家人「讀書聰明」、「中學會考取得好成績」。可見，物質成為宗教信仰人士與祖先及鬼神交流的橋樑，原於農業社會的宗教文化走進都市及商業，因信眾的不同需要，是具有不同的靈力。

　　從以上盂蘭勝會的場地佈置的物質及其放置的供品食物，得見為場地、紙紮神靈形像及物品，形塑了一個祭祀鬼神的世界，也是人間、神世界及亡靈世界，一起共同享用世界，集合施惠、求福及祭祀祖先及孤魂，並以表孝思的圖像。神界也可以享受人間的福品，亡靈世界，尤以孤魂野鬼，沒有人間供奉的鬼魂，也可以藉人間的供品、物質食品及紙錢，可以得到一年一次的供奉，這已是藉物質建構一幅習孝思、施惠行為的圖像。至於，紙紮物品及供奉鬼神物品，也成為「寄託在紙紮的香港人情」、「饋贈紙紮禮品體現了我們對先人的心意和創意，更說明了華人世界的物慾想像」。[30]派米給群眾的行為也是呈現人間藉物質食米，以施恩給各界人士。

29　〈口述歷史中的香港潮人盂蘭勝會〉，頁182。

30　此語轉引，見蕭競聰：〈序言〉，收入高峰：《人間冥煙：香港紙紮文化》（香港：香港中文大學出版社，2022），頁vii。

三、都市靈媒與盂蘭文化的傳播

　　近人研究成果指出，一些原於農業社會的宗教文化結合都市傳播媒體及都市生活，可以有助傳播宗教文化，如當代都市社群喜運用流行媒體，現代電子科技，喜閱動漫畫，又可以配合當代教育課程等，從青少年培養宗教文化情懷。還有，進行數碼資料蒐集、儲存，及運當代節慶活動表達形式，將有助廣傳宗教文化，當然也有賴政府、商人及地方人士的資助，結合多方面力量，可以有助一些原於農業及地方宗教文化，與都市（urban）社會及文明生活相融合，[31]而近年成功舉行潮屬盂蘭節及文化節，均可引證宗教文化與都市生活互動的情況，結合都市流行媒體，更有助傳播盂蘭文化，故本文以「都市靈媒」一詞指稱現代都的傳播媒體，這些現代傳播訊息及知識的媒體怎樣可以有助傳播盂蘭文化。

　　筆者指出要強調，若只以西方的「嘉年華」的概念研究中國節慶尚有待商確，以現代「節慶」概念及其指涉活動，進行研究，較適合。中文的「節慶」，英文用字為Festival、Fair、event、gala、megaevent 和hallmark event等單字，也是具有歡樂愉悅的意思，歸納研究「節慶」學者觀點，指出「節慶」為一個民族或族群隨著季節及時間轉移，適應環境，進行承傳的慶典，為「節慶」的簡稱，此也是民族或族群在一個特定的日期或一段時間，在特定的空間進行一起慶祝或感謝的活動。在西方社會而言，節慶也以創造社區本身的獨特性為主，又以一種公開性、主題性的慶祝方式，配合相關機構在一年內固定舉辦的特殊活動，國內外不少國家及地區在慶典中提供食物，把食物與慶典相連，也有些慶典活動在

31　齊偉先：〈台灣漢人民間信仰與新媒體：以臉書為媒介的宗教建構〉、林瑋嬪：〈跨越界線：LINE與數位時代的宗教〉、司黛蕊：〈萌媽祖：民間宗教在(日系)台灣漫畫的再現〉，收入林瑋嬪主編：《媒介宗教：音樂、影像、物與新媒體》（臺北：臺大出版社，2018），頁227-266；頁267-302；頁303-332。

國家法定節日假期中舉行，政府及民間也可以享受，藉舉辦
節慶活動，把地區及國家的文化遺產、傳統神話傳說、祭祀
儀式、文學作品、民間故事、舞蹈、音樂服飾、民俗技藝、
傳統美食等傳統文化藝術，得以在節慶活動中，向群眾展
示，並希望群眾觀賞娛樂並保存、流佈傳統文化；更有一些
學者認為可以把觀光與時令節慶連繫起來，既使地區文化特
色進行跨地域、跨國家的引介，也可以創造商機，藉所得的
利潤支持節慶活動，也可以增加地域及國家的名聲。[32]

　　雖然，有些學者把「節慶」的內涵包括「嘉年華」，但
今天西方的「嘉年華」表現的巡遊、派對及公眾舞會均不同
於「節慶」。依Richard Schehner在“ Carnival (Theory) after
Bakhtin ＂及 Milla Cozart Riggio在“ Time out or Time in? The
Urban Dialectic of Carnival ＂文章，指出英文字的Carnival（
中譯為「嘉年華」），拉丁文為“carnev alane”，具有跨邊界、
跨階級、跨性別、跨種族的群眾運動，也具抗爭、以行動
反抗政府的意思，而呈現出大型群眾娛樂活動，如巡遊、街
頭派對、音樂表演、跳舞、飲酒及戴上面具，表現了參加群
眾很「狂熱」及「『嘉年華』是慶祝自由」 (Carnival is a
Celebration of freedom) ，故有些學者以「狂歡節」譯作英語
「Carnival」，　指稱為期數星期乃至數月的重要節期，此節
日期間，人們打扮一番後巡遊慶祝，具有街頭派對及狂歡氣
氛，當代最著名的「嘉年華」是巴西的「森巴大遊行」。[33]

32　參閱方偉達：《節慶觀光與民俗》（台北：五倫圖書股份有限
　　公司，2016），頁5-31；另參陳蕙芬：《流轉的傳統：節慶創新
　　之道》（台北：遠流出版事業股份有限公司，2016），頁12-17
　　；Johnny Allen William O Toole, Robert Harris , Lan McDonne (ed.),
　　Festival and Special Event Management(Milton： John Wiley and
　　Sons Australia Ltd, 2011),pp.5-11。

33　Richard Schehner, ＂Carnival (Theory) after Bakhtin, ＂及 Milla
　　Cozart Riggio, ＂Time out or Time in? The Urban Dialectic of Carnival,
　　＂(coll) Milla Cozart Riggio (ed.), *Carnival : Culture in Action - The
　　Trinidad Experience*(London ： Taylor and Francis, 2004), pp.3-11;
　　pp.18-25.

　　研究「嘉年華」的學者Barbara Ehrenreich在 Dancing in the Streets ： A History of Collective Joy(中譯本為《嘉年華的誕生：慶典、舞會、演唱會如何翻轉全世界》)一書，中文譯者以中文「嘉年華」一詞指稱英文「Collective 　Joy」。Barbara 　Ehrenreich在書中指出此為一個民族或族群在特殊時間及空間舉行的狂歡慶典，在此慶典內舉行的儀式及活動，當中也有民眾聚集唱歌、跳舞，但作者表述群眾會「唱誦到精疲力竭」，更有一些群眾穿著奇裝異服、身體繪上圖案，參加者藉參加「Collective 　Joy」，以追求「狂歡體驗」，近年也有球類比賽加入「嘉年華化」，表現為穿著精心設計衣服，任體觀眾跟大會演奏一起跳舞，並加入群眾自己的音樂，如搖滾樂，如巴西的「森芭」群眾舞會。[34]在中國的節慶活動應以沒有西方「Collective 　Joy」的狂歡及激烈，今天而言，群眾的節慶的活動，如國慶的慶祝活動呈有慷慨熱情，但不是狂歡，一些傳統節慶如端午節的龍州競賽，多是運動員的熱烈投入，也不是狂歡，當然，每年盂蘭文化節，也是表現中國人的施惠及孝思，群眾投入而不狂歡。而盂蘭文化具有「節慶」中，保存地區及國家的文化遺產、傳統神話傳說、民間故事、服飾、民俗技藝，又為參與者提供食物及娛樂活動。

　　每年在香港一地，均有很多社區舉行盂蘭節及祭祀活動，如香港潮屬社團總會在維多利亞公園（以下簡稱：維園）舉行的盂蘭文化節。在維園舉行的盂蘭文化節開列美食區，此區內列有潮州小食、草粿、也在盂蘭茶文化區內，品銘潮州工夫茶，更有潮劇表演及欣賞，又有寓比賽於娛樂的運動項目，如請老爺（舞蹈篇）、搶孤競賽、搶親子盆供堆疊賽、盂蘭文化對對碰，中學青少年表演的盂蘭創作劇，也列有聖杯選總理、盂蘭文化導賞、盂蘭文化歷史展覽、心願蓮

34　詳見《嘉年華的誕生：慶典、舞會、演唱會如何翻轉全世界》一書。

池、3D主題拍攝區、盂蘭VR體驗、長紅糖塔、潮人學堂，盂蘭學堂，更於2023年9月1至3日在維園舉行的盂蘭文化節加入「盂蘭劇本殺『多拾蘭盆』」的活動，使公眾人士，不只因為禮敬先人及祭祀鬼神而參加勝會，同時藉策劃展覽及節慶的形式，[35]吸引了不少青年人、年輕父母帶同子女參加，又可以品味潮州美食及玩樂，具有節慶文化活動的特色。[36]

為延續盂蘭勝會的傳統，保育和傳承工作非常重要。香港潮屬社團總會在2013年籌組工作委員會和成立基金，着手研究和推動盂蘭文化，委員會每年均會派發香油款給屬下團體，亦分別到訪每個盂蘭勝會現場與各區組織交流。

2015年8月10日，潮屬社團總會舉行盂蘭文化節「盂蘭搶孤競賽」發佈會暨「香港潮人盂蘭勝會網站」啟動儀式，網站上載了歷年製作的音像節目和相關資料，讓更多市民及海外人士了解潮人盂蘭勝會的歷史、傳統節目、演變和發展。[37]盂蘭文化節以全新角度重新包裝及推廣盂蘭文化，擺脫一些坊間人士認為「迷信」鬼神形象，故在活動中也加入當代文化傳播媒體資源，成功吸引普羅大眾，尤其是年青人參加勝會及其一系列活動。

首屆盂蘭文化節在2015年8月26日至28日，在觀塘康寧道二號球場舉辦，受場地大小所限，大會已成功舉行了4個節慶項目：

搶孤競賽：潮屬社團總會為了能保存搶孤傳統熱鬧氣氛、吸引年青人，讓他們從比賽中了解傳統文化的同時兼

35　有關研究策劃展覽與知識傳播，見阿德里安。喬治著［ESTRAN 藝術理論翻譯小組 譯］：《策展人手冊》（北京：北京美術攝影出版社，2017），頁131-154。

36　參香港潮屬社團總會編：《盂蘭文化節2018》、〈盂蘭文化節2018〉、〈盂蘭文化節2019〉、〈盂蘭文化節2023〉（宣傳單張）。

37　〈潮人盂蘭勝會開網站辦搶孤賽〉，《文匯報》，2015年8月11日，頁A14。

顧安全，把高棚改為大台，參賽者無須爬到數尺高的棚架上。[38]比賽邀請各區盂蘭組織、學生團體和公眾人士組成參賽隊伍，每3隊為1組，輪流在5分鐘內在搶孤台上拋出一百個「福米包」，其餘3隊共10人則在搶孤區內手持孤承搶載福米包，搶最多福米的3隊將進入總決賽，以累積最高分數的隊伍為勝。冠軍是元朗潮僑盂蘭勝會。及後，他們在冠軍邀請賽中與立法會議員和區議員組成的議員隊、潮屬社團總會隊競賽。[39]

此外，搶孤競賽把盂蘭文化結合競賽運動，此較受青年人歡迎。盂蘭勝會保育工作委員會於2017年10月10日，在基督教辦學團體的中學，進行搶孤競賽及有關盂蘭文化講座，中學內的部份非華語學生，也參加搶孤競賽。[40]乃至2023年在九龍城盂蘭勝會也舉行搶孤活動，盂蘭文化也因此傳往社區及中學。[41]

盂蘭勝會文化展覽：潮人盂蘭勝會的場地佈局是嚴謹、有規劃的，展覽以繪畫、圖片及文字介紹相關佈置、祭品擺設、祭祀儀式及搶孤歷史起源等資料，使觀眾加深對盂蘭勝會的認識。展覽內容中英文對照，讓非本地人士亦能了解到當中的歷史和意義。[42]其中，也有傳統麵塑工作坊、盂蘭水墨畫展示等讓公眾人士參與活動。

盂蘭文化導賞：盂蘭勝會保育工作委員會副主席胡炎松先生也在場地，為公眾人士講述盂蘭勝會的歷史文化意義和場地組成，竹棚佈局方面的傳統功能；天地父母棚擺設的祭品是根據甚麼規矩排列；戲棚、經師棚、神棚的儀式活動

38　〈胡炎松先生訪問稿〉，未刊稿。

39　〈潮屬社總「搶孤」許曉暉等主禮〉，《文匯報》，2015年8月28日，頁A14。

40　見〈2017年潮州文化節〉，《路德會呂明才中學報告》，2017年10月10日。

41　見《2023年盂蘭文化節》(宣傳單張)。

42　《2018盂蘭文化節紀念特刊》（香港：香港潮屬社團總會，2018），頁53-55。

相互交替、先後有序。同時，也邀請已接受盂蘭文化節的學生，為公眾人士進行盂蘭文化節導賞。[43]此外，更重要的是，胡炎先生及一群推動盂蘭文化的人士，每年均為香港一地中學、香港註冊導遊協會等文化教育團體，進行有關盂蘭文化的專題演講，把盂蘭文化的知識傳往民間。[44]

盂蘭食俗派發「五福臨門」潮式糕餅：這些糕餅出潮汕民間傳統造餅工藝特色，除了色彩繽紛，也蘊含吉祥寓意。[45]

首屆文化節的宣傳不多，但外界的反應較預期理想，來自世界各地的媒體前來採訪，美國駐香港總領事夏千福亦到場參觀。從以上迴響，得知類似的活動模式能有效吸引大眾，促使總會決定選擇場地更大且交通方便的維多利亞公園每年舉辦文化節，及後的歷史得見，此更有效吸引公眾人士參加，並在場地舉辦多元化的活動。此後，潮屬社團總會也在盂蘭文化節中加入更多新元素，把盂蘭文化的傳統內涵結合現代科技呈現出來，例如攤位遊戲、3D立體拍攝（三維）、潮劇欣賞、盂蘭懷舊美食品嚐、專題展覽、舞台、講座等各式各樣的活動，[46]如在盂蘭文化會場內文化區設立「潮人學堂」，此專區由專業人士為參觀者烹煮及品茗潮籍工夫茶，[47]又由潮汕文化協進會委派代表進行介紹：潮人愛菜脯、潮州工夫茶、老菜脯粥、自家曬菜脯、蘿蔔絲春卷等，

43　周佳榮：《傳承與開拓：香港潮屬社團總會發展史》（香港：中華書局，2020），頁64。

44　見香港註冊導遊協會［編］：《香港註冊導遊協會課程》（網上）（香港：香港註冊導遊協會，2016-2023）。

45　同上。

46　潮屬社團總會曾舉行盂蘭勝會總結研究會、各區盂蘭勝會座談會，又到大中小學演講宣傳，相關活動的詳細資訊參閱周佳榮：《傳承與開拓：香港潮屬社團總會發展史》（香港：中華書局，2020），頁61-62；《香港潮屬社團總會會訊》，新32期（總第46期），2021年10月，頁28-29。

47　有關工夫茶的發展及流變，見蔡漢武：《工夫茶民俗探源》（香港：中華書局，2023），頁48-64。

也設有學習潮州語言的專區。[48]

更在盂蘭文化會場內文化區設立「盂蘭文化學堂」，此專區由專業及已接受盂蘭文化知識培訓的工作人員，以展版，及飾物，如神袍、神馬、大士王圖像，介紹給公眾人士，特別是在盂蘭文化節進行專題研習的學生，講解神像、飾物及祭品代表的文化意蘊。[49]

以下將簡述盂蘭文化節（盂蘭節）幾個頗具特色的活動：

若要保留傳統儀式的內涵和文化，也要有吸引力，以遊戲呈現傳統儀式最為理想，能夠讓大眾輕鬆、歡樂地參與其中。盂蘭盆供被譽為吉祥之最，利用有限資源及時間，產生無量功德。親子盆供堆疊賽構想出自目連救母故事，以物質的盆盛載百味五果。比賽所用的饌盒就是拜祭神明時擺放供品的盂蘭盆，不過供品改為米包和一些日常用品，以在90秒內堆疊得最高者為勝。[50]根據傳統，盆裏的供品堆疊得越多，寓意父母可享更多福氣，提醒大眾毋忘父母長養慈愛之恩。活動強調孝道的精神，以一老一幼配對親子賽（父母和子女）和長青賽（長者和青年），考驗家人之間的合作，促進家庭和諧和培養感情。

還有聖杯選總理活動，潮人盂蘭勝會的選舉制度不是採用一人一票的方法，而是通過擲聖杯來決定的。依工作人員表述這種儀式，有助以達至解決社群紛爭，安撫社群心靈和增強社群凝聚力，畢竟盂蘭勝會涉及為超自然體的服務，唯有通過這種方式來取得超自然體的共識或指示。[51]聖杯採用竹桶或木材做成，呈月形彎曲狀，兩塊為一對，一平一凸代表一陽一陰。擲聖杯者將聖杯互合投到地上，兩面呈現一陽

48　見《盂蘭文化節2018》；參潮汕文協進會〔編〕：《潮人學堂飲食篇》（缺出版地點及年份）。

49　《香港非物質文化遺產系列：香港潮人盂蘭勝會》，頁176-177。

50　《香港非物質文化遺產系列：香港潮人盂蘭勝會》，頁176-177。

51　〈胡炎松先生訪問稿〉，未刊稿。

一陰，便稱為聖杯，表示獲得認同；兩面呈陽，稱為笑杯，可自行決定；當兩面呈陰，稱為陰杯，表示否定、不獲認同。[52]參加者可以藉此機會，使用民間信仰中沿用至今的請示、祈福儀式。

當然也在盂蘭會場戲棚內表演潮劇神功戲。如潮劇神功戲的例戲《五福連》，此內容為：《十仙賀壽》、《跳加官》、《仙姬送子》、《唐明皇》，也有些盂蘭會邀請演員說唱著名潮劇《陳三愛五娘》，[53]也有些盂蘭會為吸引坊眾，娛樂民眾，先演出時代流行曲，後演潮劇。[54]

創新科技結合教育發展，有助盂蘭文化加入科技元素，更藉數碼圖像建立的情境，使青年人以旁觀者的角色，藉視像吸收「盂蘭」概念，有些青年人更可以藉閱圖像，移情往被建構故事的主角，體會故事主角生活及情懷。[55]現時盂蘭文化節已把民間傳說中的地獄圖像內「上刀山」、「落油鑊」及目連救母的故事具體呈現。2016盂蘭文化節設立了3D[56]自拍區，利用3D立體實拍拍出高品質的3D影片和照片。拍攝現場有生動的背景，市民可以自行創作造型，配合盂蘭節的主題，之後使用隨身攜帶的智能手機拍攝，即可感受到置身其中的立體視覺效果。[57]拍攝區設有多個主題佈景，都是根據節日儀式、出處而設計，例如大士王、潮劇神

52　參《2016盂蘭文化節紀念特刊》（香港：香港潮屬社團總會，2016），頁24；《2018盂蘭文化節紀念特刊》（香港：香港潮屬社團總會，2018），頁67。

53　有關著名潮劇《陳三愛五娘》的故事及代表潮籍文化，見梁衛群：《劇裏潮味》（廣州：廣東人民出版社，2022），頁29-34。

54　《香港非物質文化遺產系列：香港潮人盂蘭勝會》，頁132。

55　有關數碼科技與情境教育，見魏耕祥：《中小學影視文化課程理論與實踐》（北京：藍天出版社，2012），頁49-78。

56　3D（3　dimensions），日常生活中可指由長、寬、高三個維度所構成的空間，即是三維物體的「立體幾何」空間。

57　《2016盂蘭文化節紀念特刊》（香港：香港潮屬社團總會，2016），頁26。

功戲的「五福連」，讓參加者從中感受到節日的文化。除此之外，2018、2019盂蘭文化節設置VR（虛擬實境），[58]參加者戴上VR眼鏡、手持觸控杆體驗《破‧地獄》或《目連救母》的故事，感受想像中的地獄環境，參與祭祀儀式，甚至可以與電腦角色互動，協助目連挑戰困難考驗，完成盂蘭盆供並供養僧眾而獲取「功德」，拯救目連母親脫離地獄苦難。[59]活動以玩樂方式，讓參加者了解盂蘭節的來源：目連救母的故事，也以使人間信眾親身了解孝親和博愛的美德。雖然地獄的恐怖和惡劣的環境是人們想像虛構出來，也卻有效告誡市民，要遠離死後的苦難，應在世時日行一善，正好弘揚盂蘭節的孝思及博愛精神。

　　香港樹仁大學陳蒨教授更獲香港特區康樂及文化事務署非物質文化遺產資助，在香港樹仁大學建立數碼虛擬盂蘭文化博物館和場景；同時，舉行多場向公眾人士及中學引介的數碼化盂蘭文化場境，以影視錄像進行口述歷史，[60]既保存盂蘭文化的資料，更附以文字、聲音導賞，引領公眾，尤以學生戴上VR眼鏡，融入虛擬世界，但此建構的世界是建基於蒐集豐盛的史料上呈現的盂蘭節場景，走進圖像紀錄上的人物、歷史情境、聲音、儀式，親身感受盂蘭文化節的盛況。於2023年維園舉辦的盂蘭文化節，更以電子及數碼拍攝科技配合推動盂蘭文化節，如設立「虛擬實境盂蘭勝會導覽」、「盂蘭劇本殺《夕拾蘭盆》」、「盂蘭聊天機器Chat GPT」、「焰口施食法3D拍攝區」。[61]

58　VR（virtual reality），虛擬實境是利用電腦模擬產生一個三維空間的虛擬世界，用戶可以即時進行位置移動、觀察模擬環境內的事物，該技術整合了電腦圖形、電腦仿真、人工智能、感應、顯示及網絡並列處理等技術。

59　參閱《2019盂蘭文化節紀念特刊》（香港：香港潮屬社團總會，2019），頁87；〈盂蘭勝會與時並進　增VR虛擬實境過鬼節〉，《東方日報》，2019年7月23日。

60　有關研究影視錄像與資料保存的關係，見張舉文主編：《民俗影視記錄手冊》（北京：商務印書館，2018），頁45-60。

61　見《盂蘭文化節2023》。

　　吸引青年人認識及承傳盂蘭文化，最有效的方法莫過於直接邀請他們參與，吸收年輕一代的創新思想，尤為舉行話劇，這種知識傳播的媒體，以今人移入前人情景，與文獻及故事主角對話，此是把盂蘭概念藉城市流行科技及喜好，得以傳給青少年。[62]潮屬社團總會於2018年已有以當代舞蹈表述「搶老爺」的故事。其後，與大專院校合作，在2019年舉行了圍繞目連救母為主題的舞台創作劇，由學生自由發揮表述形式，更有超時空及古今盂蘭故事，又青少年在劇情中加入舞蹈、音樂，提升吸引力。香港知專設計學院和廖寶珊紀念書院的學生踴躍參與，同學們在事前做好資料搜集，掌握盂蘭節的孝順思想，然後自行設計及策劃內容，創作出《目連升仙記》，混合時裝和古裝，豐富原有故事的元素，[63]這種角色扮演（Role　Play），使演員既要閱目連故事內容，也要吸收及消化故事，並重新演釋故事，這樣更有助情境教育，與古事人物及文獻再對談。[64]

　　潮屬社團總會也與香港恒生大學的社會科學系和亞洲研究學系合作，讓學生研究日本的盂蘭勝會，創作遊戲攤位和工作坊。該學系的同學選擇介紹九州長崎的盂蘭盆節，長崎是臨海城市，自江戶時代在對外貿易上扮演重要角色，故當地的活動以船隻為主題。恒生大學的學生通過分析日本文化，設計出長崎的盂蘭盆祭和精靈船。副主席胡炎松先生憶述學生原本計劃從日本訂購精靈船，但是礙於船身太大，無法運送，因此在香港自行找商家協作。[65]除了製作精靈船，

62　研究話劇與情景教育關係，見李吉林：《情境教育理論探究與實踐創新》（北京：北京師範大學出版社，2019），頁279-300；黃永和：《情境學習與教學研究》（台北：國立編譯館，2009），頁73-103。

63　《2019盂蘭文化節紀念特刊》（香港：香港潮屬社團總會，2019），頁90-91。

64　黃永和：《情境學習與教學研究》（台北：國立編譯館，2009），頁73-83。

65　〈胡炎松先生訪問稿〉，未刊稿。

他們也在文化節策劃攤位活動，包括盆棚展（精靈棚）展示、日本盆棚節介紹、精靈船巡遊、燈籠繪畫工作坊及電流急意棒大型祭典「大文字燒」遊戲。[66]

　　傳播盂蘭文化知識，除運用今天的電子科技及舉辦活動外，也要結合政府頒布課程，從基礎教育做起，配合研究與旅遊學習的教學模式，保存及把知識傳播往下一代。[67]筆者與黎漢傑先生為總會編寫中學教材《香港盂蘭文化與當代社會》，把盂蘭文化知識配合《通識教育科課程及評估指引》、《個人、社會及人文教育學習領域〔中國歷史〕》、《個人、社會及人文教育學習領域〔世界歷史〕》，在香港潮屬社團總會的協助下，教材免費寄往香港地區各中學，每一間中學的校長，圖書館、通識科、中國歷史及世界歷史科科主科均收到此書。[68]此書加入了相關盂蘭文化節圖照，也有袁志明先生繪畫了有關盂蘭文化的水墨畫，在照片、圖像、文獻及文字配合下，增加教材閱讀趣味。[69]此書的出版主要因應香港特別行政區教育局通識教育課程內〈當代中國〉、〈今日香港〉、〈全球化〉的教學範疇，中國歷史課程、世界歷史課程中〈非物質文化遺產〉學習領域，引入盂蘭文化課題，其中開列「盂蘭節的起源」、「『目連救母』故事經文及白話」、「古今盂蘭節」、「盂蘭勝會的程序及儀式」、

66　《2019盂蘭文化節紀念特刊》（香港：香港潮屬社團總會，2019），頁82-85。

67　見吳穎惠等著：《研學旅行學校指導手冊》(北京：北京師範大學出版社，2018)，頁39-80。

68　課程發展議會、香港考試及評核局聯合編訂，香港特別行政區教育局建議學校採用：《通識教育科課程及評估指引》（香港：課程發展議會，2007）、課程發展議會、香港考試及評核局聯合編訂，香港特別行政區教育局建議學校採用：《個人、社會及人文教育學習領域〔中國歷史〕》(香港：課程發展議會，2007)、課程發展議會、香港考試及評核局聯合編訂，香港特別行政區教育局建議學校採用：《個人、社會及人文教育學習領域〔世界歷史〕》(香港：課程發展議會，2007)。

69　詳見區志堅，黎漢傑：《香港盂蘭文化與當代社會》（香港：香港潮屬社團總會，初文出版社，2017）。

「現代社會如何改變盂蘭節日的傳統內涵」、「潮屬盂蘭文化與全球化」，因為書中由袁志明先生依《佛說盂蘭盆經》的故事，繪了十幅水墨圖，表述佛陀弟子目連不忍母親死後變成餓鬼，向佛陀求救，佛陀指示目連準備飯菜等用品於盆中，供養十方高僧。目連按照吩咐，以此功德感動天地，其母最終擺脫苦厄的故事，以水墨圖附以說明文字，又為中學師生設計教案、練習紙、建議答案及延伸閱讀。此外，自1997年至2021年前的中學通識課程，及2021年發佈「公民及社會發展科」均強調中國傳統文化在當代發展及意義，由是筆者在此教材中，也開列一章比較盂蘭文化節與西方鬼節，引領學生思考中國傳統文化特色及怎樣可以如西方鬼節結合市場觀點，進行節慶知識傳播。筆者因任教的高等院校「當代中國與世界」一科，加入專題課節研究盂蘭文化在當代表達孝思的意義。[70]

　　要注意的政府及各界人士的推動及支持，為促成盂蘭節（盂蘭文化節）的重要力量。2011年潮人盂蘭勝會入選第三批國家非物質文化遺產，列為《國家級非物質文化遺產名錄》中，總會於2011年7月，正式成立盂蘭勝會保育工作委員會，並成立盂蘭勝會保育基金，從提供資金支持每年的保育工作。[71]同時，自2011年以後，日漸得到香港特區康樂文化事務署非物質文化遺產資助計劃，又得到香港賽馬會慈善信託基金、華人廟宇委員會資助，也有旅遊事務署、香港旅遊發展局的支持，[72]由此帶給主辦機構不少方便，香港旅遊發展局也協助向國內外人士引介盂蘭文化，不少本地旅行社也在對外宣傳品上，引介農曆七月的盂蘭文化節。[73]此外，

70　香港樹仁大學HIST450　China in the Contemporary World 科。

71　〈香港潮屬社團總會盂蘭胯會工作委員會簡介〉，區志堅，黎漢傑：《香港盂蘭文化與當代社會》（香港：香港潮屬社團總會，初文出版社，2017），頁159。

72　《國家級非物質文化遺產：香港潮人盂蘭勝會》（2013、2019）（小冊子）。

73　〈香港註冊導遊協會節慶簡介〉。

更於2012年後由盂蘭勝會保育工作委員會編輯及出版多本
《國家級非物質文化遺產—中元節（香港潮人盂蘭勝會）紀
念特刊》，製作國家級非物質文化遺產《盂蘭勝會》電視專
題節目、設立「香港潮人盂蘭勝會網站」、「盂蘭勝會研討
會」、「潮人盂蘭勝會保育與傳承座談會」、出版《盂蘭故
事》（漫畫繪本）、《香港盂蘭文化與當代社會》專題研習
教材、出版《盂蘭文化節資訊集（活動小冊子）及場地導覽
圖》、舉辦「香港潮籍盂蘭勝會與潮劇在文學上的價值學術
演講暨交流會」、「三個潮籍盂蘭勝會：研究、傳承與推廣
計劃——香港潮人盂蘭勝會漫畫和短片發佈會暨座談會」、
「亞洲盂蘭曲文化祭之『日本盂蘭盆節』」、「潮汕歷史與
盂蘭文化論壇2023」等。[74]因為2011年潮人盂蘭勝會入選第
三批國家非物質文化遺產後，政府及各界人士的協助推動，
由是把盂蘭文化成為教育界的重視，也帶動編寫盂蘭文化教
材、中學師生也把盂蘭文化列為專題研習的教學內容，也有
些中學因此自行設計3D立體數碼盂蘭文化專題研習，也因
政府重視盂蘭文化，帶動盡力協助社區上的一些交通及場地
的安排。[75]而且，於2019至20年度，政府通過非物質文化遺
產辦事處已撥出300萬元，資助五個團體推廣盂蘭勝會的項
目。[76]華人廟宇委員會也先後撥款資助香港潮屬社團總會慈
善基金有限公司、粉嶺潮僑盂蘭勝會有限公司、東頭村盂蘭
勝會有限公司、西貢區盂蘭勝會有限公司等，錦田八鄉大江

74　《香港非物質文化遺產系列：香港潮人盂蘭勝會》，頁152-153
　　；參〈潮汕歷史與盂蘭文化適壇2023〉（宣傳單張）等。

75　當然，不否定於在2011年後，也有政府未能全面全面為舉辦盂蘭
　　勝會的社區團體提供足夠的協助，如交通及人群秩序安排、燒祭
　　祀物品的與環境保育的問題，但不能否認，比較2011年前後，社
　　會人士從輕視至重視盂蘭的態度，尤以2011年列為《國家級非物
　　質文化遺產名錄》之初，政府提供方便人流及管理的安排，頗為
　　完善，可見政府協助及推動，實扮演重要角色。有關評估政府在
　　推動盂蘭勝會的角色，尤以提供場地舉行盂蘭節的問題，見《香
　　港非物質文化遺產系列：香港潮人盂蘭勝會》，頁32-41。

76　《香港非物質文化遺產系列：香港潮人盂蘭勝會》，頁47。-

埔潮僑盂蘭勝會有限公司、東頭村盂蘭勝會有限公司舉行盂蘭勝會。[77]當然，在政府及民間一起推動及重視盂蘭文化的氛圍（Atmosphere）下，[78]也帶動不少高等院校，及從事文化研究和推動的機構，一起協作推動盂蘭文化，如多年積極參與推動香港一地歷史文化研究的長春社，也有高等院校，如：香港樹仁大學、香港珠海書院、香港恒生大學等，也積極把盂蘭文化推向校內師生及校外的公眾人士，反過來，也推動盂蘭知識文化的傳播。

　　還有，學術界研究盂蘭文化，有助提升盂蘭文化的學術地位，有助傳播盂蘭概念。於2013年已由盂蘭勝會保育委員會舉辦「香港盂蘭勝會研討會」，邀請了中國內地、港澳臺，馬來西亞、泰國等國家及地區的專家學者在香港，分享各地及國家的鬼節文化。及後，於2019年舉行「香港潮籍盂蘭勝會與潮劇在文學上的價值」學術演講及交流會，邀請了國際著名研究中國傳統祭祀戲劇的田仲一成教授，在香港演說有關香港潮人盂蘭勝會的可持續發展。至2023年8月19日在香港舉行「潮汕歷史與盂蘭文化論壇2023」，是次邀請了中國內地、港臺、日本、越南等地區及國家的學者從民間信仰、新冠疫情下潮人盂蘭文化勝會的發展、宗教文化組織、社群文化組織、功德法事的角度，探討盂蘭文化在海內外的發展、特色，及當代的意義。藉舉辦研討會，除了有助學者從研究上探討盂蘭文化及未來發展外，也可把香港一地的盂蘭文化進行跨地域的交流。[79]此外，筆者與胡炎松先生於2019年1月8日往南韓東北亞財團歷史組，以「神靈呈現：香港潮籍盂蘭文化節」為題，向韓國學者分享香港潮屬社團

77　《香港非物質文化遺產系列：香港潮人盂蘭勝會》，頁164-165。

78　有關近代知識傳播與學術氛圍建構的關係，見王汎森：《執拗的低音：一些歷史思考方式的反思》（北京：三聯，2014），頁167-175。

79　《香港非物質文化遺產系列：香港潮人盂蘭勝會》，頁152-153；參〈潮汕歷史與盂蘭文化論壇2023〉（宣傳單張）。-

總會推動盂蘭文化的貢獻。其後，於2019年5月19日，筆者往臺灣的新北市的台北大學進行學術交流，便以「潮汕文化的傳承：盂蘭勝會」為題，帶領樹仁大學學生向台北大學師生，分享香港盂蘭勝會的特色，此也是藉參與香港以外的地區的演講，向外傳播香港潮屬盂蘭文化的要義。[80]

此外，當代的知識傳播，也注意在公眾場境中演講，[81]藉在中學及與其他學術或專業機構的演講，也推動盂蘭文化的傳播。

每年盂蘭文化節均安排專家學者演講有關盂蘭文化的課題。如：2016年盂蘭文化節安排了：冒卓祺師傅演講「盂蘭紮作」、陳錦濤師傅演講「手托木偶」、陳銘英女士演講「盂蘭潮劇」、鄧家宙博士演講「佛家盂蘭儀式與法器」；2017年，大會邀請譚迪遜先生演講「潮人盂蘭勝會與潮劇的關係」、葉德平博士演講「盂蘭勝會的非遺意義」、葉長青道長演講「先天斛食濟煉幽科」、鄧皓荃先生演講「傳統香文化與香港」、蘇曉文小姐演講「環保與盂蘭的關係」。[82]

盂蘭勝會保育委員會董事胡炎松先生多次代表盂蘭勝會保育委員會在高等院校、中學及香港一地旅遊協會等機構，進行有關盂蘭文化的專題演講，筆者也曾邀請多次胡先生在高等院校及香港註冊導遊協會中演講盂蘭文化與旅遊業、香港潮籍盂蘭文化的特色。而且，胡先生更多次帶領學生及旅遊業界從業員，參訪香港一地著名的盂蘭勝會，親自講解各種祭品、法器、潮劇表演劇目及其他物質、非物質文化，從參加講座的學生及旅遊業界人士回覆的問卷中，得知同學們均感到「很有趣」、「原來盂蘭節很多學問」、「獲得課堂

80　見胡炎松：〈潮籍盂蘭勝會發展進程〉（未刊稿）。-

81　有關近代知識傳播與演講的關係，見陳平原：《作為一種思想操練的五四》（北京：北京大學出版社，2018），頁14-16。

82　《香港非物質文化遺產系列：香港潮人盂蘭勝會》，頁176。

以外的知識」。[83]

這種結合政府、商界、非牟利機構、地方社團及高等院校合辦活動的模式，以推動盂蘭文化的流布，也是當代城市推動文化傳播的特色之一。

談及當代城市傳播媒界與靈異文化的傳播，除了注意當代電影、電視節目外，[84]也注意宣傳物品，這些在盂蘭節前生產的宣傳品，及會場派發的物品，也是營造一種盂蘭文化氛圍。

筆者蒐集的資料得見，在每年舉行盂蘭文化節前，香港潮屬社團總會、盂蘭勝會保育委員會均會編刊《盂蘭文化紀念特刊》、編印盂蘭文化節海報、出版場刊及小冊子，這些摺疊式的小冊子既方便公眾人士携帶，又以漫畫圖像書寫盂蘭文化節地圖及場地佈置，也列出盂蘭文化節時間表和文化節各類型活動項目，也方便了公眾人士閱讀。[85]至2022年及23年的盂蘭勝會保育委員會更把盂蘭文化節的訊息，在Facebook、Instagram、新浪網、香港一地著名旅行社、旅遊從業員培訓機構及旅遊文化組織網頁刊出；而且，不同網絡群組又互相通知盂蘭文化節的訊息，還有，內地及香港一地的新聞記者於每年農曆七月的採訪及新聞節目播放有關盂蘭節的訊息，這些網絡宣傳平台，均有助把文化節及「盂蘭」

83　暫時已見香港理工大學專業及持續進修學院人文及社會科於2014、2015、2016、2017、2018年舉行有關文化講座，香港樹仁大學歷史系於2017舉行相關歷史文化知識講座、荃灣路德會呂明才中學通識及歷史科於2017年舉行講座、香港註冊導遊協會於2015、2016、2017、2018、2019、2022、2023年均舉行有關盂蘭文化講座。以上講座均邀請胡炎松先生為主講嘉賓。參加每次講座的學員及學生，均為參加講座後填寫反思報告，從而蒐集學員及學生參與講座後的意見。

84　曾有電影名為：《盂蘭神功》；香港藝術發展局主辦、香港小童群益伯、香港青年協會、香港傷健協會合作機構〈香港靈靈探〉（宣傳小冊子），此引介了盂蘭鬼故事；徐振邦：《七月講鬼》（香港：次文化堂，2014），頁3。

85　有關宣傳單張及小冊子，與知識傳播的關係，見劉龍心：《知識生產與傳播──近代中國史學的轉型》(台北：三民書局，2019)，頁397-464。

概念傳往民間。

　　盂蘭文化節中，每年設計的物品，也可以把「盂蘭」概念傳播。為工作人員及嘉賓設計印「盂蘭文化節」字樣的白色T恤；大會也設計印有「盂蘭文化節」字樣的汗巾、冰巾，以搶孤活動的孤城模樣設計「高昇筆」、精裝平安米、工夫茶杯、大士王電話刷、神馬八達通套、《盂蘭的故事》漫畫繪本、白色 蕾果飾物等，也有編印盂蘭文化節情境的「明信片」、大會也為參加者送上印有盂蘭文化節字樣的「健康綠豆餅」盒及其內的綠豆餅，印有盂蘭文化節字樣的食物禮盒、「小食換領券」及環保袋，以上設計飾物、日常用品及物質，均可以直接及間接地與盂蘭文化甚有關係，也是有助把盂蘭文化傳往民間。

四、小　結

　　當代研究知識傳播的學者彼得・柏克（Peter Burke）指出知識傳播有賴社會上不同媒體，如課程、圖書館、出版、印刷術等，倡導研究「知識社會史」，也要多注意社會、文化發展與知識傳播的關係，[86]而「盂蘭」概念在當代社會的流播，也可以引證「知識」流佈與社會、文化發展的互動關係。傳統及農業社會發展的盂蘭文化，適應當代環境再創造，既傳統又現代，從盂蘭文化節看到中國傳統節慶走向數碼及電子科技化，以漫畫圖像書寫《盂蘭的故事》，以用動畫影片介紹盂蘭勝會，進行表演藝術、體育活動、有飲品、有食物、有教化的「節慶」形式豐富盂蘭文化節日的元素，不再受限於向祖先及鬼神祭祀，更走向教育意義，改變市民認為對盂蘭節日只是「恐怖」和「迷信」的觀點，成功吸引

86　彼得。柏克著［賈士蘅　譯］：《知識社會史：從古騰堡到狄德羅》（台北：麥田出版社，2003），頁32-45。

更多青年人參與活動。[87]此外，二十一世紀媒體的普及改變
了人類社會文化，怎樣運用電子媒體、廣告、音樂、結合政
府課程而編寫的教材、觀光和文化旅遊及動漫畫，把宗教元
素以各式各樣的媒介平台，重組與延伸，成為當代宗教人士
推動宗教信仰往民間的現代特色；「盂蘭文化節」也運用電
子網絡、現代普天同慶的「節慶」模式，把「盂蘭」概念進
行物質化及具體化，神靈形像得以具體呈現，也把盂蘭文化
普世價值的人間施惠、孝敬之訊息，傳往民間。此外，當代
也注意從人們感情的角度，重新肯定昔日視為非理性感覺及
感情生活的重要，[88]自我個人對宗教信仰的寄託及感受，個
人取向，以自我為主體，也可以脫去「迷信」、「非科學」
的範疇，重新肯定宗教信仰個人的價值，研究宗教文化及信
仰也轉向研究主體、親密與私人情感與身體經驗創造的新連
繫網絡，同時，在重新肯定個人信仰的研究風尚下，也應要
多注意「盂蘭」信仰，這不只是宗教文化，也具有個人靈性
感受、個人及家人的孝思及對社會的施惠，盂蘭節及盂蘭
會場正是一個「由虔信者足跡而成的靈性天地」。[89]而且，
當代盂蘭文化也結合新科技及都市文化的表現模式，使「盂
蘭」概念及「盂蘭文化」得以於二十一世紀仍然傳播。深信
在政府、學界、商界三者的推動下，「盂蘭」概念及其背後
文化理念，必然有長足發展。

87　〈盂蘭文化大不同　「鬼節」不可怕？學者：中國鬼魂警世　日祭
　　典如嘉年華〉，《經濟日報》，2019年8月27日，頁A12。

88　彭小妍：《唯情與理性辯證》（台北：聯經，2019），頁17-48
　　。

89　「由虔信者足跡而成的靈性天地」取自「由虔信者足跡而成的神
　　性天地」，見黛安娜.艾克著［林玉菁譯］：《朝聖者的印度：由
　　虔信者足跡而成的神性天地》（台北：馬可孛羅，2022）一書。

薦祖超幽的實踐：當代香港道堂承壇中元盂蘭勝會的組織和儀式[1]

馬健行

香港教育大學社會科學系 講師

摘　要

當代不少以全真科儀經懺行儀的道堂，在農曆七月期間於道堂內舉辦一連數天的中元法會，讓公眾善信能附薦祖先，並為道堂帶來社區公眾參與其宗教活動的機會。除了在本堂內執行儀式，部份道堂也進入社區，承壇地方居民和行業組織的盂蘭勝會，建立和地方社群的聯繫。道堂在承壇社區的盂蘭勝會時，也因應道堂和社區主辦單位的傳統和環境條件，調整儀式安排並讓活動得以延續。因應當代香港都市死亡處理的習慣和變遷，道堂也開始與不同的喪葬壽儀服務提供者通過承壇或合辦等方式，以盂蘭勝會提供奉祀

1　本研究獲香港特別行政區大學教學資助委員會卓越學科領域計劃（第五輪）：中國社會的歷史人類學研究計畫（AoE/H-01/08）以及香港教育大學社會科學系SSRG（2019-2020）的資助。謹此致謝。

先靈和祖先的服務，以回應都市社會祖先崇拜和
死亡污染的處理。

引 言

　　香港道堂的創立和發展，均有賴於道侶的傳承，並建立
切合其運作的壇務組織。一些道堂在發展的過程中，也不乏
得力於商人士紳道侶的支持，並能進一步覓得永久的壇址以
拓展壇務，包括科儀傳承和慈善事業等不同的領域。[2]在都市
環境的道堂，普遍空間相對較少，不少位於商住合一大廈的
一個單位，或通過購置相連的單位來增加空間。也有部份道
堂首先設立在市區，隨著壇務的擴展，也在郊區建立壇場，
而這些道堂中，也不乏保留了在市區原有的壇場，並繼續維
持宗教活動和不同的社會服務；亦有部份道堂首先在鄉郊地
區建立道堂，因應壇務的發展，在市區另覓空間建立道堂，
還有部份道堂選擇遷移到工業區的大廈內較寬敞的單位來
發展。是以道壇因應其發展的不同際遇，遷移方向以及道壇
所在的建築物空間也充滿多樣性。香港道堂中，不少供奉呂
祖，並提供扶乩的服務，也在發展的過程中，以全真的經懺
行儀，舉行不同的祈福和度亡儀式活動。[3]另一方面，在道堂
會址相對穩定的情況下，部份道堂亦會設置長生祿位牌位，
一方面紀念已羽化的道董及一眾道侶，同時道堂的成員及公
眾的善信亦可認購牌位奉祀祖先，並開始定期舉辦盂蘭勝會

2　游子安、危丁明，《道風百年：香港道教與道觀》。香港：蓬瀛
　　仙館道教文化資料庫，2002。
3　志賀市子，《香港道教與扶乩信仰：歷史與認同》。香港：中文
　　大學出版社，2013。頁121-126。　黎志添、游子安、吳真，《香
　　港道堂科儀歷史與傳承》。香港：中華書局，2007。頁8-36。

以祭祀堂中的公眾祖先和其他亡者。[4]亦有部份空間和發展條件較充裕的道堂，更會設立可供長期安奉的靈灰龕位予公眾選購，並安排法會儀式活動讓公眾善信參與。[5]

從2009年香港道教聯合會的會訊，有關中元（盂蘭）法會的資料所見，33所會屬道堂舉辦中元法會，其中27所均在農曆七月十五日前開壇。[6]當中三所道堂更於農曆六月最後數天開始法會，但保留在農曆七月結壇；亦有道堂在保留於七月上旬舉行之餘，更會安排於當中的開榜日在週末或週日舉行，以便邀請在「金榜提名」捐獻的善信參與法會的儀式活動。是以在農曆七月上旬舉辦中元法會，亦普遍與市民認為在農曆七月十四日前祭祀的認知和習慣有關。而以農曆七月十四日前安排儀式活動薦祖超幽，尤其在壇內已設立供公眾長期安奉祖先的道堂，除了通過法會紀念羽化道侶先賢，也期望法會附薦祖先的安排，成為道堂的主要收入來源之一，並可以通過善信前來敬拜祖先，建立與公眾善信長期聯繫的紐帶。此外，也有道堂希望法會的安排能回應道教三官信仰，以農曆七月十五日地官大帝誕辰的中元節或之前舉辦法會，讓地官來赦免善信的罪惡。因此不論是提早於農曆六月內開壇，或是確保法會日期涵蓋週末週日，還是強調法會的名稱為「中元法會」，可見法會的安排與回應市民祭祀習慣以及展示信仰系統的關係密切。

而不少道堂，除了在壇內舉行盂蘭法會，也會承壇在社區的祭祀活動，社區亦會給付法事服務費用。蔡志祥的研究指出，部份道堂基於其管理層的士紳網絡進入社區承辦新界

4　例如翠柏仙洞於1957年設追遠堂供公眾選購長生祿位，在1961年已有舉辦盂蘭勝會供附薦先親，還有於1965年舉辦清明法會，善信可向道堂掛號超拔先親。《華僑日報》，1957年3月25日、《華僑日報》，1963年7月25日、《華僑日報》，1965年3月22日。

5　吳真，〈清明祭祖節俗的城市化進程──以香港"清明思親法會"為中心〉，《西北民族研究》，2010年1期，頁171-177。

6　《香港道教聯合會會訊》，2019年7月，頁18。會訊內的資料由香港道教聯合會的會屬道堂提供，因此部份道堂的法會安排並沒有包括在會訊內。

鄉村社區的太平清醮，並認為法會是面向社區的功德，也是不計成本的社區服務，或是希望引進全真派的行儀到鄉村社會並改變地方儀式習慣。這種背景亦成為了道堂與地方社會協調活動安排，包括經生團隊及儀式傳統的基礎。[7]而每年一度的中元法會，從安排日程上也可見一些相對擁有較豐富士紳網絡和經懺活動資源的道堂亦以本堂的法會為優先，並將承接社區的法會安排在不會與本堂法會交疊的日期，以確保本堂的活動不受影響。[8]然而社區盂蘭勝會的傳統和規模，以及衡量道堂繼續承壇的條件也不盡相同，承壇盂蘭勝會對道堂經懺活動的人手和壇堂運作的影響也有不少差異，是以本文嘗試以道堂正善精舍籌辦和承壇農曆七月的儀式活動為個案，探討道堂就經懺介入社區的過程的不同，如何回應都市社區對死亡污染和薦祖超幽的需求，並以經懺功德服務來維持道堂的營運和發展。

正善精舍的組織與發展

正善精舍現有兩個壇場，一個是創辦人尹啟釗於1979年創立，位於梅窩鄉郊地區的正善精舍。[9]正善精舍在梅窩的壇場，以呂祖為主神，亦有奉祀太歲和斗姥元君等，並在每年舉行週期賀誕和新晉道侶的簪冠授牒活動，以及設有祖堂長生祿位奉祀羽化道侶和公眾善信的祖先。[10]然而除了節誕法會外，壇場平日並不開放。正善精舍自建壇以來，一直承辦

7　蔡志祥，《酬神與超幽：香港傳統中國節日的歷史人類學視野（上卷）》。香港：中華書局，2019。頁296-327。

8　例如2009年圓玄學院的中元法會於農曆七月初八日至十四日舉行，由圓玄學院承壇的長沙灣街坊福利會盂蘭勝會則在農曆七月廿三日至廿五日舉行。

9　何展凌經懺授徒陸振淑，陸振淑則為正善精舍創辦人尹啟釗的師父。基於經懺傳授的背景，因此正善精舍也會尊稱陸振淑為創辦人。《華僑日報》，1984年8月26日。

10　祖堂內奉祀的先人牌位並不多，於2012年所見，約有100個。

經懺功德儀式，包括先人度亡齋事和社區醮會以維持壇堂的發展。由於需要儀式服務的善信多來自市區，因此昔日正善精舍承壇也會租用市區的壇場進行儀式。現任主持尹善頌則基於堂務的發展，於2000年在紅磡設立了正善精舍壇場，繼續承壇各種齋醮，並將壇場對外開放，是以當代壇場活動也主要在紅磡進行。[11]紅磡的正善精舍道場位於大廈的地面，是一個面積約數百呎的地舖。其樓宇一如在區內的大廈，不少樓齡已超過40年而且沒有電梯。地下的樓層往往被租出為地舖，而部份樓宇的地舖如樓底較高，甚至可以開闢為商舖的閣樓，而樓上數層則是民居。儘管道堂所處的位置鄰近三所殯儀館、一眾長生店、道堂、花店、香燭佛具店、石碑店、棺木倉庫等，是被社會形容為「殯儀社區」的範圍，但亦因為日常承接功德而需要與其他涉及壽儀的行業，尤其是殮葬商頻繁的往來，並在殯儀館設壇度亡功德，因此道堂所處在這個社區當中，也帶來相應的便利。[12]

位於紅磡的正善精舍壇場主要供奉呂祖，在神壇內亦供奉包括了濟公、黃大仙、洪聖等神明。[13]基於紅磡的壇場並非自置，並存在面臨搬遷的情況，因此正善精舍並沒有提供予善信長期安奉的祖先牌位和靈灰龕位，而是向大眾提供短期的先人奉祀服務，主要是等待舉殯到靈灰永久安奉期間的

11　正善精舍在2000-2010年代亦有承壇地方廟宇神誕的醮會。詳見馬健行：〈轉變中的潔淨社區儀式：佛堂門天后誕太平清醮個案研究〉，蔡志祥、韋錦新編：《延續與變革：香港社區建醮傳統的民族誌》。香港：中文大學出版社，2014。頁413-437。

12　Chow Sik Yan Samson, *Living with the Dead: Is It Necessarily to Be So? Why not NIMBY, Sense of Place and Spatial Justice: A Case Study of Locating Funeral Business in Hung Hom.* M.Phil. Thesis. Hong Kong: The Hong Kong University of Science and Technology, 2010. 因應較厭惡的居住環境，包括噪音和空氣污染及文化方面的死亡禁忌等，這區的居住租金相對鄰近的社區較為便宜，也吸引了不少在區內工作的基層員工，或是少數族裔的居民居住。

13　正善精舍亦有參與地方社會的花炮會賀誕活動。於2009年，因在恭賀洪聖誕後，杯卜請得神像，便在該年將神明請到堂內供奉。

儀式安排。[14]為了壇堂能開放予善信，正善精舍聘用了一位員工負責協助壇堂的日常運作，包括接待前來的香客善信，簽收道堂需使用的紙料器具，打掃和供奉在壇內的神明和先人靈位等，閒時亦會準備衣包的衣紙供善信於祭祀時購買。儘管正善精舍的創辦人和現任主持人均為經生，有豐富的壇務經驗，然而以提供儀式服務來支持道堂的運作並不容易，尤其單以壇友善信的支持，舉辦賀誕和中元法會的功德週期法會並不足以維持道堂的運作，因此正善精舍在農曆七月承壇的盂蘭勝會，便需要從其道堂的日常運作中理解，如何既維持道堂社群的認同和參與，並配合當代死亡處理的儀式服務及社區對盂蘭儀式的期望。

籌備法會：道堂的經生網絡、盂蘭法會日程和壇場安排

不少道堂就盂蘭勝會的安排，也會按其道堂的管理及傳統，以包括乩示、理事會協商等方式來決定盂蘭勝會的日程和規模。而當代道堂在介入地方社區過程的不同，加上提供予公眾善信奉安的祖先長生祿位以至靈灰安置服務的發展，以及都市社區善信的祭祀習慣，也影響了道堂舉辦盂蘭勝會的安排。正善精舍早於1980年代，已在社區承壇盂蘭勝會，包括1984年由元州邨互助委員會舉辦的盂蘭法會。[15]而在2000年代，正善精舍在農曆七月期間，除了自身壇堂內舉行的超幽祭祀活動，還承壇了社區內不同組織機構舉辦的盂蘭勝會，是以經生的參與、壇飾法器物資工具在社區壇場的佈

14　正善精舍曾於2014年搬遷，新址也在距離原道場不遠的紅磡社區內，空間佈局也相約。

15　正善精舍在1980年代承壇的盂蘭勝會還包括沙田坳邨、黃大仙上邨，荔灣街坊會等。《華僑日報》，1984年7月25日、《新美報》，1986年8月22日、〈黃大仙上邨東南西北座坊眾啟建平安清醮籌備委員會謹表謝忱（1987）〉，正善精舍藏。

置，以及壇堂空間的運用，均影響了本堂舉行盂蘭法會的安排。（見表一）

　　正善精舍在農曆七月的首個盂蘭勝會，並非在其壇堂內舉行的中元法會，而是在筲箕灣承壇南安坊坊眾會的社區盂蘭勝會，這個由七月初二至初五日一連四天的法會，街坊善信的附薦也逾數百個，是比較大型的盂蘭勝會。從2000到2010年代正善精舍的承壇紀錄，可見承壇大型社區盂蘭勝會日期與本堂的活動相對交疊較少，這種避免交疊的安排，也往往與道堂經生的參與情況有關。香港道堂的經生，基於各有不同的接觸道堂的經歷，或曾加入不同的道堂；同時經生跟隨人師在道堂學習經懺，師父及同門亦會因應情況到不同的道堂發展，[16]因此道堂經生在農曆七月時，往往需要回應師門、入道道堂，以及經生間的個人人際網絡，而同時被召集入壇參與法會。曹本冶在圓玄學院的研究，指出其經生團隊基本上隸屬所屬道堂，而且能不假外求，[17]然而一場大型的社區法會，往往歷時超過三天，每天經生需要多達20多人，大抵上道堂的經懺團隊並不常備有同時應付超過一壇大型法會的經生人手，因此道堂往往也靈活動地運用其師承或經生網絡等聯繫，應付不同儀式場合的經生需求。

　　正善精舍的經生隊伍約有20多人。在面對部份社區盂蘭勝會的日期較固定，同時在農曆七月十四日前的週末週日較受歡迎，均增加了會期重疊而面臨人手缺乏的情況。因此在每年農曆新年過後，隨著社區法會的安排陸續敲定，道堂便要聯絡在壇堂間願意到不同法會參與的經生。基於部份經生所屬多於一個壇堂，部份道堂也較晚才決定法會的確實日期，亦有機會引致參與時間的衝突，並出現優先報效所屬道堂的中元法會而需要告假的情況。而正善精舍的弟子間，也

16　例如曾在翠柏仙洞參與經懺事務的何展凌，便於1971年離職到其他道堂工作。《華僑日報》，1971年5月6日。

17　曹本冶，《道教儀式音樂：香港道觀之「盂蘭盆會」個案研究》。北京：文化藝術出版社，2011。頁18-22。

不乏曾加入不同道堂的弟子。正善精舍主持人所屬的雲瀛派經懺系統，在傳承過程中亦與省善真堂的經懺部關係密切，因此正善精舍的主持人亦會預留時間參與省善真堂中元法會，其他弟子亦會參加其他道堂的法會，因此每年在每個法會中，參與經生的人手與去年並非完全相同也是常見的。

除了入壇誦經的人手外，道堂承壇社區法會還需要處理壇場佈置和物資處理的安排。部份道堂在承壇社區的盂蘭勝會，往往安排了道堂受薪的職工執行壇場佈置，因此經生主要是參與儀式。而從正善精舍承壇社區三天或以上的壇場所見，主持和弟子們均需要在開壇前預留最少一整天佈壇。從經壇開始檢查棚架是否安全穩妥，將壇飾器具從倉庫取出搬到壇場，當中包括將大量黃色的絹布用作基礎佈置、把每幅長達十多尺的橫蔭和直幡懸掛在壇內，令棚內的空間轉化為法會壇場的中心，又將每張逾五尺的神軸畫像如十皇殿掛在壇的兩旁，並在壇中設置三清畫像、陶瓷材質的呂祖、金童玉女和五供等法器、再於五老壇和面向壇外的方向掛上刺繡的枱圍，還有安裝無線擴音系統，讓前來的善信能通過壇飾來感受壇場莊嚴，同時可以真正聆聽到法師的喃唱。除了經棚內的壇場的佈置，經生們也要妥善地將經棚的後方用作經本、寶帛、法器等物資的存放位置、臨時更衣室及袍衣帽間等。此外，還有表起金榜和幽榜，以及在壇外準備炊具和食物讓經生們能在法會期間茹素，維持壇場的潔淨等，均在沒有專職聘用工友的情況下完成。在法會完結後，弟子們亦會留下來將壇內物資收拾離開。

至於一天或一晝的活動，正善精舍的主持或當天負責壇務的弟子則會將法器和儀式工具箱搬運到儀式的舉行地點臨時架設壇場，亦會於完成後馬上收拾離開。由於承壇不同法會歷時往往橫跨超過兩週的時間，尤其正善精舍在當代承壇的大型社區法會分別於月初及中下旬舉行，因此法會部份物資在月初的法會完結後並不會立即存倉，而是先移送回紅磡

的堂內暫存，以備在稍後的法會中使用。基於道堂空間也成
為需要處理法會物資的地方，道堂在這期間也只能應付日常
前來參拜的善信，是以主持人在農曆七月十四日前安排本堂
的燒衣超幽活動，也趨向從簡。

　　不少道堂在農曆七月期間，均以準備其在會址舉行的中
元法會作為最主要事項，部份更在法會期間停止承接其他齋
事功德。如從道堂直接營運喪葬事業設施和提供相關的儀式
服務脈絡中理解，更可見單是骨灰的奉安往往可成為道堂收
入的最大宗，[18]至於法會既能獨立地帶來收入，同時也可以
帶來選擇奉安服務的潛在善信客戶，彼此的增長也能為道堂
增加收入和帶來公共性的場景。[19]然而正善精舍的主要收入
來源來自提供功德儀式服務，因此通過在社區的法會承壇，
廣結善緣和建立與地方團體的往來，便看到道堂營運與安排
法會的次序日程及道堂的經師團隊組織的相互影響。以下將
進一步探討，在不同的社區環境下，道堂在承壇時如何回應
地方的儀式傳統和宗教景觀，並在過程中實踐祭祀孤魂。

燒衣、中元法會與盂蘭：薦祖超幽實踐

　　在地方社會，往往將農曆七月視為盂蘭時節，社區上
也往往統稱在這歲時舉辦的祭祀功德，包括邀請儀式專家來
誦經和主持燒衣活動為盂蘭勝會，或簡稱為盂蘭。而對道堂
而言，活動的名稱還涉及其對宗教意義與活動規模的差異。
對正善精舍而言，能達到法會的規模，需要是整個活動包括
豎旛安大士、開壇啟請、朝懺、開金榜和幽榜及四齣頭超幽
的儀式的結構，才配稱為「法會」。然而地方社會組織舉辦

18　志賀市子，頁111、121-126。

19　Ma Kin Hang, *Rituals in Publicity: The Transformation of a Taoist Monastery in Hong Kong's Northern New Territories.* M.Phil. Thesis. Hong Kong: The Hong Kong University of Science and Technology, 2009. pp. 236- 255.

的盂蘭各異,因此正善精舍更多在交涉的過程中以「燒衣」來統稱活動,也讓地方社會主辦單位的善信,明白經師禮誦超幽的科儀經本,也需要主辦單位施食化衣的配合,才能圓滿這場功德。(見表二)此外,社區上的盂蘭勝會往往需要動員社區成員的參與,盂蘭勝會的名義往往更有助於吸引社區成員的支持。畢竟道堂作為承壇的儀式專家,主辦單位以盂蘭或盂蘭勝會以招徠也沒有影響儀式進行,而早於1950及1960年代,道堂在堂內舉辦的法會,也稱為盂蘭勝會。[20]雖然活動的名稱不同,承壇的道堂還是靈活地通過協商,提供可行的儀式和安排,來滿足社區對超幽的期望。[21]以下則以正善精舍承壇的盂蘭勝會,分析道堂走進社區,並回應社區的對超幽的想像與具體安排。

(I) 屋邨社區盂蘭勝會

　　地方社會的盂蘭勝會,主要按其資源來擬定活動的規模。在都市社區,尤其在屋邨舉辦的盂蘭勝會,往往面對籌募經費和工作人手不足的困難。當中的主辦團體,如獲居民善信的鼎力支持,往往可負擔時間較長、經師人數較多的活動,以及能準備相應儀式以及當中使用的各種紮作品如大士王以及準備金榜和幽榜等配置,讓壇場的佈置和活動內容更豐富。正善精舍在1980年代開始,已承壇多個屋邨社區盂蘭勝會,而在2000年代,則在青衣長青邨承壇了數個盂蘭勝會。以下則以長青邨三個盂蘭勝會為例,說明社區盂蘭超幽

20　《華僑日報》,1955年8月11日、《華僑日報》,1968年9月14日。如青松觀於1968年承壇柴灣的社區盂蘭勝會,名稱也是盂蘭勝會。

21　除了書面活動名稱如盂蘭、盂蘭醮、盂蘭勝會、盂蘭法會、盂蘭法事、中元勝會、中元法會、中元盂蘭勝會、中元盂蘭法會、平安清醮等,也有街坊以「打盂蘭」,像「打醮」般,來描述儀式活動。

活動的多樣性。[22]

　　青衣長青邨青柏樓盂蘭勝會，設壇在大廈的平台。平台通往外界的多個有蓋空間被安排為壇場的不同部份，其中一個被名為「三清壇」，並在這裏進行開壇和拜懺儀式；兩旁分別為「誦經壇」，用作攝召、散花和幽科的儀式的壇場；以及放置了紮作大士、判官、鬼卒和神衣的「大士殿」；通往汽車通道的其中一個有蓋空間為「金榜神」，張貼了是次盂蘭勝會的金榜提名；另一個則被安排為「思親堂」，堂外張貼了陰榜，堂內則有三個主薦牌位和30多個紙製摺疊式的附薦牌；[23]附薦壇對外並靠近行車路入口位置則豎立了旛杆。活動以安大士豎旛開始，並圍繞大廈平台灑淨，包括互委會的會址，當地安奉的土地等。由於居民希望藉盂蘭勝會活動超度自殺身故的亡靈，因此曾出現輕生的肇事位置，經師也會停留灑淨。在儀式過程中，不斷有早前委託互委會訂購附薦衣包的居民善信，從互委會成員接過衣包拜祭，也有善信帶來先人生前喜愛的水果飲品等，到附薦牌位前參拜，亦有街坊居民經過平台時向壇場內的香爐上香，並即時添香油贊助。破獄儀式在平台中央進行，不少居民善信也駐足觀看，而在散花的儀式，經師將經開光後的花米錢，灑過後示意互委會的成員去拾取，希望他們獲得神明的保護，而最後的幽科儀式則將誦經壇稍作改動佈置，安裝蓮花法座並隨即開始儀式。在整個盂蘭勝會活動完結前，由於需要火化包括大士和附薦牌位等紮作品，互委會安排了化寶爐在大廈另一端出口的空曠位置，隨著火化已拆下的旛杆和大士，該年度

22　青衣長青邨於1977年入伙，共有8座樓宇，採用舊長型和雙塔式建築，屋邨設有商場和停車場，大廈平台為天井。長青邨https://www.hkha.gov.hk/tc/global-elements/estate-locator/detail.html?propId=1&id=1321348400353&dist=6　（網頁登入日期：2019年12月2日）。

23　2009年青柏樓三個主薦牌位：「玄恩主薦世界各國海陸空三軍陣亡將士英靈等眾」、「玄恩主薦本港歷年水火風災機船車禍一切意外罹難列姓先靈等眾」、「玄恩主薦青柏樓前山後土左鄰右里一切意外罹難及自殺身亡眾先靈」。

的盂蘭勝會也就此完結，各居民善信也希望迎來平安的新開始。

　　同在長青邨的青桃樓互助委員會的盂蘭勝會，規模相對較小。而這個由互委會以竹枝和尼龍布搭成的臨時壇場，位於青桃樓大廈旁的休憩設施。壇場後方位置掛起了三清的畫像，後側的旁邊有十王殿殿的畫像，還有一個當地紅色木牌寫上「山神」和一塊印有「土地」的神位。三清畫像靠前的位置擺放了幽科儀式用的蓮花單寶法座，兩側的分別有紮作的大士和主薦的三個牌位，並沒有供居民善信附薦。[24]而主薦牌位的一邊，靠近進出口的位置則有旛杆燈籠和旛亭。互委會的成員和居民善信則在同層的互委會會址旁的空間準備燒衣用的香燭和衣紙，並聽候經師的指示。經師在安大士豎旛過程中，前往平台和互委會內供奉的關帝、天官、土地神位灑淨。主科法師除了開光儀式用的旛杆、大士和牌位，也為福品開光，讓互委會在盂蘭活動完結後，回饋給捐款支持活動的街坊善信，也藉以讓他們也得到神明的庇佑。[25]然後眾位經師開始單清幽科的儀式，並在科儀施食部份完結後，聯繫互委會的成員將旛拆下，互委會的成員和居民也在儀式完結時火化衣紙、還有大士、牌位等紮作品。

　　同在長青邨的青葵樓互助委員會，所舉辦的盂蘭勝會規模也較小。互委會也僅在會址外鋪設了摺檯用作臨時壇場，並以紅紙寫上互委會潮籍成員供奉的「天地父母」和配置香爐。正善精舍為街坊提供的燒衣，則主要由三位經師禮誦經文，並開光平安符及銅錢，交予互委會回饋其會員善信。然

24　2009年青桃樓三個主薦牌位：「玄恩主薦青桃樓前山後土左鄰右里一切無主孤魂甴子等眾」、「玄恩主薦青桃樓各門列姓歷代先遠宗親」、「玄恩主薦青桃樓地段已往一切意外罹難及自殺身亡眾先靈」。

25　約250份的福品放了在數個紙箱內。每份福品包括有小包膠袋盛載的白米、糖果、花生和平安符，另外還有代表福果的橙和火龍果。當中的平安符由正善精舍提供，然後交給互委會準備福品包。

後經師再在互委會成員帶領下，先在會址內朝拜關帝、觀音和土地等神明，然後到該大廈，連同出入口相連的商場平台以及居民日常出入的平台層通道灑淨，特別在各出入口、梯間、往商場和停車場的出入口以及曾出現輕生事件的地下位置誦經，最後回到會址。經師也示意值理會火化給付孤魂的衣包，並誦經送亡，整個活動也僅一個半小時左右。

　　正善精舍在2000年代中到2010年代初期間，承壇了長青邨數棟大廈的盂蘭勝會。這些盂蘭勝會的主要超度對象均包括當地自殺等非自然死亡的先靈，以及在灑淨儀式中強調需要到相關的肇事地點祭拜，也可反映地方社區認為這些冤魂會帶來不幸，並需要通過盂蘭勝會的法事超度，為社區帶來宗教的潔淨和居民的平安。而從當中各個盂蘭勝會規模的差異，可見在承壇的過程中，道堂需要靈活地提供不同的儀式服務來回應他們的條件狀況及宗教景觀。基於居民遷居入住，或晉身互委會管理的過程不同，也會影響在該地的神聖空間和地方神明的安奉。從正善精舍承壇的屋邨盂蘭燒衣活動可見，包括在儀式中敬拜的神明，也不限於日常在道堂內奉祀的神明，也會包括山神土地、天地父母等當地居民奉祀的神明。而互委會組織的盂蘭勝會，延請儀式專家往往是最重要的開支項目，基於居民有不同的宗教信仰，以及換屆改選時或會出現大幅度的人員調整，均對財務安排、儀式專家的選擇以及盂蘭勝會是否繼續舉辦帶來較大的不確定性。例如正善精舍曾於2007年承壇的青榕樓，也在2009年邀請了另一批執行全真科儀的儀式專家承壇規模相約的法會活動。另外，有關盂蘭勝會經費安排，部份盂蘭勝會傾向以撥備經費開支填補當屆活動出現籌款不足的赤字，以確保活動的形式和內容得以穩定地延續，也有部份強調有關款項並不擬於會務經費撥支。誠如在2009年青桃樓在活動前已籌得港幣16000多元的香油收入，但基於財政安排等考量，於2011年

提出將活動規模縮減，[26]正善精舍也需要在儀式和規模上作
出調整，包括在儀式上以散花取代了幽科，以當中解冤釋結
的意義，來回應社區對各種非自然離世者冤結帶來的侵擾，
也通過減去了幽科，一併省卻了大士等紮作品來減少開支，
希望藉著盂蘭勝會繼續舉行，以維持在地方社會的聯繫。

(II) 地區居民盂蘭勝會

　　在農曆七月上旬至中旬期間，正善精舍均以承接社區的
盂蘭勝會為主。筲箕灣南安坊坊眾會盂蘭勝會在農曆七月初
二日開始，所以也是正善精舍在農曆七月的首個盂蘭勝會。
在2000年代，盂蘭勝會的儀式在愛秩序灣遊樂場舉行，而四
天連宵的儀式規模，也容許正善精舍執行具法會規模的儀式
安排，包括朝懺、四齣頭和每日供靈的祭幽儀式，也備有金
榜和幽榜來宣示法會的主旨。（見表三）

　　而在社區的法會，與主辦方的緊密配合，往往是能否
繼續承壇的主要因素之一，例如南安坊的盂蘭勝會，在首天
也會到坊眾奉為地方主要廟宇的張飛廟邀請神明到臨法會。
而正善精舍承壇後，仍然維持了在迎神的儀式派遣經師前往
該廟接神，並聯同神鸞的隊伍，在環繞愛秩序灣球場的筲箕
灣市區巡遊和灑淨。此外，南安坊也通過活動安排組織的革
新，來吸引善信，[27]而在儀式的部份，與參與善信增加互動
也成為了儀式活動的重要部份。

　　在第二晚的法會，除了在經壇內的禮懺儀式外，也安
排於經壇外的空地鋪設壇場，準備同時進行散花儀式。在儀

26　例如規模相約的青榕樓盂蘭勝會，在2007年的活動告示說明希望
　　籌得港幣25000元作活動開支。

27　南安坊坊眾會於1980年代曾與西灣河盂蘭勝會共同啟建盂蘭勝
　　會，並邀請同樣執行全真科儀的道堂省善真堂承壇，正善精舍則
　　於1990年代開始承壇。《華僑日報》，1981年8月28日、《華僑
　　日報》，1984年8月23日。有關當地盂蘭會的發展，詳見：陳子
　　安，《漁村變奏：廟宇、節日與筲箕灣地區歷史1872—2016》。
　　香港：中華書局，2018。頁221-248。

式進行期間，也會有數位前來參拜的善信，在祭拜祖先後便在壇旁駐足。對正善精舍主持人而言，散花科是比較能配合小曲腔口喃唱的科儀，因此這台儀式既是超幽，同時也藉著喃唱讓善信能接觸和欣賞科儀美學的機會。不少善信在法會場地內祭祀先人，同時也在等待機會拾取被視為吉祥的散花錢。到了儀式的後段，尤其主科法師要為壇場枱面上的花、米和銅錢開光，準備解除亡靈的冤結，向壇的不同方位撒花和散花錢，善信便會將壇場圍攏起來，希望在主科將散花錢撒在地上時立刻拾起。基於善信以中年及長者為主，為避免爭奪導致意外受傷，正善精舍亦按主辦單位的要求多準備散花錢，並在開光後交給其代表派發給長者，滿足長者善信的需要。

在翌晚的過仙橋儀式，除了將儀式移到靠近戲棚位置屬較寬敞的空間的位置設壇舉行外，[28]亦看到正善精舍與主辦單位的緊密配合。過仙橋儀式的本體是攝召科儀，而在主辦單位改革儀式流程中，便引入了紮作的仙橋，讓善信能親手奉祀祖先的牌位接受灑淨。當儀式開始，善信抱持著先人的附薦牌位，先到大型的紮作沐浴亭前，經師的指示下先將牌位放入沐浴亭內，然後經生以柚葉作灑掃狀，象徵先人已經沐浴，然後在工作人員指導下將牌位拾級過渡仙橋後，來到主科蓮花法座的前方，高舉牌位讓主科法師以柚葉水灑淨，然後再將牌位拿回附薦棚的位置恭奉。這個主辦方也早已宣傳並甚受歡迎的儀式，有善信早於儀式開始前半小時已來到壇場旁，按主辦方的指示排隊等候。然而，當儀式需要處理超過100多個牌位的過橋動作，遠超於慣常儀式經文喃唱所需時間，為避免誦畢經文而善信仍在等待過橋的情況出現，經生們也會以對應經文的不同喃唱腔調喃誦經文，該壇的醮師也有較多的鑼鼓拍和，使每位參與的善信，也能讓其先人

28　筲箕灣南安坊、筲箕灣潮僑南安堂及西灣河盂蘭勝會合作租用筲箕灣愛秩序灣遊樂場舉辦盂蘭勝會。在2000年代，當中只有潮僑南安堂會公演潮劇神功戲。

能沐浴在經文和科儀音樂拍和聲中得到超渡，冀能達到陰安陽樂。對參與過橋儀式的善信而言，參與的體驗包括近距離觀察經師為精美的紮作仙橋開光，伴隨不間斷的喃唱和音樂拍和，並在法會人員指示下將牌位過橋和接受主科法師的灑淨，均代表了活動良好的氣氛並吸引他們來年再來參與。農曆七月時值雨季，在近10多年期間，屢遇上天雨的情況，也無減善信的高度投入，他們也會按法會工作人員的指示，在戲棚內排隊避雨並等待參與儀式。

從法會首天晚上開始，不同的祭幽儀式皆有讓善信參與的環節。例如在首晚的度亡儀式的核心是破獄科儀，通過配合主辦單位使用紮作品包括破獄城，並安排善信可先將附薦牌位放進城內。在儀式尾聲時，主科法師將善信的先人附薦牌位從地獄城內請出，無疑結合了善信的參與，也強化善信對祖先能從地獄中被經師薦拔出來的貢獻和形象。還有如在上文所述，攝召儀式中使用更大型和精美的仙橋，散花儀式中準備較多的散花錢供主辦單位派發給善信，讓誠心的善信也可以通過參與儀式來獲得象徵神明加庇的福品，也增強了善信對參與法會和附薦祖先的投入程度，為法會的延續提供了社區支持的基礎。

而盂蘭勝會儀式的完結並非道堂與社區關係的結束，社區網絡拓展及承辦功德儀式的發展也不斷進行。在每年的法會後，南安坊盂蘭勝會也會舉辦圓隆晚宴，既慰勞工作人員，也設有競投福物的環節籌募經費。正善精舍亦會參與宴會並為福物開光，冀讓有意參與競投的賓客更感受到神明加持庇佑，而競投所得款項亦會用作會方的營運，也無疑為道堂能於來年繼續承壇創造條件。正善精舍承壇盂蘭勝會後，亦有承辦同樣由南安坊坊眾會管理的張飛廟，在每月初一和十五在廟內進行的祈福活動，以及近年的觀音開庫等儀式活動，還有參與由南安坊坊眾會也是會員之一的筲箕灣社團聯合會賀誕和巡遊活動，均見道堂通過法會進一步和地方社區

加深聯繫的過程，並儀式服務為中心，拓展在地方社區的參與。

（III）地方行業團體組織盂蘭勝會

　　早於1960年代，從報章報道可見盂蘭勝會的主辦單位，除了居民組織外，還有各行業團體。[29]社區內不同組織之間的主導和合作關係，以及昔日盂蘭勝會承壇的行儀內容，也為正善精舍承壇的儀式和安排帶來影響。例如筲箕灣的漁業社群成立了公益堂，並以此組織來籌辦盂蘭勝會「筲箕灣公益堂水陸超幽」，便呈現了道堂通過儀式回應地方社會的需求。

　　於2009年舉行的筲箕灣公益堂水陸超幽，盂蘭勝會壇場位於筲箕灣漁市場內的作業區域，經壇靠近在作業區內一個漁商的臨時辦事處旁，並掛設了三清的神像，桌上放置了主辦單位要求經師安排的米斗桶，旁邊則放置在了酬神用的13個紮作官箱，法會的金榜題名則張貼在旁邊的牆上，以公益堂為主辦單位，當中亦展示參與者多為當地的漁業商會、聯誼會、船東組織、艇商、漁民會、體育會及從業員。而與市場內的經壇位置在同一縱軸線的漁船起卸區四號泊岸位置，則豎立了旛杆和紮作大士以及判官鬼卒。旛杆在這個法會中既標誌儀式的空間，也成為了象徵主辦單位的符號。普遍在道堂內舉行的中元法會，主要配以寫上「太乙救苦天尊青玄高上帝」或「中元二品赦罪地官清虛大帝」的燈籠來引領孤魂前來壇場。在這個盂蘭勝會，最主要的旛杆燈籠上，寫上了「筲箕灣公益堂水陸超幽」，並安奉在面向漁船停泊的位置。而在距離約20米，毗鄰的漁船起卸區五號泊岸位置，也豎立了一支「筲箕灣街坊匯億水陸超幽」的旛杆。

　　經師以開光公益堂旛杆、大士和主薦牌位來開始當天

29　例如貨船商會舉辦盂蘭勝會。《華僑日報》，1969年9月4日。

的儀式，[30]然後開光匯億水陸超幽的旛杆，並回到經壇旁開光僅寫有當年水陸超幽為題，還有大總理、總理及各贊助人的「金榜題名」榜文。開光後，經師在經壇誦經、酬謝斗神期間，各漁業商會的代表也在開榜後相繼到壇前上香，也有剛來拜祭的善信，贊助活動並邀請經師在榜上添上他們的名字，商會代表也在旛杆旁的岸邊準備了水飯和衣紙作施食化衣用。除了在岸上的超幽儀式，公益堂亦安排了兩隻船隻執行水幽儀式，一位經師登上前方的船上，尾隨的接駁船隻則負責燒衣。船隻首先環繞整個筲箕灣避風塘，然後橫渡鯉魚門海峽進入三家村避風塘。抵埗後亦有當地的船隻商號即時捐獻，作水幽用的小型紮作船隻以及代表祭祀男女孤魂的水燈和幽衣則在回航時，在臨近進入筲箕灣避風塘前被置在海中，工作人員同時亦將水飯等撒於水中祭祀水幽。水幽完成後，經師回到壇場，隨即配合在經壇將近完結的超幽，並示意工作人員拆下旛杆和將大士移送到靠近上岸的位置火化，結束當屆的超幽活動。

筲箕灣漁市場的水陸超幽，說明了地方社會籌組盂蘭勝會的多樣性，以及承壇道堂回應地方傳統的過程。主辦單位公益堂主要為當地漁業批發商人，而主要從事燃料補給的匯億，也是當地社群經濟活動的重要一環。儘管匯億沒有獨立組織盂蘭勝會，然而在公益堂許可並願意合作籌辦的情況下，正善精舍也提供了相應的旛杆和衣紙供該會祭祀使用，並在豎旛和朝旛時也包括了匯億的代表。雖然公益堂的盂蘭活動增加了代表匯億的旛杆，也沒有影響當天燒衣祭幽活動的儀式結構。而主辦單位對壇場和儀式安排和要求亦富有配合昔日正一派喃嘸先生行儀的元素，包括水幽中加入放水燈祭祀水中孤魂，在一晝的時間安排當中亦需要有禮斗祈福儀式等，是以在這個活動中，正善精舍也相應把榜文從簡，並

---

30 2009年主薦的對象為「筲箕灣漁市場海面及前山后土左鄰右里先靈等眾」。

沿襲在榜文以較大的字體來突顯當屆的大總理的主導地位，
並按主辦單位的要求準備了官箱和水燈，並在儀式中包含了
迎請北斗九皇的部份，替他們酬神祈福，實踐地方社群在盂
蘭勝會中祈求神明福庇和陰安陽樂的期望。

道堂、盂蘭勝會與當代死亡處理的發展

　　正善精舍的發展，也展示出當代道堂同時提供喪葬殯儀
服務的過程。道堂與殯葬商的往來關係，也能從組織本堂和
承壇盂蘭中呈現。正善精舍於2000年於紅磡開設分壇後，仍
然提供死亡處理相關的儀式服務。香港在2011年共有103所
殯葬商，同期香港每年死亡的人數也維持在四萬多人。[31]至
於香港人死後以火葬處理的比例持續上升，從1970年代的35
％，到2010年約90％。[32]殯葬商在承辦壽儀時，也會按喪主
的意願提供相應的儀式服務，因此喪禮的殯葬商也往往與不
同的儀式專家群體建立聯繫，包括在當代日益普及的全真道
教齋事功德儀式專家，以滿足客戶的需要。基於當代死亡處
理安排承辦更集中於殯葬商，[33]對依靠提供喪禮功德儀式服
務維持道堂營收的正善精舍而言，殯葬商無疑擔當了重要的
轉介角色。如若善信直接接洽道堂辦理喪禮和提供功德法事
服務，有別於不少道堂往往婉拒提供除了購買本堂骨灰、祖
先牌位或功德安排以外任何並非由本堂提供服務的諮詢，正
善精舍則會較積極協助善信面對喪禮涉及不同服務供應者的
情況，並期望殯葬商在提供適切的殯葬部份服務同時，道堂

31　〈食物安全及環境衛事務委員會 向立法會提交的報告〉，立法會
　　CB(2)2519/11-12號文件。2011年11月3日。〈1986 年至 2018 年香
　　港死亡趨勢〉，《香港統計月刊》，2019年11月。

32　〈 立法會食物安全及環境衛生事務委員會火葬場及靈灰安置所設
　　施〉，立法會 CB(2) 270/05-06(03)號文件。2005年11月8日。

33　Chan Yuk Wah, *Management of Death in Hong Kong.* M.Phil. Thesis.
　　Hong Kong： The Chinese University of Hong Kong, 2000. pp. 38-
　　40.

也在過程中繼續提供儀式服務,並進一步建立與殯葬商的聯繫。

香港都市人面對親屬離世,不論最後採用火葬還是土葬,均會考慮到先人在離世到正式入土為安期間孤苦無依,而考慮在道堂暫時安奉先人的靈位,既讓先靈有棲身的地方,接受道堂每天的香火供奉,家屬亦可以安排到道堂拜祭。[34]公營的骨灰位供不應求,另一方面私營骨灰位的費用動輒需要超過10萬元,[35]不少公眾礙於經濟負擔等考量,也會在喪禮完結後等待公營機構提供公眾靈灰龕位,並在成功認購後安奉先靈和結束相應的臨時安排。另一方面隨著喪禮儀式的完結,在喪禮前安奉的靈位已於喪禮儀式中被送走火化,而不曾在喪禮前安奉先靈的家屬,也有意讓先靈於骨灰正式安奉在龕位前可以被供奉,是以正善精舍在紅磡的道堂,亦提供了讓善信臨時供奉剛離世而未安排喪禮的先靈或在喪禮後先人骨灰仍在暫存階段時的儀式和服務,讓家屬可以一方面換來空間考量長期安奉的處理方式,包括龕位和長期的祖先牌位的安排,可以在這期間延續和實踐拜祭先人的習慣。

在農曆七月期間,正善精舍於紅磡道堂內舉行燒衣活動,也呈現了當代公眾和業界對應死亡處理的狀況。從2012年的燒衣可見,其中主薦的對象,正包含在道堂內臨時恭奉的先人。[36]經師替主薦和附薦的牌位開光後,便禮誦常見於

34　靈位需要經師開光。而代表先人的靈位往往包括一個香爐,上面插上竹枝,竹枝的上面貼有一張黃色紙代表的靈位,紙上以黑色筆寫上先人名字某某之靈位,部份家屬亦會將稍後在喪禮選用的遺照也放在一起,既方便拜祭的親友識別,也會希望協助先人確認靈位的位置。至於在喪禮後被安奉在道堂的先人,基於完成了喪禮後已成為了祖先,因此這種牌位也往往以紅色紙張書寫上先人的名字。

35　Ma Kin Hang, *"Rituals in Publicity"*, pp. 200-203.

36　2012年三個主薦牌位奉祀對象為:「玄恩主薦紅磡本精舍臨時恭奉列姓男女老幼先靈」、「玄恩主薦本處地段前山後土左鄰右里一切無主孤魂自了等眾」及「玄恩主薦正善精舍創辦人陸振淑道長之位」。

度亡法會中的三水滅罪水懺，然後就進行幽科儀式。在正善精舍紅磡道堂舉辦的燒衣活動當天，道堂內右方是被安排為安奉附薦的空間，代表主辦的三個牌位是大約30厘米的紙製摺疊式的牌位被安奉在桌上，桌上也備有茶酒等祭品。供善信附薦祖先牌位的「牌位」則是紙飛的形式，安奉在正薦牌位的後方豎起的板上，每張淺黃色並印上象徵牌位蓮座上，寫上了附薦先人或祖先的名字，共110多個。[37]

　　儘管每年本壇燒衣活動的具體日期仍需要因應當年承壇各個盂蘭勝會來安排。一般而言，正善精舍也傾向於農曆七月中旬前的週末舉行，以便公眾善信於假日可抽空前來拜祭。而前來拜祭祖先的善信進入道堂後，先領取附薦先靈包括的附薦袋一份，再到放置臨時安奉的牌位或附薦牌位的位置上香，並以自備的食物類祭品，以及同是自備或於道堂內添購的金銀衣包來拜祭，但並不一定會先向壇場內各個神位和香爐上香。由於道堂內在鋪設儀式用的壇場後空間並不充裕，在約兩米闊的通道下，如來自不同家庭的善信需要拜祭的先人安奉的位置過於接近，他們也需要分批內進，因此普遍拜祭的善信往往逗留約20分鐘。從觀察所得，部份附薦者為道堂成員，亦有部份正是將先人臨時的神位安奉在道堂內，並等待骨灰奉安到心儀的公營靈灰安置所的善信，也有通過與正善精舍合作的殯葬商辦理喪禮的善信。從儀式的疏文可見，活動設供主事者除了正善精舍外也加入了殯葬商，可見他們也在燒衣活動，成為了主要參與者。而在活動期間，殯葬商的代表也前來上香，也會和委託他們進行壽儀服務並前來拜祭附薦祖先的客戶寒喧，可見在燒衣的活動安排，殯葬商既帶來了善信，增加了附薦的人數並為道堂增添收入，同時也在過程中，道堂與殯葬商也在強化彼此往來，為將來功德儀式的轉介安排創造了新的條件。

37　2012年的超幽附薦費用為每位先人300元，金榜提名則每位200元。

在當代香港的祖先奉祀服務提供者，也包括了以專門提供靈灰安奉服務的私營機構。儘管這些機構沒有像部份道堂般在發展過程中建立以該壇堂為中心的經懺團隊，並以祭祀其道堂的先賢開展並開放給善信的法會活動，但這些機構也十分重視在場所內提供的度亡儀式服務。從正善精舍提供靈灰安奉的私營機構寶福山的道家安奉儀式服務，並在農曆七月承壇了當地的盂蘭法會，可見道堂如何配合當代香港都市大眾對死亡處理和祖先崇拜的實踐。

在公眾祈求陰安陽樂的脈絡下，他們也期望已被安奉的祖先所居住的地方，能維持宗教上概念上的潔淨，而且在祭祀儀式施化過程中，自己的祖先既能被惠及，在當地其他被安奉的鄰居祖先也同樣均沾，於現世的家庭而言，特別是盂蘭期間舉行法會，不單是能減少他者鬼魂帶來騷擾，同時也是製造了讓祖先福庇家庭成員的條件。從2011年寶福山的盂蘭法會所見，活動並沒有安排讓家屬附薦，[38]法會在壇場內舉行的度亡儀式，亦沒有吸引大量的安奉在各功德堂的家屬前來駐足觀看和參拜。當天出現的家屬各自忙於祭拜他們的祖先，或有個別僅於經師前往各堂灑淨並需要請他們暫時離開儀式的範圍時，才詢問職員有關法會和儀式的概略。然而儀式當天，不論先人的家庭成員有否前往參拜，當天的法會安排，正展示當代的奉安服務機構對售後服務和管理的重視，當中包括在農曆七月舉行盂蘭活動，也是實踐合乎公眾期望的重要服務內容。而正善精舍的個案中可見，接受為提供靈灰安奉以及壽儀服務的機構提供主要是日常齋事功德的儀式服務，正展示全真派的儀式專家，走進社區並進一步參與當代殯儀奉安的過程。由於不少公眾，希望在祖先骨灰安奉在龕位入土為安當天，也會安排一場齋事功德以祭祀先

38　昔日在寶福山的盂蘭勝會曾接受公眾附薦先靈，但因消防安全等因素，法會以後並未有再恢復附薦安排。2011年寶福山中元盂蘭法會的主薦牌位：「本山功德堂上各姓堂上祖先」、「十方法界一切水陸無祀孤魂」、「寒林界內九種十類無祀孤魂」。

靈，是以道堂接受靈灰安置機構延聘，提供主要為祭度祖先的功德服務並藉此支持其壇場的運作，經生在執行儀式的過程中，特別是公眾的祖先和不同的孤魂能在儀式過程中得都惠及，也無疑在實踐其功德和信仰關懷。

總　結

　　中元法會作為其中一種香港道堂運作常見的形式和活動，不論是主辦還是擔任承壇法會的儀式服務提供單位，當中的活動內容和規模均有差異，而法會對每所道堂的意義和重要性也不相同。因應道堂提供骨灰和祖先牌位銷售奉安，集中經營本堂的中元法會來擴大信眾參與並直接獲得相應可觀收入的模式，並不適用於正善精舍的個案。從正善精舍承壇社區法會可見，地方社區的法會組織者不論以募捐或提供附薦先靈來籌得活動所需經費的同時，僅能收取一份基於提供符合主辦方要求的儀式服務的既定費用。當道堂作為承壇的服務提供者，如何配合主辦團體的要求，包括已融入了地方傳統的其他儀式專家習慣、壇場的規模與用品的使用如何結合儀式的進行、還有準備充足的祭祀補充用品來促成與善信的互動，正是來年能否繼續承壇的關鍵。如若盂蘭勝會活動獲得主辦方的讚賞以及社區成員尤其金錢上支持，也僅讓承壇道堂創造了較有利的延續合作基礎，但卻不一定能改善道堂承壇的條件待遇。畢竟社區盂蘭勝會組織者也可以要求在來年更改聘用儀式服務的條件，加上來自其他承壇道堂的競爭，也讓社區對儀式支出的控制以至更換承壇道堂帶來誘因和選擇。是以正善精舍作為儀式服務提供者，在不違反度亡和法會科儀的結構，以及能平衡儀式活動運作成本的條件下，對儀式規模和安排執行存在彈性，正反映了道堂回應社區盂蘭勝會活動營運，包括削減承壇金額所帶來的影響。

　　而在當代香港都市死亡處理，包括不同階段的安排也造

就了不同的服務提供者，道堂也在這個過程中，憑藉相應的奉安服務和儀式來解決社會成員死亡的污染，以及在配合當代都市的生活節奏，並以火化為主而展開的祖先崇拜習慣。從正善精舍承壇其他靈灰安奉機構的的盂蘭勝會，以及與殯儀承辦商合作，尤其服務正等候心儀靈灰安奉安排的市民善信的本堂盂蘭燒衣活動，均反映都市居民對祭祀孤魂和祖先，以及期望祖先所身處環境也能維持宗教上潔淨的殷切需求。正善精舍在既沒有提供往往作為道堂最大宗收入的長期骨灰奉安服務，甚至在梅窩壇堂的祖先牌位奉安也不構成為主要的收入來源的情況下，通過持續和廣泛地以經懺服務，包括為其他死亡處理服務提供者提供相應功德法事來獲得收入，正突顯經懺正是維持其道堂傳承最重要的方式。從正善精舍參與中元盂蘭勝會所見，道堂和經生在承壇和執行儀式的過程中，儘管面對不斷改變的營運條件和服務要求，亦同時探索和累積社區群體的網絡，為繼續承辦各種功德法事帶來基礎，既豐富其承壇和執行儀式的經驗，並實踐功德的理念和傳承經懺的傳統。

表一： 2009-2013年正善精舍承壇
　　　　　社區盂蘭勝會的參與表（部份）

日　期	社區／道堂／靈灰安置所	中元／盂蘭法會
農曆七月初二至初五日	社區	筲箕灣南安坊
農曆七月十四日前的其中一個星期日（在2011年為農曆七月初八日）	靈灰安置所	沙田寶福山
農曆七月十四日前的星期六（在2007年為農曆七月十三日）	社區	青衣長青邨青榕樓
農曆七月十四日前的星期日（在2009年為農曆七月初四日）	社區	青衣長青邨青桃樓
農曆七月十四日前的星期日（在2013年為農曆七月十二日）	社區	青衣長青邨青柏樓
農曆七月十四日前的星期六（在2009年為農曆七月初十日）	社區	青衣長青邨青葵樓
農曆七月十四日前的一天（如可避免與其他承壇日子抵觸，則會安排在週末舉行。在2012年的日期則為農曆七月十三日星期六）	道堂	正善精舍（紅磡）
農曆七月十四日或之前（在2009年為農曆七月十四日）	社區	筲箕灣漁市場
農曆七月十八至二十日	社區	小西灣居民協會
農曆七月下旬的日子（不一定在週末週日）[39]	道堂	正善精舍（梅窩）

39　自2011年起承壇於農曆七月十八到二十日舉行的小西灣居民協會盂蘭勝會，更進一步將梅窩壇場的燒衣活動安排到七月較晚的日期舉行。

表二： 2009-2013年正善精舍舉辦及承壇

社區盂蘭勝會的儀式內容（部份）

中元／盂蘭法會	為 期	經生人數	附薦	主要儀式
筲箕灣南安坊坊眾會	四晝連宵	15[40]	有	安大士豎旛、開壇、行朝、拜懺、誦經、讚星、開位、供靈、開金榜、開幽榜、破獄、攝召、過仙橋、散花、三清幽科
筲箕灣公益堂	一晝	4	無	安大士豎旛、開壇、開位、誦經、酬神、水幽
沙田寶福山	一晝	9	無	開壇、灑淨、開位、攝召、散花、幽科
正善精舍（紅磡）	一晝	5	有	開壇、開位、三元水懺、幽科
青衣長青邨青柏樓互助委員會	一晝連宵	9	有	安大士豎旛、開壇、灑淨、開位、開金榜、拜懺、開幽榜、破獄、攝召、散花、幽科
青衣長青邨青榕樓互助委員會	一晝連宵	9	無	安大士豎旛、開壇、灑淨、開位、攝召、散花、幽科
青衣長青邨青桃樓互助委員會	一宵	7	無	安大士豎旛、開壇、灑淨、開位、幽科
青衣長青邨青葵樓互助委員會	一晝	3	無	開壇、灑淨、誦經

40　由於法會歷時四天，部份經生只會參與其中的一晝或宵的儀式。而在2010年的盂蘭勝會，七月初五晚的三清幽科，儀式經生人數為15人。

| 小西灣居民協會 | 三晝連宵 | 11 | 有 | 安大士豎旛、開壇、行朝、拜懺、誦經、開位、讚星、供靈、開金榜、開幽榜、破獄、攝召、散花、幽科 |
| 正善精舍（梅窩） | 一晝 | 5 | 無 | 開壇、開位、攝召、散花、幽科[41] |

表三：2009年正善精舍於
　　　　筲箕灣南安坊坊眾會盂蘭勝會的科儀日程表

日　程	儀　式
七月初二日	迎神、安大士豎旛、開壇啟請、開位、破獄、三元水懺（上卷）
七月初三日	諸天朝、三元水懺（中卷）、開金榜、三元水懺（下卷）、三元朝、開陰榜、供靈、散花、水幽
七月初四日	呂祖朝、呂祖無極寶懺（上卷）供靈、呂祖無極寶懺（下卷）、十王懺、太乙朝、供靈、攝召過橋
七月初五日	雷祖朝、王靈官經、供靈、讚星、行大朝、幽科（三清）

41　由於在主要在農曆七月尾舉行，經生弟子需參與其他法會的情況
　　相對較少。如該年報效弟子較多，儀式安排、為期、人手也會有
　　所調整。